Hannes Schreiber

Der aufkommende Sturm
Ukraine 2013–2015

Hannes Schreiber

DER AUFKOMMENDE STURM

Ukraine 2013–2015

Bibliografische Information der Deutschen Nationalbibliothek
Die Deutsche Nationalbibliothek verzeichnet diese Publikation in der Deutschen Nationalbibliografie; detaillierte bibliografische Daten sind im Internet über http://dnb.d-nb.de abrufbar.

Bibliographic information published by the Deutsche Nationalbibliothek
Die Deutsche Nationalbibliothek lists this publication in the Deutsche Nationalbibliografie; detailed bibliographic data are available in the Internet at http://dnb.d-nb.de.

ISBN-13: 978-3-8382-1901-1
© *ibidem*-Verlag, Stuttgart 2023
Alle Rechte vorbehalten

Das Werk einschließlich aller seiner Teile ist urheberrechtlich geschützt. Jede Verwertung außerhalb der engen Grenzen des Urheberrechtsgesetzes ist ohne Zustimmung des Verlages unzulässig und strafbar. Dies gilt insbesondere für Vervielfältigungen, Übersetzungen, Mikroverfilmungen und elektronische Speicherformen sowie die Einspeicherung und Verarbeitung in elektronischen Systemen.

All rights reserved. No part of this publication may be reproduced, stored in or introduced into a retrieval system, or transmitted, in any form, or by any means (electronical, mechanical, photocopying, recording or otherwise) without the prior written permission of the publisher. Any person who does any unauthorized act in relation to this publication may be liable to criminal prosecution and civil claims for damages.

Printed in the EU

INHALT

Vorwort 15
Einige Marksteine in der ukrainischen Geschichte 17
    Unabhängigkeit, Hungerkatastrophe, „große Säuberung",
    2. Weltkrieg 17
    Die überraschende Unabhängigkeit 19
    Missglückte Privatisierung 20
    Die Wahl 1994 – der Bruch zwischen Ost- und Westukraine
    wird sichtbar 21
    Verzicht auf Atomwaffen 22
    Politmorde 23
    Die verhassten Sicherheitskräfte und die Bevölkerung 24
    Kutschmas ausgewählter Nachfolger 26
    Wiktor Juschtschenko und die Orange Revolution 27
    „Gas-Krisen" zwischen Russland und der Ukraine 29
    Europäische Integration 31
    Eurasische Integration 33
**Pläne für Autokratie und Europäischer Integration – Ukraine
2010 – 2013** 35
    Demokratischer Wahlsieg Janukowytschs 35
    Die Charkiwer Abkommen mit Moskau 37
    Der Sturz der Regierung Tymoschenko 39
    Wichtige Reformen und der Steuermaidan 40
    Schritte zur Autokratie 41
    Ein „Mini-Staatsstreich" durch den Verfassungsgerichtshof 42
    Die Verhaftung der Oppositionsführer Luzenko und
    Tymoschenko 43
    Implikationen für das Assoziierungsabkommen mit der EU 46
    Europas Dilemma 47
    Die vorgebliche Wahl zwischen Zollunion
    und Assoziierungsabkommen 48
    Um Mitternacht bei der Staatsanwaltschaft zwischen
    Schokobergen 49
    Janukowytschs Dilemma 51
    Die erste Isolation der Janukowytsch-Verwaltung 52
    Drei Voraussetzungen für das Assoziierungsabkommen 52

Die Cox-Kwaśniewski Mission 53
Lässt sich eine Partei klonen? 55
Das „Sprachengesetz" 55
Überraschend demokratische Parlamentswahlen 56
Die EU ist bereit ein Abkommen zu schließen – unter
Bedingungen 58
Unzufriedenheit in der Oligarchie 59
Ein kläglicher Versuch, die Energieabhängigkeit von Russland
zu reduzieren 60
90% der Parlamentsabgeordneten stimmen für
Europäische Integration 61
Ein Schneesturm verbläst die Kyjiwer Demokratie 62
Geldforderungen für Tymoschenko aus der Staatsanwaltschaft 63
Schein und Wirklichkeit von Reformen 64
„Eine neue Orange Revolution wird es nicht geben" 65

Am Weg zum Assoziierungs-abkommen 67
Ein Plan zur Freilassung Tymoschenkos und die
ersten Wirtschaftssanktionen Russlands 67
Der „Oligarchensohn" 68
Die Assoziierungsabkommen-Euphorie 70
Beresowskis Tod 71
Russische Auftragsstornos 71
Kein Geld für Gas – die drohende Zahlungsunfähigkeit
wird verheimlicht 72
Geheime Verhandlungen mit Putin und ein überraschender
U-Turn 75
Der geänderte Plan wird Europa kommuniziert 77
Inszenierung im ukrainischen Parlament 78
Eine Notiz auf der Webseite der Regierung 79
Inszenierung in Wien 79
Gab es je eine ernste Absicht zu unterzeichnen? 79

Der Euro-Maidan 81
Die ersten Demonstrationen 81
Das Wochenende vor dem Vilnius-Gipfel 82
Der Vilnius-Gipfel 83
Der Abend nach dem Vilnius-Gipfel 85
Das Ende von Schuster's Show 86
Eine fundamentale Fehleinschätzung 87

Die verhassten Sicherheitskräfte 89
Eine Demonstration von nie gehabter Größe 89
Gebäudebesetzungen 93
Das Schweigen der Regierung – Gespräche über
das Assoziierungsabkommen 94
Eine Rolle für den Europarat 96
Ein finanzielles Rettungspaket 96
Anti-EU-Propaganda 97
Das Stadtbild von Kyjiw ändert sich 97
Der folgenschwere Sturz der Leninstatue 98
Ashton besucht Kyjiw und Poroschenko rettet den Maidan 99
Demonstrationen ohne echtes Ziel 101

Der Euro-Maidan bekommt anti-russische Züge 103
Putin zeigt sich großzügig 103
Enttäuschung der Demonstranten 104
Die Rückkehr der Farben des antisowjetischen Widerstands 106
Der „Auto-Maidan" und der Fall Tschernowol 107
Neujahr am Maidan 109
Wochenlang friedliche Demonstrationen 110
Ratlosigkeit der Machthaber 111
Der Rechte Sektor, die „Fußballfans" und die
„Sicherheitsfirmen" 112
Die Rolle des Europäischen Parlaments 114
Der Sturz einer nicht existenten Leninstatue und der Beginn
der Gewalt 115

Fünfzehn Tage versuchte Diktatur 117
Der Held der anderen 117
Die „Gesetze" vom 16. Jänner 119
Die Tituschkis und die „Footballfans" 121
Wir werden des Landes verwiesen 121
Eine Marionettenregierung 122
Die Demonstranten ziehen auf die Hruschewskogo Straße 123
Ein Fünf-Millionen-Dollar-Gerät zur Identifizierung
der Demonstranten 125
Witalij Klytschko zwischen den Fronten 126
Die erste Verschleppung 126
Die ersten Sniper-Opfer 127

Der Auto-Maidan wird überfallen 129
Entscheidende Wochen für die Zukunft Europas 130
EU-Russland-Gipfel 132
Rücktritt Asarows 133
Die Rücknahme der Diktaturgesetze 133
Ein neues Amnestiegesetz 134

Versuchte Deeskalation 137
Der Präsident meldet sich krank – und verlässt Kyjiw in
Richtung Moskau 137
Gespräche bei der Münchner Sicherheitskonferenz 138
Unterdessen in Moskau 138
Dialoge hinter den Kulissen 139
Sanktionen gegen die ukrainische Regierungsspitze 140
Pläne für eine Gewaltenteilung 141
Die Rückgabe des Kyjiwer Bürgermeisteramtes 142
Eine teilweise Freilassung aber wieder keine Lösung Für
die anhängigen Strafverfahren 143

Eskalation der Gewalt 145
Im Parlament wird die Debatte über die Gewaltenteilung
erneut Vertagt 145
Brandlegung und der Beginn der Anti-Terror-Operation 146
Der Brand des Gewerkschaftsgebäudes 147
Drohungen von Gewalt gegen die Führung des Maidans 148
Wachsender Widerstand in der „Partei der Regionen" 148
Erneute Eskalation am 20 Februar 149
Wer waren die Schützen am Maidan und wer die Auftraggeber? 149
Zwei Missionen am Weg nach Kyjiw 151
Ein Verhandlungsmarathon 151
Der russische Gesandte muss die Verhandlungen verlassen 154
Protest des Maidans und Unterzeichnung des Abkommens 155
Die Parlamentsabgeordneten treten auf eigene Initiative
zusammen 156
Leichen zählen 157
Die Berkut räumt die Stadt 158
Ein Augenblick der Entspannung 159
Rückblick – die wichtigsten Fehler während der Krise 159
Wurde der Kreml vom Westen in die Irre geführt? 161

Die kritischen Tage nach der Wende 163
   Der Präsident verlässt Kyjiw 163
   Die Präsidentenadministration bleibt unbewacht 163
   Das verlassene Anwesen des Präsidenten 164
   Das Parlament tagt in Permanenz 166
   Die Wiedereinsetzung der Verfassung 2004 166
   Janukowytschs telefonischer Rücktritt 167
   Die „Selbstentfernung" – Ein unvollständiges
   Amtsenthebungsverfahren 168
   Die ersten Fehler 169
   Russischer Pragmatismus 170
   Besuch von Cathy Ashton 171
   Die letzten Tage der alten Regierung 171
   Selbsternannte Wachdienste 172
   Fotodokumentationen 173
   Schockstimmung am Maidan 173
   Erneut drohende Zahlungsunfähigkeit 174
   Die Opposition bildet die neue Regierung 174

Die illegale Annexion der Krim 177
   Ein paar Worte zur Geschichte der Krim 177
   Autonomie. Steuern. Verschwundene Mittel. 179
   Putin am Zenit seiner Macht und eine spontane Idee 180
   Parlamentsabstimmung mit Waffengewalt 182
   Wer braucht heute noch Militär? 184
   Jahrzehntelange Versäumnisse bei der Zerstörung von Waffen ... 185
   Ein letzter Versuch, die Annexion zu verhindern 185
   Der Europäische Rat entscheidet über die ersten Sanktionen und
   bietet Dialog an 186
   Ein manipuliertes Referendum 188
   Wie wäre das Referendum wirklich ausgegangen? 189
   Begeisterung in Moskau 190
   Internationale Reaktionen 191
   Die Angst vor einem großen Krieg in Europa ist zurück 192
   Erste Sanktionen der Europäischen Union gegen Russland 193
   Gelegenheit macht Räuber 193
   Eine Last für Moskau 194

Was die Intervention auf der Krim von jener in der Ostukraine
unterscheidet 194
**Der Beginn des Konflikts im Osten der Ukraine, OSZE-
Beobachtungsmission** **197**
  Die OSZE-Beobachtungsmission 197
  UN-Menschenrechtsmission 198
  Diverse pro-russische Demonstrationen im Osten des Landes 199
  Panzer aus dem Nirgendwo 200
  Die Gebäudebesetzungen vom 6. April 200
  In Charkiw scheitert der pro-russische Aufstand 201
  Der Beginn der „Anti-Terror-Operation" 202
  Ein letztes Vierseitiges Treffen in Genf 203
  Ein Gasfeld, Shell und eine GRU-Operation in Slowjansk 204
  Freiwilligen-Einheiten auf beiden Seiten 205
  Geiselnahme von OSZE-Beobachtern 207
  Die Tragödie von Odessa 208
  Referenden im Donbass gegen Putins Willen 209
  Die Entstehung von zwei „Volksrepubliken" 212
  Eine Landbrücke zur Krim? 213
  Unruhe-Stiftung in der Karpato-Ukraine und der Donau-Region. 213

Reformen, Zögern, Fehler – März bis Juni 2014 in Kyjiw **215**
  Der IWF übernimmt den Lead 215
  Die Logik des IWF und die Logik der Schachtarbeiter 216
  Die verpasste Gelegenheit für eine umfassende Polizeireform 218
  Versäumte Chance auf eine Verfassungsreform und eine
  Dezentralisierung 220
  Die Unterzeichnung der politischen Teile des
  Assoziierungsabkommens 220
  Einseitige Handelspräferenzen 221
  Die EU-Ukraine Support Group 221
  Fake News 222
  Bombendrohungen 222
  Präsidentschaftswahlen in einem Durchgang 223
  Poroschenko wird Präsident 224

Neubeginn internationaler Vermittlungsbemühungen und deren Grenzen 225
    Treffen in der Normandie und Einsetzung der „Trilateralen Kontaktgruppe" 225
    Poroschenkos Friedensplan und das Chaos in Donezk 226
    Verhandlungen mit den Rebellen und Freilassung von Geiseln ... 227
    Versöhnliche Töne aus Moskau – die Separatisten kämpfen weiter 228
    Zweiter Besuch der Kontaktgruppe 228
    Verhandlungen zwischen Moskau, Kyjiw und Brüssel 229
    Unterzeichnung des Assoziierungsabkommens und Drohung mit Sanktionen 230
    Fortsetzung der „Anti-Terror-Operation" 231
    Putin rät zur Verschiebung der Ratifizierung des Assoziierungsabkommens 231
    Lage in Donezk 232
    Abschuss der MH-17 234
    Verschärfte europäische Sanktionen 235
    „Gegensanktionen" 236
    Der Kessel von Ilowajsk 237
    OSZE Grenzbeobachtungsmission 238
    Menschliche Tragödien 238
    Humanitäre Konvois 239

Das erste Minsker Abkommen 241
    Vorbereitung der Gespräche in Minsk 241
    Das erste Minsker Protokoll 242
    Minsker Memorandum vom 19. September 244
    Einrichtung der JCCC und Eingrenzung des Konflikts 245
    Die Rolle Russlands in dieser Phase 246
    Moskau – Kyjiw – Brüssel – divergierende Ziele 247

Entwicklungen in Kyjiw im Sommer und Herbst 2014 und Ratifizierung des Assoziierungsabkommens 249
    Das vorläufige Ende von Gas als Instrument der Außenpolitik Russlands 249
    Abhängigkeit von Kohle 250
    Berücksichtigung russischer Interessen beim Assoziierungsabkommen 250

Die einstimmige, simultane Ratifizierung des
Assoziierungsabkommens 250
Neuwahlen und Rücktritt der Regierung Jazenjuk I 251

Das Minsker Abkommen wird obstruiert **253**
„Wahlen" in der Separatistenregion und deren Beobachtung
durch die „ASZE" 253
Telefondiplomatie zwischen Putin und Merkel 255
Eine symbolische Maßnahme und der Verfall des Rubels 255
Neuerliche Eskalation der Konflikte 256
Das zweite Minsker Abkommen 2015 257
Der Kampf um Debaltsewe 259
Die (Nicht-)Umsetzung des Minsker Abkommens 261
Ein hoher wirtschaftlicher Preis 262
Ein neues Equilibrium in der Ukraine 263

Was von dieser Zeit bleibt **265**
Demokratie 265
Eine geeinte Nation – die Überwindung des Gegensatzes von
Ost- und Westukraine 266
Bekämpfung der Korruption 266
Verantwortung fürs Budget und für das Eigentum des Staates ... 268
Reform der Sicherheitskräfte 269
Reformen der Staatsanwaltschaft 269
Visaliberalisierung 270
„Echte" Institutionen 270
Eine neue Bruchlinie 271

Einige Entwicklungen zwischen 2015-2022 .... **273**
Innenpolitik 273
Wirtschaft 274
Einschränkungen der Verwendung der russischen Sprache 276
Beziehungen zur EU 277
Krieg im Osten des Landes und Beziehungen zu Russland 278
Die ignorierten Warnungen vor dem drohenden Krieg 279

Zusammenfassung **281**

Literaturverzeichnis **285**

Danksagung **301**

Anmerkungen

The views expressed are purely those of the writer and may not in any circumstances be regarded as stating an official position of either the European External Action Service or the European Union. Die ausgedrückte Meinung ist ausschließlich jene des Autors.

Die Umschreibung der Namen erfolgt nach der Nationalität der Person. Es ergeben sich dadurch bisweilen unterschiedliche Schreibungen des gleichen Namens bei russischen und ukrainischen Staatsangehörigen.

Zur besseren Lesbarkeit wird in diesem Buch das generische Maskulinum verwendet. Die verwendeten Personenbezeichnungen beziehen sich – sofern nicht anders kenntlich gemacht – auf alle Geschlechter.

Vorwort

Die politischen Ereignisse in der Ukraine von 2013 bis 2015 sind für die Geschichte Europas von maßgeblicher Bedeutung. Viele entscheidende Details sind bis heute unbekannt: Die drohende Zahlungsunfähigkeit des ukrainischen Staates zwang die damalige Verwaltung, ihren pro-europäischen Kurs aufzugeben. Dies führte zu den Demonstrationen am Maidan. Diese wären rasch abgeebbt, wäre nicht grobe Polizeigewalt gegen die Demonstranten eingesetzt worden und wären nicht die willkürlich agierenden Sicherheitskräfte so verhasst gewesen. Der damalige Präsident Janukowytsch erhielt ein großzügiges finanzielles Angebot aus Russland, wurde aber auch vom Kreml unter Druck gesetzt. Die Öffentlichkeit sah zwar das Ergebnis – nicht aber wie dies geschah. Mit einer gefälschten Parlamentsabstimmung wurde versucht, eine Diktatur nach russischem Vorbild und mit russischer Unterstützung zu schaffen. Dies führte zu einer Verhärtung der Positionen, zu einem verbitterten Widerstand am Maidan, auf dem die Demonstranten nun wussten, dass sie nur noch die Wahl zwischen Sieg und Haft bzw. Tod hatten. Es gab aber auch immer mehr Widerstand in der regierenden Partei. Die internationale Gemeinschaft, vor allem die EU, spielte eine vermittelnde Rolle.

Mitte Februar gab es noch einmal Schritte zur Deeskalation und eine informelle Vereinbarung. Die Demonstranten erfüllten ihren Teil und gaben besetzte Gebäude zurück, die Machthaber „vergaßen" aber auf den ihren. Wütende Demonstranten stürmten daraufhin Richtung Regierungsviertel. Als das Gebäude der Partei der Regionen angezündet wurde, eskalierte der Konflikt endgültig. Scharfschützen eröffneten das Feuer auf die Demonstranten. Fast 100 Menschen starben. EU, Deutschland, Frankreich, Polen und Russland versuchten noch einmal *gemeinsam* in Kyjiw zu vermitteln. Doch dann erschien der russische Botschafter und holte den russischen Verhandler aus dem Saal.

Wenn Wladimir Putin den im Februar 2022 begonnenen Angriff auf die Ukraine rechtfertigt, kommt immer wieder eine Behauptung auf: Europa habe im Februar 2014 Vereinbarungen gebrochen. Eines sei ausgemacht worden, etwas anderes geschehen. Das Buch geht dieser Behauptung nach und zeichnet die Ereignisse möglichst detailliert nach.

In den Jahren 2011 bis 2015 erlebte ich diese dramatischen Entwicklungen in Kyjiw als Leiter der Politischen Abteilung der EU-Delegation in

Kyjiw, nahm selbst an vielen Verhandlungen teil oder erhielt Berichte aus erster Hand darüber. Ich konnte viele zentrale Persönlichkeiten kennenlernen und hatte die Möglichkeit an manchen Stellen durch einen Vorschlag oder ein Telefonat den Ereignissen auch einen anderen – wie ich hoffe positiven – Spin zu geben. Leider wurde ich auch Zeuge mancher Fehler, die oft aus einer menschlich verständlichen, emotionalen Entscheidung entsprangen, aber in vielen Fällen weitreichende, negative Folgen hatten. Die Arbeit beruht daher zu einem wesentlichen Teil auf persönlichen Notizen und Berichten von Augenzeugen. Ich hoffe, dass sie eines Tages einen – zweifellos sehr kleinen – Beitrag leisten wird können, jene Phase der Geschichte, in der sich die Kluft zwischen EU und Russland stark vertiefte, aufzuarbeiten und in dieser Zeit entstandene Gräben zuzuschütten.

Bis heute habe ich tiefen Respekt vor den vielen Menschen, die sich entschlossen hatten, sich 2013 friedlich am Maidan zu versammeln und die gewaltlos für Demokratie und Rechtsstaatlichkeit eintraten. Manche von ihnen werden in diesem Buch mit Namen genannt, die Mehrzahl bleibt anonym. Viele haben danach nie mehr eine bedeutende Rolle eingenommen. Ihnen allen gilt meine Hochachtung und ihnen sei dieses Buch gewidmet.

Wien, im Juli 2023   Hannes Schreiber

Einige Marksteine in der ukrainischen Geschichte

Die Ukraine ist ein großes Land. Es ist annähernd gleich groß wie Polen und Deutschland zusammen, mit (2013) 44 Millionen Einwohnern allerdings deutlich weniger dicht besiedelt. Die Bevölkerung schrumpft ständig. 1991 lebten in der Ukraine 52 Millionen Menschen, 2020 noch 44 Millionen, nach der Invasion Russlands 2022 und der daraus folgenden Massenflucht, werden wohl noch deutlich weniger gezählt werden.

Die historisch bedingten Unterschiede zwischen den drei Regionen sind oft betont worden. Der Westen ist ukrainischsprachig, landwirtschaftlich geprägt, über Jahrhunderte mit wechselnden Grenzen Teil von Polen, Litauen, Schweden und Österreich-Ungarn. Der Osten ist eine Region mit viel Schwerindustrie, vor allem in den Städten russischsprachig und war lange Teil des Russischen Reiches. Der Süden war über Jahrhunderte Teil des osmanischen Reiches und ist heute ebenfalls vorwiegend russischsprachig. In den neunziger Jahren gab es viele Stimmen, die den Zerfall der Ukraine erwarteten. Dies wäre vielleicht auch geschehen, hätten nicht die tragischen Entwicklungen der letzten Jahrzehnte ein ausgeprägtes nationales Bewusstsein geschaffen. Davon wird noch mehrfach die Rede sein.

Unabhängigkeit, Hungerkatastrophe, „Große Säuberung", 2. Weltkrieg

Die Geschichte der Ukraine im 20. Jahrhundert ist tragisch: Auf die kurze Zeit der Unabhängigkeit am Ende des Ersten Weltkriegs folgte für den Großteil des Landes die sowjetische Herrschaft. Es war eine Zeit, in der die Ukrainerinnen und Ukrainer viel Furchtbares erlebten. Zwei Entwicklungen verdienen besondere, exemplarische Erwähnung: Die düsterste Zeit war jene des Hungertods, des Holodomors in den dreißiger Jahren, während der Millionen Menschen in der Ukraine, aber auch im Süden Russlands mitten in einem überaus fruchtbaren Land an Hunger starben – die unglaublich traurige Folge sowjetischer Planungspolitik. In der Ukraine kamen 4 Millionen Menschen um, mehr als die Hälfte aller Hungertoten in der Sowjetunion in dieser Zeit. Die ukrainische Regierung definiert dies Geschehnisse als Völkermord, während Russland darauf verweist, dass diese furchtbare Zeit viele Völker der Sowjetunion betroffen habe.[1] Es war nur eine von mehreren Hungersnöten in der Ukraine im vorherigen Jahrhundert.

1937-38 folgte die „Große Säuberung" – wieder mit unzähligen, oft unschuldigen Opfern. Personen, die angeblich den Kommunismus sabotierten, wurden zu langen Haftstrafen oder auch zum Tode verurteilt.[2] Dies betraf alle Teile der Sowjetunion. Es war nur eine von vielen „Säuberungswellen" deren letzte in den siebziger Jahren stattfand.[3] Jene von 1937-38 war jedoch die grausamste.

Aus russischer Sicht sind dies Kapitel der Geschichte, die traurig waren, aber am besten vergessen werden sollten. Aus ukrainischer Sicht war beides – Hungertod und Große Säuberung – von Moskau angeordnet und für viele Grund, nie wieder unter die Kontrolle Moskaus zurückkehren zu wollen.

An dieser Stelle müssen die Kriegswirren von 1939/1941 bis 1945 nicht nachgezeichnet werden. Nicht unerwähnt bleiben soll jedoch, dass ein Teil der Bevölkerung weder für die Achsenmächte noch für die Alliierten, sondern für eine unabhängige Ukraine kämpfte. Ein Kampf, der ebenso langwierig wie aussichtslos war. Im europäischen Bewusstsein endete der Krieg 1945. Im Westen der Ukraine dauerte er de facto bis 1947 an, vereinzelt sogar bis 1953. Plakate warben: „Wir haben den Faschismus besiegt, nun besiegen wir den Kommunismus." Ihre Fahne: Rot-Schwarz. Ihr Ruf „Slawa Ukrajiny" – „Ruhm der Ukraine". Der Widerstand war aussichtslos, die Niederschlagung grausam. Für viele Widerstandskämpfer endete er mit ihrem Tod. Oksana Sabuschko hat diesem Widerstand in ihrem Werk „Museum der vergessenen Geheimnisse" ein Denkmal gesetzt.[4]

Die Geschichte Osteuropas ist voll unaufgearbeiteter Konflikte. Über viele Abschnitte dieser Geschichte gibt es zwischen den ehemaligen Konfliktparteien bis heute keinen Konsens, was geschehen ist und wie es zu bewerten ist. Der Maidan und der gegenwärtige Krieg in der Ukraine sind tragische Beispiele dafür.

---

[1] Vgl. Plokhy, S., Die Frontlinie. Warum die Ukraine zum Schauplatz eines neuen Ost-West-Konflikts wurde. Hamburg: Rowohlt 2022, 146-151.
[2] Vgl. Kappeller, A., Kleine Geschichte der Ukraine, München: C.H. Beck 2019 ,165-205.
[3] Vgl. ebd. 230-245.
[4] Vgl. Sabuschko, O., Museum der vergessenen Geheimnisse, Roman. Aus dem Ukrainischen von Alexander Kratochvil. Droschl, o.O. 2010.

Der Maidan war vorwiegend eine Widerstandsbewegung gegen Korruption, Rechtsbruch, Missbrauch der Staatsgewalt und gegen den Versuch, eine Diktatur zu etablieren. Anti-russische Konnotationen erhielt sie erst durch die missglückte Intervention Putins. Die Ungeschicklichkeit, mit der die Intervention erfolgte und die Art wie der Maidan in russischen Medien präsentiert wurde, war zum Teil Folge divergierender Versionen über die russisch-ukrainische Geschichte. Die Konsequenzen sind dramatisch.

Während und nach dem zweiten Weltkrieg kamen Gebiete im Westen und Süden zur Ukraine, die bisher eine andere Geschichte gehabt hatten: Sie hatten zu anderen, oft wechselnden Herrschaftsgebieten gehört: Litauen, Schweden, Osmanisches Reich, Österreich, Ungarn, Tschechoslowakei, Polen, Rumänien.[5] Die wechselnden Herrschaftsformen haben unterschiedlich tiefe Spuren hinterlassen.

Aus der Geschichte nach dem Zweiten Weltkrieg ist vor allem das Unglück von Tschernobyl von Bedeutung, u. a. ein Beispiel für die furchtbaren Folgen einer Politik des Verschweigens von Unfällen.

In der heutigen Ukraine lebten verschiedene Ethnien mit unterschiedlichen Religionsbekenntnissen. Erwähnt seien neben Ukrainern und Russen u. a. vorwiegend sunnitische Tataren und Juden. Nicht unerwähnt bleiben sollten wiederholte Pogrome gegen die jüdische Minderheit.

Die überraschende Unabhängigkeit

Am 1. Dezember 1991 fand ein Referendum über die Unabhängigkeit der Ukraine statt. Erwartet wurde eine knappe Mehrheit für den Verbleib bei der Sowjetunion. Tatsächlich stimmten beinahe 90% der Ukrainer für die Unabhängigkeit ihres Landes.[6] In allen Regionen, einschließlich der Krim gab es eine Mehrheit für die Unabhängigkeit. Auf der Krim waren es 54%, in Donezk und Lugansk waren es zwischen 83 und 84%. Es stimmten also nicht nur Ukrainer, sondern auch viele Menschen mit russischer Muttersprache für die Unabhängigkeit.

Am selben Tag wurde Leonid Krawtschuk mit 61,6% zum ersten Präsidenten der Ukraine gewählt.[7]

---

[5] Vgl. Kappeler 206-214.
[6] Vgl. ebd. 253.
[7] Vgl. ebd.

Wenige Tage danach, am 8. Dezember 1991, traf sich Krawtschuk mit den führenden Männern Russlands und von Belarus, Boris Jelzin und Stanislau Schuschkewitsch, in Belowesch, im Westen von Belarus. Sie besprachen u. a., was als Folge des Referendums nun zu tun sei. Das Ergebnis: Ein Beschluss, die Sowjetunion aufzulösen. An ihre Stelle sollte die „Gemeinschaft Unabhängiger Staaten" treten.[8]

Krawtschuk erzählte uns in kleiner Runde, am Heimweg von Belowesch habe er mit seiner Verhaftung bei der Landung in Kyjiw gerechnet. Das Gegenteil war der Fall: Ehrenvoll wurde er von der Präsidentengarde begrüßt. Damit sei ihm klar gewesen, dass die Unabhängigkeit der Ukraine Realität ist.

Bis heute ist der Wunsch nach Unabhängigkeit von Moskau eines der wichtigsten verbindenden Elemente in der Ukraine.

Missglückte Privatisierung

In den 90er Jahren und dem ersten Jahrzehnt dieses Jahrtausends fand eine rasche, unvollständige Privatisierung von staatseigenen Betrieben statt. Viele staatlich geführten Betriebe waren ineffizient. Mit der Privatisierung sollte vor allem eine Effizienzsteigerung und damit ein größerer Wohlstand erreicht werden. Die Privatisierungswelle ist in vielen Fällen aus heutiger Sicht missglückt. Sie führte zum Entstehen einer Oligarchie im Lande. Der Großteil der Gesellschaft blieb arm während vielen Oligarchen vorgeworfen wird, mit unlauteren Mitteln reich geworden zu sein.[9] Angesichts eines schwachen Justizsystems konnte das nie unabhängig überprüft werden. Diese kleine Gruppe von Personen, die sog. „Oligarchen", verfügte nicht nur über Vermögen, sondern auch über Fernsehkanäle oder andere Massenmedien und hatte vielfach Interessensvertreter im Parlament oder sogar in der Regierung.[10]

In den vier Jahren in Kyjiw habe ich viele der sogenannten „Oligarchen" persönlich kennengelernt. Manche zeigten sich staatstragend und verantwortungsvoll. Einige waren sehr zuvorkommend, es gab aber auch

---

[8] Vgl. Council of Europe – Conseil de l'Europe. European Commission for Democracy through Law: Agreement Establishing the Commonwealth of Independent States, https://www.venice.coe.int/webforms/documents/?pdf=CDL(1994)054, abgerufen am 14. Juli 2023.
[9] Vgl. Kappeler 259-262.
[10] Vgl. Pleines, H., Die Macht der Oligarchen, Großunternehmer in der ukrainischen Politik. In: Ukraine Analysen 40, https://www.laender-analysen.de/ukraine-analysen/40/UkraineAnalysen40.pdf, abgerufen am 3. Mai 2022, 2-5, 2-3.

einzelne, sehr negative Ausnahmen. Es waren darunter sehr unterschiedliche Charaktere.

Ein oligarchisches System ist etwa zur gleichen Zeit auch in Russland und anderen postkommunistischen Staaten entstanden. Ein System mit wenigen sehr reichen, politisch einflussreichen und vielen armen Menschen mit sehr wenig Einfluss auf die Politik ist von Natur aus fragil. Es provoziert unweigerlich, dass die große Mehrheit versucht, das System zu ändern. Diese Fragilität zeigte sich in Russland wie in der Ukraine wiederholt. 2013 war dieses System einer der Gründe, warum so viele Menschen auf den Maidan gingen.

In Russland erwies sich das politische System als stabiler als in der Ukraine. Dafür gibt es im Wesentlichen drei Gründe:

- Die Russische Föderation verfügt über große Einkünfte und auch über hohe Steuereinnahmen aus dem Verkauf von Öl, Gas und anderen Rohstoffen. Diese machen wiederum einen gewissen sozialen Ausgleich möglich.
- Der Sicherheitsapparat, Nachrichtendienste und Polizei, die sog. „Silowiki" waren und sind in Russland wesentlich stärker; sie bilden heute eine der Grundlagen der Macht Putins.
- Schließlich ist es Putin gelungen, die gesamte russische Medienszene unter Kontrolle und de facto zum Schweigen zu bringen, was in der Ukraine nie möglich war.

DIE WAHL 1994 – DER BRUCH ZWISCHEN OST- UND WESTUKRAINE WIRD SICHTBAR

1994 fanden u. a. auf Druck von Bergleuten aus dem Osten der Ukraine vorgezogene Präsidentenwahlen statt. In die Stichwahl kamen Leonid Krawtschuk, der Amtsinhaber, und Leonid Kutschma, der ehemalige Premierminister. Krawtschuk sprach Ukrainisch und kam aus der Westukraine. Kutschma sprach Russisch und kam aus dem Osten des Landes. Krawtschuk erhielt in der West- und Mittelukraine die meisten Stimmen. Geschlagen wurde er aber von Leonid Kutschma, der in allen Teilen des russischsprachigen Ostens und Südens des Landes die Mehrheit erhielt – in Donezk und auf der Krim sogar mehr als 88% der Stimmen[11].

---

[11] Vgl. Kappeler 266-257.

Für Jahrzehnte sollte die Teilung in West- und Ostukraine ein dominierendes Thema der Präsidenten- und Parlamentswahlen sein. Erst 2014, nach dem Maidan wurde diese Teilung überwunden und es entstand eine ukrainische Identität im gesamten Land. Der aus dem Westen stammende Petro Poroschenko gewann 2014 in der ersten Runde ebenfalls in fast allen Teilen der Ostukraine, einschließlich in jenen Teilen von Lugansk, in denen gewählt werden konnte, die absolute Mehrheit. Auch sein Nachfolger, der aus dem russischsprachigen Süden stammende Wolodymyr Selenskyj, gewann die Stichwahlen im Westen wie auch im Osten.

VERZICHT AUF ATOMWAFFEN

Der Zerfall der Sowjetunion ließ die Ukraine die drittgrößte Nuklearmacht weltweit werden. Rund 15% der sowjetischen Atomwaffen waren in der Ukraine stationiert. Der Bau neuer solcher Waffen erfolgte zum Teil in der Ukraine selbst. Am 5. Dezember 1994 wurde das „Budapester Memorandum" unterzeichnet, eine politisch verbindliche Erklärung. Die Ukraine verzichtete auf ihre Atomwaffen. Russland, die USA und das Vereinigte Königreich garantierten, die Souveränität und die bestehenden Grenzen der Ukraine zu achten.[12] Die Ukraine trat dem Atomwaffensperrvertrag und dem Atomwaffenteststoppvertrag bei. Mit Kasachstan und Belarus wurden analoge Vereinbarungen abgeschlossen. Bis 1996 wurden alle Atomwaffen aus der Ukraine nach Russland gebracht. Rund 15% der sowjetischen Atomwaffen waren in der Ukraine stationiert gewesen.[13]

Die Vereinbarung wurde damals als ein wichtiger Beitrag zur Sicherheit in Europa gesehen. Je mehr Staaten in Besitz von Atomwaffen sind, umso höher ist die Gefahr, dass diese Waffen auch tatsächlich verwendet werden. Da alle Nachfolgestaaten der Sowjetunion instabil waren, war auch die Gefahr eines Missbrauchs real.[14]

---

[12] Vgl. Ukraine, Russian Federation, United Kingdom of Great Britain and Northern Ireland and United States of America Memorandum on security assurances in connection with Ukraine's accession to the Treaty on the Non-Proliferation of Nuclear Weapons. Budapest, 5 December 1994, Treaty Series Treaties and International Agreements registered or filed and recorded with the Secretariat of the United Nations, Volume 3007, 2014, https://treaties.un.or g/doc/Publication/UNTS/Volume%203007/v3007.pdf, abgerufen am 3. Mai 2023.
[13] Vgl. Budjeryn, M, Umland, A., Amerikanische Russlandpolitik, die Souveränität der Ukraine und der Atomwaffensperrvertrag: Ein Dreiecksverhältnis mit weitreichenden Konsequenzen. In: Sirius 2017; 1(2): 133–142, 135.
[14] Vgl. z.B. SWR. Russland garantiert die Souveränität der Ukraine, ist aber gegen NATO-Osterweiterung. 5.12.1994, https://www.swr.de/swr2/wissen/archivradio/russland-garantiert

Viele ukrainische Politiker sehen heute das Budapester Memorandum als großen Fehler an. Russland verletzte die Vereinbarung mit der illegalen Annexion der Krim und später mit der Unterstützung der Separatisten im Donbass grob. Dies blieb für Russland jedoch ohne Folgen und hatte Auswirkungen auf die gesamte Sicherheitsarchitektur Europas.

Hätte Putin 2022 einen Krieg gegen eine Nuklearmacht Ukraine begonnen? Aus Sicht der meisten Ukrainer wäre dies auszuschließen.

1997 wurde die NATO-Russland-Grundakte unterschrieben.15 Es handelt sich um eine Absichtserklärung der NATO einerseits und Russlands andererseits. Vereinbart sind vertrauensbildende Maßnahmen, Abrüstung und vertiefte Zusammenarbeit im Rahmen der OSZE. Spätestens mit der russischen Invasion in der Ukraine wurde sie de facto bedeutungslos. Mit der Ukraine gibt es keine analoge Vereinbarung.16

POLITMORDE

Erwähnt sei auch die Tradition der Politmorde und Politunfälle. Sie gehören zur Geschichte der Sowjetunion, deren Nachfolgestaaten, aber auch zu jener des kommunistischen Osteuropas. Personen, die politisch unbequem wurden, verschwanden meist ohne viel Aufsehen in Haftanstalten, wo viele schließlich umkamen. Andere verstarben bei Verkehrsunfällen, üblicherweise mit LKWs. Die Umstände blieben oft ungeklärt. Zu den prominentesten ungeklärten Fällen in der Ukraine gehörte jener von Wjatscheslaw Tschornowil, einem populären Dissidenten und ehemaligen Präsidentschaftskandidaten im Jahr 1999.[17] Im Jahr 2000 wurde Heorhij Gongadse, ein prominenter Journalist, ermordet. Wiktor Juschtschenko, damals Präsidentschaftskandidat, wurde 2004 Opfer einer Vergiftung mit

---

-1994-souveraenitaet-von-ukraine-ist-aber-gegen-nato-os-100.html, abgerufen am 29. Mai 2023.

[15] Vgl. North Atlantic Treaty Organization. Grundakte über Gegenseitige Beziehungen, Zusammenarbeit und Sicherheit zwischen der Nordatlantikvertrags-Organisation und der Russischen Föderation. https://www.nato.int/cps/en/natohq/official_texts_25468.htm?selectedLocale=de, abgerufen am 29. Mai 2023.

[16] Von russischer Seite wird immer wieder behauptet, bei der Wiedervereinigung Deutschlands sei ein Verzicht auf eine Osterweiterung der NATO vereinbart worden. Eine schriftliche Bestätigung fehlt. Vgl. dazu: Bundesakademie für Sicherheitspolitik. NATO Osterweiterung: Gab es westliche Garantien? https://www.baks.bund.de/de/arbeitspapiere/2018/nato-osterweiterung-gab-es-westliche-garantien, abgerufen am 17. Juli 2023.

[17] Vgl. z.B. Kommersant.ua: Вячеслав Чорновил умер, но дело его живет. //Стали известны новые обстоятельства следствия по делу о гибели основателя Народного руха, http://www.kommersant.ua/doc.html?docId=780625, abgerufen am 28. Mai 2023.

einer speziellen Art von Dioxin. Er überlebte nur knapp, dank einer Behandlung in Wien.[18] Juschtschenko wurde dennoch Präsident, sein Charisma büßte er jedoch ein. 2013-15 erlebte ich Juschtschenko im persönlichen Gespräch weiterhin physisch aber auch psychisch von dieser Vergiftung geprägt. Andere Staaten Osteuropas kennen ähnliche Fälle.

Es ist durchaus denkbar, dass die Morde und Mordversuche auf das Konto eines externen Akteurs gingen, der in der Ukraine Unruhe stiften wollte.

Sicher ist, dass ein Mord, Selbstmord oder induzierter Selbstmord im Herbst 2013 in London zu einem überraschenden Stimmungswechsel in der ukrainischen Regierung beitrug: Boris Beresowski, ein Oligarch und bekannter Kritiker Putins, starb unter ungeklärten Ursachen. Dies sollte eine Rolle in der ukrainischen Geschichte spielen (siehe Seite 71.).

DIE VERHASSTEN SICHERHEITSKRÄFTE UND DIE BEVÖLKERUNG

Durch viele Staaten Osteuropas ging oder geht ein Riss. Etwas vereinfacht lässt es sich so darstellen: Auf der einen Seite steht der Sicherheitsapparat, zu dem die Polizei oder „Miliz", die Nachrichtendienste, die Staatsanwaltschaft und die Justiz zählen (oft „Silowiki" genannt). Auf der anderen Seite steht die Bevölkerung. Theoretisch wäre der Sicherheitsapparat da, um die Bevölkerung vor Rechtsbruch und Gewalt zu schützen. Oft ist die Wahrnehmung in der Bevölkerung aber eine ganz andere. In vielen Sicherheitsapparaten Osteuropas fanden oder finden sich kriminelle Elemente. Die Silowiki hielten aber in aller Regel eng zusammen. Anzeigen untereinander würden dem eigenen Ethos widersprechen – auch bei schweren Verbrechen. Wer einmal in die Hand der Silowiki fällt, hat ein ernstes Problem. Die Richter folgen in fast allen Fällen den Anträgen der Staatsanwälte. Die Staatsanwälte wiederum gründen ihre Anträge meist auf die Erhebungen der Miliz. Der Sicherheitsapparat war in der Ukraine, aber auch in anderen Staaten Osteuropas, ein Staat im Staat.

Das System war ohne externes Regulativ und als solches anfällig für Korruption und Machtmissbrauch. Wer immer einer Straftat verdächtigt

---

[18] Vgl. Süddeutsche Zeitung. Gift-Anschlag auf Juschtschenko: Dioxin aus dem Speziallabor, 17. Mai 2010, abgerufen am 28. Mai 2023.

wurde, versuchte sich rasch mit dem Organ des Sicherheitsdienstes zu arrangieren, oft durch ein Geschenk oder eine Geldprämie für das Unterlassen einer Anzeige. Das System verselbstständigte sich.

Fast jeder Autofahrer in der Ukraine kannte Fälle, in denen er willkürlich von der Straßenpolizei mit dem berühmten schwarz-weiß gestreiften Stab aufgehalten worden war. Die Dokumente wurden auf Unvollständigkeit geprüft oder der Polizist dachte sich ein angebliches Verkehrsvergehen aus und verhängte für eine nicht begangene Verkehrsübertretung eine Geldstrafe. Die Strafe war ausschließlich in bar zu bezahlen. Für die Strafe wurde so gut wie nie eine Bestätigung ausgestellt, das Geld wanderte in private Taschen, eine Quittung war nicht vorgesehen. Die meisten meiner Gesprächspartner waren sicher, dass diese Gelder nie die Staatskasse erreichten, sondern in dunklen Kanälen verschwanden.

Ein zynischer Witz umriss die Situation perfekt: Was macht ein Polizist, wenn er in der Lotterie gewinnt? Er kauft sich eine Kreuzung und macht sich selbstständig. Eine befahrene Kreuzung war eben eine großartige Einnahmequelle.

Es gab in sozialen Medien zahlreiche Berichte über Gewaltverbrechen, die Sicherheitskräfte begangen hatten und darüber, dass so gut wie kein Beamter bestraft oder zumindest suspendiert wurde. Die Miliz wurde vor allem mit Korruption und dem Erpressen von Schmiergeldern in Verbindung gebracht.

Aber es gab noch Schlimmeres: Etwa ein Jahr vor dem Maidan hatte sich im Süden der Ukraine ein Verbrechen ereignet, das symptomatisch für dieses Phänomen war, eines der größten Probleme des Landes war: Immer wieder waren z.B. junge Mädchen verschleppt, vergewaltigt und ermordet worden. In einem Fall überlebte das Mädchen und gab an, dass drei junge Polizisten sie verschleppt hatten. Eine Anzeige hatte keine Folgen, eine Beschwerde bei den Vorgesetzten ebenso wenig. Die Polizisten hielten zusammen. Erst als die Bewohner des Ortes geschlossen auftraten und von den dreien und den Behörden Rechenschaft forderte, konnte etwas erreicht werden.

In einem anderen Fall kam es im März 2012 in Mykolajiw zu Protesten mit tausenden Teilnehmern, als ein 18-jähriges Mädchen vergewaltigt und dann ermordet wurde, die Täter aber Söhne führender Vertreter der Stadtverwaltung, rasch wieder frei gelassen wurden.

Bei Fußballspielen kam es ab 2010 immer wieder zu Scharmützeln zwischen „Ultras" und Sicherheitskräften. Teilweise nahm dies laut einem ehemaligen Chef des SBU, des ukrainischen Nachrichtendienstes, den Charakter eines nahezu organisierten Widerstands gegen die Sicherheitskräfte an. Dies habe ganze Regionen erfasst.[19]

Die Sicherheitskräfte waren also bei vielen Ukrainern verhasst. Ihr ungeschickter Einsatz beim Maidan sollte 2013 zur Eskalation beitragen und dazu, dass dieser Konflikt so schwer lösbar wurde.

KUTSCHMAS AUSGEWÄHLTER NACHFOLGER

In vielen halbdemokratischen Systemen verläuft die Machtübergabe von einem Präsidenten auf seinen Nachfolger durch informelle Arrangements zwischen verschiedenen politisch einflussreichen Gruppen. Ist ein weitgehender Konsens erreicht, so stellt der amtierende Präsident seinen Nachfolger vor. So hätte es 2004 auch in der Ukraine geschehen können.

Die alte ukrainische Verfassung sah eine Beschränkung der Amtszeit des Präsidenten auf zwei Perioden vor. Wie die Beispiele von Belarus, Kasachstan und Russland zeigen, treten durchaus nicht alle Präsidenten am Ende ihrer Amtszeit zurück. Anders hier: Durch eine Reihe dramatischer Vorfälle war Präsident Kutschma am Ende seiner zweiten Amtszeit stark diskreditiert. 2000 starb, wie erwähnt, Heorhij Gongadse, Gründer und Herausgeber der „Ukrajinska Prawda", ein bekannter Journalist, gewaltsam. Tonbänder tauchten auf, wonach Kutschma die Ermordung in Auftrag gegeben haben könnte. Dazu kamen die erwähnten anderen ungeklärten Morde und die problematischen Privatisierungen. Den Menschen ging es nicht besser als vor Beginn der Privatisierungen. Kutschmas Zustimmungswerte waren so tief gefallen, dass an eine Verfassungsänderung für eine dritte Amtszeit nicht mehr zu denken war. Kutschma habe ich als sehr politisch denkenden Menschen kennengelernt, mit klarem Sinn fürs Machbare. Für die Wahl 2004 war er realistisch genug, einen Nachfolger zu suchen. Die Wahl fiel früh auf Wiktor Janukowytsch. Dieser hatte Unterstützung aus Teilen der Oligarchie, hatte sich als Premierminister bewährt und war sichtlich auch im Kreml respektiert.[20]

---

[19] Vgl. Sergijenko, W., Europas offene Wunde. Wie die EU beim Krieg in der Ukraine versagte. Frankfurt: fifty-fifty 2020, 63-64.
[20] Vgl. Kapeller 282-283.

WIKTOR JUSCHTSCHENKO UND DIE ORANGE REVOLUTION

Überall in Osteuropa waren die neunziger Jahre wirtschaftlich und finanzpolitisch äußerst schwierig. Fast alle Länder hatten mit hoher Inflation zu kämpfen. Der russische Rubel brach 1993 und noch dramatischer 1998 zusammen, was zum Aufstieg der Silowiki und zur Machtübernahme Putins beitrug. Die ukrainische Wirtschaft entwickelte sich noch schlimmer als die der meisten anderen GUS-Staaten. 1992 betrug die Wirtschaftsleistung gerade noch 40% des Niveaus von 1989.[21]

Die Kyjiwer Nationalbank leitete ab 1993 der Ökonom Wiktor Juschtschenko. Ihm gelang es, die Inflation in den Griff zu bekommen. 1997 erhielt er als einer der ersten Osteuropäer den „Global Finance Award" als einer der besten Bankfachleute weltweit.[22] Als 1998 der russische Rubel radikal abwertete, brach die ukrainische Hrywnja nicht zusammen. Dies hatte mehrere Ursachen, eine davon war das umsichtige Vorgehen des Nationalbankchefs. Die Geschichte Osteuropas wäre möglicherweise eine andere, hätte die russische Nationalbank in dieser kritischen Zeit einen Experten wir Juschtschenko gehabt.

1999 wurde Juschtschenko von Kutschma zum Premierminister bestellt, führte marktwirtschaftliche Reformen durch, ignorierte die Oligarchie (was ihm später zum Verhängnis wurde), nahm sein Gehalt, bereicherte sich aber nicht und war auch als Regierungschef in weiten Teilen der Bevölkerung beliebt. Auf mich wirkte er nie, als hätte er eine politische Karriere angestrebt. Sie kam eher zu ihm.

Ende Mai 2001 wurde er durch ein Misstrauensvotum im Parlament gestürzt. An seine Stelle trat Anatoliy Kinach, ein (sehr ruhiger) Vertreter der Industrie.

Juschtschenko blieb in der Politik, seine Partei, „Nascha Ukrajina" – „Unsere Ukraine" wurde bei den Parlamentswahlen 2002 mit 22,3% stärkste Kraft. Er selbst wurde Fraktionsvorsitzender. Bald war klar, dass er einer der wichtigsten Kandidaten bei der Präsidentschaftswahl 2004 sein würde und dass er von Kutschma nicht unterstützt würde.

Der Präsidentschaftswahlkampf im Herbst 2004 hatte einen ähnlichen Charakter wie viele in der ehemaligen Sowjetunion. In den Medien

---

[21] Vgl. ebd. 263.
[22] Vgl. Der Standard. Viktor Juschtschenko. Profiökonom und Ukraines Hoffnung. 10. Jänner 2005. https://www.derstandard.at/story/1867015/viktor-juschtschenko, abgerufen am 29. Mai 2023.

war vor allem der Regierungskandidat Wiktor Janukowytsch präsent. Es gab Einschränkungen der Versammlungsfreiheit, Razzien bei oppositionellen Gruppierungen und Personen und vieles anderes mehr. Besonders dramatisch war die Vergiftung Juschtschenkos. Die OSZE-Wahlbeobachter berichteten am Wahltag von schweren Verletzungen des Wahlgesetzes. Wahlzettel seien nachträglich eingeworfen worden, es habe vorab ausgefüllte Stimmzettel gegeben, Unterschriften seien gefälscht worden, es habe Einträge von verstorbenen Wählern und mehrfache Einträge desselben Wählers gegeben.23 Manches war dabei sicherlich Schlamperei, manche Unregelmäßigkeiten erinnern aber sehr an die Wahlen 2001 in Belarus.

Dennoch gewann Wiktor Juschtschenko überraschend die erste Runde der Präsidentschaftswahlen mit 39,9% vor Wiktor Janukowytsch mit 39,3%.

Am 21. November 2004 fand die zweite Runde statt. Exit-Polls und Meinungsumfragen wiesen klar auf einen Wahlsieg von Juschtschenko hin. Bei dieser Runde gab es nun zahlreiche Berichte über tatsächliche Wahlfälschungen – viele Personen wählten mehrfach. Besonders beliebt waren sog. „Wahlkarusselle".[24] Daneben gab es Berichte über eine Manipulation des Servers der zentralen Wahlkommission. Bald danach wurde das vorläufige Endergebnis veröffentlicht: 49,5 % für Wiktor Janukowytsch und 46,6 % für Wiktor Juschtschenko. Von den fünfzehn Mitgliedern der zentralen Wahlkommission bestätigten das Ergebnis nur neun.

Am 22. November 2004 versammelten sich etwa hunderttausend Menschen am Maidan, um gegen die vermutete Wahlfälschung zu demonstrieren, bald danach sollten es 250.000 sein, manche sprechen von einer Million.

Die Tage der Orangen Revolution wurden schon vielfach nachgezeichnet. Sie dauerte rund fünf Wochen, blieb während der ganzen Zeit friedlich und endete mit einer politischen Einigung über eine Verfassungsreform, die die Macht des Präsidenten zu Gunsten des Premierministers beschnitt und einer Wiederholung der Wahlen. Diese fand am 26. Dezember 2004 statt. Die Wahlbeteiligung erreichte Höchstwerte, die Regeln

---

[23] Vgl. International Election Observation Mission. Presidential Election, Ukraine – 31 October 2004. Statement of Preliminary Findings and Conclusions, https://www.osce.org/files/f/documents/1/c/35656.pdf, abgerufen am 10. Juni 2023.

[24] Vgl. International Election Observation Mission. Presidential Election, Ukraine – 31 October 2004. Statement of Preliminary Findings and Conclusions, www.osce.org/files/f/documents/7/4/16565.pdf, abgerufen am 10. Juni 2023.

wurden diesmal weitestgehend eingehalten, die OSZE lobte den Verlauf. Juschtschenko gewann die Wahlen mit 52%. Janukowytsch erhielt 44,2% und trat als Premierminister zurück. Am 23. Jänner 2004 wurde Juschtschenko als Präsident angelobt. Obwohl Sieger, war er von seiner Vergiftung gezeichnet. Die geänderte Verfassung, die die Macht des Präsidenten beschneidet, trat im Jänner 2006 in Kraft.

So gut Juschtschenko als Nationalbankpräsident war und so beliebt als Premier, seine Zeit als Präsident war wenig erfolgreich, geprägt vor allem vom Konflikt mit seiner ehemaligen Mitstreiterin Julija Tymoschenko. Was Juschtschenko wollte, wurde von Tymoschenko blockiert und was Tymoschenko wollte, verhinderte Juschtschenko. 2009 schrumpfte die ukrainische Wirtschaft um 15% – wenige andere Staaten waren so hart von der weltweiten Finanz- und Wirtschaftskrise betroffen, wie dieses Land. Dies wurde vor allem den Regierenden angelastet.

Auch die Wahl zwischen Janukowytsch und Juschtschenko hatte als wichtigen Aspekt „Ostukraine versus Westukraine" – Juschtschenko war der Kandidat des Westens und Janukowytsch jener des Ostens. Die Orange Revolution konnte daran nichts ändern – im Gegenteil – die Gräben vertieften sich. Hätte Putin die Militärintervention von 2022 schon 2005 angesetzt, er hätte wahrscheinlich wenig Widerstand im Osten des Landes erlebt.

Anfang der Zehnerjahre herrschte in der Ukraine große Enttäuschung darüber, dass die Revolution nicht die erwarteten Änderungen gebracht hatte. Die meisten gewaltlosen Revolutionen in den letzten Jahrzehnten in Europa waren erfolgreich gewesen. In der Tschechoslowakei, in Rumänien, Serbien und Georgien, überall war das Leben nach der Revolution alles in allem deutlich besser als davor. In der Ukraine war dies anders.

So wurde 2010 Janukowytsch vor allem aus Enttäuschung über die beiden Anführer der Orangen Revolution, Juschtschenko und Tymoschenko, gewählt. Diese Wahl gewann er 2010 demokratisch.

„GAS-KRISEN" ZWISCHEN RUSSLAND UND DER UKRAINE

Die Beziehungen zwischen Russland und der Ukraine waren in den letzten beiden Jahrzehnten u.a. vom Konflikt über Gasfragen geprägt. Die Abhängigkeit war wechselseitig – die Ukraine hatte jahrzehntelang keine Alternative zum Import von Gas aus oder über Russland, Russland keine Alternative zum Transit von Gas durch ukrainisches Territorium. Gas wurde von russischer Seite als politisches Druckmittel verwendet. Der Konflikt eskalierte zwei Mal – 2006 und 2009, als Russland die Gaslieferungen in die Ukraine einstellte und nur noch wenig Gas Europa und die Türkei erreichte. Beide Male wurde die Krise durch einen Vertrag beigelegt[25] – beide Verträge waren für die Ukraine ungünstig.

2006 endete die Krise mit einer eigenartigen Konstruktion, in der das Gas an der russischen Grenze günstig an die private Firma RosUkrEnergo verkauft wurde, bei der Dmytro Firtasch zu 45% Eigentümer war[26]. RosUkrEnergo verkaufte das Gas teuer an den ukrainischen Staat. Da in den meisten Städten der Ukraine mit Gas geheizt wurde, sah sich der ukrainische Staat genötigt, aus dem nationalen Budget den Gaspreis zu subventionieren, de facto subventionierte er die Eigentümer von RosUkrEnergo. Die Konstruktion begünstigte jedenfalls Korruption.

Über dieses Abkommen ist viel geschrieben worden. Ein Detail sei ergänzt: Zur Zeit der Gaskrise 2006 war Jurij Jechanurow Premierminister. Auf russischen Wunsch hin fanden die Verhandlungen zur Beilegung der Krise in ganz kleinem Kreis statt. Jechanurow saß für die Regierung alleine dabei. Ein Wirtschaftsberater Jechanurows, der spätere Premier Jazenjuk, erzählte mir, dass er vor dem Verhandlungsraum gewartet habe. Während er so dasaß, kamen Personen vorbei, die im Geld boten, wenn er Jechanurow beraten würde, das russische Angebot anzunehmen. Er habe sich geweigert, die Angebote seien immer höher geworden – zuletzt sei es ein Betrag von über 10 Millionen Dollar gewesen.

Am Gashandel war auch Julia Tymoschenko reich geworden. 2009 verhandelte sie eine Revision des Gasabkommens mit dem damaligen Premierminister Russlands, Wladimir Putin. [27] Es waren wieder Verhandlungen im ganz kleinen Kreis. RosUkrEnergo verlor die Zwischenhändlerstellung. Die nun vereinbarte Formel ließ den Gaspreis für die Ukraine sofort günstiger werden. Ein Regierungsmitglied der Regierung Asarow schilderte uns das Ergebnis so: Putin war besser im

---

[25] Vgl. Pirani, S., Stern, J., Yafimava, K. The Russo-Ukrainian gas dispute of January 2009: a comprehensive assessment, Oxford Institute for Energy Studies February 2009, NG 27, 5-8, https://www.oxfordenergy.org/wpcms/wp-content/uploads/2010/11/NG27-TheRussoUkrainianGasDisputeofJanuary2009AComprehensiveAssessment-JonathanSternSimonPirani-KatjaYafimava-2009.pdf.

[26] Vgl. Reuters. RUE: A mystery player in Russia-Ukraine gas row. Reuters, 3. Jänner 2009, https://www.reuters.com/article/us-russia-ukraine-gas-rosukrenergo-sb-idUSTRE5021BN20090103, abgerufen am 7. Juli 2023.

[27] Vgl. Britannica. Yulia Tymoshenko, https://www.britannica.com/biography/Yulia-Tymoshenko, abgerufen am 7. Juli 2023.

Verhandeln. Eine komplizierte Formel wurde ausverhandelt, die bedeutete, dass der Gaspreis nach einigen Jahren, konkret 2011, deutlich steigen würde. So zahlte die Ukraine 2012 den höchsten Gaspreis in Europa an Gazprom – und dies trotz eines Rabats, der als Ersatz für die Überlassung des Flottenstützpunkts in Sewastopol bezahlt wurde.[28] Problematisch war auch eine Take-or-Pay-Clause, die vorsah, dass die Ukraine auch nicht bezogenes Gas bezahlen müsste.[29] So entstand 2011 für die nunmehrige ukrainische Regierung unter Premierminister Asarow ein unvorhergesehenes Budgetloch. Die Frage kam auf, wie die Vorgängerin Tymoschenko dieser Vereinbarung mit Putin habe zustimmen können und der Verdacht lag nahe, es habe auch hier Korruption gegeben. Statt Firtasch und den anderen Aktionären von RosUkrEnergo verdiene nun Tymoschenko. Wenn sie dem Staat so geschadet habe, gehöre sie eingesperrt, so die Stimmungslage. Und das geschah auch bald.

Sicher ist, dass die RosUkrEnergo-Konstruktion dazu beitrug, dass die ukrainische Staatsverschuldung deutlich stieg und die Ukraine von der Wirtschaftskrise 2009 härter getroffen wurde als die meisten anderen Staaten.

Ob es 2009 zwischen Putin und Tymoschenko Nebenabsprachen gab, die persönliche Vorteile enthielten, ist nie bekannt geworden. Der Prozess gegen Tymoschenko wies so viele Verfahrensmängel auf, dass er nichts beweist. Verhandlungen sind im kleinen Kreis leichter und rascher zu führen, aber gleichzeitig steigt die Fehleranfälligkeit und die Gefahr, über den Tisch gezogen zu werden. Die beiden Gaskrisen 2006 und 2009 bilden jedenfalls Markssteine in einem Konflikt zwischen Persönlichkeiten, aus dem schließlich ein globaler Konflikt wurde.

Europäische Integration

Kurz seien noch die wichtigsten Etappen der europäischen Integration der Ukraine bis 2010 umrissen. In der Neugestaltung Europas nach dem Fall des Eisernen Vorhangs spielte die EG bzw. die EU zunächst kaum eine

---

[28] Vgl. Rosenberg, C., Diversifizierung der ukrainischen Energiequellen, Konrad Adenauer Stiftung Länderanalysen, https://www.kas.de/de/web/ukraine/laenderberichte/detail/-/conten t/diversifizierung-der-ukrainischen-energiequellen1, abgerufen am 9. Juli 2023.
[29] Vgl. Euractiv. EU beobachtet neuen Gasstreit Ukraine-Russland, Euractiv 29. Jänner 2013/ 7. März 2014, https://www.euractiv.de/section/ukraine-und-eu/news/eu-beobachtet-neuen-g asstreit-ukraine-russland/, abgerufen am 9. Juli 2014.

Rolle. 1994 wurde ein Partnerschafts- und Kooperationsabkommen zwischen EU und Ukraine unterzeichnet, das 1998 in Kraft trat.[30] Es sah vor allem eine technische Zusammenarbeit und die Anwendung bestimmter WTO-Regeln für den bilateralen Handel vor und wurde durch den ukrainischen WTO-Beitritt 2008 weitgehend obsolet. 2004 einigten sich die EU-Staaten auf die Europäische Nachbarschaftspolitik, welche die Beziehung der Union zu den Nachbarn südlich des Mittelmeers und im Osten regeln und sollte.[31] Diese umfasste auch die Ukraine. Mit 1. Mai 2004 erfolgte die große Osterweiterung der EU. Etwa ab dieser Zeit gewannen die EU-Ukraine-Beziehungen an Dynamik. 2005 erklärte Juschtschenko wiederholt, dass die Ukraine einen EU-Beitritt anstrebe.[32] 2005 wurde ein Aktionsplan verabschiedet, der u. a. ein Assoziierungsabkommen und einen Fahrplan zur Visaliberalisierung vorsah. Die Ukraine hob die Visapflicht für EU-Bürger einseitig auf. 2007 wurde ein Visaerleichterungs- und ein Rückübernahmeabkommen vereinbart[33], 2008 wurde ein Dialog über die Aufhebung der Visapflicht für ukrainische Staatsbürger bei der Einreise in den Schengenraum aufgenommen.[34] Im gleichen Jahr wurde die Östliche Partnerschaft (EaP) initiiert, die die Beziehungen zwischen der EU und sechs östlichen Nachbarn neu regeln sollte.[35] (Mit Russland blieb es auf russischen Wunsch bei gesonderten Verhandlungen über vier „Gemeinsame Räume".[36]) Verhandlungen zwischen der EU und der Ukraine über ein „Tiefes und Umfassendes Freihandelsabkommen"

---

[30] Vgl. Eurlex. Partnership and Cooperation Agreement between the European Communities and their Member States, and Ukraine, OJ L 49, 19.2.1998, 3–46.
[31] Vgl. Kommission der Europäischen Gemeinschaften. Mitteilung der Kommission. Europäische Nachbarschaftspolitik: Strategiepapier. Brüssel, den 12.5.2004 KOM(2004) 373 endgültig, https://eur-lex.europa.eu/LexUriServ/LexUriServ.do?uri=COM:2004:0373:FIN:DE:PDF.
[32] Vgl. z.B. Werkhäuser, N., Ukraine wird für ihren EU-Betritt, DW 8. März 2005, https://www.dw.com/de/ukraine-wirbt-f%C3%BCr-ihren-eu-beitritt/a-1512528, abgerufen am 17. Juli 2023.
[33] Vgl. European Commission: Mobility partnerships, visa facilitation and readmission agreements. https://home-affairs.ec.europa.eu/policies/international-affairs/collaboration-countries/eastern-partnership/mobility-partnerships-visa-facilitation-and-readmission-agreements_en.
[34] Vgl. European Commission: European Commission welcomes the Council adoption of visa liberalisation for the citizens of Ukraine, https://ec.europa.eu/commission/presscorner/detail/en/STATEMENT_17_1270.
[35] Vgl. Commission of the European Communities: Communication from the Commision to the European Parliament and the Council. Eastern Partnership. Brussels, 3.12.2008 COM(2008) 823 final, https://eur-lex.europa.eu/LexUriServ/LexUriServ.do?uri=COM:2008:0823:FIN:EN:PDF.
[36] Vgl. European Commission. EU/Russia: The four "Common Spaces". Memo/05/103, Brussels, 18 March 2005, https://ec.europa.eu/commission/presscorner/detail/en/memo_05_103.

(DCFTA) wurden 2007 begonnen[37], das Teil des Assoziierungsabkommens werden sollte. Das Abkommen baute auf den Erfahrungen mit den früheren Assoziierungsabkommen, den Europaabkommen mit den Staaten Mittelosteuropas sowie den Assoziierungs- und Stabilisierungsabkommen mit den Staaten des Westbalkans auf und vermied diverse Fehler, die diese Abkommen schwer implementierbar gemacht hatten. Die Verhandlungen für das mit Annexen rund 2000 Seiten starke Assoziierungsabkommen kamen allerdings 2009 zum Erliegen. Die Ukraine konnte sich zu mehreren Fragen auf keine Verhandlungsposition festlegen. Die Verhandlungen über ein Assoziierungsabkommen unterscheiden sich deutlich von Beitrittsverhandlungen. Während beim Beitritt höchstens ein temporärer Aufschub für die Umsetzung des Acquis vereinbart werden kann, können bei einem Assoziierungsabkommen weite Rechtsbereich ausgenommen werden.

EURASISCHE INTEGRATION

Putin sah die europäischen Ambitionen der Ukraine zunächst positiv. Russland werde von einem möglichen EU-Beitritt der Ukraine profitieren, meinte er 2004.[38] Bald danach jedoch begann er, sich mit der Reintegration des postsowjetischen Raums zu befassen. Der Zerfall der Sowjetunion sei die größte geopolitische Katastrophe des 20. Jahrhunderts gewesen, meinte er 2004.[39] Es gab das Projekt der „Eurasischen Wirtschaftsunion", die eine wirtschaftliche Reintegration des postsowjetischen Raums vorsah. Sie wurde immer nur bruchstückhaft umgesetzt. Im Juni 2009 wurde aber die Gründung einer Zollunion durch den damaligen russischen Premierminister Wladimir Putin angekündigt, 2010 wurde sie tatsächlich geschaffen. Ihr gehörten zunächst nur Russland, Belarus und Kasachstan an.[40] Putin hatte betont, dass auch die Ukraine zum Beitritt eingeladen sei.[41] Es wurde

---

[37] Vgl. European Commission. Ukraine. EU trade relations with Ukraine. Facts, figures and latest developments, https://policy.trade.ec.europa.eu/eu-trade-relationships-country-and-region/countries-and-regions/ukraine_en, abgerufen am 7. Juli 2023.
[38] Vgl. President of Russia (Kremlin.ru), Press Conference Following Talks with Spanish Prime Minister Jose Luis Rodriguez Zapatero, http://en.kremlin.ru/events/president/transcripts/page/418, abgerufen am 3. Mai 2023.
[39] Президента России (Kremlin.ru), Послание Федеральному Собранию Российской Федерации. http://kremlin.ru/events/president/transcripts/22931, abgerufen am 3. Mai 2023.
[40] Vgl. Eurasian Union, http://www.eaeunion.org/?lang=en#about-history.
[41] Vgl. Kyiv Post, Putin invites Ukraine to join Russian-Belarusian-Kazakh Customs Union, Kyiv Post 5.März 2010, https://archive.kyivpost.com/article/content/ukraine-politics/putin-invites-ukraine-to-join-russian-belarusian-k-61112.html, abgerufen am 9. Juli 2023.

schnell sein wichtigstes außenpolitisches Projekt. 2015 folgte die Gründung der Eurasischen Union mit einem Einheitlichen Wirtschaftsraum[42], eingerichtet nach dem Vorbild europäischer Integration. Gesprächsweise klagten Unternehmer immer wieder, dass sie in der Praxis nur teilweise funktioniere.

Bald sollten die Pläne für eine *eurasische* und *europäische* Integration der Ukraine miteinander in Widerspruch geraten. Die eurasische Integration wurde von Russland gefördert und von einer Minderheit in der Ukraine unterstützt. Die europäische Integration der Ukraine wurde von der Mehrheit der ukrainischen Bevölkerung und fast der ganzen politischen Elite in Kyjiw (wichtigste Ausnahme war die Kommunistische Partei) unterstützt, der Kreml suchte sie mit immer härteren Mitteln zu verhindern. Russische Hard Power auf der einen Seite, die Soft Power der EU auf der anderen trafen aufeinander.[43] Im Dialog mit der EU wurden laut Kommissionspräsident Barroso von der russischen Führung allerdings nie Bedenken gegen das Assoziierungsabkommen angesprochen.[44] Allerdings endeten Gespräche zwischen Putin und Barroso bisweilen, bevor die ganze Tagesordnung abgearbeitet war.

---

[42] Vgl. Eurasian Union, ebd.
[43] Wiegand, G., Schulz, E., The EU and Its Eastern Partnership: Political Association and Economic Integration in a Rough Neighbourhood. In: Herrmann, C., Simma, B., Streinz, R. (eds) Trade Policy between Law, Diplomacy and Scholarship. European Yearbook of International Economic Law. Springer, Cham 2015, 321-358, 345.
[44] So José Manuel Durão Barroso in einer Rede vor dem Transaltantic council, Atlantic Council (2014), https://www.atlanticcouncil.org/commentary/transcript/transcript-testing-europes-unity, abgerufen am 3. Mai 2023.

PLÄNE FÜR AUTOKRATIE UND EUROPÄISCHER INTEGRATION – UKRAINE 2010 – 2013

DEMOKRATISCHER WAHLSIEG JANUKOWYTSCHS

Im Februar 2010 gewann Wiktor Janukowytsch die Präsidentenwahlen im zweiten Wahlgang knapp vor Julija Tymoschenko mit 49% zu 46% der Stimmen. Die Wahlbeteiligung erreichte Rekordwerte, vor allem im Osten des Landes. Tymoschenko hatte überall im Westen die Mehrheit, Janukowytsch im Osten und Süden. Es gab zwar Unregelmäßigkeiten, es war aber unstrittig, dass Janukowytsch Sieger war. Tymoschenko sprach von Wahlfälschung und wollte das Ergebnis zuerst nicht anerkennen, tat es aber schließlich[45] – u. a. auf Drängen führender europäischer Politiker, etwa von Kommissionspräsidenten José Manuel Barroso oder Ratspräsidenten Herman van Rompuy.[46]

In der Ukraine und im Westen herrschte vor allem Erleichterung, dass das Patt zwischen Juschtschenko und Tymoschenko, welches in den letzten Jahren beinahe jede sinnvolle Reform verhindert hatte, beendet war. In Russland galt Janukowytsch zu diesem Zeitpunkt noch als Mann des Kremls.

Janukowytschs Image war von vielen als fragwürdig angesehen worden. Er war eine charismatische Führungspersönlichkeit, hatte eine riesige Parteistruktur, die „Partei der Regionen" mit blauer Parteifarbe geschaffen und hatte die Unterstützung wichtiger Oligarchen[47], aber auch der Mehrheit der Bevölkerung im Osten und Süden des Landes. Zugleich: Ohne die Wahlfälschungen 2004 in seiner Umgebung wäre es nie zur Orangen Revolution gekommen. Schon in seiner Zeit als Premierminister war ihm Korruption vorgeworfen worden. Die Staatsvilla des Premierministers am

---

[45] Vgl. OSCE Office for Democratic Institutions and Human Rights. Ukraine Presidential Election, 17 January and 7 February 2010 – OSCE/ODIHR Election Observation Mission Final Report https://www.osce.org/files/f/documents/e/9/67844.pdf.
[46] Vgl. Rettmann, A., EU and US seek end to Ukraine election drama. euobserver 12. Februar 2010, EU and US seek end to Ukraine election drama (euobserver.com), abgerufen am 9. Juli 2023.
[47] Vgl. Schuller, K., Viktor Janukowitsch – Der Wandlungsfähige. FAZ online, 8. Februar 2010, https://www.faz.net/aktuell/politik/ausland/viktor-janukowitsch-der-wandlungsfaehige-1605783.html, abgerufen am 9. Juli 2023.

Kyjiwer Meer hatte er privatisiert und zu seinem Eigentum gemacht. Diese Datscha sollte während des Maidans noch eine wichtige Rolle spielen.

Persönlich fand ich Janukowytsch in seinen seltenen Fernsehansprachen und -interviews überzeugend, seine Argumentation stimmig, ansprechend und nachvollziehbar. Die Interviews gab er meist auf Russisch, auch wenn ihm allgemein zugestanden wurde, dass er sein Ukrainisch deutlich verbessert hatte. Persönlich begegnet bin ich ihm nur einmal in kleiner Runde auf der Krim 2013. Dieses Treffen erlebte ich als enttäuschend. Seine Gesprächspartner drängten auf eine Freilassung Tymoschenkos, er gab vor nicht zu wissen, wovon sie sprechen.

Rückblickend lassen sich die Prioritäten des neuen Präsidenten und seines Teams etwa so beschreiben:

- Verbesserung der Beziehungen zu Moskau – wichtig für die Wirtschaft im Osten der Ukraine, in der Janukowytschs Wähler lebten,
- Fortsetzung der europäischen Integration mit dem Ziel der Unterzeichnung des Assoziierungsabkommens mit der EU,
- Durchführung wichtiger innenpolitischer Reformen wie etwa der Steuerreform,
- Währungsstabilität,
- Garantie eines moderaten Wohlstandes für die Bevölkerung, u. a. durch niedrige Heizkosten,
- Schaffung einer Regierungsform nach dem Vorbild jener in Russland, Belarus oder Kasachstan – damals Autokratie mit demokratischer Fassade oder eine „milde Diktatur" (Die Schritte dahin erfolgten zuerst langsam, dann immer schneller.),
- Mehrung des persönlichen Wohlstands.

Diese Ziele gerieten zunehmend miteinander in Widerspruch – vor allem das Ziel, das Assoziierungsabkommen abzuschließen und jenes, eine Autokratie zu schaffen. Dazu kam eine beispiellose persönliche Bereicherung. Dies führte zu einer tiefen Krise, aus der es – spätestens nachdem die wichtigste politische Gegnerin in Haft saß – keinen Ausweg mehr gab. Im Winter 2013/2014 eskalierte die Krise schließlich.

Zunächst aber tat der neue Präsident die richtigen Dinge: Nach der damaligen Verfassung war der Staatschef für die Außenpolitik und für die militärische Sicherheit zuständig. Das Militär war damals weitgehend irrelevant, so blieb die Außenpolitik. Seine erste, vielbeachtete Reise führte ihn nach Brüssel, wo er mit großem Interesse empfangen wurde. Vereinbart wurde die Wiederaufnahme der Verhandlungen zum Assoziierungsabkommen. Seit Jahren war das Abkommen weitgehend fertig, es fehlten aber noch einzelne Abschnitte, für die aufgrund des internen Konflikts in der Ukraine nie die ukrainische Verhandlungsposition festgelegt worden war. In den nächsten Monaten sollten die Verhandlungen zügig weitergehen.

Die Charkiwer Abkommen mit Moskau

Als nächstes großes Ereignis folgte am 21. April 2010 ein Treffen mit dem damaligen russischen Präsidenten Dimitri Medwedew in der zweitgrößten Stadt der Ukraine, im russischsprachigen Charkiw. Sie unterschrieben zwei Vereinbarungen:

- Pacht für den russischen Schwarzmeerflottenstützpunkt: Der Mietvertrag für den Stützpunkt in Sewastopol auf der Krim sollte 2017 auslaufen. Seit Jahren hatte sich die Ukraine gegen eine Verlängerung dieses Vertrags gewehrt, Russland darauf gedrängt. Nun wurde eine Verlängerung auf 25 Jahre bis 2042 vereinbart. Das Abkommen hatte den Charakter eines Rahmenvertrags, der durch Vereinbarungen zu einzelnen Bereichen ergänzt werden sollte. Diese wurden aber nie geschlossen. Vieles blieb somit ungeklärt: De jure durfte die russische Flotte in Sewastopol nicht modernisiert werden, die Anzahl der russischen Schiffe war streng limitiert, Grundstücksfragen ebenso unklar wie Steuerfragen. Der russische Flottenstützpunkt auf der Krim blieb erhalten, blieb aber über Jahre bedeutungslos.
- Ein Gentlemen-Agreement, in dem die russische Regierung zusagte, Exportzölle auf russische Gaslieferungen durch einen Regierungsbeschluss in den nächsten zehn Jahren nicht einzuheben. Dies bedeutete, dass russisches Gas für die Ukraine de facto für zehn Jahre um 20% billiger wurde.[48]

Der Vertrag zwischen den beiden Gasfirmen Gazprom und Naftogaz Ukraine blieb dabei (weitgehend) unverändert. Unklar ist, ob eine Revision der Formel für die Festlegung des Gaspreises vereinbart wurde. Nach ukrainischen Angaben hatte Medwedew beim Abschluss des Abkommens

---

[48] Vgl. The Guardian, Ukraine extends lease for Russia's Black Sea Fleet. The Guardian 21. April 2010. https://www.theguardian.com/world/2010/apr/21/ukraine-black-sea-fleet-russia, abgerufen am 1.Juli 2023.

eine Revision der umstrittenen Formel, die Putin und Tymoschenko vereinbart hatten, mündlich zugesagt. Davon gibt es aber keine Niederschrift... Von russischer Seite wird betont, Medwedew habe dies nie gesagt.

Die Vereinbarung lässt viele Fragen offen:
- Wie konnte die ukrainische Seite einer Vereinbarung zustimmen, die auf ihrer Seite eine vertragliche Verpflichtung enthält, auf russischer Seite jedoch nur eine politische Zusage der Regierung, die jederzeit widerrufen werden konnte?
- Warum wurde nicht nachdrücklich eine Revision der Gaspreisformel gefordert und dies auch schriftlich festgehalten?
- Kann die russische Regierung „einfach so" auf Exportsteuern verzichten? In vielen Ländern wäre dies Amtsmissbrauch.
- Weshalb wurde der Kern der Vereinbarung – die Formel auf Grund derer der Gaspreis berechnet wurde – nicht revidiert? Sah die ukrainische Regierung noch nicht, dass der Gaspreis bald stark steigen würde?

Wie erwähnt, blieb der Vertrag zwischen Gazprom und Naftogaz Ukrainy unverändert. Gazprom gehört rund zur Hälfte dem russischen Staat, zur anderen Hälfte ist es in Streubesitz. Die Gewinne, die das Unternehmen aus dem Vertrag mit der Ukraine erzielte, blieben unverändert hoch. Vor allem die (meist russischen) Privateigentümer an Gazprom-Aktien müssen sich darüber gefreut haben.

Russland ist ein Anrainerstaat des Schwarzen Meers und verfügt über mehrere Häfen – wenngleich über keinen wichtigen Militärhafen. Die Suspendierung der Exportsteuer führte jedes Jahr zu einem Einkommensverlust für den russischen Staatshaushalt in Milliardenhöhe – und das für einen Staat, in dem sich viele Pensionisten kaum das Gemüse zum Buchweizen leisten können. War der vereinbarte Preis für einen Hafen, in dem ein paar alte Kriegsschiffe vor sich hin rosten sollten, nicht unverhältnismäßig hoch – vor allem angesichts der beschränkten strategischen Bedeutung des Schwarzen Meers? Hätte um dieses Geld nicht auch ein anderer – russischer – Hafen ausgebaut werden können?

Es ist verständlich, dass es im ukrainischen Parlament zu Tumulten kam, als der Vertrag am 27. April 2010 zur Ratifizierung anstand. Es ist hingegen unverständlich, dass es in Russland keine Bedenken gegen dieses Abkommen gab.

In den folgenden Jahren bemühte sich die ukrainische Regierung, ihre Abhängigkeit von russischen Gaslieferungen nachhaltig zu reduzieren. Der Erfolg war zunächst gering.

Die Charkiwer Abkommen entsprachen den geostrategischen Interessen Russlands. Beobachter wiesen bereits bald danach darauf hin, dass dieses Abkommen wahrscheinlich nicht halten werde.[49] Es wirkte damals eigenartig – und langfristig bedrohlich – zu sehen, wie viel das damalige Russland für solche Interessen bereit ist zu bezahlen. Große Ereignisse werfen oft übermächtige Schatten voraus. Das Charkiwer Abkommen war ein solcher.

Der Sturz der Regierung Tymoschenko

Allgemein war erwartet worden, es werde nach den Präsidentschaftswahlen 2010 eine Kohabitation zwischen Janukowytsch als Präsident und Tymoschenko als Premierministerin geben. Damit würde es zwei Machtzentren geben. Tatsächlich gab es diese Kohabitation, sie währte aber nur kurz: Am 3. März 2010 wurde die Regierung Tymoschenko vom Parlament gestürzt. Dies kam überraschend; die „Blauen" hatten im Parlament keine Mehrheit.[50] Es gelang ihnen aber, frühere „orange" Abgeordnete, vor allem solche, die Juschtschenko nahegestanden waren, auf ihre Seite zu ziehen. Der Sturz folgte unter Verletzung des Parlamentsstatuts – was aber im Westen noch als harmlos hingenommen wurde. Schließlich erfolgte die Abwahl Tymoschenkos und die anschließende Wahl der neuen Regierung unter Premierminister Nikolai Asarow durch die Mehrheit der Abgeordneten. Rückblickend ist hier wohl der Beginn einer Tendenz zu immer stärkerem Machtgewinn und schließlich zur Schaffung eines autoritären Systems zu sehen.

Die Regierung basierte auf einer fragilen Koalition. Größter Partner war die „Partei der Regionen" Janukowytschs, die u. a. die Interessen einiger Oligarchen im Lande vertrat, aber auch gewisse Standards für einfache Bürger garantierte und ihre Basis im russischsprachigen Süden und Osten des Landes hatte. Kleine Partner waren der Block Lytwyn und

---

[49] Vgl. Pirani, S., Stern J., Yafimava K., The April 2010 Russo-Ukrainian gas agreement and its implications for Europe, Oxford Institute for Energy Studies 2010, 12-16, https://a9w7k6q 9.stackpathcdn.com/wpcms/wp-content/uploads/2011/05/NG_42.pdf.
[50] Vgl. The Guardian, Ukraine prime minister ousted in no-confidence vote. https://www.theg uardian.com/world/2010/mar/03/ukraine-tymoshenko-prime-minister-ousted, abgerufen am 1. Juli 2023.

die Kommunisten. Letztere waren ebenfalls im Osten zu Hause. Dazu kamen Abgeordnete, die vom Orangen Lager zu Janukowytsch wechselten – sei es aus Überzeugung, Opportunität oder vielleicht sogar aufgrund von Bestechung. Die Koalition hatte eine knappe Mehrheit. Eine solche Koalition konnte rasch wieder zerbrechen.

Dennoch ging Janukowytsch rasch daran, faktisch alle Schlüsselfunktionen mit seinen Vertrauten zu besetzen – in Kyjiw wie auch in den Regionalverwaltungen. In etwas mehr als einem Monat hatte er eine Machtfülle, wie noch kein ukrainischer Präsident vor ihm.[51]

In Westeuropa blieb Tymoschenko populär, vor allem im Lager der Europäischen Volkspartei und hier wieder besonders bei der CDU um Angela Merkel. Bei den Sozialdemokraten gab es hingegen Sympathien für die neue ukrainische Regierung.

Wichtige Reformen und der Steuermaidan

Die Verletzung des Parlamentsstatuts war ein Rechtsbruch, wurde aber allgemein hingenommen. Denn ansonsten tat die neue Regierung zunächst die Dinge, die aus Sicht vieler Beobachter am dringendsten waren und begann dies auch professionell. Es gab eine Pensionsreform und eine Erhöhung des Gaspreises für Endnutzer (beides Forderungen des IWF), eine Justizreform (eine Empfehlung des Europarats), ein Gesetz für öffentliches Ausschreibungswesen (eine Maßnahme, die sich u. a. gegen das Verschleudern staatlicher Assets an Oligarchen durch intransparente Verkäufe richtete, eine Empfehlung der EU) und vor allem einen neuen Steuerkodex. Alle diese Maßnahmen waren lange überfällig; jede dieser Maßnahmen war wichtig, jede in vielen Details umstritten. Das Ziel der Reformen sollte u. a. sein, die unglaubliche Korruption, die in vielen Bereichen der öffentlichen Verwaltung herrschte, einzudämmen. Mehrere dieser Maßnahmen wurden bald zurückgenommen oder verwässert. So gab es bei vielen Privatisierungen doch nur einen Bieter. Die anderen erfuhren wahrscheinlich nie von den Privatisierungen.

Darüber hinaus wurde gesetzlich geregelt, dass die Ukraine keinem Militärbündnis beitreten darf, somit paktfrei sein sollte. 2009 war der NATO-Beitritt der Ukraine mangels Erfüllung der Beitrittskriterien – aber

---

[51] Vgl. Kapeller 297.

wohl auch mit Rücksicht auf Russland – von Seiten der Nordatlantiker auf unbestimmte Zeit verschoben worden.[52]

Zu diesem Zeitpunkt war die Regierung Asarow populär, ihre Zustimmungsrate erreichte kurzfristig über fünfzig Prozent. Innerhalb von drei Jahren sollte sie auf weniger als zwei Prozent sinken.

Im Herbst 2010 wurde ein neuer Steuerkodex angenommen. Er wurde von Experten als Fortschritt bewertet, aber er erschwerte die Tätigkeit von kleinen und mittelgroßen Unternehmern. Mehrere Tausend von ihnen versammelten sich darauf am Maidan. Tymoschenko förderte dies. Janukowytsch und Asarow gingen auf den Maidan, erklärten, dass sie den Anliegen der Demonstranten Rechnung tragen würden und taten dies teilweise auch. Die Organisatoren dieser Demonstrationen erhielten allerdings später Strafverfahren für die Beschädigung von öffentlichem Eigentum.[53] Dennoch: Wie anders war die Reaktion auf dem Maidan 2010, als Präsident und Premier frei agieren konnten, als 2013/2014 der Druck aus dem Kreml ihren Spielraum einschränkte.

Schritte zur Autokratie

Parallel zu den wichtigen und richtigen Reformmaßnahmen gab es aber auch Schritte hin zur Schaffung einer „sanften Diktatur" nach russischem Vorbild. Die Maßnahmen entstammten teilweise sowjetischer Tradition und glichen zum Teil jenen, die Aljaksandr Lukaschenko bei seiner Machtergreifung angewandt hatte:

Wie erwähnt, wurde im Frühling 2010 die Regierung Tymoschenko rechtswidrig gestürzt. Es folgte ein „Staatsstreich des Verfassungsgerichts" im Herbst, der Janukowytsch einen starken Machtzuwachs brachte. Dann kamen die Regionalwahlen mit gröberen Fälschungen. Als nächstes folgte eine Einschränkung der Medienfreiheit und zunehmende politische Zensur, mit Prozessen gegen Journalisten und Vorladungen beim Geheimdienst. Es folgte die Verhaftung der beiden wichtigsten Oppositionsführer. Dann wurden die Wahlen für den Kyjiwer Gemeinderat sine die verschoben – Umfragen zeigten, dass die „Partei der Regionen" nur viertstärkste Kraft werden würde. Schließlich folgten im Jänner 2014 Gesetze, die die Ukraine zu einer Diktatur gemacht hätten – einer sehr rücksichtslosen, mit

---

[52] Vgl. NATO. NATO decisions on open-door policy, https://www.nato.int/docu/update/2008/04-april/e0403h.html, abgerufen am 15. Juli 2023.
[53] Vgl. Wynnyckyi 52.

vielen politischen Gefangenen. Anders als in Russland war aber der Widerstand dagegen in der Ukraine erfolgreich. Darum geht es in den nächsten Kapiteln.

Ein „Mini-Staatsstreich" durch den Verfassungsgerichtshof

Die Achillesferse vieler Demokratien ist der Verfassungsgerichtshof. Funktioniert er nicht unabhängig, ist er in der Rechtssprechungsfähigkeit eingeschränkt oder kompromittiert, gerät er unter die Kontrolle der Machthabenden, so stürzt die Demokratie in eine Krise. So war es auch in der Ukraine.

Im Oktober 2010 entschied der Verfassungsgerichtshof, dass die Verfassungsänderung von 2004, die eine Schwächung der Funktion des Präsidenten gebracht hatte, selbst verfassungswidrig gewesen sei, da Formalfehler passiert seien. Dies gelte ungeachtet der Tatsache, dass die notwendige qualifizierte Mehrheit 2004 erreicht worden sei. Die Änderung 2004 sei daher ungültig, es gelte wieder die Verfassung von 1996.

Die Entscheidung brachte kurzfristig einen entscheidenden Machtzuwachs für Präsident Janukowytsch. Die Verfassung von 1996 sah einen sehr starken Präsidenten vor, der für die Zeit seiner Amtszeit über eine unglaubliche Machtfülle verfügt und beinahe jede Entscheidung verhindern kann. Die Verfassung von 2004 hatte hingegen zwei Machtzentren geschaffen – die Regierung, die vom Parlament gewählt und entlassen wird und den Präsidenten, der ein eingeschränktes Vetorecht besitzt.

Janukowytsch wurde damit der starke Mann der Ukraine, der de facto nur durch eine Wahlniederlage oder durch Rücktritt von der Macht beseitigt werden konnte. Die Gerichtsentscheidung zerstörte aber das System von Checks und Balances in der ukrainischen Politik. Die Art, wie die Entscheidung zustande kam, ließ großen Zweifel an der demokratischen Gesinnung der Regierenden aufkommen.

Medien sprachen damals von einem „Mini-Staatsstreich". War das Gericht unter Druck gesetzt worden? War es bestochen worden? Entschied es aus freien Stücken? All die Fragen sind nie beantwortet worden. Außer Zweifel steht, dass das Urteil rechtspolitisch äußerst fragwürdig war. Ein Formfehler ja – aber, dass deshalb die Verfassungsänderung von vor sechs Jahren plötzlich ungültig ist?

Die Entscheidung wurde von der Venediger-Kommission des Europarats heftig kritisiert.[54] Es war dies der erste wichtige Fall in dem das Recht gebeugt wurde, um die Macht des Präsidenten zu stärken und die Demokratie einzuschränken – die zweite Etappe zu einer „milden Diktatur".

Will man nach einem grundlegenden Fehler Europas in der Ukraine-Politik suchen, so war dieser wohl im Oktober 2010 zu finden. Europäische Reaktionen kamen zu langsam und zu spät. Soll etwas in der Außenpolitik erreicht werden, so muss die Intervention erfolgen, bevor die Entscheidung beim Partner gefällt ist. Das Ereignis zeigt aber auch: Soll in einem Land die Demokratie gestärkt werden, so braucht es einen starken, unabhängigen und fachkundigen Verfassungsgerichtshof.

Die Verhaftung der Oppositionsführer Luzenko und Tymoschenko

Wenige Wochen später, im Winter 2010/2011 begannen Strafprozesse gegen Mitglieder der Tymoschenko-Regierung. Die Staatsanwaltschaft unterstand in der Ukraine unmittelbar dem Präsidenten. Chef war Wiktor Pschonka, sein Stellvertreter Renat Kusmin. Vor allem Kusmin betrieb die Verfolgung von Mitgliedern der ehemaligen Regierung aufgrund von Amtsmissbrauch und Korruption. Wie sich später zeigen sollte, waren beide zu Reichtümern gelangt, die nie aus den staatlichen Gehältern finanziert werden hätten können. Zunächst wurde die Tätigkeit des früheren Wirtschaftsminister Bohdan Danylyschyn untersucht, er floh nach Tschechien. Es folgte ein Prozess gegen Umweltminister Heorhij Filiptschuk.

Dann traf es Jurij Luzenko, damals Fraktionschef der zweitgrößten Oppositionspartei und ehemaliger Innenminister. Er hatte gemeinsam mit Julia Tymoschenko die Abwahl von Janukowytsch als Premierminister betrieben und sich offensichtlich auch mit dem damals reichsten Mann der Ukraine, Rinat Achmetow, angelegt. Die Staatsanwaltschaft warf Luzenko vor, seinen Chauffeur innerhalb des Innenministeriums rechtswidrig so weit befördert zu haben, dass dieser eine Stelle mit Anrecht auf eine Ein-

---

[54] Vgl. European Commission for Democracy through Law (Venice Commission). Opinion no. 599/2010 CDL-AD(2010)044 Opinion on the Constitutional Situation in Ukraine. Adopted by the Venice Commission at its 85th Plenary Session, Venice (17-18 December 2010), https://www.venice.coe.int/webforms/documents/default.aspx?pdffile=CDL-AD(2010)044-e, abgerufen am 1. Juli 2023.

Zimmer-Dienstwohnung in der Kyjiwer Innenstadt erhielt. Außerdem habe Luzenko Geld verschwendet, als er zum „Tag der Polizei" eine Party für die Sicherheitskräfte gab. Luzenko war zweifellos eine schillernde Persönlichkeit, der sich auch im Westen einiges geleistet hatte. Aber die Gründe für Verhaftung und Verurteilung waren nicht ernst zu nehmen. Dies bestätigte implizit der Europäische Gerichtshof für Menschenrechte in einem Urteil.[55] Er saß dennoch mehr als zwei Jahre in Haft, kam erst durch die Cox-Kwaśniewski-Mission frei und sollte eine zentrale Rolle bei den Maidan-Demonstrationen spielen.

Noch absurder waren die Vorwürfe gegen die meisten anderen früheren Minister. So wurde dem ehemaligen amtierenden Verteidigungsminister Valerij Iwaschenko vorgeworfen, sich an der Privatisierung der Feodosia-Werft bereichert zu haben. Die Privatisierung war zu diesem Zeitpunkt aber noch gar nicht erfolgt. Er kam nach etwas über einem Jahr Haft frei – kurz nachdem Ministerpräsident Asarow diese Freilassung dem früheren Präsidenten Polens, Alexander Kwaśniewski, zugesagt hatte. Ich durfte damals gemeinsam mit Kwaśniewski dem Prozess beiwohnen, an dessen Ende Iwaschenko frei gelassen wurde. Der verhältnismäßig junge Minister verließ das Gefängnis grauhaarig und auf einen Stock gestützt. Er fand in Dänemark de-facto-Asyl.

Der prominenteste Fall wurde aber jener von Julija Tymoschenko. Gemeinsam mit Wiktor Juschtschenko war sie die Gegenspielerin Janukowytschs während der Orangen Revolution. Bei den Präsidentschaftswahlen 2010 hatte sie knapp gegen Janukowytsch verloren. Seit sie als Premierministerin gestürzt worden war, war sie Chefin der größten Oppositionspartei. Tymoschenko hatte aber keine Immunität, da sie nach ihrer Abwahl 2010 weder eine Regierungsfunktion innehatte noch Abgeordnete war. Ab Anfang 2011 gab es eine Serie von Vorwürfen gegen sie als ehemalige Regierungschefin: Sie habe am Handel mit Kyoto-Zertifikaten verdient, an der Lieferung von Polizeiautos und vielem mehr. Am prominentesten wurde aber rasch der „Gas-Prozess": Im Kern lautete der Vorwurf, sie habe sich in den Verhandlungen im Jänner 2009 von Putin korrumpieren lassen und habe einen schlechten Vertrag fürs Land abgeschlossen, dafür seien ihr aber persönliche Vorteile zugestanden worden. Formell sei es Amtsmissbrauch gewesen.

---

[55] Vgl. European Court of Human Rights: Ukrainian opposition leader was arbitrarily arrested and detained. ECHR 285 (2012) 03.07.2012, Chamber%20judgment%20Lutsenko%20v.%20Ukraine%2003.07.12.pdf.

Die Staatsanwaltschaft stützte sich auf das Protokoll einer Sitzung der Regierung, in dem die Regierung den Vertrag abgelehnt hatte. Trotzdem habe Tymoschenko das Abkommen unterzeichnet. Später sollte sich zeigen: Die Staatsanwaltschaft übersah das Protokoll der nächsten Sitzung, zwei Tage später, in der der Vertrag nachträglich gebilligt wurde.

Ob der Vorwurf der Annahme von Schmiergeld gerechtfertigt ist oder nicht, ist bis heute nicht nachgewiesen. Der oben dargestellte Bericht von Jechanurows Berater macht es jedenfalls wahrscheinlich, dass auch Tymoschenko Geld angeboten wurde. Auch sonst gibt es Indikationen, dass bei Gasverhandlungen in der ehemaligen Sowjetunion den Verhandlern persönliche Vorteile angeboten wurden. War es auch bei diesen Verhandlungen der Fall? Hatte sie diese Vorteile angenommen? Es wird wohl nie mehr geklärt werden.

Was immer 2009 geschehen war, das Gerichtsverfahren 2011 spottete jeder Beschreibung. Es wurden die Belastungszeugen der Staatsanwaltschaft gehört. Die Verteidiger hatten mehrere Dutzend Zeugen laden lassen. Davon wurden nur die ersten zwei gehört. Danach wurde rasch das Urteil gesprochen: Umgerechnet 137 Mio. Euro Schadenersatz und sieben Jahre Haft, danach noch drei Jahre Verbot einer politischen Betätigung.

Tymoschenko hatte einen Hinweis erhalten, dass sie rechtzeitig das Land verlassen und im Westen um Asyl ansuchen sollte. Sie hatte dies aber abgelehnt.

Mitverfolgen konnte ich das Berufungsverfahren im Dezember 2011. Es gab eine sehr stringente Argumentation der Verteidigung, warum die Verhaftung nicht korrekt war und Tymoschenko freigelassen werden müsste. Es gab keine Gegenargumente. Ich war überzeugt, nun müsste das Gericht zumindest das Verfahren an die erste Instanz zurückverweisen und eine Wiederholung des Verfahrens verfügen. Es folgte eine längere Pause, dann die Verlesung des Urteils des Senatsvorsitzenden mit monotoner, schwer hörbarer Stimme. Die Richter waren steif wie Wachsfiguren. Der Entscheid, im Wesentlichen eine Wiederholung des Urteils erster Instanz: viele Jahre Haft.

Europa protestierte wiederholt gegen das willkürliche Verfahren, ebenso Amerika. Auch aus Russland gab es kritische Stimmen von ganz oben. Dennoch: Tymoschenko blieb bis zum Ende des Maidans im Februar 2014 in Haft. Angela Merkels Intervention war es zu verdanken, dass sie nach einigen Monaten aus einer Zelle in ein Spital übersiedeln konnte.

Die deutschen Bemühungen um eine Ausreise Tymoschenkos zur Behandlung in der Berliner Charité blieben aber erfolglos.

Ich habe Tymoschenko erst nach ihrer Freilassung 2014 kennengelernt. Zu diesem Zeitpunkt war sie eine bescheidene Dame mit scharfer politischer Analysefähigkeit. An die Spitze des Staates konnte sie nicht mehr zurückkehren. Bei der Präsidentschaftswahl 2014 landete sie abgeschlagen auf dem zweiten Platz.

Es gab noch andere Prozesse gegen ehemalige Regierungsmitglieder. Wichtig war das Verschwinden von Tymoschenko und Luzenko im Gefängnis – beide einflussreich und wortgewaltig, ehemalige politische Gegner des Präsidenten und Führer der beiden großen Oppositionsparteien. An den autoritären Tendenzen in Kyjiw konnte kein Zweifel mehr bestehen.

IMPLIKATIONEN FÜR DAS ASSOZIIERUNGSABKOMMEN MIT DER EU

Wie erwähnt, waren 2010 die Verhandlungen über das Assoziierungsabkommen zwischen der Ukraine und der EU wiederaufgenommen worden. Auch ein Visaliberalisierungsaktionsplan war vereinbart worden. Beides war bereits sehr weit gediehen. In der Bevölkerung bestanden große Erwartungen für das Abkommen, vor allem im Westen des Landes, aber auch bei den Unternehmern im Osten. Konstant waren 55-57% der Bevölkerung für das Abkommen.

Vielleicht lieferte Polen das wichtigste Argument für die ukrainischen Sympathien zu diesem Abkommen. 1990, zu Ende der kommunistischen Ära, hatten Polen und die Ukraine dieselbe Lebenswartung und dasselbe BIP pro Person. 2013 lebten Polen im Schnitt sieben Jahre länger als Ukrainer und hatten drei Mal so viel Geld. Gründe waren u. a. Wirtschaftsreformen in Polen, europäische Standards und die massiven Finanzhilfen aus Brüssel.

Aus dieser Zeit sind wie erwähnt keine Bedenken von russischer Seite gegen das Assoziierungsabkommen EU-Ukraine bekannt.

Im Herbst 2011 war der Text fertig und hätte ohne große Aufregung unterzeichnet werden können. Zeitplan war: Paraphierung im Oktober 2011, Prüfung der Sprachfassungen, Unterzeichnung im Dezember 2011, vorläufige Anwendung der Wirtschaftsteile ab Mai 2012. In diesen Zeitplan platzte nun Tymoschenkos Verhaftung.

Europas Dilemma

Ab Herbst 2011 machte aber Europa eine Abkehr von autokratischen Praktiken zur Voraussetzung für die Unterzeichnung des Assoziierungsabkommens. Aus europäischer Sicht war dies logisch – die EU ist eine Wertegemeinschaft. Die Verträge mit den Nachbarn sollten auf diesen Werten aufbauen. Die Verhaftung Tymoschenkos, die die wichtigste politische Konkurrentin Janukowytschs gewesen war und ihre Verurteilung in einem willkürlichen Verfahren lief den Prinzipien der Wertegemeinschaft entgegen. Unter diesen Bedingungen ein Abkommen zu unterzeichnen, war undenkbar.

Europa stand vor einem Dilemma: Zum einen gab es den Wunsch, die Ukraine näher an die EU heranzuführen. Es ist wichtig, stabile Nachbarn zu haben, die Ukraine ist einer der größten. Das Assoziierungsabkommen galt als eines der wichtigsten Instrumente um diesen großen Nachbarn zu modernisieren, das korruptionsanfällige Zoll- aber auch das Steuersystem zu ändern, zu erreichen, dass die Abwanderung der jungen Ukrainerinnen und Ukrainer gestoppt wird, dass die Ukraine demokratischer wird, rechtsstaatliche Prinzipien aufgewertet werden usw..

Zum anderen stand das, was in der Ukraine geschah, im krassen Widerspruch zu dem, was im Assoziierungsabkommen vorgesehen war. Vereinbart war mehr Rechtsstaatlichkeit – der Prozess gegen Tymoschenko war ein Spott darauf. Vereinbart war mehr Demokratie – in der Ukraine entstand gerade wieder eine Diktatur – Verfassungsgerichtshofcoup, Verhaftung der beiden wichtigsten Oppositionsfiguren, Tymoschenko und Luzenko. Diese Muster waren nicht europäisch, sie entstammten der Geschichte der Sowjetunion in ihren düstersten Abschnitten.

Ein Mythos ist hingegen, dass die Ukraine wirtschaftlich für die EU besonders wichtig sei und die EU deswegen so stark auf das Abkommen gedrängt habe. Die Wirtschaftskraft der Ukraine war beschränkt. Sie gehört nicht zu den zwanzig wichtigsten Export- oder Importmärkten der EU. Der Anteil der Ukraine am Außenhandel der EU lag 2011 unter einem Prozent. Der wirtschaftlich wichtigste Schritt für die Entwicklung der Wirtschaftsbeziehungen war der Beitritt der Ukraine zur WTO 2008, das „Tiefe und Umfassende Freihandelsabkommen" sah weit über die WTO-Regeln darüberhinausgehende Senkungen der Zollsätze vor. Diese waren sicher im Interesse der EU, aber noch mehr in dem der Ukraine. Es gab ein

Interesse der EU daran, dass die Ukraine europäische Zertifizierungsstandards übernimmt, gegen Raubkopien vorgeht, etc.

Darüber hinaus bestand die Hoffnung, dass das Abkommen dazu beitragen würde, das Land wohlhabender zu machen. Auf lange Sicht bildete der große Einkommensunterschied zwischen den neuen Mitgliedsstaaten und der Ukraine nicht nur ein migrations- sondern auch ein sicherheitspolitisches Risiko. Es gab aber durchaus auch kritische Stimmen zu der mit dem Abkommen verbundenen Senkung von Zollsätzen, die ukrainische Produkte in der EU wettbewerbsfähiger machen würden.

Vor allem die neu beigetretenen Staaten Mittelosteuropas waren für eine rasche Annäherung der Ukraine an die EU. Dort spielten zum Teil auch geopolitische Überlegungen eine Rolle. Die westlicheren Mitgliedstaaten pochten hingegen auf den Respekt von Werten.

Unterschiede gab es auch zwischen den politischen Parteien. Die Europäische Volkspartei, zu deren Familie Tymoschenkos „Vaterlandspartei" eher zufällig gehörte, war gegen die Unterzeichnung des Abkommens solange Tymoschenko in Haft war, die Sozialdemokraten, denen Janukowytschs „Partei der Regionen" offiziell nahestand, waren flexibler.

Die vorgebliche Wahl zwischen Zollunion und Assoziierungsabkommen

Einer der Lieblingsgedanken in der Ukraine vor dem Maidan war jener: Die Ukraine stehe vor der Wahl zwischen Beitritt zur Zollunion mit Russland, Kasachstan und Belarus und dem Assoziierungsabkommen mit der EU. In Wirklichkeit gab es diese Wahl nicht:

- Für einen Beitritt zur Zollunion hätte die Verfassung geändert werden müssen. Dafür gab es keine Mehrheit im Parlament.
- Die Mehrheit der Abgeordneten konnte der Idee nichts abgewinnen. Im Februar 2013 stimmten rund 90% der Abgeordneten in der Rada für eine vertiefte Europäische Integration.
- Die Mehrheit jener Oligarchen, die die „Partei der Regionen" unterstützte hatte mehr Interesse an den europäischen Märkten als an jenen der „Zollunion".
- Nur eine Minderheit in der Bevölkerung war für einen Beitritt zur „Zollunion".

- Vor allem im Westen der Ukraine wäre eine so starke Hinwendung zu Russland auf heftige Reaktionen gestoßen. Ein ehemaliger Vizepremier wies uns darauf hin, dass die Regierung mit tiefen Verwerfungen in der Gesellschaft rechne, würde die Regierung einen solchen Schritt setzen.

Faktisch war ein Beitritt zur „Zollunion" also ausgeschlossen. Es gab nur zwei Optionen: Abschluss des Assoziierungsabkommens oder alles bleibt beim Alten.[56]

Um Mitternacht bei der Staatsanwaltschaft zwischen Schokobergen

Die Botschaft der meisten Vertreter der EU war sehr klar: Natürlich sollten Politiker für Korruption zur Verantwortung gezogen werden. Es brauche aber ein faires und transparentes Verfahren – gerade bei so hoch brisanten Fällen. Die Verfolgung sollte auch nicht nur selektiv bei Vertretern einer Partei erfolgen.

Es gab mehrere Versuche von Vertretern des Europäischen Parlaments, der Kommission und des Europäischen Auswärtigen Dienstes auf die Machthaber in der Ukraine einzuwirken, um ein faires Gerichtsverfahren für Tymoschenko zu erreichen, wie dies auch immer wieder öffentlich gefordert worden war.[57]. Denkbar wäre etwa eine Aufhebung des Urteils gegen sie durch das Gericht zweiter Instanz gewesen. Dabei gab es nicht nur Kontakte zu Politikern auf hoher und höchster Ebene, sondern auch zur Staatsanwaltschaft. An manchen Gesprächen konnte ich teilnehmen. Wir wurden sehr freundlich aufgenommen und teilweise großzügig bewirtet. Ich erinnere mich an ein Gespräch zwischen zwei riesigen Pyramiden von Schokolade, das sich bis nach Mitternacht zog.

---

[56] Auch die Idee einer Freihandelszone von Lissabon bis Wladiwostok, wie von Russland offiziell vorgeschlagen, war in der Realität keine Option. Schon die bilateralen Verhandlungen mit Russland über ein Nachfolgeabkommen für das Partnerschafts- und Kooperationsabkommen machten über Jahre kaum Fortschritte. Die Frage müsste im Detail anderswo untersucht werden, hängt aber v. a. mit dem Thema von Exportsteuern auf Rohstoffe, u. a. auf fossile Brennstoffe zusammen.
[57] Vgl. Z.B. Stefan Füle European Commissioner for Enlargement and European Neighbourhood Statement on the Situation in Ukraine, Case of Yulia Tymoshenko European Parliament Plenary Session Strasbourg, 22 May 2012, https://www.eumonitor.eu/9353000/1/j9vvik7m1c3gyxp/vizpehgoozzy?ctx=vh7dosdm4dzj&s0e=vhdubxdwqrzw

Es zeigte sich für mich immer mehr, dass die Staatsanwaltschaft eine Schlüsselrolle bei einer möglichen Lösung des Konfliktes um Tymoschenko spielen könnte. Es zeigte sich aber auch, dass sie beinahe ein Staat im Staat war; niemand wollte sich mit ihr anlegen. Und es gab Hinweise auf ausgeprägte Korruption in der Staatsanwaltschaft. Mit großer Wahrscheinlichkeit wurde für die Freilassung von Gefangenen teilweise Lösegeld gefordert – „ein Geschenk", wie es offiziell hieß. Auch für Tymoschenko könnte Lösegeld gefordert worden sein. Es gab in der Umgebung des Präsidenten die Auffassung, sie habe sich an halblegalen Gasgeschäften auf Kosten des Staates bereichert. Nun sollte dieses Geld herausgegeben werden. Es schien dabei Flexibilität zu geben, woher das Geld kommen würde – von ihr selbst oder auch von jenen, die ihre Freilassung betrieben, möglicherweise gab es auch Forderungen an Stellen in Berlin. Manchmal bot sich für Tymoschenko die Möglichkeit, eine Nachricht nach Brüssel zu senden. Sie lautete in etwa: „Unterzeichnet das Assoziierungsabkommen jetzt. Später gibt es vielleicht keine Chance für die Ukraine mehr. Verbindet das Abkommen nicht mit meinem Schicksal." Tymoschenko gehört zu jener Generation, die den Kommunismus in seiner sowjetischen Prägung miterlebt hat.

Dem Anliegen Tymoschenkos wurde nicht nachgekommen. In Brüssel wurde die Unterzeichnung des Assoziierungsabkommens, die für Dezember 2011 geplant gewesen war, verschoben. In den Schlussfolgerungen des Europäischen Rates vom 9. Dezember 2011 kommt die Ukraine nicht vor.[58] Es war die Zeit der Euro-Krise; bei diesem Rat lag der Schwerpunkt auf dem Fiskal-Pakt, der Obergrenzen für die Staatsverschuldung der Länder der Eurozone und anderer EU-Staaten vorsah. Der Beitrittsvertrag Kroatiens zur EU wurde unterzeichnet und der Beitrittsprozess der anderen Kandidatenstaaten am Westbalkan evaluiert. Erst viel später beschloss der Europäische Rat eine Reihe von Benchmarks, die Voraussetzung für die Unterzeichnung des Abkommens mit der Ukraine werden sollten.

Hatte Tymoschenko Recht? Wäre das Unheil, das in der Folge über die Ukraine hereinbrach, mit einer raschen Unterzeichnung des Abkommens verhindert oder zumindest gemildert worden? Es lässt sich darüber

---

[58] Vgl. European Council. December 2011 Conclusion, EUCO 139/1/11 REV 1; https://data.consilium.europa.eu/doc/document/ST-139-2011-REV-1/en/pdf.

nur spekulieren. Zugleich: Es ging nicht einfach nur um ihr Schicksal, es ging um ein System, das nicht gefördert werden sollte.

Der Konflikt zwischen Janukowytsch und Tymoschenko schadete hat der Ukraine sehr und trug schließlich zu den furchtbaren Entwicklungen der nächsten Jahre bei. Janukowytsch betonte immer wieder in langen Monologen, dass er die Prozesse und die Verhaftung seiner politischen Widersacherin nicht angeordnet habe. Das scheint zumindest möglich. Pschonka und Kuzmin waren nicht von ihm, sondern von Juschtschenko bestellt. Sie informierten ihn über die geplanten Verfahren; Janukowytsch stoppte sie nicht.

Zehn Jahre vor ihm wählte Putin nach seiner Wahl im Jahr 2000 einen anderen, erfolgreicheren Weg. Er entschied, einen Schlussstrich unter die chaotischen Neunziger zu ziehen. Was damals war, sei vergessen. Ab nun seien die Gesetze einzuhalten. Politisch war dieser Ansatz weiser; nur selten hat ein Staat nach einer langen Krise die Kraft und die Stärke unabhängiger Gerichte oder Institutionen, um eine unparteiische Selbstreinigung durchzuführen. Die Erfahrungen aus anderen Regionen zeigen, dass dies oft erst Jahrzehnte später und oft nur sehr fragmentarisch möglich ist.

Janukowytschs Dilemma

Janukowytschs Interesse an dem Abkommen mit der EU war beschränkt. Die Wirtschaftselite war dafür, die Bevölkerung im Westen und im Zentrum des Landes ebenfalls. Ihm und seiner Umgebung brachte es kaum persönliche Vorteile und keinen finanziellen Nutzen.

Wichtig wäre das Abkommen vor den nächsten regulären Präsidentschaftswahlen im Februar 2015 geworden: Es hätte Janukowytsch in der Westukraine beliebter gemacht und seine Chancen auf eine Wiederwahl vergrößert. Aber zu diesen Wahlen sollte es nicht mehr kommen.

2013 war noch etwa die Hälfte der ukrainischen Bevölkerung für eine Annäherung an Russland, die andere für europäische Integration. Durch den Krieg in der Ostukraine sollte sich das jedoch ändern. Im September 2014 waren fast 60% für eine europäische Integration, nur noch 17% für einen Beitritt zur „Zollunion" mit Russland und Belarus.

Die erste Isolation der Janukowytsch-Verwaltung

In den nächsten Monaten war politische Stille zwischen der EU und der Ukraine, auch wenn formell im April bzw. Juli 2012 die Verhandlungen um das Assoziierungsabkommen abgeschlossen werden konnten; auch innenpolitisch herrschte ein weitgehender Stillstand. Die pro-europäischen Reformen waren ausgesetzt, das Klima in der Werchowna Rada, dem Parlament, vergiftet. Tymoschenko und Luzenko blieben in Haft. Beide beklagten eine Verschlechterung ihres Gesundheitszustandes, vor allem aus Deutschland kam die Forderung nach fairen Haftbedingungen für Tymoschenko.

Ende April wollten Gefängniswächter Tymoschenko abholen, um sie ins Spital zu bringen, wie sie es schon lange verlangt hatte und wie es auch der Westen forderte. Sie weigerte sich. Die Schergen wollten sie zwingen und mit Gewalt wegbringen. Tymoschenko wehrte sich heftig und immer heftiger. Schließlich gaben die Wachebeamten auf. Die frühere Premierministerin blieb im Gefängnis. Von der Auseinandersetzung blieben Schürf- und Quetschwunden. Sie begann daraufhin einen langen Hungerstreik. Im Westen herrschte Entsetzen. Wie kann man mit der Präsidentschaftskandidatin, die knapp verloren hat, so umgehen?

Nach dem Ereignis wollte kaum mehr jemand Janukowytsch treffen. Für Mitte Mai 2012 war ein Treffen der fünfzehn Staatspräsidenten Mitteleuropas in Kyjiw geplant, aber einer nach dem anderen sagte ab, zuerst der österreichische Bundespräsident Heinz Fischer – wie ich später erfuhr – zufällig. Bald danach folgte der deutsche Amtskollege Joachim Gauck, dann einer nach dem anderen, zuletzt Polens Präsident Bronisław Komorowski. Das Treffen fand nicht statt. Jetzt erst wurde der Janukowytsch-Verwaltung klar, wie isoliert sie in Europa war. Die Theorie, dass Europa die Inhaftierten bald vergessen haben würde, hatte sich als falsch erwiesen.

Drei Voraussetzungen für das Assoziierungsabkommen

Dennoch gab es auch in dieser Zeit Fortschritte. Der Rat der EU-Außenminister stellte im Mai 2013 drei Kriterien für die Unterzeichnung des Abkommens auf:

- Beendigung der „selektiven Justiz" und u. a. Freilassung von Julija Tymoschenko
- Einhaltung internationaler Standards bei den Wahlen im Herbst
- Reform des Justizsystems laut Assoziierungsagenda, einem gemeinsamen Dokument von EU und Ukraine aus 2009.

DIE COX-KWAŚNIEWSKI MISSION

Im Juni besuchte Asarow Brüssel. Anlass waren reguläre Konsultationen, wie sie im alten Partnerschafts- und Kooperationsabkommen vereinbart sind. Er nützte die Gelegenheit und beklagte sich, die Sicht der EU sei einseitig, von den Medien und den Vertretungsbehörden in Kyjiw manipuliert. Der Präsident des Europäischen Parlaments, Martin Schulz, schlug eine Beobachtungsmission vor: Ein Elder Statesman sollte nochmals überprüfen, ob im Tymoschenko-Prozess alles mit rechten Dingen zugegangen sei. Asarow versprach, Einsicht in alle Unterlagen zu gewähren.

Was offiziell eine „Beobachtungsmission" sein sollte, war tatsächlich als Vermittlungsmission konzipiert. Von Anfang an wurde darauf Wert gelegt, dass die Mission das Vertrauen beider ukrainischer Seiten hat – der Regierung und des Verteidigungsteams um Tymoschenko. Darüber hinaus sollte die Mission auch das O. K. der politischen Fraktionen im Europäischen Parlament haben.

Die Suche nach geeigneten Persönlichkeiten dauerte mehrere Wochen. Kaum jemand hatte das Vertrauen aller Fraktionen im Europäischen Parlament; viele bekannte Personen sagten ab. Schließlich fand sich ein überraschendes Team: Der ehemalige Präsident Polens, Alexander Kwaśniewski und der ehemalige Präsident des Europäischen Parlaments, Pat Cox. Kwaśniewski hatte schon während der „Orangen Revolution" eine entscheidende Vermittlerrolle gespielt und kannte fast alle entscheidenden Spieler seit langem. Pat Cox besuchte im Sommer 2012 zum ersten Mal die Ukraine. Dennoch waren es ebenbürtige Partner. Als Kwaśniewski bei seinem ersten Besuch von einem Botschafter gefragt wurde, was er in seinen Bericht schreiben wollte, antwortete er: „Ich will den Konflikt lösen, den kalten Bürgerkrieg beenden." Tatsächlich sollte aus dem „kalten Bürgerkrieg" ein echter bewaffneter Konflikt werden. Später sollte die Macht, die den Verlierer unterstützt hatte, einen furchtbaren Krieg beginnen.

Die Mission der beiden Präsidenten sollte sehr professionell werden. Sie besuchte die Ukraine 27 Mal, mied dabei Medienkontakte bewusst. Es gelang, zur Lösung der kleineren politisch motivierten Fälle beizutragen (oder eine Lösung zu erreichen): Luzenko und Iwaschenko wurden freigelassen. Auch alle anderen Prozesse gegen Mitglieder der früheren Tymoschenko-Regierung wurden eingestellt. Nur für den wichtigsten Prozess, jenen gegen Julija Tymoschenko, fand sich keine Lösung (ein Lösungsversuch im August 2013 führte zu einer Vertiefung der Krise. Darüber wird später berichtet.). Es wurde ihr immerhin zugestanden, die Haft nicht im Gefängnis, sondern in einem Spital zu verbringen. Sie sollte erst im Februar 2014 freikommen, kurz nachdem Janukowytsch aus Kyjiw geflohen war.

Janukowytsch bedankte sich in ungewöhnlicher Weise bei Pat Cox. Die Irische Republik war in Folge der Finanzkrise 2009 Eigentümerin eines Kaufhauses in Kyjiw geworden. Es war lange Zeit unverkäuflich. Als klar wurde, dass Cox' Mission, der kein Geld für seine Tätigkeit bekam, im wichtigsten Punkt gescheitert war, sorgte Janukowytsch dafür, dass dieses Kaufhaus auch tatsächlich zum Marktwert verkauft werden konnte und Irland das Geld erhielt.

Anders sah es im Falle von Kwaśniewski aus. Jahre später wurde bekannt, dass er gemeinsam mit Romano Prodi und Alfred Gusenbauer, der „Hapsburg-Group", einen Lobbying-Vertrag für die Förderung eines positiven Images der damaligen Ukraine in der EU hatte, was Gusenbauer auch bestätigte.[59]

Auch wenn die Cox-Kwaśniewski-Mission heute vergessen ist, Missionen wie diese sind ein gutes Instrument, um in einem Staat in Krise zu vermitteln: Erfahrene ehemalige Politiker, die an keinem Comeback mehr arbeiten oder arbeiten können, die über Rückhalt in ihrer Fraktion verfügten und die viel Sinn für politische Herausforderungen mitbringen, können oft in einer verfahrenen Situation etwas erreichen, was anderen Politikern nicht möglich ist.

---

[59] Vgl. Ultsch, C und Postl. E., Alfred Gusenbauer und die Kiew-Connection. DiePresse.com. 14.6.2018, https://www.diepresse.com/5377780/alfred-gusenbauer-und-die-kiew-connection, abgerufen am 7. Juli 2023.

Lässt sich eine Partei klonen?

Im Juni und Juli 2012 erhielt die Ukraine mit der Austragung der Fußball-EM gemeinsam mit Polen eine große Bühne. Die Meisterschaft verlief ruhig, es gab keine nennenswerten Auseinandersetzungen mit „Ultras".

Diese Bühne, die die EM bot, sollte u. a. dafür genützt werden, dass eine Art Gegen-Tymoschenko aufgebaut würde: Eine junge Unternehmerin aus dem Donbass, die mit unglaublich großzügigen Mitteln gesponsert wurde und deren Bilder bei allen Fußball-Fanmeilen präsent war. Das Geld war fehlinvestiert. Die Ukrainer ließen sich nicht täuschen. Der Klon-Partei blieb der Einzug ins Parlament verwehrt.

Das „Sprachengesetz"

Im Sommer 2012 wurde das „Sprachengesetz" angenommen. Es gestattete die Verwendung von Minderheitensprachen in der Schule, bei Gerichten und Behörden in Regionen, in denen die Minderheitensprache zumindest von 10% der Bevölkerung verwendet wurde. Faktisch wurde damit vor allem die Verwendung von Russisch aufgewertet, die Regelung kam aber auch anderen Minderheiten, vor allem der ungarischen, zugute. Umgesetzt wurden damit Europaratsstandards. Bei der Annahme dieses Gesetzes gab es wahrscheinlich formale Fehler. So stimmten nur 219 Abgeordnete dafür[60], 226 wären für eine Mehrheit erforderlich gewesen. Grundsätzlich verfügte die regierende Koalition aber über eine ausreichende Mehrheit und so wurde über diesen „Schönheitsfehler" hinweggesehen und das Gesetz in Kraft gesetzt.

Die Befürworter des Gesetzes verwiesen u. a. auf die Europäische Charta der Regional- und Minderheitensprachen des Europarats, der dieses Gesetz weitgehend entsprach.[61] Mit ihm sollte eine langsame „Ukrainisierung" der Ukraine, wie sie in der vorhergehenden Präsidentschaft stattgefunden hatte, revidiert werden. Die Gegner bezeichneten sie als verfassungswidrig, im Widerspruch zum ukrainischen Budgetrecht und gegen

---

[60] Vgl. Ukrajinska Prawda, 5. Juli 2012. Мовний законопроект ухвалений із порушенням процедури – стенограма, https://www.pravda.com.ua/news/2012/07/5/6968170/, abgerufen am 27. Mai 2023.
[61] Vgl. Europarat. Die Europäische Charta der Regional- und Minderheitensprachen, https://www.coe.int/de/web/european-charter-regional-or-minority-languages, abgerufen am 27. Mai 2023.

die ukrainische Sprache gerichtet. Gegen das Gesetz gab es kleinere Proteste in der Kyjiwer Innenstadt, vor allem vor dem Parlament.

Die praktische Bedeutung des Gesetzes blieb – wie bei vielen ukrainischen Gesetzen – gering. „Implementation Gap" war 2012 ein gängiges Schlagwort. Leider sollte dieses Gesetz – bzw. seine Aufhebung – eineinhalb Jahre später von Russland sehr massiv rezipiert werden und zu einer Entfremdung zwischen Moskau und Kyjiw beitragen. Dasselbe galt für ein Gesetz über Ukrainisch als Staatssprache, das 2019 angenommen wurde.

ÜBERRASCHEND DEMOKRATISCHE PARLAMENTSWAHLEN

Im Mai 2012 wurde vom Europäischen Parlament eine Verbindung zwischen europäischer Integration der Ukraine und Fortschritte bei der Demokratisierung des Landes hergestellt.[62] Damit gewannen neben den politisch-motivierten Fällen die bevorstehenden Parlamentswahlen im Oktober 2012 in der Ukraine eine besondere Bedeutung.

Überraschend konnte im Herbst unter den großen ukrainischen Parteien ein Konsens über eine Reform des Wahlsystems erzielt werden. Es waren die letzten großen Stunden Wolodymyr Lytwyns, des damaligen Parlamentspräsidenten, der rasch das zugehörige Wahlgesetz beschließen ließ.

Die Wahlen erreichten nicht jene demokratischen Standards, die bei den früheren Wahlen 2006, 2007 und 2010 respektiert worden waren. Vor allem der staatliche, aber auch die privaten Sender berichteten über die Regierung und schwiegen über die Opposition.

Aber die Opposition konnte Wahlveranstaltungen abhalten, das ukrainische Volk ließ sich nicht manipulieren. Das Wahlergebnis stimmte mit den Ergebnissen von Meinungsumfragen und Exit Polls weitgehend überein. Es gab also nur geringe Manipulationen der Wahlen. Fünf Parteien wurden gewählt. Sie repräsentierten ein breites politisches Spektrum.[63]

In 9% der Wahlbezirke gab es Probleme beim Addieren der Auszählungsergebnisse. Dennoch, in 91% der Wahlbezirke verlief die Wahl korrekt. In fünf Wahlkreisen war es der zentralen Wahlkommission nicht

---

[62] Vgl. European Parliament resolution of 24 May 2012 on Ukraine (2012/2658(RSP)) https://www.europarl.europa.eu/doceo/document/TA-7-2012-0221_EN.html.
[63] Vgl. OSCE Office for Democratic Institutions and Human Rights. Ukraine – Parliamentary Elections 28 October 2012, OSCE/ODIHR Election Observation Mission Final Report, Warsaw, 3 January 2013, 1-3, https://www.osce.org/files/f/documents/3/c/98578.pdf.

möglich, die Ergebnisse festzustellen. Die Wahlen mussten dort wiederholt werden, was erst 2014 geschah.

Das gemischte Wahlsystem begünstigte die „Partei der Regionen". Sie wurde mit 30% der Stimmen und 185 von 450 Sitzen stärkste Partei, erreichte aber nicht die erhoffte absolute Mehrheit im Parlament oder gar eine Stellung wie Jedinaja Rossija in Russland. Vier weitere Parteien zogen ins Parlament ein:

- Tymoschenkos Vaterlandspartei, interimistisch geführt von Arsenij Jazenjuk (25%, 101 Sitze)
- Witalij Klytschkos UDAR, (14%, 40 Sitze)
- Die nationalistische Swoboda-Partei (10%, 40 Sitze)
- die Kommunisten (8%, 32 Sitze)

Daneben gab es 43 unabhängige Abgeordnete und einige Abgeordnete kleiner Parteien. Rechnerisch hatte die „Partei der Regionen" ideale Voraussetzungen für Koalitionsverhandlungen: Mit jeder der vier anderen Parteien hätte sie eine Mehrheit gehabt. Tatsächlich lehnten drei Parteien eine Koalition ab. Was für ein Partner wäre das gewesen, der seine politischen Gegner einsperrt? Die Kommunisten waren bereit, die Regierung Asarow zu dulden.

Als Ergebnis der Wahlen gab es drei Oppositionsführer. Keiner von ihnen rechnete zu dem Zeitpunkt damit, dass der Einsatz für die Demokratie ein Jahr später zu einem Kampf auf Leben und Tod werden sollte.

Vorerst aber galt es für die drei Oppositionsführer, sich nicht auseinander dividieren zu lassen. Sie hatten tatsächlich wenig gemeinsam – außer einem gemeinsamen Interesse am Fortbestand der Demokratie.

Arsenij Jazenjuk war durch Zufall, aber auch aufgrund seiner politischen Wendigkeit, Chef der größten Oppositionspartei geworden. So gut wie alle im früheren Parlament vertretenen Oppositionsparteien hatten sich geeinigt gemeinsam anzutreten, um drohenden autoritären Tendenzen bestmöglich die Stirn zu bieten. Als Chefin war Tymoschenko vorgesehen. Da sie in Haft nicht an den Wahlen teilnehmen konnte, wurde Jazenjuk ihr Stellvertreter.

Jazenjuk gehört zu den Politikern, die ich am meisten respektiere. Er stammt aus Tschernowitz, einer Region in ewiger Randlage: In den letzten hundertfünfzig Jahren war die Stadt zuerst die östlichste Österreichs, dann die nördlichste Rumäniens, später am Rande der Sowjetunion und nun ein entlegener Platz in der Ukraine. Jazenjuk spielte bereits mit dreißig Jahren eine zentrale Rolle in der ukrainischen Innenpolitik. Seine große Stärke war seine Flexibilität. In den Monaten des Maidan sollte er oft vollkommen erschöpft und zwischendurch auch einfach verzweifelt erscheinen. Premierminister wurde er 2014 zu Recht. In seiner Zeit wurden viele wichtige Entscheidungen gefällt, die lange aufgeschoben gewesen waren.

Witalij Klytschko, dem Boxweltmeister, kam hingegen seine kräftigere Konstitution zugute. Immer wieder konnte er durch seine physische Kraft, seine Größe und relative Bekanntheit Schlimmes verhindern. Seine große Stärke ist es, Teams zu bilden, Leute arbeiten zu lassen und zu delegieren. Wichtig aber vor allem für die Ukraine ist: Er gilt als nicht bestechlich.

Oleh Tjahnybok wird als rechts-national bezeichnet und mit radikalen Aussagen in Verbindung gebracht. Er ist der Sohn eines griechisch-katholischen Geistlichen, Opfer sowjetischer Repression sowohl in der Stalin- als auch in der Breschnew-Zeit. Manche seiner Anschauungen erklären sich aus diesem Hintergrund. Dennoch ist seine rassistische Brandrede aus dem Jahr 2004 unverzeihlich. Persönlich habe ich ihn moderat erlebt, ein Gespräch mit ihm fand auf Russisch statt. Er wurde die dritte Oppositionsfigur. Nach dem Maidan wurde seine Partei für sieben Monate Juniorpartner in der Regierung; er selbst erhielt kein Amt. Im Herbst 2014 wurde seine Partei nicht mehr ins Parlament gewählt. Dennoch wurde er oft noch viele Jahre später in russischen Videos als Beweis dafür gezeigt, dass in der Ukraine die „Faschisten" die Macht übernommen hätten. Damit wurde u. a. die russische Invasion vom Februar 2022 gerechtfertigt. Dass seine Partei nur von 2012 bis 2014 im Parlament vertreten war, wurde geflissentlich verschwiegen.

Die EU ist bereit ein Abkommen zu schließen – unter Bedingungen

Die – weitgehend – demokratischen Wahlen waren Anlass für Europa, die Bereitschaft zur Unterzeichnung des Abkommens zu erneuern. Allerdings sollte dafür auf ukrainischer Seite noch einiges geschehen. Das erhoffte Abkommen sollte als Incentive für weitere Reformen wirken – das Modell hatte sich bei der EU-Erweiterung bewährt.

Im Dezember 2012 verabschiedete der Rat für Auswärtige Angelegenheiten der EU Schlussfolgerungen zur Ukraine.[64] Etwa zur gleichen Zeit nahm auch das Europäische Parlament eine Resolution zur Ukraine an. Beide enthielten den Wunsch, das Assoziierungsabkommen bei einem Treffen in Vilnius zu initialisieren, sprachen aber auch von der Erwartung, dass die ukrainische Regierung eine Reihe von Schritten setzen werde. Es ging um die gleichen Themen wie im Frühjahr: Fortschritte bei der Justizreform, vor allem um die Reform der Staatsanwaltschaft, eine bessere Wahlgesetzgebung und eine (teilweise) Lösung der politisch motivierten Fälle – vor allem des Falles Julija Tymoschenko. Mir gelang es noch das Wort „Polizeireform" in den Text der Schlussfolgerungen zu bekommen.

Um es kurz zu fassen: die Reformen zur europäischen Integration wurden niemals ernsthaft angegangen. Lediglich im Bereich des Strafrechts gab es, wie erwähnt, einzelne Fortschritte. Sonst war der einzige wirkliche Erfolg die Freilassung von Jurij Luzenko im Mai 2013.

Rückblickend ist es so gut wie sicher, dass die EU das Abkommen auch mit nur geringen Fortschritten unterzeichnet hätte – wäre Janukowytschs Administration nicht just im Herbst 2013 vor einem Staatsbankrott gestanden. Doch davon später.

Unzufriedenheit in der Oligarchie

Ab Herbst 2012 gab es mehr und mehr Anzeichen, dass viele führende Geschäftsleute mit der Politik Janukowytschs nicht zufrieden waren. Ein leitender Mitarbeiter Wiktor Pintschuks gab mir eine Leseempfehlung für einen Artikel in der russischen Wirtschaftszeitung „Wedomosti". Der Artikel war voller kritischer Anmerkungen über die Administration Janukowytsch und über den Energiedialog mit Moskau. Er gipfelte in der Aussage: „Diese Kleptokratie von Bettlern kann nicht überleben."[65] Sie sollte es doch noch über ein Jahr lang tun – in den letzten Monaten ihres Daseins sogar als russische Marionetten.

Ab Jänner 2013 lagen uns Informationen vor, dass mehrere Oligarchen in der Ukraine mit der Tätigkeit des Präsidenten und seiner Söhne

---

[64] Vgl. Council of the European Union. 3209th Council meeting Foreign Affairs Brussels, 10 December 2012, 17438/1/12 REV 1 https://ec.europa.eu/commission/presscorner/detail/en/PRES_12_516.

[65] Vgl. Portnikow, W., Чем Янукович отличается от Путина. Vedomosti.ru, https://www.vedomosti.ru/opinion/articles/2011/11/10/kleptokratiya_nischih, abgerufen am 11. Juli 2023.

unzufrieden seien. Letztere würden sich unter Missachtung der meisten bisherigen Regeln bereichern und dies mit immer größerer Geschwindigkeit tun. Dazu kam, dass viele Schlüsselstellen von Freunden von Oleksandr Janukowytsch, dem Geschäftstüchtigeren der beiden Söhne, besetzt würden.

Tatsächlich waren es einige Oligarchen, die sich während des Maidans immer stärker von Janukowytsch distanzierten und sich immer mehr – zum Großteil mäßigend – in die Politik einmischten. So kam die (schließlich nicht verwendete, aber mit der EU und Russland akkordierte) Formel zur Lösung des Maidan-Konflikts zuerst von Wiktor Pintschuk.

Ebenso wie die Oligarchie waren auch viele gewöhnliche Menschen von Janukowytsch und seinen Reformen enttäuscht, u. a. war die versprochene Pensionserhöhung ausgeblieben. Im Frühjahr 2013 gab es immer wieder kleinere und mittelgroße Demonstrationen – die Zahlen über die Teilnehmer variieren.

Ein kläglicher Versuch, die Energieabhängigkeit von Russland zu reduzieren

Immer wieder wirkte die damalige ukrainische Regierung ein wenig hilflos. Einer der Höhepunkte war der Versuch, sich 2012 durch die Anmietung eines LNG-Terminals, eines Schiffes, das verflüssigtes Gas wieder in seinen ursprünglichen Zustand zurückbringen würde, von der Abhängigkeit von russischem Gas zu lösen. Der Terminal sollte in Odessa stehen; dazu wurde ein Vertrag mit einem Vertreter eines spanischen Unternehmens abgeschlossen. Asarow unterzeichnete.[66] Wenige Tage später stellte sich heraus, dass der Vertreter gar nicht für die spanische Firma arbeitete. Asarow trat als Premier zurück, wurde aber von Janukowytsch gebeten, in seiner Funktion zu bleiben.[67]

Erfolgversprechender war der Versuch, die Gasimporte zu drosseln, was 2012 auch gelang[68] und vermutete Schiefergasvorkommen in der Ukraine zu erschließen. Dafür wurde 2013 u. a. ein Abkommen mit Royal

---

[66] Vgl. Schuller, K., Ukraine: Geschäft mit einem Hochstapler. FAZ 30.11.2012, https://www.faz.net/aktuell/politik/ausland/ukrainische-gasblamage-geschaeft-mit-einem-hochstapler-11977942.html, abgerufen am 9. Juli 2023.

[67] Vgl. Schuller, K. Die Familie, die Clans und das Gas, FAZ 3.12.2012, https://www.faz.net/aktuell/politik/ausland/ukraine-die-familie-die-clans-und-das-gas-11980759.html, abgerufen am 9. Juli 2023.

[68] Vgl. Rosenberg, ebd.

Dutch Shell abgeschlossen. Das Unternehmen sollte im Osten der Ukraine, bei Slowjansk nach Gas bohren.[69] Die Kampfhandlungen in Slowjansk im Frühjahr 2014 machten dem Vorhaben ein Ende.

90% DER PARLAMENTSABGEORDNETEN STIMMEN FÜR EUROPÄISCHE INTEGRATION

Seit der Verhaftung Tymoschenkos war in der ukrainischen Innenpolitik Stillstand eingetreten. Das Parlament war beinahe die ganze Zeit von der Opposition blockiert. Es wurden kaum mehr Gesetze angenommen. Kurz vor einem Besuch Janukowytschs im Februar 2013 in Brüssel gab es aber doch eine Einigung auf eine Resolution. Fast 90% der Abgeordneten stimmten für eine Resolution zur Vertiefung der europäischen Integration. Vier Parteien waren dafür, nur die kleine kommunistische Fraktion war dagegen. Das Parlament, das sich auf sonst nichts einigen konnte, war in dieser Frage einer Meinung – Vertreter aus Ost und West, Nord und Süd gleichermaßen.

Vielleicht hatte ich bei der Abstimmung eine kleine Rolle. Am Nachmittag davor empfing mich Oleksandr Jefremow, der Vorsitzende der Mehrheitsfraktion. Er hatte Bedenken gegen die Resolution wegen einer Passage, die auf das Schicksal Tymoschenkos verwies. Ich riet ihm, die Resolution als Ganzes zu sehen und erinnerte daran, wie wichtig diese Resolution für den bevorstehenden Besuch des Präsidenten sein könnte. Er stimmte mir schließlich zu.

Wenig später einigten sich die Präsidenten van Rompuy und Janukowytsch, dass das Assoziierungsabkommen im November 2013 unterzeichnet werden sollte – vorausgesetzt, dass es bis dahin in der Ukraine entsprechende Reformfortschritte gebe.

Nach seiner Rückkehr aus Brüssel forderte Janukowytsch die ukrainische Regierung auf, alle Maßnahmen zu setzen, die nötig seien, um in Vilnius im November das Abkommen zu unterzeichnen.[70]

---

[69] Vgl. Neue Zürcher Zeitung: Milliardenschwerer Schiefergas-Deal Kiews mit Shell, NZZ 29. Jänner 2013, https://www.nzz.ch/milliardenschwerer-schiefergas-deal-kiews-mit-shell-l d.624720?reduced=true, abgerufen am 9. Juli 2023.
[70] Vgl. Schneider-Deters, K. Ukrainische Schicksalsjahre 2013-2019, Band 1, Der Volksaufstand am Majdan und Winter 2013/2014, Berlin: Berliner Wissenschaftsverlag 2021, 61.

Ein Schneesturm verbläst die Kyjiwer Demokratie

Wenig später schneite es in Kyjiw innerhalb von wenigen Stunden über einen Meter. Die Schneeräumung hatte in Kyjiw solange ich mich erinnern konnte, nicht recht funktioniert. Der Schneesturm schuf nun endgültig Chaos und der Verkehr kam im größten Teil der Stadt zum Erliegen, selbst auf den großen Ausfallsstraßen ging nichts mehr. Die Autofahrer warteten einige Stunden in ihren Fahrzeugen. Als klar wurde, dass keine Hilfe mehr zu erwarten war, kletterten sie aus ihren Autos und stapften zu Fuß nach Hause – oft ein zwei-, drei-, vierstündiger Weg. Als die Straßenräumung endlich einsatzbereit gewesen wäre, konnte sie nicht mehr tätig werden, da nun die Autos mitten auf der Straße standen. Das Chaos dauerte mehrere Tage, bis endlich Tauwetter einsetzte und das Problem mit den Schneebergen schrumpfte. Langsam kamen auch die Fahrer zurück, um ihre Autos wieder abzuholen und so konnte schließlich auch die Straßenräumung beginnen.

Die Beliebtheitswerte der Kyjiwer Stadtverwaltung fielen ins Bodenlose. Erschwerend dazu kam, dass der Bürgermeister schon lange vom Präsidenten des Amtes enthoben worden war. Es gab also auch niemanden, den man abwählen hätte können.

Es war strittig, wann die Wahlen zum Kyjiwer Stadtrat fällig waren. Spätestmöglicher Termin war jedenfalls im Mai 2013. Meinungsumfragen zeigten nun aber, dass die „Partei der Regionen" von Wiktor Janukowytsch gerade viertstärkste Partei werden würde und kaum über 10% der Stimmen erhalten könnte. Und nun trat eine Entwicklung ein, die ich mir in meiner kühnsten Vorstellung nicht erwartet hätte: Die Entscheidung über die Regionalwahlen lag beim ukrainischen Parlament. Das Parlament, in dem die Koalition um die „Partei der Regionen" die Mehrheit hatte, setzte schlichtweg die Wahl zum Kyjiwer Stadtrat nicht an. Aus meiner Sicht eine katastrophale Niederlage für die Demokratie in der Ukraine: Wenn man eine Wahl nicht gewinnen kann, setzt man sie erst gar nicht an. Ein Berater von Vizepremier Arbusow erklärte mir: „Wenn wir jetzt Wahlen abhalten, verlieren wir."

Es wäre Zeit für eine Reaktion der EU gewesen, aber es gab keine. Der Außenministerrat hatte zehn Punkte beschlossen, bei denen von der ukrainischen Regierung Fortschritte erwartet wurden – aber dieser Aspekt war nicht darunter.

Ein halbes Jahr später besetzten Demonstranten während der Maidan-Proteste u.a. das Kyjiwer Rathaus – aus Protest gegen die willkürlich nicht angesetzte Kyjiwer Regionalwahl, die zum Symbol der Aushöhlung der ukrainischen Demokratie geworden war. Diese Besetzung und später auch die Rückgabe des Rathauses trugen zur Eskalation am Maidan bei. Später wurde diese Regierungsgebäude-Besetzung in Donezk, Lugansk und anderen Städten kopiert und löste den bis heute andauernden Krieg aus.

GELDFORDERUNGEN FÜR TYMOSCHENKO AUS DER STAATSANWALTSCHAFT

Im Sommer 2013 erfuhr ich aus sehr verlässlicher Quelle von einer beinahe unverblümten Forderung nach einer hohen Summe für die Freilassung von Tymoschenko aus der ukrainischen Staatsanwaltschaft. Nach Leistung dieser Summe könnte das Gerichtsverfahren gegen sie wiederholt und ganz und gar korrekt absolviert werden Die Staatsanwaltschaft sollte noch eine sehr schwierige Rolle während des Maidans spielen. Aus dieser Forderung wurde mir klar, welche Rolle die Staatsanwaltschaft spielte, wie direkt manche ihrer Vertreter Schmiergeld für Freilassungen forderten und wie dringend eine Reform der Staatsanwaltschaft nötig war. Schon ab 2011 war eine Reform des Gesetzes über die Staatsanwaltschaft eine der zentralen Forderungen der EU. Es etablierte sich ein praktischer Weg, der sich auch für andere legistische Maßnahmen sinnvoll erwies: Die EU empfahl eine Rechtsänderung, die Überprüfung der Qualität des Gesetzesentwurfs erfolgte aber durch den Europarat, konkret meist durch die Venediger Kommission[71]. So wurde in der Präsidentenadministration unter der Federführung von Andrej Portnow, dem Rechtsberater des Präsidenten, ein neues Gesetz über die Staatsanwaltschaft ausgearbeitet und der Venediger-Kommission geschickt. Diese schlug diverse Änderungen vor, die Portnow auch einarbeitete. Dann blieb das Gesetz liegen. Die EU forderte ab Dezember 2012 als Voraussetzung für die Unterzeichnung des Assoziierungsabkommens die Annahme dieses Gesetzes über die Reform der Staatsanwaltschaft. Mir wurde diese Gesetzesänderung ein

---

[71] Die Venedig-Kommission wurde durch ein erweitertes Abkommen des Europarats gegründet und setzt sich aus unabhängigen Rechtsachverständigen zusammen, „die durch ihr Wirken in den demokratischen Institutionen oder durch ihren Beitrag zum Fortschritt der Rechts- und Politikwissenschaft internationales Ansehen erworben haben". Bekannt wurde sie vor allem durch ihre Expertise zu Verfassungsreformprojekten in Osteuropa. Vgl, https://www.venice.coe.int/.

persönliches Anliegen. Es konnte einen Beitrag für eine bessere Zukunft für die Menschen in der Ukraine schaffen. Bei jeder sich bietenden Gelegenheit wies ich in der nächsten Zeit auf das Gesetzesprojekt hin, das durch die entsprechende Forderung der EU-Außenminister besondere Bedeutung bekommen hatte.

Schein und Wirklichkeit von Reformen

Hatte es Ende 2012 noch einige Anfänge von Reformen nach den Vorschlägen der EU gegeben, so kamen diese spätestens im Frühsommer zu Erliegen. Es gab zwar immer wieder Ankündigungen von Ministerpräsident Asarow nun diese oder jene Reform zu beginnen. Versuchten wir aber als EU-Delegation, zu verfolgen, wie weit es mit diesem oder jenem Reformprojekt nun gediehen sei, so fand sich einfach nichts. Fragten wir beispielsweise im Justizministerium nach dem Gesetzesentwurf, den Asarow in den Medien angekündigt hatte, so wusste die Ressortspitze gar nicht, dass sie vom Regierungschef einen Auftrag bekommen hatte, geschweige denn, dass ein Gesetz vorbereitet worden wäre. Auch im Parlament war nichts vom geplanten Gesetzesentwurf bekannt.

Ganz anders aber war der Wissenstand in Brüssel. Die Ständige Vertretung der Ukraine verkündete jeden kleinen Schritt, jede Ankündigung Asarows wurde gefeiert. Eine eigene Werbefirma stellte sicher, dass sich jede auch noch so unwichtige Aussage des Regierungschefs zu irgendeinem Reformplan rasch auf den Bildschirmen und Smartphones aller an der Ukraine interessierten Politiker und Beamten fand.

Eine führende Rolle hatte dabei das „Europäische Zentrum für eine moderne Ukraine" um Ina Kirsch. In Brüssel und den Hauptstädten langten somit widersprüchliche Berichte ein. Die einen berichteten, es gäbe laufend Reformen, die anderen, die Reformen werden nur angekündigt, aber nicht umgesetzt.

Tatsächlich gab es in Kyjiw wenig Interesse an Reformen. Die Verfassungswirklichkeit der Ukraine war damals eine Mischung aus Demokratie und Oligarchie mit zuletzt rasch wachsenden diktatorischen Elementen. Die zu erwartende Unterzeichnung des Assoziierungsabkommens hätte der regierenden Elite zwar einen gewissen Prestigegewinn bringen, vielleicht auch ein wenig bei der Wiederwahl von Präsident Janukowytsch helfen können. Der vor allem auf den eigenen wirtschaftlichen Vorteil bedachten herrschenden Gruppe hätte das Abkommen sonst aber wenig geholfen.

„Eine neue Orange Revolution wird es nicht geben"

Im Frühsommer 2013 begleitete ich die Vorsitzende der Grünen im Europäischen Parlament, Rebecca Harms, zu einem Termin mit Premierminister Asarow. Asarow sagte dabei, was er wenig später auch in der Öffentlichkeit sagen sollte: „Eine neue Orange Revolution wird es nicht geben." Inzwischen sei die Ukraine für solche Fälle gerüstet.

Er schwieg darüber, *wie* die Ukraine dafür gerüstet ist. Später sollten wir erfahren: Es war eine Spezialeinheit zur „Terrorbekämpfung" geschaffen worden, eine Untereinheit der „Berkut". Sie war in Russland bei der „Omon" ausgebildet worden und hatte u. a. gelernt, wie man Demonstrationen auflöst. In Russland war es ja nach den – wahrscheinlich gefälschten – Wahlen 2011 zu Massendemonstrationen gekommen. Die „Omon" hatte diese „erfolgreich" aufgelöst.

AM WEG ZUM ASSOZIIERUNGSABKOMMEN

EIN PLAN ZUR FREILASSUNG TYMOSCHENKOS UND DIE ERSTEN WIRTSCHAFTSSANKTIONEN RUSSLANDS

Ende Juli 2013 empfing Janukowytsch die ehemaligen Präsidenten Pat Cox und Alexandr Kwaśniewski in seiner Residenz in Jalta auf der Krim. Die beiden legten ein Konzept zur Freilassung Tymoschenkos vor, das für alle Beteiligten einen ehrenhaften Ausstieg aus der Affäre geboten hätte. Janukowytsch war einverstanden und bat sie, die Lösung mit Tymoschenko zu besprechen. Dafür bot er sein Privatflugzeug an, das die beiden zu Tymoschenko im Charkiwer Gefängnis nach Charkiw brachte. Sie war ebenfalls einverstanden. Das Privatflugzeug brachte auch beide noch heim nach Warschau bzw. Cork.

Die Freilassung Tymoschenkos und die Unterzeichnung des Assoziierungsabkommens schienen gesichert. Es gab nun Überlegungen, dass der Rat Auswärtiger Beziehungen der EU und das Europäische Parlament noch im September über die Unterzeichnung des Abkommens entscheiden sollten. Damit wäre sichergestellt, dass die russische Seite die Ukraine nicht mehr unter Druck setzen könnte.

Doch nun kam die Überraschung: Wer immer diese Gespräche belauscht hatte – die Reaktion aus Moskau erfolgte beinahe sofort: Russische „Sanktionen" wurden gegen die ukrainische Wirtschaft verhängt. Es gab bisher beispiellose Zollkontrollen an der russisch-ukrainischen Grenze. Zahlreiche in der Ukraine produzierte Lebensmittel wurden überraschend am großen russischen Markt verboten.[72] Es würden angeblich gesundheitliche Gefahren von diesen Produkten ausgehen und so dürften sie am russischen Markt nicht mehr verkauft werden. Unter anderem betraf dies auch Confiserie, Poroschenkos Produkte. Diese Sanktionen werfen ein Schlaglicht darauf, wie stark das Thema vorgeblicher Gesundheitsschädlichkeit politisch genutzt wurde. Dies war kein Einzelfall. Einige Jahre früher wurde georgischer Wein von der zuständigen russischen Behörde als gesundheitsschädlich bewertet. Dies geschah just, als die Spannungen zwischen Russland und Georgien zunahmen.

---

[72] Vgl. Wiegand – Schulz 323.

Dann kam ein Importstopp von Röhren, wie sie für Pipelines benützt werden. Dies richtet sich vor allem gegen Wiktor Pintschuk. Beide waren pro-europäische Geschäftsmänner oder Oligarchen. Die ukrainische Seite bleibt zunächst ungerührt.

Mir wurde von einer russischen Quelle berichtet, dass es ein Treffen zwischen Putin und Janukowytsch an der Schwarzmeerküste gegeben hätte, bei dem Putin versucht hätte, Janukowytsch einzuschüchtern. Sicher ist, dass Janukowytsch in Gesprächen mit europäischen Politikern über Druck aus Moskau klagte. Dieser werde aber aufhören, sobald das Abkommen mit der EU unterzeichnet sei. Putin sei ein Realist, so Janukowytsch.

Weiters wurde mit der Einführung der Visapflicht für ukrainische Staatsangehörige für Russland gedroht und damit, dass der viele hunderttausende Menschen zählenden ukrainischen Diaspora in Russland die Aufenthalts- und Arbeitsberechtigung entzogen werden könnte.

Bald danach wurden auch bestellte Eisenbahnwagons aus der Ukraine von den Russischen Eisenbahnen storniert. Angeblich gab es Qualitätsprobleme. Vor allem dieses Importverbot erwies sich als kluger Schachzug. Eine der Firmen gehörte einem Vertrauten Janukowytschs, mit dem er fast täglich in Kontakt war. Ab diesem Zeitpunkt war die Nachricht aus Moskau beim ukrainischen Präsidenten angekommen.

Janukowytsch hatte nun anderes zu tun, als sich um eine Lösung des Tymoschenko-Falles zu kümmern. Sie blieb in Haft. Die große Gelegenheit, eine solche Freilassung im August zu bewerkstelligen, einer Zeit, da das politische Interesse gering war, war vertan.

Dennoch: Janukowytsch blieb entschlossen: Anfang September rief Janukowytsch zum ersten Mal seit drei Jahren wieder einen Parteitag seiner „Partei der Regionen" zusammen, um anzukündigen, dass das Abkommen mit der EU nun unter Dach und Fach gebracht werde. Gegenargumente wischte er vom Tisch.

Wäre das Abkommen im September oder Oktober unterzeichnet worden, so wäre wohl sehr viel Unheil nicht geschehen.

Der „Oligarchensohn"

Wiktor Pintschuk ließ unter dem Titel „Yalta European Strategy" jeden Sommer auf der Krim ein kleines, gediegenes ukrainisches „Davos" veranstalten, einen dreitägigen Crashkurs für ukrainische Politik, Wirtschaft und Intrigenwirtschaft. Fast jeder, der etwas auf sich hielt, nahm daran teil – als geladener oder als zahlender Gast. 2011 bis 2013 konnte ich drei Mal zu dieser Konferenz am historischen Ort der Jalta-Konferenz zwischen Churchill, Roosevelt und Stalin reisen und an Gesprächsforen mit Personen wie Bill Clinton, Tony Blair oder Gerhard Schröder teilnehmen. Den mit Abstand interessantesten Vortrag hörte ich vom damaligen israelischen Präsidenten Schimon Peres, der in seinem Referat einen weiten Bogen von seiner Kindheit in Osteuropa bis zur Gegenwart machte.

Die Konferenz 2013 war von Euphorie über die bevorstehende Unterzeichnung des Assoziierungsabkommens geprägt. Redner beschworen die historische Bedeutung und die nachhaltigen positiven wirtschaftlichen Auswirkungen dieses Vertrags. Die russische Elite fehlte erstmals fast zur Gänze. Diese war tatsächlich mit anderen Dingen beschäftigt – es gab, gerade die ersten, von der Öffentlichkeit verschwiegenen russischen Sanktionen gegen ukrainische Unternehmen.

Jedes Jahr trafen sich bei diesem Termin Wiktor Janukowytsch auf der einen Seite sowie Vertretern Europas auf der anderen. Durch eine Zufälligkeit kam ich zu diesem Treffen dazu.

Nach dem Treffen ging ich gewohnheitsmäßig ins Lokal für die unwichtigen Konferenzteilnehmer, legte meine Unterlagen auf einen Tisch und ging zum Buffet. Als ich zurückkam, saß ein junger Mann am Tisch, der auch vorhin beim Treffen gewesen war. Er verwickelte mich in ein teils auf Englisch, teils auf Russisch geführtes Gespräch: Er sei Sohn eines Oligarchen. Gleich nach dem Essen komme ihn das Privatflugzeug seines Vaters abholen und bringe ihn in die Niederlande. Dann fragte er, welche Macht ich hätte. Von der ungewöhnlichen Frage überrascht, antwortete ich, keine zu haben und gut damit zu leben. Darauf erzählte er mir frei, wie sehr Putin Janukowytsch verachte. Es habe in letzter Zeit zwar keine offiziellen Treffen der beiden Präsidenten gegeben, aber zwei geheime, bei denen Putin Janukowytsch herablassend behandelt habe. Bald darauf verabschiedete sich mein Gesprächspartner und gab mir seine Visitenkarte, darauf eine Phantasietelefonnummer, eine nicht gültige Mailadresse und eine Büroadresse am Kyjiwer Maidan, im Gewerkschaftsgebäude, das später abbrennen sollte. Den Namen meines Gesprächspartners fand ich aber im Teilnehmerverzeichnis der Konferenz – einer von sieben Teilnehmern ohne jede weitere Angabe.

Bis heute kann ich die Episode schwer deuten. Ich erzähle sie, weil ein anderes vorgebliches Oligarchenkind später die österreichische Innenpolitik erschüttert hat. Die beiden erwähnten geheimen Präsidententreffen wurden mir später von anderer Seite bestätigt. Der junge Mann war wohl kein Oligarchenkind, aber ein Mann mit staatlichem Auftrag – und dieser Auftrag kam nicht aus der Ukraine. Es ist eigenartig, dass Regierungschefs in Osteuropa bis heute „Berater" aus den Nachrichtendiensten anderer Staaten in ihrer Nähe dulden.

Die Assoziierungsabkommen-Euphorie

Im Frühherbst 2013 herrschte in der ukrainischen Regierung eine unglaubliche Assoziierungsabkommens-Euphorie.

Am 18. September wurde eine Regierungssitzung einberufen, in der der Präsident zur Unterzeichnung des Abkommens ermächtigt werden sollte. EU-Botschafter Jan Tombinski und ich durften als Beobachter daran teilnehmen. Die Regierung stimmte einstimmig für das Vorhaben. Asarow schlussfolgerte, dass damit der Unterzeichnung nichts mehr im Wege stehe.[73]

In allen elf Punkten, die der Europäische Rat als Voraussetzungen für die Unterzeichnung des Abkommens genannt hatte, waren nun gewisse Fortschritte zu verzeichnen. Vor allem gibt es einen Entwurf für ein neues Gesetz über die Staatsanwaltschaft, eine der Kernforderungen der EU.

Einzige wichtige Ausnahme war die Polizeireform. Hier hatte sich nichts getan. Erst später wurde klar, warum: Die „Miliz" war mit russischer Hilfe in den letzten Jahren unter Ausschluss der Öffentlichkeit reformiert worden. Wie erwähnt, waren in der „Berkut", dem Gegenstück zur russischen „Omon", Einheiten für Anti-Terror-Operationen und zur Auflösung von Demonstrationen, geschaffen worden.

Vorerst galt aber noch eine strikte pro-europäische Politik. Geheimdienst und Militär wurden von angeblichen russischen Spionen und Beratern gereinigt. Mein Gesprächspartner, der vorgebliche Oligarchensohn, war vielleicht darunter.

---

[73] Vgl. Radio Svoboda. Правительство Украины одобрило соглашение об ассоциации с ЕС, www.svoboda.org/a/25109856, abgerufen am 29. Juli 2023.

Beresowskis Tod

Boris Beresowski war in den neunziger Jahren einer der mächtigsten Menschen Osteuropas, ein Oligarch mit Einfluss wie er nur in Russland denkbar war – nach eigenen Angaben „Königsmacher" bei Boris Jelzins Wiederwahl 1995, dann unter jenen, die Wladimir Putins Aufstieg förderten, ihn aber desavouierten, sobald er an der Macht war. Von Putin entmachtet, lebte er im britischen Asyl in einer mit den besten Sicherheitsstandards ausgestatteten Villa. Dort starb er auch im März 2013 unter fragwürdigen Umständen – möglicherweise Selbstmord, eventuell Mord, am ehesten induzierten Selbstmord. Wenn es Mord war, so bleibt bis heute die Frage, wie der Mörder ins Haus eindringen und es wieder verlassen konnte, ohne eine Spur zu hinterlassen.

Im September 2013 kam in Regierungskreisen in Kyjiw das Gerücht auf, Beresowski habe sich in der Dusche erhängt; die Tür zur Dusche sei *von außen* versperrt gewesen – wie in klassischen russischen Agentenfilmen. Der Mord wurde zum Symbol für die angebliche lange Hand des Kremlchefs, die alle erreicht, die sich von ihm abwenden.

Die Geschichte mag für westliche Ohren verrückt klingen. In der ukrainischen Wirklichkeit von 2013 war sie plausibel. Es gab ja genügend Beispiele in der jüngeren ukrainischen Geschichte – etwa Juschtschenko oder Tschernowol. Der polnische Präsident und Kreml-Gegner Jaroslaw Kaczynski starb bei einem Flugzeugunglück in Smolensk.

West- und Osteuropa haben ähnliche politische Institutionen, die Spielregeln sind jedoch andere. Wie immer das Gerücht um Beresowskis erzwungenen Selbstmord in die ukrainischen Regierungskreise gelangt war – es herrschte nun Angst, die Abkehr von Russland könnte furchtbare persönliche Folgen für jene haben, die die Entscheidung fällten.

Russische Auftragsstornos

Auch auf andere Weise ließ Russland spüren, dass es mit dem Assoziierungsabkommen nicht einverstanden war. Immer mehr Staatsaufträge wurden gekündigt. Die Bahnwagons waren die ersten, dann folgten Stornos in der staatlichen Rüstungsindustrie.

Das Budget der Russischen Föderation ist im Verhältnis zu jenem der meisten europäischen Staaten schlank. Stornos von staatlichen russischen Betrieben hätten für die ukrainische Wirtschaft außerhalb der Rüstungsindustrie überschaubare Folgen gehabt. Dramatischer aber war die russische

Propagandamaschine. Ab Herbst 2013 galt es in Russland als unpatriotisch, ukrainische Produkte zu kaufen.

Auf Wunsch der Regierungen Russlands und der Ukraine fanden ab September 2013 mehrfach trilaterale Wirtschaftskonsultationen auf Experten- und hoher Beamtenebene statt. (Ab Juli 2014 wurden sie auf Ministerebene gehoben.) Die Gespräche verliefen aber weitgehend ergebnislos. Es gab keinen ernsthaften Dialog, die russischen Experten wiederholten mantraartig ihre Weisung und konnten nicht auf Gegenargumente eingehen.

Dementsprechend bestellten russische Unternehmen nicht mehr bei ihren ukrainischen Partnern. Bestellte Produkte wurden abbestellt. Vor allem derartige Stornos machten den ukrainischen Unternehmern zu schaffen. Achmetow ließ uns wissen, dass es in der Regierung einen Stimmungswandel gebe, er selbst aber nach wie vor auf die Unterzeichnung des Assoziierungsabkommens dränge. In Brüssel kamen einzelne Nachrichten von diesem Stimmungswandel an. In der EU-Delegation konnten wir davon bis Mitte November nichts bemerken. Als fix galt, dass die Paraphierung des Abkommens Ende November in Vilnius stattfinden würde. Es tauchte aber noch ein deutlich größeres Problem auf:

KEIN GELD FÜR GAS – DIE DROHENDE ZAHLUNGSUNFÄHIGKEIT WIRD VERHEIMLICHT

Im Oktober 2013 war die Ukraine nicht mehr in der Lage, alle ihre Schulden zu bedienen. Wie sich erst später herausstellen sollte, wurden ab Oktober die Gehälter für Pensionisten, Staats- und Gemeindebedienstete in mehreren Regionen nicht mehr bezahlt. Vor allem aber mangelte es an Geld, die Rechnung an Gazprom für den Herbst zu bezahlen. Und Gazprom drohte, kein Gas zu liefern, wenn die Ukraine nicht im Voraus zahlen würde. Viele Industriebetriebe in der Ukraine arbeiten mit Gas. Ohne Gas funktioniert vor allem aber in vielen Städten die Heizung nicht.

Die drohende Zahlungsunfähigkeit hatte mehrere Gründe.

- Der wichtigste war zweifellos Korruption in allen Teilen des Staatsapparats. Viel Steuergeld kam nie in den Staatskassen an oder wurde missbräuchlich verwendet.
- Ein künstlich niedriger Gaspreis, der Subventionen in Milliardenhöhe für die Gaskäufe aus Russland nötig machte.

- Die exzessiven Kosten für den luxuriösen Lebensstil der regierenden Schicht – zum Teil auf Staatskosten.
- Privatisierungen, die einzelne Unternehmer günstig Unternehmen erwerben ließen, dem Staat aber nicht die ihm zustehenden Einnahmen brachten.
- Ein künstlich fixiertes Verhältnis von 1:8 zwischen Dollar und Hrywnja, was immer wieder teure Stützungskäufe durch die Nationalbank notwendig machte.

Das System war somit in vielen Punkten ähnlich wie jenes in Russland – allerdings noch schlimmer als dort. Russland ist reich an Rohstoffen. Die Ukraine ist es nicht – oder jedenfalls längst nicht in jenem Ausmaß.

Objektiv war die Lücke nicht groß, denn das ukrainische Staatsbudget ist grundsätzlich gering. Das für 2013 beschlossene Budget etwa sah Einnahmen in der Höhe von 360 Mrd. Hrywnja (UAH) vor und Ausgaben in der Höhe von 424 Mrd. UAH, etwa 41 bzw. 48 Mrd. Euro – also etwa die Hälfte des österreichischen Staatshaushaltes. Unter anderen Bedingungen wäre es sicher möglich gewesen, Kreditgeber zu finden. Primär wäre dies der Internationale Währungsfonds IWF gewesen.

Der IWF war grundsätzlich bereit, einen Kredit zu geben, stellte aber wohl eine Reihe von Bedingungen.[74] Ein wichtiger Punkt war die Reorganisation des Bankensektors und eine ernsthafte Finanzmarktaufsicht. Dann ein funktionierendes Anti-Korruptionssystem und schließlich eine ordnungsgemäße und verantwortungsvolle Verwaltung der Unternehmen im Staatseigentum. Vor allem forderte er eine deutliche Angleichung des Gaspreises für den Konsumenten an den Marktpreis, konkret die Erhöhung des Gaspreises um 40% und eine strukturierte Flexibilisierung der Hrywnja – die ukrainische Währung war schon lange durch Stützungskäufe künstlich hochgehalten worden. Auf lange Sicht war dies ein sehr teures Unterfangen.

Fast alle diese Forderungen waren aber für Janukowytsch und Asarow undenkbar. Am leichtesten wäre noch die Reorganisation des Bankensektors zu machen gewesen – die Oligarchen und Unternehmer, die große sanierungsbedürftige Banken besaßen, hatten kein besonderes

---

[74] Das Schreiben des IWF vom 20. November 2013 selbst liegt dem Autor nicht vor. Die Forderungen des IWF lassen sich aber aus den damals vom IWF üblicher Weise gestellten Forderungen und aus den Medienberichten rekonstruieren.

Naheverhältnis zur damaligen ukrainischen Regierung (manche allerdings zur russischen Staatsführung). Die Änderung der Verwaltung von Staatsunternehmen wäre bereits schwieriger. Hier hätte die Regierung in die „Rechte" von Oligarchen eingreifen müssen, womit sich Janukowitsch wichtige Feinde gemacht hätte. Andere staatliche Unternehmen, vor allem solche im Osten des Landes mussten seit langem vom Staat subventioniert werden. Kündigungen hätten die Kernwählerschaft der Partei der Regionen betroffen. Die Forderung von Anti-Korruptionsmaßnahmen musste wie eine Provokation wirken. Die stabile Hrywnja galt als Symbol der wirtschaftlichen Stabilität. Vor allem aber war es wichtig, der Bevölkerung günstig warme Wohnungen zu bieten. Schließlich war da der Einfluss der Gas-Lobby, die Janukowitsch unterstützt hatte. So empfang Janukowitsch die Forderungen des IWF als Provokation. Es wurde beschlossen, nicht einmal in Verhandlungen einzutreten (was Vizepremier Serhij Arbusow als sinnvoll empfunden hätte.). So aber begann eine dramatische Entwicklung.

Klar war, dass die Ukraine ohne Gas aus dem Ausland nicht über den Winter kommen würde. Millionen ukrainische Haushalte werden mit Gas beheizt – und zwar in großen Heizwerken, die unzählige Häuserblöcke versorgen. Deren Bewohner haben keinen Einfluss darauf, wann und wie viel geheizt wird. Im Herbst 2013 gab es zunächst kein Gas und so blieben viele Wohnungen zunächst kalt.

Der Kreml hatte Gas längst schon als Instrument der Außenpolitik erkannt. Gerade in dieser Phase der vorgeblichen Wahl zwischen EU und Russland, zwischen Assoziierungsabkommen und Beitritt zur Zollunion, bot es sich an, dieses Instrument zu nützen. Gazprom wollte kein Gas liefern, solange die Zahlung nicht gesichert war.

Diese Entwicklungen wurden der Öffentlichkeit verheimlicht. Die Meinung Asarows war, man könne dieses Stück Wahrheit der Öffentlichkeit nicht zumuten. Die Politik der Verheimlichung wurde später noch deutlich zugespitzt – ein paar Wochen später vereinbarten zwei Präsidenten heimlich einen Kurswechsel der Ukraine. Dies alles sollte mit der Flucht Janukowytschs enden.

Geheime Verhandlungen mit Putin und ein überraschender U-Turn

In seinem letzten großen Interview für ukrainische Fernsehsender erzählte Janukowytsch die Entwicklungen im November 2014 so: Es hatte über Monate keinen Kontakt zwischen ihm und Putin gegeben. Putin sei über die EU-Annäherung der Ukraine verärgert gewesen.

Mitte November gab es einen Gipfel der GUS-Staaten im neuen Konferenzzentrum in Minsk.

Wie üblich fanden am Rande des Gipfels bilaterale Gespräche statt. Um ein solches bat auch Janukowytsch Putin. Was er vorzuschlagen hatte, war im Wesentlichen ein Angebot an Russland, mehr Kontrolle über das ukrainische Gasnetz zu erhalten. Dafür sollte die Ukraine wieder Gas erhalten. Putin erwiderte, das Thema sei kompliziert. Und er lud Janukowytsch nach Sotschi ein, die russische Schwarzmeerstadt, in der bald die olympischen Winterspiele stattfinden sollten.

Laut Janukowytsch dauerten die Gespräche dort sechs Stunden. Angeblich wurde Janukowytsch vor zwei Alternativen gestellt – ein Angebot und eine Drohung. Dazu kam eine wissenschaftliche Studie.

Das Angebot: Reduktion des Gaspreises um ein Drittel, Stundung der Gasschulden bis nach dem Winter, ein umfangreicher Kredit. Einzige öffentlich bekannte Bedingung von Putins Seite: Aufschub der Unterzeichnung des Assoziierungsabkommens bis zum Frühjahr 2014. Zugleich wurde Janukowytsch von einer Beraterin Putins überzeugt, dass das Abkommen mit der EU nicht im Interesse der Ukraine sei. So erzählte es jedenfalls Janukowytsch im Interview.

Dazu gab es laut einer seriösen Quelle noch Nebenabsprachen, die Janukowytsch nicht erwähnte, darunter war eine finanzielle Beteiligung eines Sohnes von Präsident Janukowytsch an den Gasgeschäften.[75] Putin würde Janukowytsch im Wahlkampf 2015 unterstützen.

Auf der anderen Seite gab es aber auch noch Dinge, die im Interesse Russlands waren. Vor allem würde Russland eine stärkere Kontrolle über das ukrainische Gastransitnetz erhalten. Dies hatte Janukowytsch aber offensichtlich nicht mit der einflussreichen ukrainischen Gas-Lobby abgesprochen. Sie zahlte dies Janukowytsch bald heim.

---

[75] Vgl. Schuller, Ukraine 40.

Es gab aber wohl auch Drohungen Putins gegen Janukowytsch, sollte er das Angebot nicht annehmen. Darüber kursierten in Kyjiw verschiedene Informationen. Jedenfalls waren diese Drohungen nicht nur gegen die Ukraine, sondern auch gegen die Person des ukrainischen Präsidenten und gegen seine damals beiden noch lebenden Söhne gerichtet. Russisches Fernsehen wurde in der Ukraine viel gesehen. Eine negative Darstellung Janukowytschs in diesem Fernsehen hätte sehr rasch seine Kernwählerschaft erreicht.

Sicher ist, dass Janukowytsch in vieler Hinsicht angreifbar war. Eine Kampagne im russischen Fernsehen gegen den in der Westukraine ohnehin immer unpopuläreren Präsidenten hätte ihn auch bei seiner Kernwählerschicht, den älteren, russischsprachigen Menschen unbeliebt gemacht. Die Darstellung der wuchernden Korruption um den ukrainischen Präsidenten allein hätte wahrscheinlich genügt. Möglich auch, dass es „Kompromat", belastendes Material, in Moskau gegen Janukowytsch gab.[76]

Faktum ist: Kurz nach einem zweiten kurzen Besuch in Russland, diesmal in Moskau, gab es spöttische Kommentare im russischen Staatsfernsehen: Niemand brauche noch Janukowytsch.

Kein Geld, um die Kredite zu bedienen, kein Gas ohne Geld, die drohende persönliche Niederlage, die mehr sein konnte als eine Wahlniederlage. Das war die eine Option. Persönliche Vorteile, die Chance, Präsident zu bleiben, ein bezahlbarer Gaspreis – Janukowytsch blieb nichts anderes übrig, als das Angebot Putins anzunehmen.

Von all dem erfuhr die ukrainische Öffentlichkeit vorerst aber nichts. Nur kalt wurde es allmählich in den Wohnungen, da es ja noch kein Gas gab. Und einige Betriebe schickten ihre Mitarbeiter nach Hause, da es keine Energie gab.

Etwa zu dieser Zeit wurde Janukowytsch und die ukrainische Regierung auch mit einer Studie der Eurasischen Entwicklungsbank, sowie der Russischen und Ukrainischen Akademie der Wissenschaften konfrontiert: Für die Ukraine ergäbe sich zwischen 2012 und 2030 ein positiver Wirtschaftseffekt in der Höhe von 219 Mrd. durch die wirtschaftliche Integration mit Russland, Belarus und Kasachstan, dies entspreche 12,2

---

[76] Vgl. Schneider-Deters, Schicksalsjahre I, 145-146.

Mrd. Euro pro Jahr im Durchschnitt.[77] Würde die Ukraine der „Freihandelszone mit der EU beitreten", so hätte dies negative Auswirkungen auf die russische Wirtschaft und jene im gesamten post-sowjetischen Raum.[78] Dazu kam möglicherweise noch einiges, was gar nicht im Bericht stand. Janukowytsch wäre im Begriff, ein für sein Land, aber auch für Russland sehr ungünstiges Abkommen zu schließen.

Ab Mitte November 2013 gab es aber auch öffentlich Anzeichen für einen Kurswechsel: Einzelne Gruppen, vor allem die sonst selten in Erscheinung tretenden Arbeitnehmervertreter, verlangten immer lauter die Verschiebung der Unterzeichnung des Abkommens. Achmetow und andere führende Wirtschaftsvertreter sprachen von einem Stimmungswandel in der Regierung und meinten, die Regierung hätte nur deshalb ihre Position nicht aufgegeben, weil die Wirtschaft weiterhin für das Assoziierungsabkommen einträte. Janukowytsch brach auf eine Reise in den Osten und Süden auf, um sich aus erster Hand über mögliche Folgen der Unterzeichnung des Abkommens zu informieren. Immer öfter traten Behauptungen in den Vordergrund, die Änderung der Produktionsstandards auf europäisches Niveau würde der Ukraine ungeheuer teuer kommen. Beispiele aus Polen und der Tschechoslowakei wurden dafür zitiert.

DER GEÄNDERTE PLAN WIRD EUROPA KOMMUNIZIERT

Wenig später erfuhr Kommissar Füle vom damaligen ukrainischen Chefverhandler Klujew erstmals von den Veränderungen: Die ukrainische Seite stünde unter massivem Druck, die Zusage rückgängig zu machen. Dies sorgte für Unruhe in Brüssel. Für uns war vor Ort noch nichts zu bemerken.

Mitte November rief Kommissionspräsident José Manuel Barroso Janukowytsch an und fragte nach, ob es irgendwelche Veränderungen gäbe oder ob in Vilnius Ende des Monats weiterhin das Abkommen unterzeichnet werden könne. Er habe da etwas gehört. Janukowytsch drückte herum. Er bat um einen Besuch Barrosos „um alles zu erklären".

---

[77] Vgl. Eurasian Development Bank, Centre for European Integration Studies, Ukraine and the Customs Union, Comprehensive assessment of the macroeconomic effects of various forms of deep economic integration of Ukraine and the member states of the Customs Union and the Common Economic Space, Report 1 January 2012, 29-30, https://eabr.org/upload/iblock/27c/ukraina_doklad_eng.pdf, abgerufen am 4.Mai 2023.
[78] Vgl. Eurasian Development Bank, 24.

Barroso sandte einen Emissär. Diesem legte Janukowytsch dar, dass er gegenwärtig das Abkommen nicht unterzeichnen könnte. Er verwies auf den Druck aus Russland und die mangelnden finanziellen Mittel um die Gasrechnung zu bezahlen. Außerdem hätten russische Experten vorgerechnet, dass das Abkommen der Ukraine viel kosten werde. Er habe dies nachrechnen lassen. Von 20 Milliarden Euro war die Rede. Formal werde es so aussehen, dass die Ukraine keine Fortschritte bei der Reformagenda mehr machen werde und damit die Voraussetzungen für die Unterzeichnung des Abkommens nicht erfüllt sein würden.

Die Nachricht darüber verbreitete sich rasch in Brüssel und den EU-Hauptstädten. Es wurde aber der ukrainischen Staatsspitze überlassen, diese Positionsänderung der Öffentlichkeit und vor allem der eigenen Bevölkerung zu kommunizieren. Es gab nun also einige Tage, in denen der Politik bereits bekannt war, dass die ukrainische Führung das Abkommen nicht mehr wollte, diese Änderung aber noch nicht öffentlich war.

Inszenierung im ukrainischen Parlament

Die EU hatte Fortschritte bei der Verbesserung von mehreren Gesetzen gefordert. Ein ganz wichtiges Gesetz war jenes über die Staatsanwaltschaft. Nun sollte rechtzeitig vor dem Vilnius-Gipfel die Annahme des Gesetzes in zweiter Lesung stattfinden. Überraschend forderten Abgeordnete der „Partei der Regionen", die Abstimmung aus prozeduralen Gründen zu verschieben. Dies wurde beschlossen, das Gesetz über die Staatsanwaltschaft wurde somit *nicht* angenommen. Formal konnte man also das Parlament beschuldigen, das Assoziierungsabkommen verhindert zu haben.

Es gab große Aufregung im Parlament. Dies war die erste große Stunde Petro Poroschenkos. Er war in den letzten Jahren schon vieles gewesen – Schokoladenkönig, Autoproduzent, Wirtschaftsminister in zwei Regierungen, Außenminister. Vor allem aber war er Eigentümer einer kleinen Fernsehstation, die sich schon während der Orangen Revolution durch etwas auszeichnete, was in Osteuropa selten ist – nüchterne, ausgewogene Berichterstattung darüber, was sich im Lande tat. In der sich auflösenden Parlamentssitzung ging er nun ans Rednerpult und rief dazu auf, das Gesetz doch noch anzunehmen: „Ihr vertut eine historische Chance."

Sein Aufruf wurde nicht befolgt. Ich hatte Poroschenko seit längerer Zeit gekannt. An diesem Tag war ich erstmals von ihm beeindruckt.

Eine Notiz auf der Webseite der Regierung

Kurze Zeit später erschien eine knappe Notiz auf der Webseite der ukrainischen Regierung. Sie habe beschlossen, den Abschluss des Assoziierungsabkommens zu verschieben. Begründet wurde dies mit der Notwendigkeit, „das zurückgegangene Produktionsvolumen und die Ausrichtung des Handels und der Wirtschaftsbeziehungen auf Russland und die anderen GUS-Staaten wiederherzustellen". Der Handel mit Russland sei um ein Viertel, auf rund 4 Mrd. USD zurückgegangen. Weiters wurde Verständnis für die Entscheidung Russlands gezeigt. Es habe sich aber nichts an der strategischen Ausrichtung der Ukraine geändert. Vorgeschlagen wurde auch eine „trilaterale Kommission" von Vertretern der Ukraine, Russlands und der EU, eine Idee, die von Brüssel abgelehnt wurde.

Inszenierung in Wien

Am 21. November besuchte Janukowytsch Wien – sein letzter Staatsbesuch. Er verlief weitgehend nach Plan – Empfang mit militärischen Ehren, bilaterale Gespräche, ein Wirtschaftsforum, ein privates Abendessen mit Bundespräsident Heinz Fischer.

Beim Wirtschaftsforum in Wien folgte eine Inszenierung. Janukowytsch wurde ein Zettel gebracht: Die ukrainische Regierung habe gerade den oben erwähnten Beschluss gefasst, die Unterzeichnung des Assoziierungsabkommens mit der EU zu verschieben. Janukowytsch, der seit Wochen mit Putin verhandelt hatte und der bereits Brüssel von seiner Entscheidung informiert hatte, gab sich überrascht. Er habe eben erst davon erfahren und nehme die Entscheidung zur Kenntnis. Das Wiener Publikum glaubte es ihm. Fischer, der über die tatsächliche Lage Bescheid wusste, blieb höflich.

Gab es je eine ernste Absicht zu unterzeichnen?

Bis heute gehen die Meinungen auseinander, ob Janukowytsch und sein Team das Assoziierungsabkommen wirklich unterzeichnen wollten. Eine Theorie besagt, er wollte nur den Preis für eine Vereinbarung mit Russland höherschrauben. Dafür spricht, dass mehr als fünfzig Prozent des Stammelektorats der „Partei der Regionen" für eine Annäherung an Russland war. Dagegen spricht, dass Janukowytsch eine Wiederwahl 2015 nur gelingen konnte, wenn er die Interessen der pro-westlichen Mehrheit in der Ukraine berücksichtigte. Die Kontakte zwischen Janukowytsch und Putin waren seit längerem belastet. Die meisten Oligarchen, die Janukowytsch unterstützten, befürworteten eine EU-Annäherung.

Vieles spricht dafür, dass emotionale Stimmungswechsel einen ebenso wichtigen Einfluss auf politische Entscheidungen hatten, wie strategische Überlegungen. Taktik siegt gerade in diesem Teil Europas oft über Strategie.

In dieser Zeit hätte es theoretisch noch einen Ausweg aus der Situation gegeben: Zwischen der EU und Armenien wurde das oben erwähnte CEPA abgeschlossen. Auch zwischen der EU und die Ukraine hätte eine ähnliche Vereinbarung getroffen werden können, die – wie auch im Falle Armeniens – für Russland akzeptabel gewesen wäre. Von der damaligen ukrainischen Regierung wurde derartiges vorgeschlagen, für die europäische Seite stand dies – u. a. unter dem Eindruck der Demonstrationen am Maidan, dem langen Verhandlungsprozess und der Hoffnung, dass durch das Abkommen mehr Transparenz in die undurchsichtige und korrupte ukrainische Staatsverwaltung kommen würde – nicht zu Diskussion.

DER EURO-MAIDAN

DIE ERSTEN DEMONSTRATIONEN

Die Notiz auf der Webseite der ukrainischen Regierung wurde in Kyjiw rasch gelesen und auf zahlreichen sozialen Medien geteilt und diskutiert. Mustafa Nayyem, ein afghanisch-stämmiger Journalist postete: Es wäre nun Zeit, sich wieder am Maidan zu versammeln. „Likes zählen nicht."[79] Danach, so erzählte er uns, fuhr er heim. Als er ankam, fand er bereits zahlreiche Anfragen, warum er noch nicht am Maidan sei.

Am Abend des 21. November waren es etwa 100 Personen, die sich am Kyjiwer Maidan versammelt hatten – eine kleine Gruppe auf einem großen Platz. Die Demonstranten verständigten sich über Facebook und andere soziale Medien. SMS wurden verschickt: „Ich bin am Maidan, wo bist Du"? Am nächsten Tag waren es bereits um die tausend, die am Maidan standen. Unter den prominentesten war Oleh Rybatschuk, ehemaliger Chef der Präsidentenadministration. Er war unter denen, die die Losung ausgaben: „Keine Parteifahnen. Keine Gewalt. Keine Provokationen."[80] Der Großteil der Demonstranten hielt sich daran.

Die Gruppe war auf der Suche nach europäischen Flaggen, oder am besten blauen Schirmen mit zwölf gelben Sternen, da es regnete. Sie fragten bei der EU-Delegation an. Dort gab aber nichts Derartiges lagernd. Bald hatten sich die Souvenirhändler am Maidan auf den neuen Bedarf umgestellt und verkauften europäische Flaggen.

In der Gruppe gab es keine führende Kraft, es war eine Bewegung der Zivilgesellschaft. Die Situation war also ganz anders als 2004 während der Organen Revolution. Einige Personen verdienen es aber, erwähnt zu werden: So etwa Sergej Lewtschenko, ein investigativer Journalist. Außerdem war da Jurij Luzenko, der ehemalige Innenminister, der durch die Mission der beiden Präsidenten freigekommen war und Oleh Rybatschuk, Juschtschenkos ehemaliger Bürochef.

Viele Leute waren entschlossen, am Maidan zu bleiben, bis die Regierung ihre Meinung geändert habe und das Abkommen mit der EU doch noch unterzeichnen würde. Die Hoffnung erscheint rückblickend naiv: Die

---

[79] Vgl. Shore, M., The Ukrainian Night, An intimate history of Revolution, Yale University Press 2018, 31.
[80] Vgl. Schuller, Ukraine 25.

Regierung war bankrott und hatte zu diesem Zeitpunkt nur zwei Möglichkeiten: Die Forderungen des IWF zu erfüllen und damit ihre Kernwähler und wichtigsten Sponsoren zu verärgern oder einen Kredit von Russland anzunehmen. Die Entscheidung war bereits für den russischen Kredit gefallen.

Zu Beginn gab es noch eine zweite Demonstration. Während sich die Zivilgesellschaft am Maidan versammelte, trafen sich die Vertreter der Oppositionsparteien mit Partei-Flaggen am Europaplatz, einige hundert Meter weiter.

In einer Fernsehansprache erklärte Janukowytsch, er kritisiere die Opposition, die aus der Lage politisches Kapital schlagen wolle, er applaudiere aber der Zivilgesellschaft, die für das Assoziierungsabkommen eintrete. Dieses Ziel teile auch er. Der Leiter der Stadtverwaltung, Alexander Popow, ein Parteigänger Janukowitschs, ließ für die Demonstranten Zelte am Maidan errichten.

Am nächsten Tag beendete die Opposition ihre Demonstration am Europaplatz, rollte die Parteifahnen ein und zog auf den Maidan, um sich der Zivilgesellschaft anzuschließen.

Das Wochenende vor dem Vilnius-Gipfel

Am 24. November gelang es den pro-europäischen Demonstranten zwischen fünfzig und hunderttausend Demonstranten in Kyjiw zu versammeln – die größte Menschenansammlung seit der Orangen Revolution.

Daneben gab es Protestkundgebungen in vielen anderen Städten, vor allem in Lemberg und anderen Städten der Westukraine. Im vorwiegend russischsprachigen Osten und Süden waren es vor allem die jungen Menschen, die auf die Straße gingen. Die Demonstrationen waren kleiner als im Westen des Landes, aber auch in Donezk waren sie beachtlich.

Die meisten ukrainischen Fernsehsender berichteten nicht über die Demonstrationen oder erwähnten sie nur ganz kurz und in negativer Weise. Die wichtigste Ausnahme: Poroschenkos TV5.

Anders als 2004 gab es diesmal keine charismatischen Führungsgestalten. Es war eine ständig wachsende Menge von Menschen, die ohne klare Struktur ihre Enttäuschung über die Entscheidung der Regierung ausdrücken wollte. Viele Demonstranten misstrauten der Opposition ebenso, wie sie der Regierung misstrauten. Die Teilnehmer koordinierten sich über Facebook, Twitter und andere neue Medien.

Es gab ganz vereinzelt Ausschreitungen: Eine Barriere wurde durchbrochen, Sondereinheiten, die Berkut, setzten Tränengas ein. Alles in allem verliefen die Demonstrationen aber friedlich, auch die Berkut achtete die Menschenrechtsstandards.

Die Demonstranten vereinbarten, sich bis zum 29. November – dem Tag des Vilnius-Gipfels – täglich um 18 Uhr zu treffen.

Auch die Regierungspartei organisierte eine pro-EU-Demonstration unter dem Slogan, den Janukowytsch einst ausgegeben hatte: „Wir bauen Europa in der Ukraine". Und eine andere Gruppe von etwa 50 bis 100 Personen in Uniformen, die an die Zarenzeit erinnerten, versammelte sich vor der Sophienkathedrale, um gegen LGBT-Rechte und die EU zu demonstrieren.

DER VILNIUS-GIPFEL

Der Vilnius-Gipfel, seit Jahren geplant, sollte ein großes Event werden. Eingeladen waren die Staats- und Regierungschefs der EU sowie der Ukraine, Moldaus, Georgiens, Armeniens und Aserbaidschans. Der wichtigste Punkt: Paraphierung des Assoziierungsabkommens mit der Ukraine, sowie eventuell mit Moldau, Georgien und Armenien.

Der armenische Präsident sah sich bereits Anfang September bei einem Treffen mit dem russischen Präsidenten genötigt, den Plan aufzugeben und stattdessen der geplanten Zollunion zwischen Russland, Kasachstan und Belarus beizutreten. So lange der Nagorno-Karabach-Konflikt nicht gelöst ist, blieb Armenien vom militärischen Schutz Russlands abhängig. Dazu kam die enge wirtschaftliche Verflechtung, die energiepolitische Abhängigkeit und Bedeutung von Geldsendungen von armenischen Gastarbeitern aus Russland in die Heimat.[81] Mit der EU wurde eine deutlich weniger weitreichende Vereinbarung, das Abkommen über eine umfassende und verstärkte Partnerschaft (CEPA)[82] vereinbart.

Neun Tage vor dem Vilnius-Gipfel war nun bekannt geworden, dass Janukowytsch das Abkommen nicht paraphieren wollte. Bis zuletzt gab es

---

[81] Vgl.. Schrötter, H.J. – Ghulinyan-Gerz, I., Die Europäische Union und ihre östlichen Nachbarn, Nomos, Baden-Baden 2017, 123-130.
[82] Vgl. Europäischer Rat – Rat der Europäischen Union: Beziehungen EU-Armenien, https://www.consilium.europa.eu/de/policies/eastern-partnership/armenia, abgerufen am 4. Juli 2023.

aber ein wenig Hoffnung, dies könnte sich doch noch ändern – vor allem, wenn das Abkommen mit einem umfangreichen Hilfspaket verbunden werden könnte. So gab es in Vilnius vor dem Gipfel noch emsige Verhandlungen, über deren Verlauf mir drei teilweise komplementäre, teilweise widersprüchliche Berichte vorliegen.

Auf der ukrainischen Seite wurden die Verhandlungen vom Ersten Vizepremier Arbusow geführt. Arbusow galt als enger Freund von Alexander Janukowytsch, dem älteren Sohn des Präsidenten, er war immer wieder als potentieller Premier gehandelt worden. Ich habe ihn als Pragmatiker kennengelernt, mit ausgeprägtem wirtschaftlichem Verständnis. Auf europäischer Seite saßen ihm hohe Beamte aus EAD und der Europäischen Kommission (EK) gegenüber.

Laut einer (ukrainischen) Darstellung aus seiner Umgebung legte Arbusow mit großer Offenheit das Problem dar – es fehlten mehrere Milliarden im Staatshaushalt. Die EU habe sich grundsätzlich offen gezeigt zu helfen – weitere makrofinanzielle Unterstützung der EU sei in Aussicht gestellt worden, einzelne Mitgliedsstaaten wären bereit, zusätzliche Kreditabkommen zu schließen. Arbusow habe aber auch Verständnis gezeigt, dass die Bedingungen des IWF zu erfüllen seien, auch wenn er an die EU-Vertreter appellierte, auf den IWF einzuwirken, um die Bedingungen für einen großen Kredit zu lockern. Es habe nochmals so ausgesehen, als könnte das Abkommen doch noch unterzeichnet werden.

Doch dann sei Janukowytsch selbst nach Vilnius gekommen. Es sei rasch klar geworden, dass es so schnell keine Lösung geben werde. Was mit Arbusow besprochen war, lehnte er ab. Janukowytsch habe behauptet, dass die jährlichen Kosten für die Ukraine 20 Mrd. Euro betragen würden[83], würde das Abkommen in Kraft treten. Eine Zahl, die so hoch war, dass sie bereits wieder lächerlich war.

Ein Teilnehmer am Vilnius-Gipfel gab an, die ukrainische Seite habe versucht, den Preis für die Unterzeichnung nach oben zu schrauben, in dem sie auf mögliche Leistungen aus Russland verwies. Janukowytsch habe auf die möglichen Implikationen des Abkommens für Russland verwiesen. Er habe auf die meisten Teilnehmer erschöpft und ohne Gestaltungswillen gewirkt.

---

[83] Vgl. BBC, EU rejects Russia 'veto' on Ukraine agreement, https://www.bbc.com/news/world-europe-25154618, abgerufen am 4.Mai 2023.

Der dritte Bericht besagt, dass mehrere europäische Staaten gemeinsam mit anderen Partnern, vor allem mit Aserbaidschan, ein Paket von 10 Mrd. Euro an Krediten zusammengebracht hätten. Dieses Angebot sei von Janukowytsch abgelehnt worden. Ein Regierungschef kommentierte zynisch: Die EU könne nicht mit. Putin biete 11 Mrd. Euro – zehn für den Staat, eine für den ukrainischen Präsidenten und seine Familie. Einige Wochen später sollte sich zeigen, dass es wirklich etwa so war. Russland sollte sogar 15 Mrd. Euro bieten. Die Familie des ukrainischen Präsidenten wurde ebenfalls nicht vergessen.

Beim Gipfel in Vilnius wurde zwischen der EU und der Ukraine nichts signiert. Paraphiert wurden die Assoziierungsabkommen EU-Moldau und EU-Georgien.

Sicher ist: In der Ukraine selbst gab Janukowytsch dann an, ganz andere Forderungen gestellt zu haben, vor allem eine sofortige Visaliberalisierung.

Vor dem Hintergrund des berichteten Treffens mit Putin in Sotschi war klar: Janukowytsch war in einer äußerst schwierigen Situation. Das Assoziierungsabkommen konnte er gegenwärtig nicht unterzeichnen, da war die drohende Zahlungsunfähigkeit des Staates und da waren auch die Drohungen gegen seine Person. Zurücktreten konnte er auch nicht. Hatte es einen Prozess wegen Korruption gegen Tymoschenko gegeben und saß diese im Gefängnis, so musste er damit rechnen, dass ihm das Gleiche blühen könnte. Der einzige Ausweg: Die Forderungen Putins zu erfüllen. Keine Unterzeichnung des Abkommens.

Der Abend nach dem Vilnius-Gipfel

In der ukrainischen Zivilgesellschaft war die Enttäuschung groß. Am Abend nach dem Gipfel war die Zahl der Demonstranten auf etwa 80.000 angewachsen. Der Platz war beinahe voll – eine etwas kleinere Demonstration als während der Orangen Revolution, aber doch beachtlich. Es war eine friedliche Demonstration.

Wie erwähnt, gab es keine zentralen Organisatoren der Demonstration, vielmehr zahlreiche Gruppen, die mehr oder weniger unabhängig voneinander agierten und vor allem auf eine bessere Lage in der Ukraine hofften. Mit dem Assoziierungsabkommen könnten sie ihr lange verfolgtes Ziel erreichen – die europäische Integration ihres Landes.

Die drei Oppositionsführer, Jazenjuk, Klytschko und Tjahnybok, die ebenfalls in Vilnius eingeladen waren und nun rasch zurückkehrten, traten am Maidan auf. Alle drei meinten im privaten Gespräch, dass diese Demonstrationen keinen Bestand haben würden. Geplant sei, jeden Monat (immer am 29.) eine Demonstration für die europäische Integration abzuhalten. Mit der Zeit aber würde sich das Ganze verlieren. Die Leute würden sich letztlich damit abfinden, dass aus dem Assoziierungsabkommen nichts geworden wäre.

Es war die Wut über unmotivierte Gewalt der Anti-Terror-Einheiten in der Nacht darauf, die die meisten Menschen auf die Straße trieb und die zur Folge hatte, dass der Maidan über Wochen dauern sollte, schließlich eskalierte und zuletzt Erfolg hatte.

DAS ENDE VON SCHUSTER'S SHOW

„Schuster's Show" war eine der prominentesten politischen Talkshows in der Ukraine. Bis zu 17% der Bevölkerung sahen am Freitagabend die Show des russischstämmigen Journalisten. Es war schon lange keine ganz freie Talkshow mehr, gewisse Themen wie etwa der Bereich der Korruption, waren tabu. Schuster klärte mit der Präsidentschaftskanzlei ab, wer eingeladen würde. Bisweilen musste er auch Personen wieder ausladen. Die Show lief auf „Inter", dem Sender des Leiters der Präsidentenadministration, Sergej Ljowotschkin, und des Oligarchen Dmytro Firtasch. Auch ein staatsnaher russischer Fernsehkanal war an dem Sender beteiligt.

Dennoch, die Diskussionen waren offen, Schuster stellte interessante Fragen. Die Einladungen umfassten auch die Oppositionsführer. Schuster's Show wäre in Putins Russland schon lange undenkbar gewesen.

Am Abend des 29. November kam es zu einem Eklat, der bald zum De-facto-Verbot der Show führte und zu einem Riss innerhalb der herrschenden Elite beitrug, der sich immer mehr vertiefte.

Schuster hatte die drei Oppositionsführer Jazenjuk, Klytschko und Tjahnybok zur Diskussion über das Abkommen eingeladen. Dann wurden sie aber wieder ausgeladen. Als die drei trotzdem im Studio eintrafen, wurde ihnen der Zutritt verweigert. Nach einiger Aufregung kam Schuster zu ihnen hinaus und bat sie ins Studio.

Nun durfte aber die Sendung nicht live geschaltet werden. Statt Schuster's Show wurde ein Spielfilm gesendet. Nach dem Spielfilm, spät in der Nacht aber doch, wurde die Show entgegen dem ursprünglichen

Verbot ausgestrahlt. Die Oppositionsführer durften in einer Live-Übertragung über den Vilnius-Gipfel sprechen. Noch einmal hatte die Meinungs- und Informationsfreiheit in der Ukraine gesiegt.

Es sollte die letzte große Life-Diskussion im ukrainischen Fernsehen sein. Von nun an wurde die – ohnehin beschränkte – Informationsfreiheit in der Ukraine mehr und mehr reduziert. Fast alle ukrainischen Sender taten über Wochen so, als finde der Maidan nicht mehr statt. Gesendet wurden alte Bilder, auf denen am Maidan Alltagsleben herrscht. Schuster's Show lief noch bis Ende Dezember. Danach wurde der Vertrag mit „Inter" nicht mehr verlängert. Zurück war seine Show erst am 21. Februar 2014, zum Ende des Maidan.

Während die Fernsehsender schon lange eingeschränkt berichteten, waren Online-Medien in ihrer Berichterstattung weitgehend frei. In den darauffolgenden Wochen sollte sich auch das ändern. Die meisten Online-Portale, die über den Maidan berichteten, funktionierten bald nicht mehr.

Eine fundamentale Fehleinschätzung

Zehntausende Menschen hatten sich am Vilnius-Abend auf dem Maidan versammelt. In der Nacht verlief sich die Demonstration dann. Einige besonders Entschiedene blieben – vor allem Studierende, mehrere Abgeordnete, ein paar Journalisten, die meisten in Schlafsäcken.

Es herrschte bereits am Abend die Sorge, etwas Dramatisches könnte passieren. EU- und US-Botschafter warnten vor möglicher Gewalt. Umsonst.

In der Nacht versuchte die Miliz zum ersten Mal die Demonstration aufzulösen. Die Oppositionschefs waren alle anwesend. Es gibt ein ukrainisches Gesetz, das besagt, dass die Sicherheitskräfte Treffen der Parlamentsabgeordneten mit ihren Wählern nicht verhindern darf. Praktisch bedeutet dies, dass Demonstrationen, an denen Abgeordnete teilnehmen, nicht aufgelöst werden dürfen. Aus diesem Grund zog die Miliz schließlich wieder ab.

Einige Stunden später, am frühen Morgen des 30. November, waren die Sicherheitskräfte jedoch wieder zurück. Die letzten Abgeordneten waren schlafen gegangen, es war vier Uhr morgens. Die meisten verbliebenen Demonstranten schliefen in Schlafsäcken am Maidan nahe den Ausgängen der Metro. Es waren meist junge Leute, vielleicht hundert.

Anti-Terroreinheiten kamen aus den Metro-Ausgängen und umringten die Demonstranten. Nach Angaben der Berkut warfen einige Demonstranten Gegenstände auf die Sicherheitskräfte. Waren es wirklich Demonstranten oder professionelle Provokateure, die sich unter die Demonstranten gemischt hatten? Die Vermutungen darüber gehen auseinander.

Der offizielle Grund für das Vorgehen der Berkut war: Der künstliche „Neujahrsbaum" musste dringend am Maidan aufgestellt werden – es war Ende November, Samstag, vier Uhr früh. Der vorgesehene Standort des Neujahrsbaums wurde durch die kampierenden Demonstranten nicht blockiert.

Angeblich leisteten einzelne Demonstranten Widerstand. Sicher ist, dass einige Demonstranten verletzt wurden. Personen, die am Boden lagen, wurden von den Sicherheitskräften getreten und geschlagen.

Die Bilder darüber verbreiteten sich innerhalb kürzester Zeit in den Social-Media-Kanälen. Dutzende friedliche und meist gerade erst geweckte Demonstranten seien verletzt worden, darunter zahlreiche Frauen. Amateur-Filme, die im Internet auftauchten, zeigten dramatische Szenen. „So etwas hat es in der Ukraine bisher nicht gegeben", notierte der junge Abgeordnete Andrej Schewtschenko auf Facebook. In der Ukraine gibt es eine lange Tradition von friedlichen, großen Protesten – Donezker Bergleute in den 90er Jahren, Orange Revolution, der Steuer-Maidan 2012 usw.. Alles war bisher friedlich erfolgt. Nun wurden erstmals Demonstrationen gewaltsam aufgelöst. Es gelang der Berkut den gesamten Platz zu räumen – zum letzten Mal.

Einige Dutzend Personen wurden verhaftet, bald danach aber wieder frei gelassen. Manche flohen; ein großer Teil in das nahegelegene orthodoxe St. Michaelskloster, in dem der Patriarch der autokephalen ukrainisch-orthodoxen Kirche seinen Sitz hat.

Die Operation der Berkut hätte vielleicht Erfolg haben können, wäre sie ein paar Jahre früher geschehen. So aber sprach sich dies über soziale Medien rasch herum. Es gab eine Welle der Entrüstung und Hunderttausende entschlossen sich am nächsten Tag, ihre Solidarität zu bekunden. Busse aus verschiedenen Landesteilen, vor allem aus der West- und Mittelukraine nach Kyjiw wurden organisiert.

Bis heute ist nicht klar, wer die gewaltsame Auflösung des Maidan zu verantworten hat. Implizit hatte Premierminister Asarow bereits eine

Woche zuvor in einer Pressekonferenz in Russland mit einer solchen Maßnahme gedroht. Immer wieder werden Vizepremier Andrej Klujew und Innenminister Alexandr Sachartschenko als Verantwortliche benannt. Letztlich ist es heute irrelevant, wer genau den Befehl gab. Es wurde niemand dafür bestraft oder zumindest seines Amtes enthoben. Die Verantwortung für den Gewaltexzess liegt damit beim gesamten politischen Establishment, einschließlich dem Präsidenten und Premierminister. Rückblickend ist klar: Der Versuch, die Demonstration gewaltsam aufzulösen, war ein großer Fehler der Janukowytsch-Administration. Er führte zu einer unglaublichen Solidarisierung in der ukrainischen Bevölkerung. Und dafür gab es einen guten Grund.

Die verhassten Sicherheitskräfte

Wie oben erwähnt, waren die Sicherheitskräfte, die Silowiki, seit langem verhasst. Grund waren die willkürlichen Strafforderungen für „gewöhnliche Menschen" – vor allem im Straßenverkehr einerseits, die Straflosigkeit für die Sicherheitskräfte und ihre Angehörigen, wie der Fall der beiden Mädchen, der oben geschildert wurde, andererseits.

Hatten am Abend zuvor die Oppositionsführer und die Organisatoren der pro-europäischen Demonstrationen noch erwartet, die Demonstrationen würden bald abebben, so kam nun alles anders. Die Frustration über das nicht unterzeichnete Abkommen war das eine, die Wut über Polizeiwillkür und sinnlose Polizeigewalt das noch viel Schlimmere. Nun wurde der Maidan Ort der größten Demonstrationen in der Geschichte Osteuropas.

Eine Demonstration von nie gehabter Größe

Ein Großteil der Demonstranten, der nicht verhaftet wurde, floh also ins St. Michaelskloster. Die Miliz umstellte das Kloster und drohte alle zu verhaften, die herauskämen. Nach rasch eingeholter Weisung intervenierte Botschafter Tombinski beim Innenminister und beim Sekretär des Nationalen Sicherheitsrates, Andrej Klujew. Er erhielt die Zusage, dass niemand verhaftet würde, der das Kloster verließ. Das geschah auch.

Die EU-Botschafter zeigten an diesem ersten großen Tag des Maidans in einer ungewöhnlichen Weise Präsenz. Sie wollten nicht als Teil der Demonstrationen wahrgenommen werden, aber sie wollten klar zeigen, dass sie die Entwicklungen verfolgten. So fuhr ein Konvoi von

Botschaftsautos mit entsprechenden Flaggen durch das Zentrum der Stadt und beim St. Michaelskloster vorbei.

Die Stadtverwaltung hatte für das Wochenende Demonstrationen im Stadtzentrum untersagt. Verschiedene NGOs und die zu dem Zeitpunkt noch schwache Opposition kündigten daher für Sonntag, 12 Uhr, eine Demonstration im Schewtschenko-Park vor der Universität an – der einzigen großen freien Fläche nahe dem Stadtzentrum, an dem Demonstrationen nicht verboten waren. Von dort zum Maidan sind es ca. 1,5 Kilometer.

Schon um 11.30 Uhr hatte sich eine überraschend große Menge versammelt. Im ganzen Park warteten Menschen. Auf den Gehsteigen der anliegenden Straßen standen noch viel mehr. Die lokale Fahnen-Produktion hatte inzwischen auf Europa-Fahnen umgestellt und damit sichtlich ein gutes Geschäft gemacht – unzählige blaue Fahnen mit gelben Sternen wurden geschwenkt. Daneben gab es ukrainische Fahnen und solche verschiedener Regionen – vor allem von westlichen, aber auch aus östlichen und von der Krim.

Es gab einige Redner, aber sie erhielten wenig Beachtung. Eine große Masse hatte sich versammelt, verärgert, aber ohne Führungsgestalten. Das Misstrauen der Bevölkerung galt der gesamten politischen Klasse – Opposition wie Regierung.

Die Zahl der Teilnehmer stieg immer weiter an. Irgendwann setzte sich die Masse in Bewegung und marschierte den Taras-Schewtschenko-Boulevard hinunter.

Ein Teil der Demonstranten zog über den Chreschtschatyk zum Maidan. Die Spezialeinheiten der Miliz zogen sich zurück – niemand hatte mit so vielen Menschen gerechnet. Es wäre unmöglich gewesen, sie mit zivilisierten Mitteln zu stoppen. Rasch füllte sich der Maidan mit Menschen. Noch nie waren hier so viele versammelt gewesen.

Eine improvisierte Rednerbühne wurde aufgebaut. Jemand brachte Mikrophone und Boxen. Ein paar Profi-Politiker sprachen, darunter die drei Oppositionsführer Jazenjuk, Klytschko und Tjahnybok und der erst wenige Monate zuvor aus der Haft befreite Luzenko, außerdem der unabhängige Abgeordnete Poroschenko. Alle waren sich in ihren Forderungen einig – Unterzeichnung des Assoziierungsabkommens, Bestrafung jener, die für die Gewalt in der Nacht zuvor verantwortlich waren. Manche forderten einen Rücktritt des Innenministers oder der gesamten Regierung. Luzenko ging sogar weiter – er sprach von einer neuen Revolution. Die anderen Redner baten ihn, dies zu unterlassen. Er tat es.

Unter den ausländischen Rednern fanden sich der frühere polnische Premier Jarosław Kaczyński und einer der Vizepräsidenten des Europäischen Parlaments, Jacek Protasiewicz. Das Auftreten der beiden, aber auch anderer europäischer Politiker, wurde in pro-russischen Kreisen als Beweis gesehen, dass die Demonstration von Polen initiiert war. Dahinter, so die wenig nachvollziehbare Theorie, stecke der amerikanische CIA.

Kardinal Ljubomir Husar, das pensionierte Oberhaupt der ukrainisch-katholischen Kirche, war der prominenteste Geistliche am Maidan.

Insgesamt waren die politischen Reden eine Nebenerscheinung. Die Menschen kamen, um ihre Unzufriedenheit auszudrücken, nicht um Oppositionspolitiker zu hören.

Die Demonstration am Maidan am 1. Dezember 2013 war zweifellos eines der großen Ereignisse der europäischen Geschichte dieses Jahrzehnts. Sie war so spontan und so unerwartet, dass das europäische Fernsehen darüber nicht live berichtete – kaum ein westlicher Sender hatte zu dieser Zeit schon ein fixes Büro in Kyjiw. Und die russischen Medien verschwiegen das Ereignis – ebenso wie die ukrainischen.

Es gibt keine verlässlichen Zahlen, wie viele Menschen sich an diesem Tag in der Kyjiwer Innenstadt versammelten. Der Maidan und die umliegenden Straßen waren jedenfalls voller Menschen. Üblicherweise wird von mehreren hunderttausend, bis zu einer halben Million, Teilnehmern, gesprochen. Es war neben der Orangen Revolution die größte Demonstration, die es in Kyjiw gab. Anders als bei der Organen Revolution gab es keine politische Organisation, die diese Demonstrationen initiiert oder organisiert hätte. Es war eine basisdemokratische Bewegung.

Der Miliz wurde an diesem Tag ein Gewaltverbot erteilt. Die Demonstration könnte stattfinden, so lange sie friedliche bliebe.

Vertreter der russischen Botschaft vertraten im Gespräch mit mir die Auffassung, „Europa" habe diese Demonstrationen „organisiert". Es ist gut möglich, dass dies auch in Moskau vermutet wurde. Es ist unmöglich, eine solche Demonstration mit so vielen Teilnehmern von außen zu organisieren. Die EU ist schon allein zu bürokratisch, um so ein spontanes Ereignis gestalten zu können.

Kleinere Demonstrationen fanden auch in verschiedenen anderen Städten der Ukraine statt, vor allem in Lemberg, Iwano-Frankiwsk, Ternopil aber auch kleinere in östlichen Städten wie etwa Donezk, Charkow[84]

---

[84] Vgl. Schneider-Deters, Schicksalsjahre I, 227-228.

und Poltawa oder auch Saporischschja[85]. In Charkiw fand am 11./12. Februar das erste Euro-Maidan-Forum statt.[86] In Donezk und Charkiw gab es in den kommenden Wochen auch Demonstrationen für die Regierung. Angaben darüber, ob die Demonstrationen für den Maidan oder für die Regierung in Donezk stärker gewesen waren, sind widersprüchlich. Der Konflikt vor der Präsidentenadministration.

Ein Teil der Demonstranten beschloss am Nachmittag überraschend zur Präsidentenadministration zu ziehen. Diese war gut bewacht und die Garde ließ keinen Zweifel daran, dass sie Eindringlinge in das Amt stoppen würde.

Einige Demonstranten – nach einer Version Vertreter von Bratstwo (Bruderschaft), nach einer anderen bezahlte Provokateure[87] – fanden ein herumstehendes Baufahrzeug. Eigenartigerweise steckte der Schlüssel. Sie wollten damit zur Präsidentenadministration fahren. Mit der mächtigen Schaufel hätte sich das massive Eisentor sicherlich eindrücken lassen. Es mutet eigenartig an, dass ein solches Fahrzeug in der sonst gut aufgeräumten Kyjiwer Innenstadt herumstand und sich noch dazu so leicht in Bewegung setzen ließ. War dies wirklich einfach ein Fehler?

Es gibt verschiedene Berichte darüber, wer alles versucht hat, das Baufahrzeug zu stoppen und wem es schließlich gelang, dies zu tun. Nach meinem Wissenstand hat Klytschko eine Rolle dabei, daneben auch eine Gruppe von Veteranen aus dem Afghanistan-Krieg, vielleicht gab es auch eine Rolle von Poroschenko. Tatsächlich fuhr das Baufahrzeug nicht in die Präsidentenadministration.[88]

Auch ein spontaner Aufruf der Hohen Repräsentantin, Cathrine Ashton, keine Gewalt anzuwenden, wurde in zahlreichen Medien wiedergegeben.

Dennoch: Es gelang einigen Demonstranten auf den Platz vor dem Präsidentenamt in der Bankowa vorzudringen. Dort kam es zu Gewaltszenen. Maskierte Demonstranten, manche davon mit nationalsozialistischen

---

[85] Vgl. Andruchowytsch, J., Sieben rauhe Februartage. In: Andruchowytsch, J., Euromaidan – Was in der Ukraine auf dem Spiel steht. Berlin: Suhrkamp 2014, 18.
[86] Vgl. Zhadan, S., Vier Monate Winter. In Andruchowytsch, J., Euromaidan, 70.
[87] Vgl. Schneider-Deters, Schicksalsjahre I, 218-219.
[88] Es gibt mehrere Versionen davon, wer das ominöse Baufahrzeug gestoppt hat. Eine andere Version besagt, dass es Poroschenko gewesen sei. (Vgl. dazu Schneider-Deters, Schicksalsjahre I 218.)

Abzeichen,[89] warfen Pflastersteine auf die Sicherheitskräfte.[90] Vielleicht gab es unter den Demonstranten Provokateure. Sicher aber ist, dass die Sicherheitskräfte mit exzessiver Repression antworteten und vor allem da Gewalt anwendeten, wo sie stärker waren. Videos tauchten im Internet auf, wie sich niedergeknüppelte Demonstranten mühevoll vom kalten Boden erheben. Gruppen von Uniformierten kamen zu ihnen und traten und schlugen sie wieder nieder. Später wurden die Demonstranten verhaftet. Es sollte unzählige Willkürprozesse geben.

„Inter", jener Sender an dem Ljowotschkin, der Leiter der Präsidentenadministration, Anteile hat, zeigte diese Gewalttaten; vielleicht aus menschlicher Überzeugung, vielleicht aus Ärger über den Präsidenten, vielleicht auch, weil Janukowytsch die Interessen der Gas-Lobby an Russland verraten hatte – am ehesten wohl aus einer Mischung aus allen dreien. Ljowotschkin trat wenig später von seiner Funktion als Verwaltungschef zurück, der Rücktritt wurde allerdings erst im Jänner angenommen.[91]

Gerade die Verhaftungen und die Willkürprozesse machten den Konflikt um den Maidan so schwer lösbar. Viele Demonstranten waren entschlossen, am Maidan zu bleiben, bis alle verhafteten Mit-Demonstranten freikommen würden.

GEBÄUDEBESETZUNGEN

Mitglieder der nationalistischen „Swoboda"-Partei besetzten das Kyjiwer Bürgermeisteramt unweit des Maidan. Sie beriefen sich vor allem darauf, dass die Wahlen im Mai 2013 ohne Grund nicht stattgefunden hatten und die nunmehrige Administration keine Berechtigung mehr habe, die Stadt zu verwalten. Wie erwähnt hatte das Parlament die Wahlen zum Kyjiwer Gemeinderat nicht angesetzt, als klar wurde, dass Janukowytschs „Partei der Regionen" die Wahlen verlieren würde.

---

[89] Vgl. Schneider-Deters, Schicksalsjahre I, 216-217
[90] Vgl. Schuller, K., Ukraine – Chronik einer Revolution, Berlin: editionfoto Tapeta 2014, 21.
[91] Ljowotschkin wurde später vorgeworfen, er habe den Einsatz der Berkut beauftragt. (Vgl. dazu z.B. die Quellen bei Schneider-Deters, Schicksalsjahre I 215-216.) Wäre dies der Fall gewesen, so hätte sich Janukowytsch leicht aus der schwierigen Lage befreien können, indem er den Chef seiner Verwaltung gemaßregelt oder gegebenenfalls gefeuert hätte. Von einem Gespräch mit einem damaligen Regierungsmitglied würde ich schließen, dass zumindest ein innerer Kreis der Regierung von dem bevorstehenden Einsatz der Anti-Terror-Einheiten wusste, auch wenn sie es nicht unbedingt gutgeheißen haben.

Außerdem besetzten die Demonstranten den mächtigen Betonbau der Gewerkschaft am Maidan und richteten dort ihr Hauptquartier ein. Offiziell wurde das Gebäude gemietet – die Demonstranten zahlten eine symbolische Miete und auch für Strom und Gas.

Des Weiteren blockierten Demonstranten den Zugang zum Regierungsgebäude und vorübergehend auch zum Präsidentenamt. Diese Blockaden sollten etwa zehn Tage andauern. Bereits an diesem 1. Dezember versuchten einige Demonstranten zur luxuriösen Residenz des Präsidenten nördlich von Kyjiw zu gelangen. Sie wurden von Sicherheitskräften gestoppt.

Am Maidan und auf dem Kreschtschatyk wurden weitere Zelte errichtet, wie schon bei vielen früheren ähnlichen Anlässen. Die Demonstranten machten klar, dass sie bleiben wollten, bis sich etwas ändere: zum Beispiel bis es Fortschritte bei der europäischen Integration gebe.

Für den Montag wurde ein Generalstreik ausgerufen. Der Aufruf wurde aber weitgehend ignoriert.

Vor allem die Besetzung des prächtigen Bürgermeisteramts sollte in späteren Monaten die Situation sehr erschweren. Es war einer jener Punkte, der als Beweis dienen konnte, dass die Demonstranten das Recht brachen. Zudem wurde diese Idee im Frühjahr 2014 im Osten des Landes kopiert – und dies war der Anfang des furchtbaren Krieges, der Donezk und Lugansk im Sommer 2014 heimsuchen sollte.

Das Schweigen der Regierung – Gespräche über das Assoziierungsabkommen

Eine offizielle ukrainische Reaktion der Regierung auf die Ereignisse gab es nicht. Angeblich war Präsident Janukowytsch an jenem Tag jagen. Es war oft der Fall, dass der Präsident lange schwieg, wenn es eine schwierige Situation im Lande gab.

Wenige Tage zuvor hatte Asarow in Moskau behauptet, die Demonstrationen seien vom Westen, vor allem von Polen und Litauen gesteuert. Die Theorie ist schlichtweg Unsinn. Niemand wäre in der Lage gewesen, hunderttausende Ukrainerinnen und Ukrainer zur überzeugen, auf die Straße zu gehen. Die Krise war hausgemacht.

Am Abend des 1. Dezember, dem Tag, an dem hunderttausende Demonstranten auf die Straße gingen, nahm ich am Abend an einem Treffen im Regierungsgebäude teil. Wir wurden durch eine Hintertür ins Regierungsgebäude geführt. Vor dem Haus standen noch immer Demonstranten und verwehrten den meisten Leuten den Zutritt. Dennoch war es problemlos möglich, hineinzukommen. Offensichtlich sollte uns gezeigt werden, dass die Regierung doch noch Zugang zum Gebäude hat. In den dunklen Gängen saßen wehrpflichtige junge Soldaten und Berkut-Mitglieder, die sich von ihrem Einsatz ausruhten. Es waren darunter viele Profis, aber wohl auch viele einfache junge Wehrpflichtige, einige waren verletzt. Zwei Minister waren da. In dieser kursierten Gerüchte über eine rasche Regierungsumbildung in Kyjiw. Tatsächlich sollte es nicht dazu kommen: Asarow blieb Regierungschef und verbreitete für uns nicht nachvollziehbare Theorien über Polittechnologie und hohe Kosten, die sich durch das Abkommen auf die Ukraine zukommen würden – sehr im Widerspruch zu dem, was er einige Monate zuvor gesagt hatte.

Es gab aber auch Pläne für den Ausruf des Notstands. Letzterer hätte vor allem eine nächtliche Ausgangssperre und drastische Einschränkungen der Medienfreiheit bedeutet. Für die nächsten Wochen sollte allerdings einfach nichts geschehen.

Bereits am 1. Dezember war die Situation extrem schwierig, aber noch nicht unlösbar. Janukowytsch konnte nicht einfach auf seine Vereinbarung mit Putin verzichten. Das Land stand ja vor dem Bankrott. Außerdem gab es die Drohungen Putins gegen Janukowytsch.

Das Volk wollte aber mehrheitlich etwas anderes als der Präsident. Auch ein großer Teil der Oligarchie war mit dem Kurs des Präsidenten nicht einverstanden. Die Motive waren unterschiedlich – manche wollten die europäische Integration, andere waren wahrscheinlich mit den Plänen für ein neues Gasabkommen nicht einverstanden. Der Großteil der Oligarchen hielt sich während der ganzen Maidan-Zeit im Hintergrund, drückte aber hin und wieder seine Sympathien für die Ziele der Demonstrationen aus. Andere standen auf Seiten der Regierung

Sicher ist: Zu diesem Zeitpunkt hätte sich die regierende Gruppe mit einigen mutigen Schritten noch aus dem Schlammassel befreien können. Eine rasche Vereinbarung mit dem IWF hätte wohl schmerzhafte Auflagen bedeutet, insgesamt wären die Härten aber deutlich geringer gewesen als jene, die eineinhalb Jahre später notwendig wurden. Eine Regierungsumbildung hätte zumindest einen Teil der Bevölkerung zufrieden gestellt. Die Unterzeichnung des Assoziierungsabkommens wäre ein Tribut an die

Massen gewesen. Stattdessen folgte die ukrainische Regierung dem russischen Vorbild von 2011/12 und setzte auf Härte. Dies war 2012 gut gegangen – die Demonstrationen in Moskau waren jedoch deutlich kleiner und die russische Regierung viel stabiler und durchsetzungsfähiger als die ukrainische. Im Kyjiw von 2013 musste eine Politik der Dialogverweigerung und der Härte aber zur Eskalation führen. Dies geschah schließlich auch.

Eine Rolle für den Europarat

Wenig später besuchte Europarats-Generalsekretär Thorbjørn Jagland Kyjiw. Seine Warnung: Unaufgeklärte Gewaltexzesse der Sicherheitskräfte wie jene des letzten Novemberwochenendes in Kyjiw könnten die Gesellschaft über Jahrzehnte spalten. Sein Angebot: Der Europarat könnte eine Kommission einsetzen, in der Regierung und Demonstranten aber auch unabhängige Experten des Europarats vertreten sein würden. Sie sollte klären, wie es zu diesem Gewaltexzess kommen konnte und wer die Weisung dazu gegeben habe. Es war eine sehr gute Initiative, unter anderen Umständen hätte sie tatsächlich hilfreich werden können. Die damalige ukrainische Regierung nahm das Angebot nicht an. Angesichts der nationalen Einigung, zu der es nach dem Maidan und dem Krieg im Osten kam, blieb dieser Vorschlag auf einem Nebengleis der Geschichte. Der Vorschlag sollte aber für andere, ähnliche Fälle wieder Bedeutung erlangen.

Ein finanzielles Rettungspaket

In Europa, wie auch in den USA war klar, dass es ein finanzielles Hilfspaket für die Ukraine brauchen würde, um ein Abdriften Richtung Russland zu vermeiden. Mehrere europäische Staaten und eventuell auch die USA waren bereit, dazu beizutragen. Insgesamt wären wahrscheinlich mehrere Milliarden Euro zusammengekommen.

Auch aus der EU gab es eine grundsätzliche Bereitschaft weitere Kredite zu gewähren – sofern die IWF-Bedingungen erfüllt waren.

All diese Versuche waren aber letztendlich vergeblich. Janukowytsch hatte sichtlich keinen Spielraum mehr. Asarow unterstützte ihn loyal. Die Finanzexperten in der ukrainischen Regierung wurden nicht gehört.

Helga Schmid, die stellvertretende Generalsekretärin des Europäischen Auswärtigen Dienstes und Tory Nuland, Assistant Secretary of State, kamen zeitgleich nach Kyjiw.

Fernsehaufnahmen zeigten Schmid gemeinsam mit Tombinski beim Besuch im Parlament. Ein wichtiges Signal kam an: Es braucht eine demokratische Lösung des Konflikts. Gefordert ist das Parlament. Später sollte das Parlament die wichtigste Rolle bei der demokratischen Wende und beim Ende des Blutvergießens spielen.

Anti-EU-Propaganda

Der U-Turn der ukrainischen Regierung in der EU-Politik war kaum zu rechtfertigen. Asarow versuchte es doch: 100 Milliarden Dollar würde das Assoziierungsabkommen für die Ukraine kosten. Vor allem aber sollte die EU den Schaden ersetzen, den die Ukraine durch die russischen Sanktionen erlitten habe.

Immer wieder wurden auch pro-Regierungs-Demonstrationen in Kyjiw veranstaltet. Der Ort dafür war der Marinskij-Park Nahe des Parlaments. Manche kamen aus Überzeugung, andere aus Loyalität, vielleicht, weil ihnen eine kostenlose Reise nach Kyjiw geboten wurde, noch andere eventuell gegen Bezahlung. Oder weil die Busfahrt eine Möglichkeit bot, Kyjiw zu besuchen.

Am 14. Dezember gelang es der Regierungspartei zum letzten Mal eine Großdemonstration am Europaplatz nahe des Maidan zu organisieren. Angeblich waren es etwa 80.000 Demonstranten, viele davon kamen aus dem Osten und Süden der Ukraine. Der Slogan lautete: „Wir bauen Europa in der Ukraine". Zwei Stunden hörten die Leute geduldig zu. Musik spielte. Parteifahnen wurden geschwenkt. Dann gingen die Leute. Die Miliz, die den Platz abgesperrt hatte, blieb noch weisungsgemäß – ein Polizeikordon rund um einen leeren Platz. Als Passanten konnten meine Frau und ich mit einem Polizisten sprechen – er wartete auf das Ende der Anti-Maidan-Demonstrationen. Danach wollte er sich umziehen und selbst auf den Maidan gehen.

Das Stadtbild von Kyjiw ändert sich

Es ist unglaublich, wie stark sich der Charakter einer Stadt innerhalb weniger Tage ändern kann. Kyjiw war über Jahrzehnte eine friedliche Stadt. In der Innenstadt gab es – mit Ausnahme der Verkehrspolizei – nur wenig Präsenz der Sicherheitskräfte, die Regierungsgebäude waren von außen kaum bewacht. Der Kreschtschatyk war wochentags eine Hauptverkehrsader, am Wochenende eine Flaniermeile und am Maidan fanden samstags

Open-Air-Konzerte statt. Nun war der Zugang zu den Regierungsgebäuden durch Busse der Miliz und dichte Reihen von Spezialeinheiten abgesperrt.

Die Zelte in der Innenstadt wurden mehr; die Demonstranten errichteten Bollwerke aus Reifen und Brettern – ähnlich wie schon mehrere Male in der Vergangenheit.

DER FOLGENSCHWERE STURZ DER LENINSTATUE

Am Wochenende des 7. und 8. Dezember gab es erneut große Demonstrationen in der Innenstadt von Kyjiw. Das Innenministerium sprach von 50.000 Teilnehmern, die Demonstranten von mehreren hunderttausend. Die Demonstrationen verliefen weitgehend friedlich. Die Sicherheitskräfte verhielten sich an diesem Wochenende korrekt, es gab keine Gewaltexzesse.

Im Zentrum von Kyjiw, beim Bessarabischen Markt, stand bis 2013 eine 3,5m hohe Leninstatue aus Granit, ähnlich wie sie sich bis 1991 in so gut wie jeder Stadt der Sowjetunion gefunden hatte. Sie war seit langem umstritten: Erinnerung an eine gerechtere Vergangenheit für die einen, Erinnerung an die russische Unterdrückung und sowjetische Repression für die anderen. Immer wieder hatte es Demonstrationen gegeben, die forderten, die Statue endlich zu entfernen, immer wieder auch Demonstrationen der Kommunisten, der fünften Partei im Parlament, für ihren Verbleib. Im Dezember 2013 und Jänner 2014 wurden zwei Leninstatuen – eine reale und eine fiktive – Symbol des Konflikts zwischen staatlicher Unterdrückung und dem Wunsch nach Rechtstaatlichkeit.

An jenem 8. Dezember nützten vermummte Demonstranten, vielleicht Sympathisanten der Swoboda-Partei, die chaotische Lage, um endlich die Frage der Lenin-Statuen-Frage in ihrem Sinne zu lösen: Sie nahmen ein Stahlseil und zogen damit die Leninstatue vom Sockel. Diese wurde dabei stark beschädigt.

Es konnte kein Zweifel bestehen – ein Akt von Vandalismus und nach dem Verständnis der meisten Rechtsordnungen Europas ein Fall von Sachbeschädigung. In der (nicht mehr gültigen) sowjetischen Rechtsordnung hingegen ein schweres Verbrechen, auf das mehrere Jahre Haft stand.

Wahrscheinlich wäre die gestürzte Leninstatue eine Episode geblieben, wären die Täter gefasst und angemessen, aber nicht übermäßig hart, bestraft worden. Dies geschah aber nicht. Stattdessen sollte der Sturz der

Statue ein paar Wochen später Anlass für einen Willkürprozess werden. In der Folge gab es erstmals Gewalt bei den Demonstrationen und die Situation wurde immer unlösbarer.

Für den Augenblick ist es ausreichend zu wissen, dass die Täter nicht gefasst wurden.

ASHTON BESUCHT KYJIW UND POROSCHENKO RETTET DEN MAIDAN

Am 10. und 11. Dezember besuchte die Hohe Repräsentantin der EU, Catherine Ashton, Kyjiw. Auf dem Weg vom Hotel zur Präsidentenadministration ging sie über den Maidan. Sie wurde rasch erkannt, der Empfang ist überschwänglich: Tausende skandieren „Ash-ton, Ash-ton". Sie sagte, sie würde diesen Empfang sicherlich nicht vergessen.

In der Präsidentenadministration wurde sie hingegen kühl aufgenommen. Hier herrschte die Theorie, die Demonstranten seien nicht aus eigenem Antrieb am Maidan, sondern weil sie von der EU und von den USA bezahlt wären. Man glaubte dort, die EU oder einzelne EU-Staaten würden die Demonstrationen mit finanziellen Mitteln fördern. Dies scheint mir unwahrscheinlich und für die EU selbst ist es ausgeschlossen.[92] Es war nie leicht mit Janukowytsch in einen echten Dialog einzutreten. Er hielt oft stundenlange Monologe – auch beispielsweise bei Besuchen anderer Präsidenten.

Es hat in der Vergangenheit mehrere finanzielle Hilfspakete unter Mitwirkung der EU für Länder in schwierigen Lagen gegeben, etwa für Tunesien. Ein ähnliches wäre wohl auch für die Ukraine denkbar gewesen.

Janukowytsch schien eine solche Idee nicht interessant, wie er immer wieder öffentlich bekundet hatte, später griff sie aber Vizepremier Arbuzow auf und schlug einen „Marschall-Plan" für die Ukraine vor.[93]

In jener Nacht, die Ashton in Kyjiw verbrachte, versuchten die Sicherheitskräfte mit gepanzerten Fahrzeugen die Bollwerke aus Reifen und

---

[92] Für EU-Projekte gelten strikte Vergaberegeln. Diese können in der jeweils geltenden Fassung auf der Webseite der Europäischen Kommission abgerufen werden. https://single-market-economy.ec.europa.eu/single-market/public-procurement/legal-rules-and-implementation_en. Die Vorstellung einer öffentlichen Ausschreibung von Versorgungsleistungen für Demonstranten am Maidan grenzt ans Absurde.

[93] Am 11. Dezember besuchte Vizepremier Arbusow Brüssel und schlug einen „Marschallplan" für die Ukraine vor. De facto wurden erneut jene 20 Milliarden Euro gefordert, die laut Janukowytsch das Assoziierungsabkommen für die Ukraine kosten würde.

Brettern zu beseitigen. Ziel war wohl die Demonstrationen gewaltsam aufzulösen. Tatsächlich gelang es, zwei Reihen dieser Bollwerke aufzulösen. Über die Ereignisse in dieser Nacht gibt es viele Berichte.[94] Einen möchte ich ergänzen.

Bei der dritten Reihe hatte sich Petro Poroschenko demonstrativ mit seinem Cheep aufgepflanzt. Die Miliz erkannte den Schokoladenkönig, der mehrmals Minister war und als Abgeordneter Immunität genoss. Sie holte Weisung ein, was zu tun sei. Es dauerte, bis diese eintraf.

Unterdessen begannen die Kirchenglocken des St. Michaelsklosters zu läuten – von 1 Uhr nachts bis 5 Uhr morgens.[95] Die Demonstranten verschickten SMS, Twitter und Facebook-Nachrichten und riefen ihre Bekannten an: „Der Maidan ist in Gefahr". Innerhalb kürzester Zeit kletterten zehntausende Kyjiwer aus ihren Betten und strömten auf den Maidan. Die Sicherheitskräfte waren machtlos – gegen einige Hundert Demonstranten hätte sie Chancen gehabt, gegen so viele Tausend vorzugehen wäre hingegen sinnlos gewesen. Ashton sandte eine Solidaritätsnachricht, die am Maidan verlesen wurde.

Poroschenko blieb unbehelligt. Am nächsten Morgen zeigte er mir stolz am iPad seine Fotos, die er von seinem Cheep aus aufgenommen hatte. Tatsächlich: Die Miliz stand unschlüssig nahe an seinem Fahrzeug. In gewisser Weise hatte er den Maidan in einem kritischen Augenblick gerettet.

Es ist unverständlich, warum die Janukowytsch-Administration gerade während des Besuchs der Hohen Repräsentantin, da das internationale Interesse besonders hoch war, versuchte, die Demonstrationen aufzulösen. Manche meinen, die Machthaber hätten wirklich gedacht, die Demonstrationen wären von der EU und den USA organisiert gewesen. Die Kluft zwischen den Machthabern auf der einen Seite und den Demonstranten, die die EU hinter sich sahen, auf der anderen, hatte sich damit weiter vertieft.

Zu diesem Zeitpunkt war der Maidan noch vor allem eine Pro-EU-Kundgebung. Weniger als eine Woche später sollte aus der Pro-EU-Demonstration vor allem eine Anti-Russland-Veranstaltung werden. Die Ursache: Ein großzügiges Angebot Putins – nicht ans ukrainische Volk, sondern an seinen zunehmend unbeliebten und autoritären Staatschef.

---

[94] Vgl z.B. Wynnyckyj 87-88 oder Shore 46-49.
[95] Vgl. Shore 46.

DEMONSTRATIONEN OHNE ECHTES ZIEL

Der Maidan hatte zu dieser Zeit fröhliche Züge. Es wurde getanzt, Bands spielten. Leute brachten Essen auf den Maidan. Bald war eine Rednerbühne errichtet worden.

Besucher am Maidan fragten die Demonstranten immer wieder: Welches Ziel wollt ihr eigentlich erreichen? Die Antworten waren meistens bescheiden: Freilassung der seit dem ersten Wochenende zu Unrecht Inhaftierten, Bestrafung der Gewalttäter, Rücktritt des Innenministers. Grundsätzlich auch: Unterzeichnung des Assoziierungsabkommens. Aber hier waren die meisten realistisch – Janukowytsch würde dies nicht mehr tun.

Für einige Wochen war es wahrscheinlich vor allem die Solidarität mit den meist zu Unrecht Verhafteten, die den Maidan am Leben erhielt. In vielen Fällen waren Demonstranten mehr oder minder willkürlich verhaftet worden. Meist waren es Leute, die von der Miliz zusammengeschlagen wurden. Aus der Sicht der Demonstranten gab es hier doppeltes Unrecht – unbegründete Polizeigewalt und danach auch noch harte Bestrafung der Opfer. Die Prozesse, die in den ersten Dezemberwochen stattfanden, spotteten europäischer Menschenrechtsstandards. SOS Maidan, eine ehrenamtliche Vereinigung von Rechtsanwälten, verteidigte mit großem Mut, aber mit wenig Erfolg, die Opfer. Einer der führenden Anwälte, Pawlo Petrenko, wurde nach dem Maidan Justizminister.

Später im Dezember gelang es, im Parlament ein Amnestiegesetz zu vereinbaren. Die Amnestie galt allerdings beiden Seiten – Sicherheitskräften und Demonstranten, Tätern und Opfern. Im Ergebnis war wenig erreicht worden. Aber immerhin wurden mehrere Aktivisten freigelassen.

DER EURO-MAIDAN BEKOMMT ANTI-RUSSISCHE ZÜGE

PUTIN ZEIGT SICH GROßZÜGIG

Am 17. Dezember 2013 trafen einander Putin und Janukowytsch in Moskau. Es gab die Befürchtung, Janukowytsch könnte bei diesem Besuch den Beitritt zur eurasischen Zollunion verkünden. Dies geschah aber nicht. Putin machte das in Sotschi gegebene Versprechen öffentlich und überbot das Angebot der EU deutlich: Die angeschlagene ukrainische Regierung erhielt eine Zusage für einen Kredit in der Höhe von 15 Milliarden Dollar (etwa 11 Milliarden Euro), der in 18 Monaten ausbezahlt werden sollte. Dazu kam ein Rabat auf die Gasrechnung in der Höhe von 7 Milliarden und erwartete zusätzliche Umsätze durch den Wegfall von russischen Sanktionen in der Höhe von 1,5 Milliarden. [96] Formell war der Kredit ein Ankauf von ukrainischen Staatsanleihen durch den russischen Zukunftsfonds. Drei Milliarden davon wurden beinahe sofort ausbezahlt. Später war strittig, wohin das Geld geflossen war; ein wesentlicher Teil war offensichtlich für die Sicherheitskräfte aufgewandt worden – und die ukrainische Regierung, die im Februar 2014 übernahm, sah sich an diese Vereinbarung nicht gebunden – ein Grund für lange Konflikte.

Ebenso wichtig war der Preisnachlass für russisches Gas. Die staatlichen Konzerne Gazprom und Naftogaz Ukrainy unterzeichneten in Anwesenheit der beiden Präsidenten eine Vereinbarung, die eine Preissenkung von 400 Dollar je tausend Kubikmeter auf 268,50 Dollar vorsah. Die Preissenkung war auf drei Monate befristet – d. h. konkret bis Ende März 2014.

Unter den dreizehn Dokumenten, die unterzeichnet wurden[97] war auch ein Zeitplan, der vorsah, die Handelsbeziehungen zwischen Russland und der Ukraine bis Ende 2013, also innerhalb von weniger als zwei Wochen, zu normalisieren. Im Klartext bedeutete dies ein Ende der russischen Sanktionen gegen ukrainische Firmen, die seit Sommer 2013 galten: Ukrainische Rohre sollten wieder nach Russland geliefert werden, ebenso

---

[96] Vgl. Schuller, Ukraine 42.
[97] Vgl. Schneider-Deters, Schicksalsjahre I, 157.

auch Wagons und Rüstungsgüter. Ukrainische Lebensmittel, die in Russland aufgrund angeblicher gesundheitsschädlicher Stoffe verboten worden waren, waren plötzlich wieder gesundheitlich unbedenklich.

Wenige Tage danach, am 19. Dezember, wurde ein Amnestiegesetz im Parlament verabschiedet, das Straffreiheit für die Aktivisten am Maidan aber auch für die vorsah, die für Gewalt an den Demonstranten verantwortlich waren-

Es ging noch weiter: Es hatte Drohungen gegeben, die Aufenthaltsbestimmungen für ukrainische Gastarbeiter in Russland rigoroser zu handhaben und eventuell auszuweisen. Auch dies wurde zurückgenommen. Betroffen gewesen wären zwischen 1,5 und 5 Millionen Menschen.

Noch vieles anderes wurde an diesem 17. Dezember vereinbart oder veröffentlicht, was nie praktische Bedeutung erhielt. So etwa engere militärische Zusammenarbeit im Schwarzmeerraum, eine Idee die durch die russische Invasion auf der Krim zur Fußnote wurde.

Offiziell hatte Russland keine Gegenleistung für dieses günstige Angebot gefordert. Janukowytsch gab an, Putin habe einen „historischen Fehler revidieren wollen" und nur erneut gefordert, die Unterschrift unter das Assoziierungsabkommen mit der EU zu verschieben.

Die ukrainische Opposition fürchtete, dass Janukowytsch im Gegenzug zu diesen Vereinbarungen politische Zugeständnisse an Moskau gemacht habe. Dies könnte vor allem die Zusage sein, später der Zollunion beizutreten. Der FAZ sagte Arsenij Jazenjuk: „Wenn einer Milliarden Dollar und einen günstigeren Gasvertrag bekommt, dann ist das nicht gratis."[98] Putin bestritt dies immer: Die Finanzhilfe sei an keine Bedingungen geknüpft. „Und ich will alle beruhigen: Wir haben die Frage eines Beitritts der Ukraine zur Zollunion heute nicht erörtert." Allein die Möglichkeit, den Gaspreis alle drei Monate zu revidieren, war ein äußerst mächtiges Instrument.

Enttäuschung der Demonstranten

Das Abkommen war im Interesse einzelner großer ukrainischer Unternehmer. Es war im Interesse der ukrainischen Regierung, die nun wieder Geld und Gas hatte – zumindest bis über den Winter, genauer bis Ende März

---

[98] Vgl. FAZ. Ukraine: Putin gewährt Kiew Finanzhilfen in Milliardenhöhe – Ausland, https://www.faz.net/aktuell/politik/ausland/ukraine-putin-gewaehrt-Kiew-Finanzhilfen-in-milliardenhoehe-12715687.html, abgerufen am 4. Mai 2023.

2014. Das Abkommen war nicht im Interesse des ukrainischen Volkes und schon gar nicht im Interesse jener, die sich ein Leben nach europäischem Vorbild wünschten – demokratisch, rechtsstaatlich.

Viele Menschen am Maidan sahen einen Ausverkauf der Ukraine an Russland und einen Verrat durch Janukowytsch. Aus den Pro-EU- wurden Anti-Russland-Demonstrationen.

Das Abkommen vom 17. Dezember ließ viele Fragen an die russische Führung offen. Vor allem: Wie konnte Putin Janukowytsch einen Kredit anbieten, der aus den Mitteln des russischen Generationenfonds kommen sollte? Dieser Fonds speist sich aus den Erträgen für den Verkauf russischer Rohstoffe ins Ausland und sollte vor allem für künftige russische Generationen da sein. Putin verfügte über einen qualifizierten diplomatischen Dienst, über Medienberichte und schließlich über mehrere Nachrichtendienste. Während es in Kyjiw nur eine kleine Gruppe von politischen Analysten gab, hatte Moskau eine große „politische Klasse". Putin musste *wissen*, in welchem Zustand sich das Nachbarland befand und dass die drohende Zahlungsunfähigkeit vor allem durch Korruption, Investorenflucht und einem überlangen Festhalten an einem fiktiven Währungskurs verursacht war. Er musste fürchten, dass ein guter Teil des Kredits missbräuchlich verwendet würde, um private Interessen der Machthaber zu finanzieren. Schließlich musste er fürchten, dass dieses Geld nie mehr zurückkommen würde. Warum stellte er die Solidarität mit Janukowytsch, einem schwachen Präsidenten, für den er offen Verachtung gezeigt hatte, über die Solidarität mit Russlands Jugend?

Die „geostrategischen Interessen" waren sichtlich wichtiger als die Zukunft des eigenen Volkes. Schon beim Charkiwer Abkommen hatte es mehr Interesse für einen ehemals strategisch wichtigen Punkt gegeben als für den Wohlstand seines Volkes. Die Verfolgung von „geostrategischen Interessen" im Europa des 21. Jahrhunderts mag absurd klingen – in Russland ist sie Realität. 2022 sollte sich dieser Zynismus noch ganz dramatisch zeigen. In den meisten anderen Ländern Europas hätte eine solche Verschwendung von Staatsmitteln für ein verhältnismäßig unwichtiges außenpolitisches Ziel – die Stärkung eines bis vor kurzem verachteten Präsidenten – zu einem Amtsenthebungsverfahren oder zumindest zu Neuwahlen geführt. In Russland war davon keine Rede. Schwer zu verstehen, aber wahr. Hier zeigte sich bereits eine der größten langfristigen Gefährdungen für Europas Sicherheit. Beim Europäischen

Rat am 20. Dezember 2013 herrschte Ratlosigkeit. Trotzdem war man sich einig: Die Tür stehe weiterhin für die Ukraine offen.

Die Rückkehr der Farben des antisowjetischen Widerstands

Bislang waren die Demonstranten am Maidan vor allem für die EU-Annäherung eingetreten und gegen Polizeiwillkür. Nun aber ging es um noch mehr: Protest gegen den Ausverkauf an Russland und gegen russische Fremdherrschaft.

In den ukrainischen Medien machte bald die folgende Überlegung die Runde: Der russische Kredit und der Preisnachlass für Gas, beide waren nur bis Ende März gewährt. Wollte die Ukraine im März das Assoziierungsabkommen unterschreiben, so würde der Gaspreis wieder steigen und weitere Kredite eingestellt werden. Russland hatte zwar formell an der ukrainischen Unabhängigkeit nicht gerüttelt, de facto aber einen Hebel erhalten, mit dem es die ukrainische Außenpolitik gestalten konnte.

Die unmittelbare Folge war, dass neben den blau-gelben und den europäischen nun rot-schwarze Fahnen am Maidan aufkamen, ebenso wie andere Symbole des ukrainischen Widerstandes aus den vierziger Jahren. Innerhalb von Wochen verdrängten diese Flaggen die Europafahnen, die bisher am Maidan populär waren. Der Ruf „Ehre der Ukraine" wurde wieder populär.

Der ukrainische Unabhängigkeitskampf der vierziger Jahre ist ein im Westen beinahe unbekanntes Kapitel. Er wurde bereits zu Beginn dieses Buches kurz geschildert. Die Westukrainer kämpften bis 1948 gegen Polen, Deutsche und schließlich Sowjets. Viele Widerstandskämpfer starben entweder im Krieg oder in Sowjetischen Gulags. Verwendet wurden u. a. faschistische Symbole und faschistische Losungen. Die Farben des Widerstands gegen die Sowjetunion waren rot-schwarz.

Nun wurden also rot-schwarze Fahnen am Maidan populär, Fahnen des anti-russischen Widerstandes für die meisten Westukrainer. Fahnen des ukrainischen Faschismus für das offizielle Russland. Innerhalb kürzester Zeit war das Urteil von Moskauer Politologen: Am Maidan feiert der Faschismus ein Comeback.

Was war nun wirklich? Sicher ist, dass es im Westen der Ukraine nationalistische Strömungen gab und gibt. Sicher ist auch, dass es in der „Swoboda"-Partei Mitglieder gab, die zu Rassismus neigten und solche, die ein verklärtes Bild der „ursprünglichen" Ukraine hatten. Oleh Tjahnybok, der Vorsitzende der „Swoboda"-Partei hatte einmal gesagt: Wenn es notwendig wäre, würde er die Freiheit der Ukraine mit Waffengewalt gegen Russland verteidigen. Damals wurde er dafür heftig kritisiert.

Der „Auto-Maidan" und der Fall Tschernowol

Wahrscheinlich war es der „Auto-Maidan", der zu jener Dramatisierung der Entwicklungen führte, die schließlich mit Janukowytschs Flucht endeten.

Nördlich von Kyjiw liegt das sogenannte Kyjiwer Meer, ein riesiger Stausee mit beschränkter wirtschaftlicher Bedeutung, erbaut von tausenden Sklaven des kommunistischen Systems. An diesem See lag beim Dörfchen Medschirije die Amtsvilla des ukrainischen Premierministers in einem hübschen Wald, gleich neben der Amtsvilla des Präsidenten. Als Janukowytsch 2007 Premierminister wurde, wurde die Villa privatisiert und Privateigentum Janukowytschs. Später wurde der Park erweitert – 2013 war es eine 137 Hektar große Anlage, mit einer Pfauenzucht, einer kleinen Almlandschaft, eigenen Kühen, einem Festsaal in einer Schiffsimitation und vor allem einer Luxusvilla im Postsowjetbarockstil, wie er auch in Moskau, Minsk und Astana geschätzt wird.

In den folgenden Jahren entstand in der Umgebung eine Ansammlung von Luxusvillen – meist von Leuten, die dem Chef der „Partei der Regionen" nahestanden.

Genau dorthin beschlossen nun die „Auto-Maidan"-Organisatoren unter der Führung von Dmitro Bulatow die Demonstrationen zu bringen. Es waren meist Mittelständler, nicht die Eigentümer von Luxusfahrzeugen, aber durchaus von neuen PKWs. Zu hunderten fuhren sie nach Medschirije, wurden von den Sicherheitskräften blockiert und blockierten nun ihrerseits die Straße nach Kyjiw – damals eine der wenigen guten Straßen in der Stadt.

Die Demonstrationen wiederholten sich so gut wie an jedem Wochenende. Die Message war klar: Wir wissen um eure Villen, wir wissen um die Korruption, die euch so reich gemacht hat. Sie soll ein Ende nehmen. Aber auch: Wir wollen euer Privatleben stören.

Die Besuche galten der Umgebung der Villa Janukowytschs, aber auch dem Anwesen von Generalstaatsanwalt Wiktor Pschonkas, jenem von Andrej Klujews, dem Leiter der Präsidentenverwaltung, dem von Innenminister Witalij Sachartschenkos und dem von Wiktor Medwetschuks, einem pro-russischen Politiker, der über Jahre demonstrativ von Präsident Putin gefördert wurde.

Das Vorhaben war riskant. Die Autos hatten Nummerntafeln und waren damit identifizierbar. Vorerst reagierten die Machthaber verhalten – Führerscheinentzug wegen Falschparkens mitten auf der Straße. Später kamen andere Maßnahmen dazu: Die herrschende Elite revanchierte sich bei denen, die sie für die Initiatoren des „Auto-Maidans" hielten. Es gab Demonstrationen vor der EU-Delegation, der amerikanischen und der polnischen Botschaft. Bisweilen war es den Mitarbeitern stundenlang nicht möglich, die diplomatische Vertretung zu verlassen. Und bei der Miliz war niemand zuständig. Aber all dies war harmlos.

Dramatisch wurde es am 25. Dezember und tragisch begann es am 23. Jänner zu werden.

Am 25. Dezember wird in Europa und Amerika Weihnachten gefeiert; was in einer Vorstadt von Kyjiw passiert, interessiert da wohl niemanden im Westen – so das Kalkül der Machthaber. Es ging jedoch nicht auf. Opfer war eine umstrittene ukrainische Journalistin, Tatjana Tschernowol.

Investigativer Journalismus ist in vielen Teilen der Welt aus der Mode gekommen – in der Ukraine blüht er. Tschernowols Thema waren Korruption und die Luxusvillen der Politiker und hoher Beamter in der Ukraine. Sie hatte angeblich bereits am 25. November eine Rolle bei einem gewaltsamen Angriff von Demonstranten auf ein Auto des ukrainischen Geheimdienstes SBU und zerbrach mit Gewalt das Dach des Autos.[99] Später spielte sie gemeinsam mit Vertretern des „Swoboda" eine Rolle bei der Besetzung des Rathauses in Kyjiw.[100]

Am 25. Dezember, also genau einen Monat später, wurde ihr Auto in einer Villengegend angefahren. Der Unfallgegner und seine Beifahrer sprangen aus dem Auto und verprügelten sie. Bei oberflächlicher Betrachtung ein Unfall mit anschließender Selbstjustiz. Autounfälle treffen in der ehemaligen Sowjetunion immer wieder politisch ungeliebte Personen. Aus dem Kontext war für die meisten Demonstranten klar: Hier sollte Rache geübt werden. Wer hatte das SBU-Auto angegriffen? Wer hatte denn die

---

[99] Vgl. Wynnyckyj, 60.
[100] Vgl. ebd. 73.

verborgene Korruption ans Licht gezerrt? Die Dame sollte für ihre Recherche bestraft werden.

Die Nachricht galt aber vor allem den „Auto-Maidan"-Demonstranten: Glaubt nicht, dass wir uns alles gefallen lassen. Noch ist es ein Einzelfall.

Die Reaktionen der westlichen Botschaften in Kyjiw auf den Fall Tschernowol waren alles andere als weihnachtlich. Ein Besuch bei Tschernowol im Spital wurde mit viel Medienaufmerksamkeit organisiert. Es gab Reaktionen aus Brüssel, Washington und anderen Hauptstädten. So ein Fall sollte nicht übersehen werden. Sieht man von den Ereignissen Ende November ab, so war dies der erste Fall von Gewalt nach Wochen friedlichen Widerstandes und adäquaten Polizeireaktionen. In den nächsten Wochen sollte sich dies dramatisch ändern.

Neujahr am Maidan

Während all der Wochen pflegten die Botschaften der EU-Staaten Kontakt zu beiden Konfliktparteien. Wir wurden wiederholt von der Regierung zu Briefings oder auch zu persönlichen Gesprächen eingeladen; wir wurden auch ins Gewerkschaftshaus eingeladen, wo die Organisatoren des Maidans ihren Sitz hatten. Der Appell der EU war währenddessen gleichlautend: Verzichtet auf Gewalt. Bei den Briefings der Maidan-Organisatoren gab es immer wieder die Drohung, Gewalt anzuwenden. Botschafter aus der EU warnten davor: Der Maidan genießt gerade deshalb so viel Sympathien im Ausland, weil er gewaltlos agiert. Dies respektierten beide Seiten.

Der Silvesterabend am Maidan wurde zu einer großen, friedlichen Demonstration. Eine riesige Menschenmenge, angeblich 250.000 Menschen, versammelte sich am Maidan, um die ukrainische Nationalhymne zu singen. Der Eintrag ins Buch der Rekorde misslang, da kein Vertreter von Guinness dabei war.

Borys Tarasjuk, einer der Politiker der ersten Stunde der unabhängigen Ukraine, Mitorganisator der Menschenkette, die Kyjiw und Lemberg 1990 verband, zweimaliger Außenminister des Landes und nun einer der Organisatoren des Maidan, schlug mir vor, Reden der in Kyjiw anwesenden Botschafter am Silvester-Abend zu organisieren. Für den Maidan wäre dies natürlich eine großzügige Unterstützung gewesen. Die Regierung hätte uns aber wohl zurecht vorgeworfen, offen Partei in einem internen

Konflikt zu ergreifen. Ich beschränkte mich darauf, meinem in Polen urlaubenden Chef über dieses Gespräch zu unterrichten.

WOCHENLANG FRIEDLICHE DEMONSTRATIONEN

Bis Mitte Jänner waren die Demonstrationen gänzlich friedlich. Zugleich stiegen die Spannung und damit das Konfliktpotential. In der ersten Jännerwoche waren es 35 Tage seit dem Beginn der Demonstrationen – genauso lange hatte die Orange Revolution gedauert bis schließlich unter Vermittlung u.a. von Aleksandr Kwaśniewski eine Wiederholung der Wahlen vereinbart worden war. Die ursprüngliche Forderung der Demonstranten, die Unterzeichnung des Assoziierungsabkommens, war weiterhin nicht erfüllt. Dazu war exzessive Polizeigewalt gekommen, für die es nun zumindest irgendeine Maßnahme der Wiedergutmachung gebraucht hätte. Die Regierung aber war in keiner Weise bereit, den Demonstranten und der Opposition entgegenzukommen. Dies zeigt, je länger ein Konflikt dauert, desto schwieriger wird es ihn zu lösen.

Weder am Maidan noch irgendwo in der Umgebung wurde ein Fenster eingeschlagen oder gar ein Auto angezündet. Sogar Müll wurde ordentlich entsorgt. Andrej Parubij, der Kommandant des Maidan, leistete Unglaubliches, in dem er den Maidan umsichtig organisierte. Wachposten wurden mit Plastikhelmen aus einem Baumarkt ausgestattet. Am Maidan wurde getanzt und gespielt und eine übergroße elektronische Werbefläche übertrug Bilder von feiernden Ukrainern. Sympathisanten brachten Essen und Getränke. An Kohlenfeuern wärmten sich die Teilnehmer. Aus Sicht der Gegner des Maidan war die Versorgung mit Lebensmitteln ein Hinweis, dass der Maidan Hilfe aus den USA und Europa erhielt. Ich hatte dazu keine Wahrnehmungen.

Natürlich war die Gruppe, die sich am Maidan versammelt hatte, bunt. Am Wochenende waren viele Vertreter der Mittelschicht und vor allem der Jugend dabei, während der Woche waren es deutlich weniger. Manche blieben auch nach dem erfolgreichen Ende des Maidan – vielleicht, weil sie nirgends sonst hingehen konnten.

Ein provisorisches Lazarett war im Gewerkschaftsgebäude eingerichtet worden. Ein Camp wurde auch im Garten des Michaelerklosters aufgebaut, die ukrainisch-orthodoxe Kirche hatte weiter klare Sympathien für den Maidan.

Bis kurz nach dem orthodoxen Weihnachtsfest ging alles gut. Es schien, dass der Maidan langsam an Bedeutung verlor. Demonstranten, vor allem aus dem Westen des Landes, kehrten nach Hause zurück. Erreicht worden war nichts – es schien aber auch aussichtslos etwas zu erreichen.

In diesen Wochen wurde in den ukrainischen Medien immer weniger über die Entwicklungen im Land berichtet. Immer öfter waren die Internet-Medien blockiert, vor allem Ukrajinska-Prawda und Lewy Bjereg funktionierten fast nicht mehr. Die meisten Fernsehsender zeigten einen leeren Maidan. Ging man auf den Maidan, so bot sich ein ganz anderes Bild. Nur der „Fünfte Kanal" von Petro Poroschenko bot ein einigermaßen objektives Bild von dem, was geschah. Dort war der Maidan zu sehen, wie ihn auch ein Besucher erlebte. Auf Poroschenkos Sender war auch Janukowytsch zu sehen – ohne Zensur durch jene Gruppe, die Gas-Interessen zu verteidigen hatten.

Angesichts des Schweigens von Fernsehen, Radio und anderen Medien gewann die Kommunikation über soziale Netzwerke, vor allem über Facebook und Twitter an Bedeutung. Diese hatten Server im Ausland und waren nicht so leicht zu kontrollieren. Im Internet entstanden neue TV-Sender, die über die Entwicklungen am Maidan berichteten – Hromatske TV, Espresso-TV und viele andere.

Rückblickend war es entscheidend, dass die Telefonanbieter in privater Hand waren. Wäre dies anders gewesen, hätte die Regierung ein wichtiges Instrument zur Zensur des Maidan gehabt.

Ratlosigkeit der Machthaber

Die Machthaber waren ob des Maidans ratlos. Über Wochen lautete das Paradigma: Der Maidan darf bleiben, aber die Straßen, vor allem der achtspurige Kreschtschatyk, müssen für den Verkehr freigegeben werden. Und die besetzten Gebäude müssen geräumt werden.

Im Westen herrschte die Sorge, Russland könnte eines Tages eingreifen. Die gängige Überzeugung war, dies würde nicht vor dem Ende der Olympischen Spiele im südrussischen Sotschi passieren. Putin würde einen allfälligen Boykott der Spiele durch westliche Staaten nicht riskieren.

Die andere Sorge war, das ukrainische Militär könnte Befehl erhalten mit Gewalt die Demonstrationen aufzulösen. Diese Sorge hatte schon während der Orangen Revolution bestanden. Es wäre grob verfassungswidrig gewesen – aber auszuschließen war es nicht. Damals war noch nicht bekannt, in welch desaströsem Zustand sich das ukrainische Heer befand.

Irgendwann im Dezember änderten die Machthaber ihre Kommunikationsstrategie – das Verschweigen hatte nicht gewirkt. Nun berichteten die Fernsehsender, der Maidan sei ein Platz voller ansteckender Krankheiten, vor allem gäbe es Fälle von Tuberkulose. Ein Mann im Endstadium von Tuberkulose sei am Maidan auf der Straße verstorben, nun müsse der Platz desinfiziert werden.

Die Geschichte mit dem Tuberkulose-Toten wurde u. a. deshalb unglaubwürdig, weil sie von einem Abgeordneten der „Partei der Regionen", der eine traurig-prominente Rolle in der Unterdrückung des Maidan spielte, einen Tag zuvor medial angekündigt worden war.

Der Rechte Sektor, die „Fußballfans" und die „Sicherheitsfirmen"

Der Großteil der Demonstranten am Maidan verhielt sich friedlich und wollte mit gewaltlosen Mitteln eine Änderung erreichen. Die meisten hatten Beruf, viele Familie und gingen nur am Abend und am Wochenende auf den Maidan. Es gab aber auch einen gewaltbereiten Teil unter den Demonstranten. Dies war vor allem der „Rechte Sektor". Dmytro Jarosch, der Chef des „Rechten Sektors" sprach von siebentausend Mitgliedern, darunter viele, die im Tschetschenienkrieg auf Seiten der russischen Armee gekämpft hatten. Die Zahl war wohl weit übertrieben. Eine andere Gruppe war Spilna Sprawa, die „gemeinsame Sache".

Die zweite große Gruppe bildeten „die Fußballfans". Sie waren schon seit mehreren Jahren in Konflikt mit der Miliz, meist nach Fußballmatches. Sie standen auch im Süden und Osten des Landes auf der Seite des Maidans. Ihnen ging es vorwiegend um den Kampf gegen Polizeiwillkür. Die meisten Angriffe mit Pflastersteinen gingen auf ihr Konto. Im ukrainischen Nachrichtendienst SBU herrschte die Überzeugung, sie seien vom CIA gesponsort. Ziel sei gewesen, die Fußball-WM 2012 in der Ukraine und die Olympischen Spiele in Sotschi zu stören. Deshalb sei auch der Maidan am Tage vor dem Ende der Olympiade in Sotschi zu Ende gegangen.[101]

---

[101] Vgl. Sergijenko 63-71. Aus meiner Sicht ist diese Theorie sehr unwahrscheinlich. Der Maidan entstand nicht von außen, sondern hatte die oben dargestellten Gründe. FBI und CIA

Die Janukowytsch-Verwaltung behauptete, die beiden Gruppen seien bewaffnet gewesen und hätten Waffenlager im Gewerkschaftshaus angelegt. Die EU-Delegation wurde eingeladen, gemeinsam mit der US-Botschaft das Gewerkschaftshaus gründlich zu inspizieren. Wir konnten keine Waffen finden. In einem so großen Haus, wie dem Gewerkschaftsgebäude wäre es aber zweifellos möglich gewesen, einzelne Waffen so zu verstecken, dass man sie nicht finden würde; dass es ein großes Waffenlager gegeben habe, ist hingegen unwahrscheinlich. Zweifellos gab es aber in der Ukraine viele Waffen im Privatbesitz und auch solche in der Hand des „Rechten Sektors".

Eines der großen Probleme der meisten postsowjetischen Staaten ist der private Sicherheitssektor. Da die Miliz in Russland und der Ukraine, aber auch in vielen anderen Ländern Osteuropas als unfähig und korrupt galt, entstanden Bürgerwehren, private Sicherheitsfirmen und Privatarmeen. In Russland hatten Sicherheitsfirmen in manchen Regionen die Aufgabe, Schutzgelder zu erpressen oder sie waren dazu da, um Korruptionsschemen zu legalisieren: (Ausländische) Investoren können Zahlungen an die teuren privaten Schutzfirmen als Betriebsausgaben budgetieren, die Sicherheitsfirma übernimmt die Beteilung aller staatlichen Stakeholder. Im letzten bezahlt der Konsument mit höheren Preisen. Eine Kündigung des Bewachungsvertrags ist häufig nicht ratsam – wenige Tage danach wird der Investor überfallen und fragt sich, ob der Überfall nicht vom früheren Vertragspartner initiiert wurde.

Bürgerwehren entstanden meist zum Schutz von einzelnen Stadtteilen. Da die staatlichen Sicherheitskräfte versagten, organisierten sich die Bewohner privat, um sich vor Überfällen und Einbrüchen zu schützen.

Privatarmeen sind v.a. eine Folge der ungerechten Einkommensverteilung in Russland, aber auch in der Ukraine. Für große Unternehmer oder Oligarchen war es zum einen schlichtweg zum Überleben notwendig, sich mit gut ausgebildeten Sicherheitskräften zu umgeben, zum anderen ist Arbeitskraft so billig, dass es leicht ist, eine kleine Privatarmee zu halten. Zum Teil heißen auch diese offiziell „Sicherheitsfirmen" und sehen privaten Wachgesellschaften ähnlich. Meist sind die Mitarbeiter um ein Vielfaches besser ausgebildet und bei weitem besser ausgestattet als die staatlichen Sicherheitsorgane.

---

hätten professionellere Mittel als jene, die von den Demonstranten verwendet wurden, etwa das Werfen von Plastersteinen.

Traurige Berühmtheit hat die Privatarmee des tschetschenischen Präsidenten Ramsan Kadyrow erhalten. Kadyrow mischte sich später im Konflikt im Donbass ein.

Erwähnung verdient schließlich Janukowytschs Präsidentengarde. Sie war hervorragend ausgebildet. Ihre Rolle mag irgendwann in Zukunft Gegenstand besonderer Untersuchung werden – wie überhaupt die Aufarbeitung der Verbrechen des Maidan bislang nur fragmentarisch erfolgt ist.

Daneben hatte Janukowytsch seine private Leibwache, die sich zum Teil aus der griechischen Minderheit in Mariupilj rekrutierte. Von da kamen schon damals besonders gut ausgebildete Sicherheitskräfte.

Die Präsidentengarde, die Leibwache und Privatarmeen spielten in der nächsten Woche eine bedeutende Rolle. Bis heute ist vieles unklar. Sicher ist: Ohne sie wäre der Konflikt am Maidan nie so blutig geworden. Sie trugen dazu bei, dass der Konflikt in der Ostukraine fast unlösbar wurde.

Die Unfähigkeit von Sicherheitskräften, mangelnde Ausbildung, schlechte Bezahlung, Korruption, Gewaltexzesse und Menschenrechtsverletzungen, aber oft auch private Sicherheitsdienste spielten in vielen Revolutionen und Bürgerkriegen in mehreren östlichen Nachbarländern der EU eine zentrale Rolle. In Syrien und Libyen wären die Konflikte im vergangenen Jahrzehnt nie so tragisch geworden, hätte es eine gut funktionierende, verantwortungsvolle Polizei gegeben. „Nation building" klingt heute altmodisch. Wichtig bleibt es. Ein zentraler Punkt für die Stabilität eines Landes ist ein funktionierender ziviler Sicherheitssektor. Was hier investiert ist, ist gut investiert.

DIE ROLLE DES EUROPÄISCHEN PARLAMENTS

Elmar Brok, der langjährige Vorsitzende des Außenpolitischen Ausschusses des Europäischen Parlaments und Vertraute von Bundeskanzlerin Angela Merkel, war seit langem ein regelmäßiger Gast in der Ukraine. Anfang Jänner 2014 besuchte er erneut Kyjiw.

In seinen damaligen Besuch ist viel hineingeheimnisst worden. Tatsächlich besuchte Brok den früheren Außenminister Borys Tarasjuk und das Gewerkschaftsgebäude, wo er sich von Vertretern des Maidan-Rates briefen ließ und die Bedeutung des Verzichts auf Gewalt betonte.

Rasch war ihm klar, dass eine ständige Präsenz von Abgeordneten des Europäischen Parlaments eine gewaltsame Auflösung des Maidans erschweren würde. In der Folge kam es zu einer Absprache, dass immer zumindest ein Abgeordneter in Kyjiw präsent war. Fast alle Fraktionen trugen dazu bei.

Ebenso wichtig waren häufige Besuche aus der Europäischen Kommission, neben HRVP Cathy Ashton vor allem durch EK-Mitglied Štefan Füle. Bei allen diesen Besuchen gab es Kontakte mit dem Präsidenten, der Regierung, der Opposition und den Demonstranten.

Die Bedeutung solcher Besuche in einer Krisenzeit lassen sich kaum wichtig genug einschätzen. Ein Beispiel dafür: 2016 fand der versuchte Staatsstreich in der Türkei statt. Europa fehlte. In der Folge verlor Europa deutlich an Einfluss in der Türkei.

Der Sturz einer nicht existenten Leninstatue und der Beginn der Gewalt

Die Unfähigkeit, eine friedliche Lösung für den Konflikt zu finden, trug dazu bei, dass die Maßnahmen der Regierung immer härter wurden, aber auch immer verschrobener: In der zweiten Jännerwoche fand ein Schauprozess statt, der erstmals zu gewaltsamen Zusammenstößen zwischen staatlichen Sicherheitskräften und Demonstranten führte. Bereits vor Prozessbeginn gab es Gerüchte, die Spitäler seien für die Aufnahme von Verletzten vorbereitet worden.

Die Anklage lautete: Vor drei Jahren hätten sich angeblich einige Leute verabredet oder verschworen, eine Leninstatue in Boryspyl, einem Vorort von Kyjiw zu stürzen. Die Statue war zum Zeitpunkt der angeblichen Verabredung schon lange nicht mehr an ihrem Ort und die symbolische Bedeutung der Statue des Gründers des real existierenden Kommunismus in einer marktwirtschaftlichen Oligarchie ohnehin beschränkt. Nichtsdestoweniger – die angeblichen Statuen-Sturz-Verschwörer wurden zu mehrjähriger Haft verurteilt.

Anfang Dezember war die real existierende Leninstatue in der Kyjiwer Innenstadt gestürzt worden. Die Drohbotschaft des Urteils war unübersehbar.

Vor der Tür des Gerichts hatten sich Demonstranten versammelt. Sie versuchten die Sicherheitsbeamten zu hindern, die Verurteilten abzuführen. Es kam tatsächlich zu gewaltsamen Auseinandersetzungen, in denen

u. a. der frühere Innenminister und politische Gefangene Jurij Luzenko verletzt wurde. Eine weitere Eskalationsschwelle war überschritten. Weitere sollten folgen. Ziel war es, die Demonstranten vom Maidan zu vertreiben und die Rädelsführer zu verhaften. Dies sollte aber nicht willkürlich erfolgen, sondern zumindest formell auf Basis von Gesetzen.

Es gab aber keine Norm, die die Demonstrationen verboten hätte. Außerdem gab es kein Budget für 2014 – und damit keine Mittel, um die Sicherheitskräfte zu bezahlen. Für den 16. Jänner wurde eine Parlamentssitzung anberaumt, um die beiden Mankos zu beheben. Die Opposition war entschlossen, die Annahme des Budgets zu verhindern – mit gutem Grund. Die Kreativität der einen wie der anderen Seite war kaum zu überbieten.

FÜNFZEHN TAGE VERSUCHTE DIKTATUR

DER HELD DER ANDEREN

Am 16. Jänner wurde Igor Kaletnik, stellvertretender Parlamentspräsident, für manche Ukrainer der Held der Woche. Er gefährdete sein eigenes Leben, um das Land wieder handlungsfähig zu machen und die Demonstrationen endlich zu beenden – so die eine Leseart. Er vernichtete die Demokratie in der Ukraine – so die andere. Beide hatten Recht.

Seit Putins großzügigem Darlehen vom Dezember hatte die ukrainische Regierung wieder Geld – aber kein Budget, um es ausgeben zu können. Benötigt wurde es u. a., um die enormen Ausgaben für die Sicherheitskräfte zu bezahlen. Die Opposition, die überhaupt kein Interesse hatte, dass das Geld auf diese Weise verschwendet würde, verhinderte mit allerlei Tricks die Abstimmung. So versammelten sich oppositionelle Abgeordnete am Eingang des Büros von Parlamentspräsident Rybak und hinderten ihn daran, den Raum zu verlassen. Ohne Parlamentspräsidenten gibt es aber laut Statuten keine Abstimmung. Wie also zu einer Abstimmung kommen?

Nun hat der Parlamentspräsident zwei Stellvertreter – zumeist eine bedeutungslose Rolle. Kaletnik wusste sie mit Leben zu füllen – in einer nach eigenen Angaben lebensgefährlichen Operation: Er kletterte über die ungesicherte Feuerwehrleiter aufs Dach des mehrstöckigen Parlaments. Man stelle sich nur die brüchigen Gebäude im postsowjetischen Raum vor. Die Leiter konnte unter der Last des Kletterers leicht herausfallen. Oben war offen, er ging hinein und wartete.[102] Als klar wurde, dass Rybak an der Amtsausübung gehindert bleiben würde, ging er in den Saal und eröffnete die Sitzung. Die Abstimmung über das Budget wurde angesetzt und im Eilverfahren durch elektronische Abstimmung gleich in erster, zweiter und dritter Lesung angenommen. 259 Stimmen waren dafür, 226 hätten genügt.

Nun aber hatte die Opposition erfahren, was geschehen war und stürmte in den Saal. Sie wusste nicht genau, was geschehen war und was

---

[102] Diese Tat Kaletniks wurde mir und anderen Diplomaten wenig später von Leonid Koschara, dem damaligen Außenminister, geschildert. Kaletnik selbst war bei diesem Treffen anwesend und widersprach nicht.

drohte. Aber es war jedenfalls etwas Schlimmes. Fürs Budget war es zu spät – es war bereits angenommen.

Oft kamen die Abgeordneten der regierenden Partei nicht selbst zu den Parlamentssitzungen und gaben ihre elektronischen Stimmkarten Abgeordneten-Kollegen weiter. So konnte es sein, dass ein Abgeordneter für zehn oder zwölf Stimmkarten hatte, die Kollegen zuerst als anwesend meldete und dann für sie abstimmte. Dies war statutenwidrig und so war 2021 vereinbart worden, dass Abgeordnete der Opposition Stimmkarten einsammeln und zum Parlamentspräsidenten (dem „Sprecher") bringen konnten, wenn ein Abgeordneter zwar als anwesend registriert, aber in Wirklichkeit nicht da war. So war es auch an diesem Tag. Die Oppositionellen sammelten die Karten, bei denen kein Abgeordneter saß, ein und brachten sie dem Präsidium.

Nun erklärte aber Kaletnik, dass das elektronische Wahlsystem gerade nicht funktionsfähig sei; es werde also per Handzeichen abgestimmt. Und dann kam die eigentliche, große Überraschung – oder eigentlich die große Tragödie:

Auf der Tagesordnung standen Initiativanträge von Abgeordneten der Regierungspartei von Wadym Kolesnytschenko und Wolodymyr Oliynyk. Es hieß unverfänglich: „Über die Fortsetzung der Europäischen Integration".

Die Gesetze waren maßgeschneidert für eine zwangsweise Auflösung des Maidan und für lange Haftstrafen für alle die dabei mitgewirkt hatten. Wie uns der damalige stellvertretende Leiter der Präsidentenadministration, Andrej Portnow, wenig später versicherte waren alle Gesetze europäischen Rechtsordnungen entnommen. Verboten wurde etwa, in der Öffentlichkeit Versammlungen abzuhalten oder Öfen an öffentlichen Stellen zu errichten. Anders als in den zugehörigen europäischen Rechtsordnungen gab es aber drakonische Strafen bei Verstößen. Die Regelungen bedeuteten eine massive Einschränkung der Meinungs- und der Versammlungsfreiheit, sie waren wesentlich restriktiver als die damaligen in Russland oder Belarus.

Nun wurde innerhalb kürzester Zeit über die Gesetze durch Handhebung abgestimmt. Irgendjemand rief, 235 der 450 Abgeordneten hätten dafür gestimmt – eine knappe Mehrheit. Wer dies war, war für mich nicht zu erheben. Kaletnik aber nahm diese Zahl als Faktum und erklärte das Gesetz für angenommen. Wer aber die erhobenen Hände nachzählte, kam auf weniger als 120 – eine deutliche Minderheit. (Ich selbst tat dies erst später anhand von Bildern.) Es war ein schwerwiegender Wahlbetrug.

Dennoch zeichnete der wieder befreite Parlamentssprecher Rybak die Gesetze rasch ab, der Staatspräsident unterschrieb sie am nächsten Abend, mit dem Erscheinen im Amtsblatt sollten sie in Rechtskraft erwachsen.

Es war dies der größte und dramatischste Schritt von fünf Schritten zu einem autoritären Staat, nach dem „Verfassungsgerichtshofs-Coup" 2010, der Verhaftung der Oppositionsführer Tymoschenko und Luzenko 2011, den manipulierten Wahlen im selben Jahr und den „vergessenen" Wahlen in Kyjiw.

Rückblickend frage ich mich oft, was geschehen wäre, wären wir als europäische Diplomaten der ukrainischen Regierung „auf den Leim gegangen" und hätten zu den Gesetzen zur „Fortsetzung der europäischen Integration" applaudiert oder zumindest einige Tage geschwiegen.

Dies war geschah aber nicht. Bald gab es eine Stellungnahme der Hohen Repräsentantin der EU, die sich über die Gesetze und deren Zustandekommen äußerst besorgt zeigte. Ähnliche Erklärungen kamen von europäischen Außenministern. Es war klar, diese Gesetze hatten nicht die Unterstützung Europas. Der Versuch war gescheitert.

Die „Gesetze" vom 16. Jänner

Was aber stand in den Gesetzen? Sie hießen über die „Fortsetzung der Europäischen Integration" und enthielten strenge strafrechtliche Bestimmungen. Sie richteten sich vor allem gegen den Auto-Maidan, aber auch gegen den „großen" Maidan und gegen die Oppositionspolitiker:

- Für die Blockade des Zugangs oder der Zufahrt zu Wohngebieten wurde eine Haftstrafe von bis zu sechs Jahren Haft festgelegt. Dies war also eine Anti-Auto-Maidan-Regelung, die den Protest vor die Portale der Villen der Machthaber gebracht hatte.
- Die Blockade des Zugangs zu Regierungsgebäuden sollte bis zu fünf Jahre Haftstrafe bringen.
- Das Verfahren zur Aufhebung der parlamentarischen Immunität wurde deutlich erleichtert. Jazenjuk und Klytschko sagten uns, dass sie mit ihrer baldigen Verhaftung rechnen.
- Extremistische Aktivität" wurde strafrechtlich verfolgbar – mit bis zu drei Jahren Haft. Was dies bedeutete, blieb vage definiert. Es hätte

wohl die Verurteilung vieler Angehöriger des „Rechten Sektors" rechtfertigen können.
Andere Bestimmungen waren:
- Eine Amnestie für jene, die Demonstranten verletzt hatten, wurde festgelegt. Diese wäre v. a. der „Berkut" zugutegekommen.
- Prozesse in Absentia wurden zugelassen. Personen, die nicht vor Gericht erscheinen, konnten somit zu einer Haftstrafe verurteilt werden.
- Verkehrsstörungen durch „Motorkaden" von mehr als fünf Autos könnten durch Führerscheinentzug von bis zu zwei Jahren bestraft werden. Die Regelung war absurd, angesichts der unzähligen Staus in Kyjiw. Auch diese Maßnahme richtete sich gegen den Auto-Maidan.
- Wer Informationen über Richter und ihre Familienangehörigen sammelt, könnte mit einer Freiheitsstrafe von bis zu zwei Jahren bestraft werden.
- Auf Verleumdung in der Presse oder in Social Media sollte eine Strafe von bis zu einem Jahr stehen.
- Fünfzehn Tage Haft sollte es für das unautorisierte Aufstellen von Zelten geben (wie am Maidan), die Installation von Bühnen oder Lautsprecheranlagen (wie am Maidan). Fünfzehn Tage Haft auch für die Teilnahme an Demonstrationen mit Camouflage-Uniformen, Schals, Helmen, Masken etc. (wieder wie am Maidan).
- NGOs, die vom Ausland Geld erhielten, müssten sich als „Fremde Agenten" registrieren. Faktisch hätte dies das Ende der meisten Entwicklungszusammenarbeit und fast der gesamten Kooperation der EU mit der Ukraine bedeutet.
- Internet-Provider müssten eine Lizenz erwerben. Dies würden natürlich nur loyale Provider erhalten. Die Einführung der Internet-Zensur wurde damit beschlossen.

Mit den Gesetzen wurde die Grundlage für die gewaltsame Auflösung des Maidans geschaffen. Die Gesetze gingen in ihrer Ermächtigung aber weit darüber hinaus. Hunderte, vielleicht sogar tausende Organisatoren und Demonstranten am Maidan wären hinter Gitter gelandet und dort vielleicht verstorben, vielleicht erst nach vielen Jahren wieder freigelassen worden. Die Oppositionspolitiker hätten möglicherweise fliehen können oder wären ebenfalls im Gefängnis gelandet. All dies wäre angesichts von Zensur und staatlicher Internet-Kontrolle nie bekannt geworden.

Viele Entwicklungen, wie sie inzwischen in Belarus, dann in Kasachstan und jetzt auch in Russland eingetreten sind, wären damit vorweggenommen worden. Was in der Ukraine entstanden wäre, wäre nicht eine „Diktatur mit menschlichem Gesicht" gewesen, sondern eine brutale und grausame Diktatur. Oliynyk, der bekanntere der beiden Initiatoren der Gesetze vom 16. Jänner starb 2015 durch Selbstmord, dessen Umstände Fragen offenlassen.

Die Tituschkis und die „Footballfans"

In den darauffolgenden Tagen tauchten vermehrt schwarz gekleidete, vermummte Männer, die sog. „Tituschkis" im Stadtbild von Kyjiw auf. Nach den Kennzeichen der Kleinbusse, mit denen sie unterwegs waren, stammten sie aus Charkiw. Meist traten die Tituschkis an der Seite der staatlichen Sicherheitskräfte auf und waren fürs Grobe zuständig, konkret fürs Verprügeln der Demonstranten und für noch Schlimmeres. Benannt waren sie nach Wadim Tituschko, einem Kampfsportler. Die Bezahlung, die sie erhielten, war angeblich gering, zwischen 25 und 30 Euro pro Tag.

Hingegen agierten die offiziellen Polizeieinheiten noch immer korrekt und beschränkten sich auf den Einsatz von Wasserwerfern, Tränengas und Gummigeschoßen.

Auch auf der Seite des Maidans gab es zunehmend Gewaltbereitschaft. Laut Justizministerin Olena Lukasch waren es vor allem die „Footballfans", die die Sicherheitskräfte angriffen und mit Pflastersteinen bewarfen. Reifen wurden angezündet; der Wind trieb den ätzenden Gestank zu den Einheiten der Berkut.

Wir werden des Landes verwiesen

Wenige Tage nach der Abstimmung wurde einigen Vertretern der EU-Delegation, darunter auch mir, von einem Mitglied der ukrainischen Regierung angekündigt, wir würden des Landes verwiesen. Wir hätten 48 Stunden Zeit unsere Sachen zu packen: Der Vorwurf war, die Berichterstattung der EU-Delegation über die Gesetze vom 16. Jänner wäre zu kritisch gewesen. Es sei gar nicht möglich, innerhalb weniger Stunden ein umfassendes Gesetzesprojekt zu analysieren und eine Meinung dazu abzugeben. Auf Basis unserer oberflächlichen Berichterstattung hätte die Hohe Repräsentantin ein voreiliges Statement abgegeben.

Tatsächlich war unsere Einschätzung richtig gewesen, wenngleich die ganze Tragweite der Gesetze vom 16. Jänner erst später deutlich wurde. Wir erwarteten eine formelle Mitteilung des Außenministeriums. Sie kam nie. So blieben wir.

EINE MARIONETTENREGIERUNG

Die Gesetze sollten nur zwei Wochen gelten. Sie trugen aber entscheidend dazu bei, dass die Janukowytsch-Administration untragbar wurde und schließlich flüchtete. Dies wiederum führte zu einer unverhältnismäßigen Reaktion des Kremls und zu einer entscheidenden weiteren Entfremdung zwischen Russland und der EU. Der Maidan hatte als pro-europäische Bewegung begonnen, später kam der Protest gegen unverhältnismäßige Polizeigewalt hinzu, ab dem 17. Dezember weitete sich der Protest zudem gegen den Ausverkauf der Ukraine an Russland aus. Am 16. Jänner wurde daraus nun ein verbitterter Kampf um Demokratie – und um Leben und Freiheit der Demonstranten. Es ist fast unglaublich, dass vier Monate später faire und freie Präsidentenwahlen stattfinden konnten.

Der Erlass der „Diktaturgesetze" ist beinahe nicht nachvollziehbar. Er war der größte Fehler der Janukowytsch-Verwaltung, die damit de facto ihre demokratische Legitimität verlor. Die Forderungen der Demonstranten waren moderat – Freilassung aller zu Unrecht Gefangenen, Bestrafung jener, die sich etwas zu Schulden kommen lassen hatten und Rücktritt des Innenministers. Es wäre ein leichtes gewesen, diese Forderungen zu erfüllen und dem Großteil der Maidan-Demonstranten einen Anlass zu geben, nach Hause zu gehen.

Janukowytschs Logik entsprach jenen seines Teils der Welt, der Welt des Donbass und der Klan-Kriege der Neunziger: Wer einmal Schwäche zeigt, hat verloren. Es war eine gänzlich andere Logik als jene der Demokratie. Auch andere Staatschefs in Osteuropa haben bereits als Kinder dieselbe Logik auf der Straße gelernt.

Am Beispiel des Maidan lässt sich viel über Konfliktlösung lernen. Wäre das Angebot des Europarats aufgegriffen worden und eine rasche Aufklärung der Gewaltexzesse der Nacht vom 29. auf 30. November erfolgt, wären die zufällig eingesperrten Demonstranten frei gelassen worden, so wären zwar viele ein wenig unzufrieden geblieben; es wäre aber nie zu diesen dramatischen Entwicklungen gekommen, die in den nächsten Wochen bevorstanden. Die vollständige Verweigerung eines Dialogs mit den Demonstranten, die Weigerung auf irgendeine ihrer Forderungen einzugehen, machten den Konflikt schließlich unlösbar und führten zur tragischen Eskalation vom Februar 2014 in einem bis dahin sehr friedfertigen Land.

Janukowytsch und Asarow hatten es in der Vergangenheit auch anders gekonnt – erinnert sei an den „Steuermaidan". Dass es diesmal keinen Dialog mit dem Demonstranten gab, zeigt den Einfluss der Kremlführung. Und dieser Einfluss hatte rasch zugenommen.

Mit den „Diktaturgesetzen" hatten Präsident und Regierung weitestgehend die Unterstützung der Bevölkerung verloren. Sie konnten sich noch auf die in Russland ausgebildete Anti-Terror-Einheit verlassen und auf den Kredit des Kremls. Der 2010 von der Mehrheit der Bevölkerung gewählte ukrainische Präsident hatte nun zu agieren, wie Putin es wünschte.

Die Demonstranten ziehen auf die Hruschewskogo Straße

Ab dem Inkrafttreten der „Diktaturgesetze" hätte die Regierung in ihrer Logik das Recht gehabt, den Maidan gewaltsam aufzulösen und die meisten Demonstranten einzusperren. Aus Sicht der Machthaber war nun zu erwarten, dass viele aus Angst heimgehen würden. Das war eine grobe Fehleinschätzung: So viele hatten bereits viele Wochen in der Kälte zugebracht, um eine Änderung zu erreichen. Viele im November willkürlich verhaftete Demonstranten waren immer noch hinter Gitter. Das Leninstatuen-Urteil hatte erneut gezeigt, was von den Machthabern zu erwarten sei. Nun heimzugehen war ein Ding der Unmöglichkeit.

Die Opposition schraubte ihre Forderungen hinauf: Rücktritt der Regierung und Neuwahlen zum Parlament. Dazu kam nun die Forderung der Rückkehr zur Verfassung von 2004. Diese gab dem Präsidenten deutlich weniger, dem Ministerpräsidenten aber deutlich mehr Macht. Wochenlang weigerte sich der Parlamentssprecher Rybak, ein enger Janukowytsch-Verbündeter, diesen Punkt auf die Tagesordnung zu setzen. Schon mit der Diskussion über die Verfassungsänderung hätte er den Konflikt entschärfen können.

Für viele Demonstranten war dies aber nicht mehr genug. Sie hatten genug vom Gerede der Oppositionspolitiker auf der Bühne des Maidan.

Gegen den ausdrücklichen Willen der Oppositionsführer zogen sie am 18. Jänner vom Maidan auf den Europaplatz und von da die Hruschewskogo-Straße hinauf – zum Parlament und zum mächtigen Regierungsgebäude. Wenige hundert Meter davor wurden sie von der „Berkut", der Spezialeinheit der Sicherheitskräfte, gestoppt. Die Polizei verhielt sich formell entsprechend jener Standards, die auch in vielen anderen Ländern Europas gelten: Mit durchsichtigen Polizeischildern wurde eine Mauer gebildet, dahinter mehrere Reihen Polizisten. Gummigeschoße kamen zum Einsatz.

Tatsächlich wurden die Gummigeschoße zweckwidrig verwendet. Immer wieder wurde auf die Kameras und auf die Smartphones der Journalisten und Demonstranten geschossen – und immer wieder wurde dabei ein Auge getroffen. Die Folgen tragen manche, die über die Ereignisse am Maidan und auf der Hruschewskogo berichten wollten, für den Rest ihres Lebens mit sich.

Auch die Methoden der Demonstranten wurden härter: Tituschkis, Angehörige von Schlägertrupps, wurden, wenn sie erwischt wurden, auf den Maidan gebracht und öffentlich bloßgestellt.

Es gab auch damals bereits grobe Fehler der Sicherheitskräfte. Ein Mann, dessen die Polizisten zufällig habhaft wurden, wurde nackt ausgezogen, gezwungen ein Lied zu singen, verprügelt und zu den Demonstranten geschickt.[103] Er war kein Teilnehmer am Konflikt, sondern hatte in der Gegend eine Arbeit verrichtet.

Der „Rechte Sektor" des Maidans, der bereit war, auch Gewalt anzuwenden, gewann an Zulauf. Rekrutierungszentren entstanden auf dem Chreschtschatyk. Es gab auch Berichte darüber, dass Waffenlager angelegt würden – auch wenn dies für diese Zeit nicht bestätigt ist. Sicher ist, dass es Demonstranten mit Baseball-Schlägern gab, dass Pflastersteine geworfen wurden und dass Reifen am Maidan brannten. Das Fernsehen schwieg weiter darüber; die meisten sonst einflussreichen Internetmedien waren Hacker-Attacken zum Opfer gefallen.

Trotzdem gab es noch Möglichkeiten, zu erfahren, was wirklich vorging: Vor allem Poroschenkos „fünfter Kanal" berichtete objektiv was geschah – sowohl auf dem Maidan als auch in der Regierung. Außerdem wurden soziale Medien immer wichtiger. Die Server von Facebook, Twitter und anderen ließen sich nicht so leicht lahmlegen wie die Seiten von

---

[103] Vgl. Schuller, Ukraine 57.

ukrainischen Online-Medien. Und alle Pläne der Regierung, das Internet „abzudrehen", scheiterten.

Für Wochen bildete die Hruschewskogo Straße die Frontlinie zwischen Demonstranten und Berkut. Von hier stammen die Fotos, auf denen Demonstranten mit Pflastersteinen werfen. Nur eine Minderheit beteiligte sich daran.

Reifen wurden angezündet. Der Wind blies den Berkut-Männern den beißenden ungesunden Gestank der brennenden Reifen ins Gesicht. Den Männern der Berkut ist zugute zu halten, dass sie trotzdem nicht gewalttätig wurden.

Immer häufiger stellten sich Geistliche zwischen die Frontlinien – sowohl von den orthodoxen Kirchen als auch von der ukrainisch-katholischen und von der evangelischen Kirche. Das Foto des damaligen deutschen Pastors Ralf Haska im Schneetreiben zwischen den Frontlinien ging um die Welt.

In jener Zeit gab es auch beinahe täglich Demonstrationen einiger Dutzend Leute vor dem Gebäude der EU-Delegation, vor der US-Botschaft und vor den Gebäuden einzelner anderer Botschaften. Immer wieder konnten wir die Delegation nicht verlassen, weil die Tür von Demonstranten blockiert war. Fahrzeuge von Angehörigen der polnischen Botschaft wurden beschädigt.

EIN FÜNF-MILLIONEN-DOLLAR-GERÄT ZUR IDENTIFIZIERUNG DER DEMONSTRANTEN

Wenige Tage nach Inkrafttreten der Diktaturgesetze kontaktierten Regierungsvertreter die Mobiltelefon-Provider. Sie wollten wissen, wer an den Demonstrationen teilnahm und forderten die Mobiltelefonnummern der Teilnehmer. Die Telefonanbieter weigerten sich, diese Informationen weiterzugeben.

Die Regierung schaffte um fünf Millionen Dollar ein Gerät an, um festzustellen, welche Telefonnummern zu einem gewissen Zeitpunkt in einem gewissen Bereich registriert waren. Von dem Gerät wurde auch Gebrauch gemacht: Die Demonstranten erhielten ein SMS „Sie sind als Teilnehmer einer Massenunruhe registriert."

Allen, die die SMS-Nachricht erhielten, war klar: Nun gab es nur noch die Wahl zwischen Sieg und vielen Jahren Gefängnis. Ab jetzt gab es kein Zurück mehr.

Das Gerät war nicht nur teuer, es wurde auch sehr ungeschickt verwendet. Wäre eine Warnung ausgesprochen worden, so hätte es für die Demonstranten noch den Ausweg gegeben, nicht mehr auf den Maidan zu gehen; die Demonstrationen wären geschwächt worden. So aber blieb den Demonstranten nur noch Durchhalten bis zum Sieg oder im Falle einer bitteren Niederlage die düsteren Gefängnisse der Ukraine. Die Regierung hatte sich eine weitere Chance auf eine friedliche Lösung des Konflikts genommen.

Witalij Klytschko zwischen den Fronten

Die Hruschewskogo Straße führt vom Europaplatz hinauf zum Regierungsgebäude und weiter zum Parlament. Für geraume Zeit sollten sich hier Demonstranten und Berkut gegenüberstehen.

Inmitten des Rauchs der brennenden Autoreifen stand Klytschko, der ehemalige Boxweltmeister, Selbstdisziplin gewohnt und fast einen Kopf größer als die meisten anderen. Er hielt die Demonstranten von Gewalttakten gegen die Berkut ab.

Tags darauf saßen Elmar Brok und ich bei ihm in der Küche. Er hatte sich Palatschinken kommen lassen, klagte über große Erschöpfung, war aber auch stolz, dass die Bilder von ihm zwischen den Fronten in vielen internationalen Medien waren und vor allem, dass es ihm gelungen war, eine Gewalteskalation am Maidan zu verhindern.

Von allen Politikern, die am Maidan eine Rolle gespielt haben, ist Klytschko der einzige, dem später eine langfristige politische Karriere gelungen ist. Zur Zeit der Verfassung dieses Buchs 2023 war er weiterhin Bürgermeister von Kyjiw.

Die erste Verschleppung

Ihor Luzenko[104] war ein Kind aus gutem Hause, als ich ihn kennenlernte war er vielleicht Mitte Zwanzig. Sein Stiefvater war leitender Beamter der Nationalbank – eine verantwortungsvolle und prestigeträchtige Rolle in Europa, aber noch ungleich bedeutender in der Ukraine, einem Land in dem Währungsstabilität so oft in Gefahr war, die Einfluss. auf den Lebensstandard von Millionen Menschen hat.

---

[104] Ihor Luzenko teilt mit dem früheren Innenminister Juriy Luzenko, der öfters im Buch erwähnt wird, den Nachnamen.

Ihors Traum war ein schöneres Kyjiw. Dafür organisierte er immer wieder Demonstrationen. Mit Erfolg – dort und da wurde ein historisches Viertel revitalisiert oder eine bekannte Straße zur Fußgängerzone umgewandelt.

Er war unter den ersten, die am Maidan standen, um für das Assoziierungsabkommen zu demonstrieren und einer der zähesten Teilnehmer.

Am 21. Jänner bat ihn ein verletzter Demonstrant, ihn ins Spital zu bringen. Ihor zeigte sich hilfsbereit und führte ihn zu seinem Auto. Vor dem Spital wartete nicht nur die Miliz, sondern auch ein Schlägertrupp, die erwähnten Tituschkis. Er und der verletzte Demonstrant wurden in ein Auto gezerrt, in einen Wald gebracht, dort grob misshandelt und bewusstlos liegengelassen. Als Ihor erwachte, waren seine Peiniger fort. Er schleppte sich aus dem Wald und fand hilfsbereite Menschen, die ihn in ein Privatspital brachten. Es dauerte viele Wochen, bis er wieder gesund war. Der andere Demonstrant, Prof. Yurij Werbitsky, ein damals fünfzigjähriger Professor für Geologie,[105] wurde später tot gefunden, im Wald misshandelt und schließlich erfroren.

Dieser schreckliche Vorfall war leider nur ein Beispiel von vielen, aber einer der prominentesten. Fürs erste fehlten noch die Beweise, dass es einen Auftrag der Regierenden dafür gab.[106] Deutliche Indizien, die dafürsprachen, sollten aber bald folgen.

DIE ERSTEN SNIPER-OPFER

Es war der „Einigkeitstag", der 22. Jänner, an dem die ersten Menschen in Kyjiw gewaltsam starben: Während der Demonstration fielen plötzlich Schüsse auf der Hruschewskogo – zwei Demonstranten starben dabei. Es schien, dass die Schützen genau wussten auf wen sie zielten: zwei Berufsdemonstranten – einer aus Belarus, Mikhail Schischnewskij, einer aus Nagorno-Karabach, Serhiy Nigoyan[107], wenig später starb auch Roman Senyk,[108] ein Demonstrant aus Lemberg, dem Westen des Landes. Die Morde waren gut geplant: Ein Schuss auf einen Kyjiwer, ein etabliertes

---

[105] Vgl. Shore, 63.
[106] Vgl. Steiner, E., Ukraine: Die Verschwundenen von Kiew. Die Presse 27. Jänner 2014, https://www.diepresse.com/1554462/ukraine-die-verschwundenen-von-kiew, Abgerufen am 9. Juli 2023.
[107] Vgl. Shore 62.
[108] Vgl. Schneider-Deters, Schicksalsjahre I, 286.

Mitglied der Demonstrationen, hätte unweigerlich eine neuerliche Solidaritätswelle ausgelöst; noch dramatischer wäre ein Schuss auf einen Russen gewesen. Der Schütze konnte sichtlich zielen. Er traf die Opfer auf die Stirn oder ins Auge.

Bis heute ist unklar, von wo die Schüsse kamen und wer die Schützen beauftragte. Der frühere Innenminister Luzenko sagte mir später, man habe Hülsen am Dach des „Ukraine-Hauses" gefunden. Die Munition sei von SBU-Alpha-Einheiten von der Krim gewesen. Diese Einheiten waren auf der Krim stationiert und nun nach Kyjiw berufen worden. Möglich wäre auch, dass vom nahegelegenen Hotel geschossen wurde.

Noch-Regierungschef Asarow bestritt, dass die Berkut den Auftrag gehabt hatte, zu schießen. Kein Sicherheitsbeamter sei am Dach eines Hauses in der Umgebung der Demonstrationen postiert gewesen. Er dachte an Provokateure, die an einer Eskalation der Lage interessiert gewesen seien.

Tatsächlich ist es unwahrscheinlich, dass die Berkut damals bereits einen Schießbefehl hatte. Die Schützen waren echte Profis und solche gab es unter den regulären Einheiten kaum. Denkbar wäre der Einsatz von Sondereinheiten aus anderen Landesteilen, vielleicht der Krim. Noch wahrscheinlicher ist, dass es private Kommandos waren. Eine Abgeordnete sagte mir, es sei Jagdmunition verwendet worden – vielleicht eine Anspielung auf den ausführlichen Besuch Janukowytschs bei einem führenden Jagdwaffenhändler in Wien anlässlich seines letzten Staatsbesuchs im November 2013. Eine andere Abgeordnete vermutete Mitarbeiter der Präsidentengarde dahinter.

Es sollte auch der Eingriff des Dienstes eines anderen Staates nicht vollkommen ausgeschlossen werden. Sehr unwahrscheinlich und zynisch die Ideen, Demonstranten hätten auf andere Demonstranten geschossen.

Ich schrieb in aller Eile einen Bericht nach Brüssel. Es war klar, mit dem den Schüssen war ein neues Eskalationsstadium eingetreten. Dies sollte sich in den nächsten Tagen bewahrheiten. Gibt es einmal Tote, so ist eine friedliche Lösung eines Konflikts ungleich schwieriger geworden. Tatsächlich sollte es noch viel mehr Tote geben. Die meisten sichtlich von Profis erschossen.

DER AUTO-MAIDAN WIRD ÜBERFALLEN

Am selben Tag, dem 22. Jänner besuchte einer der Organisatoren des Auto-Maidans, Dmitro Bulatow, die amerikanische Botschaft und die EU-Delegation, um für sein Projekt zu werben.

Persönlich wollte ich Bulatow nicht treffen – der Auto-Maidan hatte etwas an sich, das zu weit geht. Nie wäre ich aber auf die Idee gekommen, dass die Regierung mit so brutalen Mitteln zurückschlägt.

Um 04:00 Uhr früh des nächsten Tages, des 23. Jänner, wurden er und einige seiner Kollegen mit einer Nachricht um Hilfe gebeten. Die Nachricht war gefälscht, ein Hinterhalt. Am Ort an den Bulatow gerufen wurde, warteten die Sicherheitskräfte, begleitet von Schlägertrupps, den Tituschkis.

Die Autos der Teilnehmer wurden zerstört. Die Polizei verhaftete die meisten Fahrer und Beifahrer. Bulatow selbst wurde nicht verhaftet – er verschwand. Tagelang galt die Vermutung, er sei ermordet worden.

Eine Woche später tauchte er wieder auf. Er sei mit einem zweiten Mann in einen Wald geschleppt und dort gefoltert worden, bis er ohnmächtig wurde. Als er wieder aufwachte, habe er gesehen, dass der andere Mann tot gewesen sei. Er schleppte sich in den nächsten Ort und wurde in ein Privatspital eingeliefert. Kurze Zeit später kam die Miliz und wollte ihn verhaften. Innerhalb kürzester Zeit versammelten sich junge Parlamentsabgeordnete, geführt von Lesja Orobets, am Bett Bulatows. Dazu kamen rasch Diplomaten von EU-Mitgliedsstaaten, darunter Anka Feldhusen, die damalige stellvertretende Missionschefin der deutschen Botschaft. Die Verhaftung und neues Unrecht gegen Bulatow mussten verhindert werden. Wie erwähnt: Nach ukrainischem Recht darf niemand verhaftet werden, der sich gerade mit Abgeordneten trifft – somit schafften die Abgeordneten eine Art von Immunität für den Aktivisten. Eine ähnliche Aufgabe übernahmen die europäischen Diplomaten – was die Polizei vorhatte, wäre eine klare Menschenrechtsverletzung. Ihre Anwesenheit machte klar – die internationale Gemeinschaft würde davon erfahren.

Inzwischen gab es Verhandlungen auf hoher Ebene, um eine Ausreise und Behandlung Bulatows zu ermöglichen. Deutschland bot sich an, Polen und auch Schweden. Zu allem sagte das ukrainische Außenministerium „Njet". Schließlich verbürgte sich Petro Poroschenko für Bulatow. Der Aktivist durfte nach Litauen und wurde dort behandelt.

In Litauen gab er nach einigen Tagen seine erste Pressekonferenz: „Sie haben mich gekreuzigt. Sie haben meine Hände durchstoßen... sie haben mein Ohr abgeschnitten, mein Gesicht zerschnitten. Es gibt keine einzige heile Stelle an meinem Körper. Aber Gott sei Dank bin ich am Leben." Unter Folter habe er vor einer Kamera aussagen müssen, dass er ein US-Spion sei und Geld aus den USA für die Proteste in der Ukraine erhalten habe, berichtete er. Er hielt die Täter für Angehörige eines russischen Geheimdienstes – die Peiniger hätten „russländisches" Russisch gesprochen. „Als sie mich schlugen, habe ich auf meinem Gesicht etwas wie geschmolzenes Metall gespürt, sehr, sehr heiß", sagte Bulatow. Er habe derartige Schmerzen gehabt, dass er seine Peiniger sogar gebeten habe, ihn zu töten.[109]

Bulatow war nicht der einzige Fall. Ein ähnliches Schicksal erlitten angeblich Organisatoren der Maidan-Demonstrationen in mehreren ostukrainischen Städten – Tscherkassy, Charkiw, Dnipropetrowsk, Donezk und Lugansk.

Um diese Zeit besuchte ich zum letzten Mal einen führenden Vertreter der Präsidentschaftsadministration, mit dem ich bisher einen guten Kontakt gepflegt hatte. Es ging vor allem darum Menschenrechtsverletzungen anzusprechen.

Auf die Verschleppung von Demonstranten angesprochen, antwortete er: „Vielleicht verdienen es die Demonstranten, so behandelt zu werden." Als ich entsetzt reagierte, von Menschenrechten und Rechtsstaatlichkeit sprach, quittierte er dies mit einem kurzen „ponial" – „ich habe verstanden". Es war unsere letzte Begegnung.

Er war wohl nicht der Einzige in der Präsidentenadministration, der dachte, dass die Tituschkis zu Recht handelten. Bulatow wurde nach der Wende 2014 Sportminister.

Entscheidende Wochen für die Zukunft Europas

Die Bevölkerung, die zehntausenden Demonstranten, sie hatten legitime Forderungen. Sie trugen diese mit gewaltfreien Mitteln vor. Janukowitschs Leute reagierten darauf mit Brutalität und grausamen Willkürakten. Aus

---

[109] Vgl. Welt.de. Folter in Ukraine – „Sie haben mich gekreuzigt und das Ohr abgeschnitten", Welt.de, 31.Jänner 2014, https://www.welt.de/politik/ausland/article124414164/Sie-haben-mich-gekreuzigt-und-das-Ohr-abgeschnitten.html, abgerufen am 9. Juli 2023.

der demokratisch gewählten Janukowytsch-Regierung war ein diktatorisches Regime geworden.

Das Regime stützte sich auf einige tausend gut bezahlte Polizisten. Es war ein Segen, dass sich diese Struktur innerhalb von Wochen als zu schwach erwies. Die Geschichte der Ukraine wäre ganz anders verlaufen, hätten Janukowytschs Schergen gewonnen. Wahrscheinlich wäre ein großer Teil der Opposition hinter Gittern verschwunden.

Nach den „Diktaturgesetzen" und den brutalen Menschenrechtsverletzungen hätte Janukowytsch kaum Chancen gehabt, selbst in grob gefälschten Wahlen wieder bestätigt zu werden. Der einzige Ausweg wäre eine brutale Diktatur gewesen, in der die Verfassung außer Kraft gesetzt und Kritiker beseitigt worden wären. Europa würde heute anders aussehen, wäre einer der größten Flächenstaaten des Kontinents eine solche Diktatur geworden. Es waren schließlich die inneren Kräfte in der Ukraine – in der Opposition, aber auch in der regierenden Partei – die eine solche Entwicklung verhinderten.

Europa und die USA reagierten damals mit Appellen und Erklärungen. In geheimen Verhandlungen wurde an einem Dialog zwischen Opposition und Machthabern gearbeitet und auf die Freilassung von politischen Gefangenen gedrängt. Die Verhandlungen scheiterten aber. Janukowytsch war zu keinem Gespräch fähig. Es gab stundenlange Monologe von ihm, in denen er Ideen immer und immer wiederholte.

Auch der Westen sah sich einer neuen Situation gegenüber. Noch nie hatte es so große pro-europäische Demonstrationen in einem Drittstaat gegeben. Noch nie waren Menschen bei Pro-Europa-Demonstrationen gestorben. Vorerst waren aber die vorhandenen Mittel beschränkt.

In dieser Zeit machte Putins Russland den ersten von einer Reihe von Fehlern, der schließlich zu einer sehr tiefgreifenden Entfremdung zwischen der ukrainischen Bevölkerung und Russland führen sollte: Putin stellte die Loyalität zu Janukowytsch über die Loyalität zum ukrainischen Volk. Russland schwieg zu den Menschenrechtsverletzungen. Die Geschichte der Ukraine und Russlands 2014 würde ganz anders aussehen, hätte sich Putin damals um die Sache der Ukrainer gekümmert. Dieser Fehler, „Loyalität mit wenigen statt Gerechtigkeit für viele", sollte sich in den nächsten Monaten wiederholen und die Situation im Donbass unlösbar machen.

Für den weiteren Verlauf des Konfliktes war die Reaktion des Kremls zu diesem Zeitpunkt maßgeblich. Hätte ein substantieller Dialog mit der parlamentarischen Opposition stattgefunden, so hätte die Geschichte sehr wahrscheinlich einen anderen Verlauf genommen. Diplomatischer Schutz der Opposition durch die russische Botschaft wäre in dieser Phase ein unglaublich mächtiges Instrument gewesen, das jenen durch die EU, ihre Mitgliedsstaaten und die USA ergänzt hätte. Einen solchen Schutz hätten die Oppositionsführer auch nach der demokratischen Wende nicht vergessen. So aber blieb der Kreml ab Ende Februar 2014 ohne Gesprächspartner in Kyjiw – ein nachhaltiger Schaden für die russischen Interessen in der Ukraine.

EU-RUSSLAND-GIPFEL

Am 28. Jänner fand der routinemäßige EU-Russland-Gipfel in Brüssel statt. Es sollte der letzte Gipfel dieser Art werden. Putin besuchte Brüssel. Das Kommuniqué darüber ist karg.[110] In der Pressekonferenz forderte Putin vor allem, dass sich die EU in der Ukraine heraushalten sollte. Es würde ebenso schlecht passen, wenn Russland in Griechenland Empfehlungen abgeben würde. Die Ukrainer würden ihre Probleme selbst lösen.

Auch beim Treffen in kleinem Format war die Atmosphäre eisig. Putin warf der EU vor, der Ukraine ihre Entwicklungschancen zu nehmen. Die Ukraine müsse frei sein. Er, Putin, sei nicht gegen Freihandel, aber die Ukraine müsse mit den historischen Partnern zusammenbleiben. Barroso versicherte hingegen, das Assoziierungsabkommen würde keine Auswirkungen auf die Wirtschaftsbeziehungen zwischen Russland und der Ukraine haben.[111] Es gab aber immerhin ein konkretes Ergebnis: Trilaterale Konsultationen zwischen der Ukraine, Russland und der EU zum DCFTA wurden vereinbart.[112] Diese sollten alle zwei Monate stattfinden. Auf russischer Seite wurde Wirtschaftsminister Sergej Uljukajew Verhandlungsleiter. Die Gespräche konnten allerdings nie ernsthaft geführt werden. Die russische Seite konnte sich auf keinen echten Dialog einlassen. Sie hatten Positionen zu verlesen, die sie selbst nicht nachvollziehen

---

[110] Vgl. European Council – Council of the European Union: EU- Russia summit, Brussels, 28 January 2014., abgerufen am 3. Juli 2023.
[111] Vgl. The Guardian, Vladimir Putin tells Brussels to stay out of Ukraine's political crisis. The Guardian 28. Jänner 2014, https://www.theguardian.com/world/2014/jan/28/vladimir-putin-ukraine-crisis-eu, abgerufen am 3. Juli 2023.
[112] Vgl. Gardner, A., Ukraine Dominates EU-Russia Summit, Politico 28. January 2014, https://www.politico.eu/article/ukraine-dominates-eu-russia-summit/ abgerufen am 3. Juli 2023. Zum genauen Verlauf dieser Verhandlungen, die erst Monate später wirklich begannen, siehe Schneider-Deters, Schicksalsjahre I, 172-184.

konnten. An einer dieser Gesprächsrunden durfte ich teilnehmen. Als alle Sachargumente ausgegangen waren, endete die russische Position mit der Aussage, dass „Wladimir Wladimirowitsch" (Putin) dies ebenso sehe. Aber in Kyjiw kam damals ein wichtiges Signal an – Moskau und Brüssel reden miteinander.

RÜCKTRITT ASAROWS

An diesem Tag, dem 28. Jänner, trat Premierminister Asarow zurück. Er betonte, er wolle einer Lösung nicht im Wege stehen.[113] Es war eine verantwortungsvolle Entscheidung.

Der am Maidan verhasste Innenminister Sachartschenko aber blieb im Amt. Einer der folgeschweren Fehler. Wieder galt: Zu wenig, zu spät.

Das Amt des Premiers wurde Jazenjuk angeboten, das Stellvertreteramt Klytschko, der auch das Dossier humanitäre Angelegenheiten erhalten sollte. Beide winkten ab.[114] Das Angebot war sicherlich ein taktisch einigermaßen kluger Schritt Janukowytschs. Beide hätten sofort das Vertrauen des Maidan verloren und hätten jederzeit vom Präsidenten wieder entlassen werden können. Letztlich hätten sie nur den Maidan geschwächt, ohne irgendetwas in diesem Amt erreichen zu können. Die Maßnahme war wohl vor allem ein Versuch, die Opposition zu spalten. Der Versuch war gescheitert.

DIE RÜCKNAHME DER DIKTATURGESETZE

An diesem 28. Jänner geschah noch etwas Weiteres, vielleicht noch Wichtigeres: Wie erwähnt, war das Ergebnis der Abstimmung über die „Diktaturgesetze" im Parlament gefälscht. In der damals noch regierenden „Partei der Regionen", der Partei Janukowytschs, wuchs der Widerstand. Mehrere Abgeordnete betonten, dass sie nie für diese Gesetze gestimmt hätten. Immer mehr stellten in Frage, ob diese Gesetze überhaupt jemals eine Mehrheit erzielt hatten. Schließlich wurde ein Prozess eingeleitet, in

---

[113] Vgl. DW, Asarow reicht Rücktritt ein, DW 28. Januar 2014, https://www.dw.com/de/ukraines-regierungschef-asarow-reicht-r%C3%BCcktritt-ein/a-17390917, abgerufen am 9. Juli 2023.

[114] Vgl. DW, Klitschko shuns 'poisoned offer', DW 26. Jänner 2014, https://www.dw.com/en/ukraine-opposition-shuns-yanukovych-power-share-offer/a-17387381, abgerufen am 9. Juli 2023.

der jeder Abgeordnete gebeten wurde, nochmals schriftlich sein Abstimmungsverhalten am 16. Jänner 2014 zu bestätigen.

Die Ergebnisse dieses Prozesses wurden nie bekannt gegeben. Es ist sehr wahrscheinlich, dass langsam klar wurde, dass diese Gesetze nie eine Mehrheit hatten. Was nun geschah, war jedenfalls eine Maßnahme großer demokratischer Reife in einem autoritären Umfeld.

Am 28. Jänner, am Tag des Rücktritts Asarows und des Besuchs Putins in Brüssel, trat das Parlament wieder zusammen. Beschlossen wurde mit breiter Mehrheit die Rücknahme der Diktaturgesetze und ein Amnestiegesetz, das den meisten Teilnehmern an den Demonstrationen Straffreiheit zusicherte. Straffreiheit sollten auch die Polizisten erhalten.

Nicht diskutiert wurden andere Forderungen des Maidan: Vorgezogene Parlaments- und Präsidentschaftswahlen, Rückkehr zur Verfassung von 2004. Dennoch: Der 28. Jänner war ein Tag der Hoffnung.

EIN NEUES AMNESTIEGESETZ

War der 28. Jänner ein Tag der Hoffnung gewesen, so war der 29. Jänner einer, an dem ein Gesetz angenommen wurde, das die Lage wesentlich verkomplizierte, ja wahrscheinlich endgültig unlösbar machte. An diesem Tag wurde das Amnestiegesetz vom 19. Dezember novelliert. Die Novelle wurde vom Präsidenten persönlich betrieben und mit knapper Mehrheit von sechs Stimmen angenommen.[115] Das Gesetz war in vieler Hinsicht problematisch und hätte wohl nie einer internationalen Bewertung standgehalten.

Vorgesehen war eine Amnestie. Die Vorleistung dafür sollte aber die Räumung der Regierungsgebäude im Westen des Landes und in der Hauptstadt sein und die Öffnung der großen Verkehrsstraßen in Kyjiw. Die Vorleistung hatten aber also nicht die Häftlinge zu erbringen, sondern Demonstranten in Freiheit, die die Gefangenen zumeist gar nicht persönlich kannten. Es sollte dem Generalstaatsanwalt obliegen, festzustellen, ob die Bedingungen für die Amnestie erfüllt wären. Die Vorleistungen der Demonstranten hatten innerhalb von maximal zwei Wochen zu geschehen. Lostag wurde damit der 16. Februar[116].

---

[115] Vgl. Schneider-Deters, Schicksalsjahre I, 312-315.
[116] Der Tag ergab sich aus der Kundmachung des Gesetzes.

Faktisch wurden damit die gefangenen Maidan-Aktivisten zu Geiseln.[117] Das Gesetz war asymmetrisch. Die Demonstranten hatten zwei Wochen für ihren Teil. Für den Generalstaatsanwalt gab es kein Datum, wann er die Freilassung anordnen würde müssen. Es konnte also eine Situation eintreten, in der die Demonstranten die Regierungsgebäude räumen würden, die verhafteten Demonstranten aber im Gefängnis bleiben würden – eine durchaus realistische Option.

Das Schicksal, in einem Gefängnis in diesem Teil Europas zu landen, kann hart sein. Es mangelt nicht nur häufig an Hygiene, sondern auch an medizinischer Versorgung. Menschen, die länger im Gefängnis waren, tragen oft lebenslang Spuren davon, viele sterben auch vorzeitig.

Über 300 Demonstranten waren in Haft. Bei Schauprozessen waren Verletzte vorgeführt worden, oft junge Väter im Zivilberuf Baumeister oder EDV-Techniker, denen dramatische Verbrechen am Maidan vorgeworfen worden waren und denen im Gefängnis sichtlich jede medizinische Behandlung vorenthalten worden war. Andere blieben einfach verschwunden.

Mit dem Gesetz standen die Demonstranten nun vor einer schweren Wahl – Gebäude und Straßen aufzugeben und damit ihren – Großteils legitimen – Forderungen weniger Gewicht zu geben oder ihre verhafteten Kollegen im Stich zu lassen. Dazu kam: Auch, wenn die Forderungen der Regierung erfüllt würden, würde dies nicht heißen, dass diese ihrerseits die Gefangenen freilassen würde. Noch schlimmer: Es gab Hinweise darauf, dass die Befehle des Justizministeriums von manchen Gefängnisverwaltungen ignoriert wurden oder dass diese zumindest noch ein „Geschenk" für die Freilassung erwarteten.

Das Gesetz vermochte somit vor allem viele Demonstranten wütend zu machen.

---

[117] Vgl. Umland, A., Das absurde Amnestiegesetz ist ein Zeichen von Schwäche, https://ukraine-nachrichten.de/andreas-umland-absurde-amnestiegesetz-zeichen-schw%C3%A4che_3882, abgerufen am 30. Juli 2023.

Versuchte Deeskalation

Der Präsident meldet sich krank – und verlässt Kyjiw in Richtung Moskau

Seit Beginn der Demonstrationen war Janukowytsch immer wieder längere Zeit verschwunden. Es gab dann informelle Angaben, er sei auf der Jagd.

Am 31. Jänner passierte jedoch etwas sehr Ungewöhnliches: Auf der offiziellen Seite des Präsidenten erschien eine Nachricht, er sei erkrankt. In den Medien wurde spekuliert, er wolle das Amnestiegesetz nicht unterschreiben. Aber Portnow, der stellvertretende Chef der Präsidentenadministration, beruhigte : Der Präsident habe das Gesetz unterschrieben. Das könne er ja auch tun, wenn er krank ist.

Aus gewöhnlich verlässlicher Quelle war zu erfahren, dass Janukowytsch tatsächlich am Weg nach Moskau war und Putin treffen wollte. Es war dies angeblich bereits seine dritte geheime Moskaureise während der Maidan-Zeit. Angeblich erwog er bereits in Moskau zu bleiben.

Über den Verlauf des Gespräches mit Putin ist nichts bekannt. Wahrscheinlich ging es um Folgendes: Die russische Regierung hatte im Dezember 2013 einen 15-Milliarden-Kredit versprochen, weitere Auszahlungen Ende Jänner aber angesichts der Entwicklungen in der Ukraine in Frage gestellt.[118] Janukowytsch brauchte den Kredit aber. Sicher ist: Janukowytsch war bereits amtsmüde. Viel Unheil wäre nicht geschehen, wäre er damals in Moskau geblieben. Dies wäre aber sicherlich nicht im Interesse Putins gewesen.

Am 8. Februar besuchte Janukowytsch nochmals Russland, diesmal anlässlich der Olympischen Spiele in Sotschi. Über seine Begegnung mit Putin ist nur bekannt, dass sie stattfand.[119] Bei einem anschließenden Empfang stand er alleine herum. Der Außenminister eines benachbarten Landes sprach ihn an. Der ukrainische Präsident meinte: „Da ist nichts mehr zu machen und ich habe nichts mehr zu melden".

---

[118] Vgl. Schuller, Ukraine 76.
[119] Vgl. BBC, Putin meets Ukraine's Yanukovych on Sochi sidelines. https://www.bbc.com/news/world-europe-26096362, abgerufen am 5. Mai 2023.

Gespräche bei der Münchner Sicherheitskonferenz

Unterdessen besuchte Witalij Klytschko am 1. Februar spontan die Münchner Sicherheitskonferenz und erhielt dort für seinen Hilfsappell minutenlangen Applaus. Cathy Ashton und US-Außenminister John Kerry trafen mit ihm und Arsenij Jazenjuk zusammen[120]. Die Rolle beider war damit deutlich aufgewertet.

In München wurde auch zum ersten Mal in größerem Rahmen über die Möglichkeit von Sanktionen gegen führende Vertreter der Ukraine wegen Missbrauchs staatlicher Mittel diskutiert. Die Idee einer OSZE-Beobachtermission kam bei bilateralen Gesprächen am Rande dieser Konferenz erstmals zur Sprache. Laut dem polnischen Außenminister Sikorski zeigte sich sein russischer Amtskollege Lawrow für diese Option offen. Später wurde sie von Putin abgelehnt.

Unterdessen in Moskau

„A People's Tragedy" – „Eines Volkes Tragödie" heißt nicht nur Orlando Figes bekanntes Buch über die Oktoberrevolution. Die Einschätzung, dass diese Revolution die größte Tragödie Russlands war, wird von vielen Politikern und auch Historikern in Moskau geteilt. Lenin 1917 konnte mit deutscher Hilfe nach Russland zurückkehren und dort die Revolution ausrufen. Er entließ ein Volk nach dem anderen in die Unabhängigkeit (so die Ukraine im Februar 1918) und im März 1918 wurde der Frieden von Brest-Litowsk geschlossen – nach russischer Leseart der „Raubfrieden von Brest-Litowsk".

Die gegenwärtige Kremlverwaltung tendiert dazu, hinter jeder Revolution – im Kaukasus, im Nahen Osten, am Balkan – westliche oder amerikanische Agenten zu vermuten. Putin spricht gerne von der (vorgeblichen) „Verletzung der verfassungsmäßigen Ordnung".

Hinter dem Maidan wurden in Russland als Organisatoren Agenten der USA vermutet, die mit polnischer und litauischer Hilfe agiert haben sollten. Als Beweis galten beispielsweise die Ausspeisungen für Demonstranten, die am Maidan organisiert wurden und die – so die Vermutung – aus dem westlichen Ausland finanziert wurden.

---

[120] Gebauer, M., Oppositionsführer bei Sicherheitskonferenz. Klitschkos Kampf um den Westen. Spiegel.de, 1.2.2014. https://www.spiegel.de/politik/ausland/ukraine-klitschko-auf-der-muenchner-sicherheitskonferenz-a-950607.html, abgerufen am 25.9.2023.

In Russland hatte es 2011/12 nach der Rückkehr Putins ins Präsidentenamt die größten Demonstrationen der jüngeren Geschichte gegeben. Die russischen Sicherheitskräfte hatten mit Großaufgeboten reagiert und die Demonstrationen aufgelöst. Für den Kreml war wohl zu fürchten, dass das Kyjiwer Beispiel in Moskau Schule machen könnte. Wie erwähnt war die Berkut in Russland ausgebildet; ab Februar 2014 war auch der russische Sicherheitsdienst FSB verstärkt in Kyjiw tätig. Mitte Februar besuchte Alexander Bortnikow, der damalige FSB-Chef, Kyjiw.

Dialoge hinter den Kulissen

Seit dem Tod von Demonstranten unter den Schüssen von Unbekannten am 24. Jänner war der Dialog zwischen Präsidenten und Regierung einerseits und Opposition und Maidan andererseits fast unmöglich geworden. Wer immer diese Schüsse in Auftrag gegeben hat, der Schaden war nicht mehr gutzumachen. Dennoch waren sich beide Seiten bewusst, dass ein solcher Dialog weiter notwendig sei. Es gab dazu mehrere „Schienen":

- Janukowytsch ersuchte seine drei Amtsvorgänger, die früheren Präsidenten Krawtschuk, Kutschma und Juschtschenko einen Lösungsweg auszuarbeiten. Es ist unklar, wie ernst dieser Auftrag war.
- Von Seiten der Opposition war Oleksandr Turtschynow, ein Vertrauter Tymoschenkos, als Dialogpartner mit der Regierung auserwählt. Er sollte eine Art „Übergangsverfassung" vorbereiten.
- Petro Poroschenko war im Dialog mit allen Seiten und vor allem auch mit der russischen Botschaft, allerdings ohne, dass dieser Dialog zu einem Ergebnis geführt hätte.
- Cathy Ashton und Štefan Füle besuchten wiederholt Kyjiw und waren im Kontakt mit Maidan, Opposition, Regierung und Präsidenten. Fast alle Vorschläge scheiterten aber am Präsidenten, der zwar nicht grundsätzlich gegen die diskutierten Lösungsvorschläge war, deren Umsetzung aber aufschieben wollte.[121]
- Daneben positionierten sich auch mehrere Oligarchen immer klarer gegen eine gewaltsame Auflösung des Maidan, vor allem Rinat Achmetow und Wiktor Pintschuk.

---

[121] Vgl. European Commission: Štefan Füle, European Commissioner for Enlargement and European Neighbourhood Policy, EU response to events in Ukraine, https://ec.europa.eu/commission/presscorner/detail/en/SPEECH_14_162.

Diese „Dialogschienen" waren nicht getrennt, vielmehr gab es durchaus enge Interaktionen zwischen ihren Protagonisten.

Zugleich vertieften sich aber die Bruchlinien im Lande weiter. Am 3. Februar sprach Parlamentssprecher Rybak gegenüber einigen europäischen Botschaftern und dem US-Missionschef von aufkommenden separatistischen Parolen im Osten des Landes und von sich vertiefenden ethnischen und religiösen Bruchlinien. Blutvergießen sollte jedenfalls verhindert werden. Die meisten Regierungsgebäude im Westen des Landes waren von Demonstranten besetzt, jene im Osten von Vertretern der damaligen Regierungspartei.

SANKTIONEN GEGEN DIE UKRAINISCHE REGIERUNGSSPITZE

Über viele Wochen bestand in Europa ein weitgehender politischer Konsens, dass es keine Sanktionen gegen die ukrainische Staatsspitze geben sollte, solange sie keine Gewalt gegen die Demonstranten üben würde. Nach den ersten Toten am Maidan änderte sich dies. Rebekka Harms, die Klubchefin der Grünen und Martin Schulz, der damalige Präsident des Europäischen Parlaments, forderten bald, über Kontensperrungen und Visarestriktionen nachzudenken.[122] In den Schlussfolgerungen der EU-Außenminister vom 10. Februar 2014 wurden Sanktionen de facto erstmals angedroht, sollte sich die Lage verschlechtern.[123] Gedacht war vor allem an Personen, die an den Gewalttaten am Maidan Schuld hatten. Dazu sollten Personen kommen, die für den Missbrauch von staatlichen Mitteln Verantwortung trugen. Gegen sie sollten Einreiseverbote in den EU-Raum verhängt und ihre Konten in der EU eingefroren werden. Tatsächlich verhängt wurden sie am 20. Februar, als Scharfschützen bereits duzende Menschen getötet hatten,[124] etwas zeitgleich mit amerikanischen Sanktionen. Zuvor geschah aber noch viel.

---

[122] Vgl. Die Zeit Online, Schulz: Bei anhaltender Gewalt Sanktionen gegen die Ukraine möglich https://www.zeit.de/news/2014-01/23/demonstrationen-schulz-bei-anhaltender-gewalt-sanktionen-gegen-die-ukraine-moeglich-23091610, abgerufen am 1. August 2023.

[123] Vgl. European Council – Council of the European Union. Council Conclusions on Ukraine, https://www.consilium.europa.eu/media/28984/140960.pdf.

[124] Vgl. European Council – Council of the European Union, Foreign Affairs Council, 20 February 2014, EU agrees on targeted sanctions, https://www.consilium.europa.eu/en/meetings/fac/2014/02/20/.

PLÄNE FÜR EINE GEWALTENTEILUNG

2010 hatte es, wie erwähnt, einen Staatsstreich mit Hilfe des Verfassungsgerichtshofs gegeben. Dieser hatte zu einer enormen Machtkonzentration beim Präsidenten geführt und dies wiederum hatte die Krise vertieft.

Im Dezember 2013 schlug Wiktor Pintschuk vor, zur 2004 beschlossenen Verfassung zurückzukehren und damit den Premierminister aufzuwerten. Er hatte diesen Vorschlag offensichtlich schon mit anderen Oligarchen sondiert. Der Vorschlag wurde später noch ausgeweitet:

Der Kandidat für das aufgewertete Premierministeramt sollte für den Maidan akzeptabel sein und zugleich mit Janukowytsch ein brauchbares Gesprächsklima haben.

Vier Kandidaten wurden dabei immer wieder genannt: Andrej Klujew war ein Vertrauter Janukowitschs und damals Chef der Präsidentenadministration. Mit ihm wurden viele Lösungswege erörtert. Witalij Klytschko, der Boxweltmeister wurde unter anderem von der deutschen CDU unterstützt. Petro Poroschenko konnte auch während der Kriege mit allen, einschließlich der russischen Seite, sprechen. Arseni Jazenjuk war ein ehemaliger Praktikant im Weißen Haus, wurde von den USA, vor allem von Victoria Nuland, gefördert, war von Janukowytsch eingesetzter Minister, hatte lange Zeit mit ihm eine gewisse Gesprächsbasis, verstand von allen am meisten von Wirtschaft und war ein wendiger Verhandlungsführer.

Bekannt wurde ein Telefonat, in dem sich Nuland im Gespräch mit US-Botschafter Pyatt für Jazenjuk aussprach, es wurde auf YouTube geleakt hochgeladen. Sie kritisierte dabei eine zu weiche Linie der EU. Hochgeladen wurde auch ein Gespräch von Helga Schmid mit Jan Tombinski. Dieses war ein professionelles Gespräch zweier verantwortungsvoller Diplomaten. Tombinski warnte dabei davor, mit immer noch härteren Maßnahmen zu drohen.[125]

Es gab ein „Gegenleak", dieses blieb blass. Zwei russische Botschafter in Afrika tauschten sich aus.

Kurze Zeit nach diesem Leak nahmen die Kollegen aus der russischen Botschaft, die längere Zeit nicht mehr erreichbar gewesen waren, wieder Kontakt mit uns auf. Mein Gesprächspartner konstatierte: Ihr von der EU-Delegation habt den Maidan nicht initiiert. Er hatte Recht. Die EU kann

---

[125] Vgl. Youtube: Victoria Nuland-Geoffrey Pyatt, Helga Schmid, Jan Tombinski. https://www.youtube.com/watch?v=tdCVHRKL-y0, abgerufen am 25.9.2023.

vieles und hat unseren Kontinent positiv gestaltet. Demonstrationen oder gar Revolutionen organisieren kann sie nicht. Sie ist dafür zu bürokratisch und formalistisch. Allein das öffentliche Ausschreibungsverfahren für die Vergabe des Projekts würde Monate dauern. Der Maidan war nicht von einer Regierung oder einer supranationalen Organisation organisiert oder gesponsert. Er war eine spontane basisdemokratische Entwicklung, entstanden aus vielen Formen von Unzufriedenheit, unter anderem der über die Willkür der Sicherheitskräfte. Und genau diese Willkür sollte schließlich zur furchtbaren Eskalation im Februar führen.

Die Rückgabe des Kyjiwer Bürgermeisteramtes

Wie erwähnt war der 16. Februar ein Lostag. An ihm müssten die Regierungsgebäude zurückgegeben werden, würde dies nicht geschehen, so würde die Amnestie nicht mehr gelten. Für die Demonstranten war undenkbar, die Gebäude der Regierung zurückzugeben, sie war zu verhasst. Denkbar war aber für manche eine neutrale Institution.

Zum Symbol wurde das imposante Kyjiwer Rathaus. Die Regierung schlug vor, ein Vertreter der EU könnte den Schlüssel des Rathauses übernehmen und die Demonstranten herausführen. Dagegen gab es Bedenken aus der Brüssel: Die EU würde damit in ein falsches Licht gerückt. Als Alternative wurde das Rote Kreuz vorgeschlagen. Dies erwies sich als unmöglich, das IKRK war noch nicht vor Ort. So wurde vorgeschlagen, der Schlüssel sollte von den Demonstranten an den OSZE-Vorsitz gehen. Dies war damals die Schweiz. Der Schweizer Botschafter sollte von den anderen beiden OSZE-Troika-Mitgliedern begleitet sein. Der OSZE-Vorsitz sollte die Schlüssel an die (vom Präsidenten eingesetzten) Bürgermeisterverweser weitergeben. Ähnliche Maßnahmen waren in vielen Regionalhauptstädten, in denen ebenfalls die Verwaltungsgebäude besetzt worden waren[126], vorgesehen. Die EU verzichtete auf eine sichtbare Rolle – vor allem, um die Chancen auf eine spätere Unterzeichnung des Assoziierungsabkommens nicht zu beschädigen.

Klytschko weigerte sich lange, der Vereinbarung zuzustimmen. Das Abkommen schien ihm fragwürdig, vor allem hatte er Zweifel an der Verlässlichkeit der anderen Seite. Christian Schönenberger, der Schweizer

---

[126] Laut Schneider-Deters, Schicksalsjahre I, 305 befanden sich Ende Januar 2014 in neun Oblast-Hauptstädten die staatlichen Oblastverwaltungen in den Händen der Aufständischen.

Botschafter und Vertreter des OSZE-Vorsitzes, rief mich an: Die Vereinbarung drohe zu scheitern. Ich kannte Klytschko recht gut, aber auf mich würde er wohl kaum hören. So kontaktierte ich ihn über mehrere Mittelsmänner, zunächst über Gunnar Wiegand, den Osteuropa-Direktor im EAD, der auch an vielen Stellen mit viel Geschicklichkeit eingegriffen hatte. Schließlich siegte die Vernunft. Klytschko unterzeichnete nicht, blockierte aber die Vereinbarung auch nicht. Eine halbe Stunde später wurden die Schlüssel des Rathauses Schönenberger übergeben – die letzte Chance für eine friedliche Lösung des Konflikts. Ich wurde eingeladen, den Erfolg zu feiern. Tatsächlich war mir nicht recht nach feiern zu Mute. Die Situation war zu fragil und zu angespannt.

Hätte nun die Regierung auch ihren Teil erfüllt, so wäre dies ein wichtiger Schritt für eine Entspannung am Maidan gewesen. Dies geschah aber nicht.

Eine teilweise Freilassung aber wieder keine Lösung für die anhängigen Strafverfahren

Offiziell hieß es, dass alle festgenommenen Aktivisten freigelassen worden sein.[127] Unklar blieb aber, was mit den rund 2.000 offenen Strafverfahren eines Tages geschehen würde. Die könnten rasch wiederaufgenommen werden. Mir berichtete auch eine Abgeordnete, dass noch immer viele Aktivisten im Gefängnis säßen oder jedenfalls nicht wieder aufgetaucht seien. Am Maidan herrschte weiter eine Atmosphäre der Angst – aber auch der Aggression. Die Drohung mit langer Haft war nicht spurlos an den Menschen vorübergangen.

Einzelne Abgeordnete der Partei der Regionen kontaktierten die EU-Delegation und teilten mit, dass sie die Gewalteskalation verurteilen und der Parteiführung die Gefolgschaft aufkündigen. Bald sollten noch viel mehr folgen.

---

[127] Vgl. Scheider-Deters, Schicksalsjahre 324.

ESKALATION DER GEWALT

IM PARLAMENT WIRD DIE DEBATTE ÜBER DIE GEWALTENTEILUNG ERNEUT VERTAGT

Ich habe Parlamentspräsidenten Wolodymyr Rybak immer ein wenig großväterlich erlebt, ein netter, älterer Herr, der seine Sprechnotizen vorlas und dabei so betonte, als würde er seinen Enkeln gerade eine Gute-Nacht-Geschichte vorlesen. Er galt als solider Verbündeter des Präsidenten, der getreulich dessen Vorgaben erfüllt.

Tatsächlich wäre ihm am 18. Februar 2014 eine historische Rolle zugekommen, hätte er seine Rolle als Parlamentspräsident umsichtig und unabhängig ausgeübt.

Die „Partei der Regionen" war straff organisiert. Bei wichtigen Abstimmungen wurde so gestimmt, wie es die Partei vorgab. Nun wäre nach der Rückgabe des Bürgermeisteramts, die Verfassungsänderung zur Abstimmung und die Umsetzung der Amnestie an der Reihe gewesen.

Hier geschah ein entscheidender Fehler: Rybak erklärte, die Opposition sei sich nicht einig, es werde daher keine Abstimmung über die geplante Rückkehr zu alten Verfassung geben und damit auch keine Beschränkung der sehr weitreichenden Macht des Präsidenten. Handelte er auf Weisung, handelte er aus eigenem Entschluss – es wird sich wohl nie mehr sagen lassen. Sicher ist: Der Parlamentspräsident hatte prozedural korrekt gehandelt, er durfte die Abstimmung verschieben, praktisch war die Entscheidung tragisch. Im Protest besetzte darauf die Opposition (wieder einmal) den Präsidiumstisch.

Am Maidan war schon am Tag zuvor beschlossen worden, dass der gewünschten Verfassungsänderung durch einen Demonstrationszug zum Parlament Gewicht gegeben werden sollte. Einige Demonstranten waren nahe an das Parlamentsgebäude gekommen; die Ereignisse im Parlament wurden von den Demonstranten aufmerksam verfolgt. Nun kam die Nachricht, dass die Abstimmung nicht stattfinden werde. Viele Demonstranten reagierten wütend.

Brandlegung und der Beginn der Anti-Terror-Operation[128]

Einige Demonstranten versuchten ins Parlament einzudringen, wurden davon aber von den Sicherheitskräften gehindert. Ein paar zogen zum Sitz der „Partei der Regionen", einem hübschen, wenig funktionalen Gebäude, in der Parteifarbe Blau gestrichen. Es lag ganz in der Nähe. Das Haus nur schwach bewachte Haus wurde gestürmt. Mitarbeiter der Partei wurden bedroht. Feuer wurde gelegt, das Gebäude ging in Flammen auf. Zwei Personen starben. Tetjana Tschernowol hatte eine Rolle bei der Stürmung des Gebäudes.[129]

Wenig später wurde bekannt, dass sich Tituschkis in einem nahen Park zum Kampf vorbereiteten. Bald darauf begann eine Offensive der Berkut. Innerhalb weniger Stunden drängte die Berkut die Demonstranten aus dem Regierungsviertel und von beiden Straßen, die zwischen Regierungsviertel und Maidan lagen, zurück. Scharfschützen schossen von Flachdächern der Gebäude an den beiden Straßen. Trotz der Gefahr kamen immer mehr Menschen auf den Maidan. Um 20:00 verkündete das Innenministerium den Beginn einer „Antiterroristischen Operation".[130] Bald darauf brannten am Maidan Zelte.

In Kyjiw wurden aus Sicherheitsgründen die Schulen geschlossen. Die U-Bahn hatte schon länger ihren Betrieb teilweise eingestellt. Firmen wurde geraten, ihren Mitarbeitern einige Tage unbezahlten Urlaub zu geben. Zahlreiche Checkpoints der Miliz fanden sich plötzlich in verschiedenen Teilen der Stadt und an den Zufahrtsstraßen zur Stadt. An einigen kam es zu Schießereien. An einem Checkpoint, an dem wir kontrolliert wurden, standen Männer mit schwarzen Gewändern und schwarzen Masken mit Schlagstöcken neben den offiziellen Sicherheitskräften. Wir konnten unbehelligt passieren.

Zu gewaltsamen Konflikten kam es auch in den westlichen Regionen, vor allem in Lemberg, Ternopil, Iwano-Frankiwsk und Riwne.

---

[128]Die detaillierteste mir bekannte Darstellung des blutigen Ende des Maidans findet sich bei Schneider-Deters 362-408. An dieser Stelle seien nur die wichtigsten Punkte der Eskalation der Gewalt wiedergegeben, einige Zusammenhänge hergestellt und einige Annahmen, die in Westeuropa und Russland gängig sind, korrigiert.
[129] Vgl. Schneider-Deters, Schicksalsjahre 376.
[130] Vgl. Schuller, Ukraine 79.

Es gibt unterschiedliche Angaben darüber, wie viele Menschen an diesem Tag starben; es war bereits eine zweistellige Zahl, einige Sicherheitskräfte aber vor allem Demonstranten.

Am Morgen des 19. Februar wurde der „Sturm" auf den Maidan aus ungeklärten Gründen wieder abgebrochen.[131]

DER BRAND DES GEWERKSCHAFTSGEBÄUDES

Kurz nach Mitternacht wurde das mächtige Gewerkschaftsgebäude in Brand gesteckt. Dieses Gebäude war über zweieinhalb Monate das logistische Zentrum der Demonstranten gewesen. Am Maidan wurden unterdessen auf der Bühne weiter Reden gehalten.

Es gelang, fast das ganze Gewerkschaftsgebäude zu evakuieren und die meisten Personen kamen heil davon. Einige erlitten Rauchgasvergiftungen. Wochen später wurden zwei verkohlte Leichen geborgen.

Dem regionalen Roten Kreuz wurde der Zugang zur Konfliktzone verweigert. Der EAD ersuchte das Internationale Komitee des Roten Kreuzes zu intervenieren. Dies brauchte aber Zeit. Olga Bogomolets, eine Ärztin, organisierte medizinische Hilfe am Maidan.

Nun, da das Gewerkschaftsgebäude brannte, brauchte das bisher darin untergebrachte provisorische Spital einen neuen Platz. Bislang waren alle Geschäfte um den Maidan und am Chreschtschatyk unversehrt geblieben, die Demonstranten hatten eine beinahe unglaubliche Disziplin gezeigt und alle Geschäfte heil belassen. Nun wurde aber der zentral gelegene Flagshipstore des Mobiltelefon-Providers „Kyiv-Star" ein Ziel. Maskierten Eindringlinge zerstörten die Überwachungskameras und wandten sich dann freundlich an die Mitarbeiter von „Kyiv-star": Sie bäten um Verständnis für ihr Vorgehen. Das Gewerkschaftsgebäude brenne. Es brauche aber ein Spital. Gemeinsam mit den Angestellten wurden alle Geräte, die zum Verkauf angeboten waren, weggeräumt und an einen sicheren Platz gebracht. Im Geschäft wurde das improvisierte Spital eingerichtet. Für ein weiteres Spital fand sich Platz im St. Michaelskloster – dem Sitz des ukrainisch-orthodoxen Patriarchen.

---

[131] Vgl. Schneider-Deters, Schicksalsjahre 382.

Drohungen von Gewalt gegen die Führung des Maidans

Am 18. Februar erhielt Andrij Parubij, der „Kommandant des Maidan", eine Warnung, dass er das Ziel einer von fünf „Spezialgruppen" sei, die zu jener Zeit in Kyjiw, angeblich unter Moskauer Kommando agierten. Er rechnete damit, dass die Führung des Maidan gezielt getötet werde. [132]

In der Nacht von 18. auf 19. Februar trafen Janukowytsch und die drei Oppositionsführer – Klytschko, Jazenjuk und Tjahnybok – zusammen. Das Gespräch blieb ergebnislos. Klytschko sagte uns später, der Präsident habe nie zugehört und die Verhaftung der drei Oppositionsführer angekündigt. Er habe behauptet, die Oppositionsführer hätten die Demonstranten ermutigt, zu den Waffen zu greifen und war nicht bereit, die bewaffneten Kräfte zurückzuziehen. Die Oppositionsführer betrachteten nun das Amnestiegesetz als Falle.

Mit Jan Tombinski trafen wir am 19. Februar Jazenjuk im Parlament. Er sah krank aus, unter den Augen dunkle Ringe. Er klagte über Fieber und darüber, dass er eigentlich ins Spital müsse. Vor Müdigkeit fiel er immer wieder vom Englischen ins Ukrainische. Seine Botschaft: „Zum ersten Mal sehe ich überhaupt keinen Ausweg mehr." Demnächst, meinte er, werde er und werden alle Demonstranten tot sein.

Wachsender Widerstand in der „Partei der Regionen"

Am 19. Februar veröffentlichte Präsident Janukowytsch eine Erklärung, in der er eine Reihe unwahrer Behauptungen aufstellte; das ukrainische Innenministerium blies in dasselbe Horn. Immer weniger glaubten dem – auch in den eigenen Reihen.

In den letzten Wochen hatten bereits einzelne Abgeordnete die Fraktion der „Regionen" verlassen. Nun wurde der Widerstand gegen Janukowytsch noch deutlich stärker. Rinat Achmetow und Dimitri Firtasch, zwei Oligarchen, die ihm bisher nahestanden, veröffentlichten unmissverständliche Erklärungen. Sieben weitere Abgeordnete verließen die Partei. Die Achmetow nahestehenden Abgeordneten drohten offen, die Fraktion zu verlassen. Auch von Sergej Tihipko, dem Ko-Vorsitzenden

---

[132] Vgl. Schneider-Deters, Schicksalsjahre 256.

der Partei, gab es kritische Worte. Es sollte noch einige Tage dauern, bis so viele die Seite gewechselt hatten, dass die Partei die Mehrheit im Parlament verloren hatte.

ERNEUTE ESKALATION AM 20 FEBRUAR

Am 20. Februar in der Früh griffen die „Verteidiger des Maidans" die Sicherheitskräfte erneut an, drängten sie vom Maidan zurück und besetzten wieder einen Teil der Institutskaja, der Straße, die vom Maidan zur Präsidentenadministration führt. Dort trafen sie auf harten Widerstand. Auf den Dächern und wohl auch auf den Hügeln waren Scharfschützen positioniert. Sie hatten offensichtlich den Auftrag, die Präsidentenadministration um jeden Preis zu schützen.

Sicher ist, dass die meisten Schützen äußerst professionell waren. Getötet wurde meist durch exakt gezielten Stirn-, Augen- oder Nackenschuss. Die Ausstattung der Maidan-Seite war in jeder Weise ungenügend; die Plastikhelme für die neue Form der Auseinandersetzung in keine Weise brauchbar. Die meisten Opfer waren schnell tot. Ein Demonstrant erzählte uns später, wie ein Nachbar plötzlich eingesackt sei und in einer Hockstellung verblieben sei. Erst viel später sei klar geworden, dass er erschossen worden sei.

Deutsche Journalisten konnten beobachten, dass Uniformierte auf einem Wagendach nahe des „Hotel Ukraina" systematisch in die Menge feuerten und zwanzig bis dreißig Menschen trafen.[133] Insgesamt starben laut Recherchen der United Nations Human Rights Monitoring Mission in Ukraine (HRMMU) 98 Personen bei den Auseinandersetzungen, davon 84 Demonstranten, ein Unbeteiligter und dreizehn Sicherheitskräfte. Die meisten Täter sind bekannt, sind aber aus der Ukraine geflohen.[134]

WER WAREN DIE SCHÜTZEN AM MAIDAN UND WER DIE AUFTRAGGEBER?

Bis heute ist nicht abschließend geklärt, wer die Schützen waren und wer der Auftraggeber.

---

[133] Schuller, Ukraine 82.
[134] Vgl. United Nations Human Rights Monitoring Mission in Ukraine: Briefing Note on Accountability for Killings and Violent Deaths During the Maidan Protests, https://reliefweb.int/report/ukraine/united-nations-human-rights-monitoring-mission-ukraine-briefing-note-accountability.

- Behauptet wurde, dass die Schützen aus dem Rechten Sektor kamen und diese auf die Demonstranten geschossen hätten, um eine Eskalation herbeizuführen. Argument dafür wäre, dass die Schüsse laut Videos vermutlich aus dem vom „Maidan-kontrollierten Bereich" kamen.[135] Dies ist äußerst unwahrscheinlich. Die Schützen waren professionell und hatten wohl hochleistungsfähige Präzisionswaffen, weshalb sie kaum dem Rechten Sektor zuzuordnen waren. Es gab keinen „Maidan-kontrollierten Bereich" und es gab auch keine Zugangskontrollen zu den Bereichen, in denen die Demonstrationen und später die Kampfhandlungen stattfanden. Während des ganzen Maidans gingen Menschen in diesem Stadtteil weiterhin zur Arbeit.
- Gemutmaßt wurde auch, dass die Berkut geschossen haben könnte. Es war zum Teil eine Anti-Terror-Einheit, die eine entsprechende Ausbildung hatte. Innenminister Sachartschenko ließ am 20. Februar verlauten, dass er den Sicherheitskräften erlaubt habe, Schusswaffen zu benutzen.[136]
- Verdächtigt wurde auch die Präsidentengarde, die jedenfalls den Ruf hatte, äußerst professionell zu sein. Sie rekrutierte sich aus Russen und Ukrainern.
- Es gab eine Spezialeinheit des ukrainischen Nachrichtendienstes, SBU Alpha.
- Schließlich wird über eine Rolle von russischen Diensten gemutmaßt. Es wurden uns Berichte zugetragen, wonach die Mitarbeiter des ukrainischen Auslandsgeheimdienstes aufgefordert wurden, zu Hause zu bleiben; russische Einheiten hätten deren Plätze eingenommen. Es gibt Berichte darüber, dass zwei Flugzeuge auf einem Militärflughafen im Westen der Stadt gelandet seien und diese die Schützen eingeflogen haben. Hier wurde eine Rolle des russischen FSB angenommen.

In einer Situation, wie sie im Februar 2014 herrschte, entstehen oft unterschiedliche Gerüchte; es gibt zahlreiche Mutmaßungen, was wirklich passiert ist. Letztlich kann die Frage nur im Rahmen eines sehr professionell geführten (Gerichts-) oder sonstigen Wahrheitsfindungsprozesses

---

[135] Vgl. z. B. Katchanovski, I., The Maidan Massacre in Ukraine: Revelations from Trials and Investigation, https://papers.ssrn.com/sol3/papers.cfm?abstract_id=4048494.
[136] Vgl. TSN. Захарченко офіційно дозволив силовикам вогнепальну зброю. TSN 20.2.2014, https://tsn.ua/video/video-novini/zaharchenko-oficiyno-dozvoliv-silovikam-vognepalnu-zbroyu.html, abgerufen am 28. Juni 2023.

geklärt werden. Ein solcher steht bis heute aus. Es gab Opfer unter den Sicherheitskräften. Die meisten Toten aber waren Demonstranten am Maidan, die sich eine bessere Zukunft für ihr Land gewünscht hatten, eine Zukunft in Europa. Erstmals in der Geschichte gab es Märtyrer für die europäische Integration.

Zwei Missionen am Weg nach Kyjiw

Angesichts der Eskalation am Maidan verabreden sich der Vorsitzende des Außenpolitischen Ausschusses des Europäischen Parlaments, Elmar Brok, und der polnische Außenminister Radosław Sikorski, nach Kyjiw zu reisen. Sie treffen am 19. Februar dort ein und führen Gespräche mit den Oppositionsführern aber auch mit Petro Poroschenko und Vertretern des Maidan.

Etwa um diese Zeit telefoniert Janukowytsch mit UNO-Generalsekretär Ban-ki Moon und erörtert die Möglichkeit der Entsendung von UN-Friedenstruppen. Die Idee war sinnvoll, aber auch aussichtslos. Für eine solche Mission wäre die Zustimmung Russlands im UN-Sicherheitsrat notwendig gewesen. Diese war aber kaum vorstellbar.

Parallel dazu ist eine zweite Mission in Vorbereitung, jene des deutschen Außenministers Frank-Walter Steinmeier und seines französischen Kollegen Laurent Fabius. Steinmeier und Brok kommen überein, die Missionen zu verbinden. Am 20. Februar treffen Steinmeier und Fabius am Vormittag, begleitet von einer großen Journalistendelegation, an. Es sollte ein Verhandlungsmarathon von über dreißig Stunden werden. Parallel dazu tagt der Rat Auswärtige Angelegenheiten in Brüssel und entscheidet über die ersten Sanktionen.

Ein Verhandlungsmarathon

Am Vormittag des 20. Februar werden die drei Außenminister gemeinsam mit Jan Tombinski in die Präsidentenadministration eingeladen. Durch mehrere Sicherheitscordons erreichen sie die Präsidentenadministration. Am Maidan und auf der Straße vom Maidan zur Präsidentenadministration wird weiter geschossen. Brok darf nicht mit zu den Gesprächen – er war bei Janukowytsch zu sehr als Fürsprecher Tymoschenkos bekannt. Mit dabei war auch eine Dolmetscherin der EU-Delegation.

Janukowytsch erwartet sie, bei ihm u. a. Sergej Tihipko, der zweite Parteichef der „Partei der Regionen", Sergej Klujew, Chef der Präsidentenadministration, und Außenminister Leonid Koschara. Kurz nach Beginn des Gespräches wird Janukowytsch zum Telefon gerufen. Es ist Angela Merkel, die ihn darüber informiert, Wladimir Putin vorgeschlagen zu haben, einen Gesandten zu den Verhandlungen zu entsenden. Putin habe zugestimmt. Janukowytsch ist ebenfalls einverstanden. Er kehrt zum Gespräch zurück, wird aber bald wieder weggeholt.

Diesmal ist Wladimir Putin am Telefon. Er kündigt die Entsendung von Wladimir Lukin, dem ehemaligen russischen Ombudsmann und früheren Vorsitzenden des Außenpolitischen Ausschusses der Duma, an. Janukowytsch ist einverstanden. Die vier anwesenden Außenminister sind ein wenig überrascht, dass es nicht Sergej Lawrow ist. Die Entscheidung wurde aber von allen akzeptiert. Lukin bricht unmittelbar darauf zum Flughafen auf.

Später meldet sich auch noch US-Vizepräsident Joe Biden.

Steinmeier, Fabius, Sikorski und Lukin verhandeln zuerst rund vier Stunden mit dem Präsidenten und seinen Beratern. Danach fahren die drei Minister aus der EU in die EU-Delegation, besprechen sich zunächst intern und verhandeln dann mit den drei Oppositionsführern. Allmählich zeichnet sich ein Lösungsweg ab. Zwischendurch werden Änderungsvorschläge zu den Schlussfolgerungen des Außenministerrats, der gerade in Brüssel tagt, übermittelt. Im Erdgeschoss warten unterdessen unzählige Journalisten. Merkel ruft an und empfiehlt den drei Oppositionsführern, das Risiko eines Abkommens mit Janukowytsch einzugehen.[137]

Dann fahren die drei Minister und die Oppositionsführer wieder zurück in die Präsidentenadministration. Nun wird mit beiden Seiten gemeinsam verhandelt. Sikorski kommt eine wichtige Rolle zu. Mit drastischen Worten bringt er beiden Seiten den Ernst der Lage näher. Janukowytsch erinnert er an den Internationalen Strafgerichtshof in Den Haag, die Oppositionsführer an die Gefahr, im ukrainischen Gefängnis zu landen oder im Kugelhagel umzukommen. Später fordert er mit ähnlich drastischen Worten Vertreter des Maidans auf, dem Abkommen zuzustimmen. Noch gebe es aber Zeit für Versöhnung.

---

[137] Vgl. Schuller, Ukraine 85. Zwei der drei Oppositionsführer standen der CDU näher als der SPD, der Frank-Walter Steinmeier angehörte.

Janukowytsch nimmt zeitweise am Gespräch teil, sitzt aber teilweise unbeteiligt da, wie eingefroren. Gefragt, ob er wisse, wie viele seiner Bürger nun schon tot seien, zuckt er die Achseln. Welch ein Unterschied zum dynamischen Wahlkampfredner aus 2012.

Bald danach trifft Lukin ein. Er beteiligt sich konstruktiv am Gespräch. Bald wird klar, dass er zwei Vorgaben hat: Erstens: Der Kreml will, dass der Maidan rasch aufgelöst wird. Dies ist das Wichtigste. Zweitens: Es soll eine möglichst geringe Rolle für die OSZE geben. Hier war Putins Vorgabe also deutlich restriktiver als die Lawrows, der sich bei der Münchener Sicherheitskonferenz für ein OSZE-Mission offen gezeigt hatte.

Die russische Forderung, dass der Maidan aufgelöst wird, richtete sich nach Vorstellung des Kremls primär an den Westen. Nach russischer Vorstellung war dieser ja vom Westen inszeniert. Diese Annahme war jedoch falsch. Der Westen – und vor allem die drei Minister – hatte kaum Einfluss auf die Demonstranten.

Für die Opposition aber ist die Forderung nach Auflösung des Maidans vollkommen inakzeptabel. Hätte sie diese Forderung angenommen, hätte sie sofort das Vertrauen des Maidans verspielt, ohne, dass sie irgendetwas erreicht hätte – die Demonstranten wären geblieben.

Die Verhandlungen selbst finden in sachlicher, konstruktiver und höflicher Atmosphäre statt. Das Mittagessen wird noch serviert. Abendessen gibt es keines mehr. In einer Pause gingen die hohen Gäste in die Küche und machten sich belegte Brote.

In den Morgenstunden des 21. Februar kann schließlich eine Vereinbarung erzielt werden. Sie umfasst sechs Punkte:

1. Innerhalb von 48 Stunden nach der Unterzeichnung des Abkommens soll ein Sondergesetz im Parlament angenommen, unterschrieben und veröffentlicht werden, das die Verfassung von 2004 wieder in Kraft setzt. Damit gibt der Präsident Macht an die Regierung und das Parlament ab. Zudem vereinbaren die Unterzeichner, innerhalb von zehn Tagen eine „Regierung der nationalen Einheit" zu bilden.

2. Eine Verfassungsreform soll umgehend in Angriff genommen und bis September 2014 abgeschlossen werden. Ziel ist es der Erklärung zufolge, die Macht zwischen Präsidenten, Regierung und Parlament neu auszubalancieren.

3. Präsidentschaftswahlen sollen abgehalten werden, „sobald die neue Verfassung angenommen ist, aber nicht später als Dezember 2014".

Zudem sollen neue Wahlgesetze verabschiedet und eine neue Wahlkommission „auf der Grundlage von Proportionalität" gebildet werden.

4. Die Gewalt in der Ukraine soll unter gemeinsamer Aufsicht von Regierung, Opposition und dem Europarat untersucht werden.

5. Die Regierung verpflichtet sich in dem Abkommen, keinen Ausnahmezustand zu verhängen: „Die Regierung und die Opposition werden von Gewalt absehen". Beide Seiten sagen zudem zu, sich um eine Rückkehr zum Normalzustand in Städten und Dörfern zu bemühen, indem besetzte Gebäude sowie Straßen, Plätze und Parks geräumt werden. Illegale Waffen sollen innerhalb von 24 Stunden nach Inkrafttreten des unter Punkt 1 genannten Sondergesetzes an das Innenministerium übergeben werden.

6. Die Außenminister von Deutschland, Frankreich und Polen – Frank-Walter Steinmeier, Laurent Fabius und Radosław Sikorski – sowie der Sondergesandte Russlands, Wladimir Lukin, rufen zu einem „sofortigen Ende aller Gewalt und Konfrontation" auf. [138]

Die Vereinbarung wurde in den nächsten Wochen teilweise umgesetzt, auch wenn sie durch Janukowytschs Abreise und den russischen Rückzug vieles geändert hatte.

Der russische Gesandte muss die Verhandlungen verlassen

Das Abkommen wird schließlich initialisiert. Als die Reihe an Lukin ist, erscheint der russische Botschafter Michail Surabow in der Tür, betritt den Saal aber nicht. Er bedeutet Lukin zu kommen. Lukin will noch seine Paraphe unter die Vereinbarung setzen und tut dies auch. Dann verlässt er mit Surabow den Raum. Der Kreml war offensichtlich informiert, dass seine zentrale Forderung, die Auflösung des Maidan, nicht zur Gänze erfüllt ist. Das Abkommen enthielt dazu nur eine Verwendungszusage. Die andere Forderung des Kremls, dass die OSZE keine Rolle erhalten sollte, war erfüllt.

Taktisch war die Abberufung des russischen Unterhändlers ein kluger Schachzug des Kremls, strategisch aber ein schwerwiegender Fehler.

Es kann kein Zweifel daran bestehen, dass der russische Botschafter in diesem Falle auf Weisung von „ganz oben" handelte. Putin ist ein guter

---

[138] Vgl. Tagesschau. Einigung zwischen den Konfliktparteien: Die Vereinbarung von Kiew, https://www.tagesschau.de/ausland/ukraine-vereinbarung100.html, abgerufen am 28.3.2023.

Stratege und Taktiker. Oft sieht er Dinge früher als die meisten anderen Menschen. Mit dem Rückzug des russischen Vertreters war das Abkommen deutlich entwertet. Vor allem für die Janukowytsch-Fraktion war es faktisch wertlos, sie war ja von der Unterstützung des Kremls abhängig.

In dem Falle war Putin aber ein gravierender Fehler unterlaufen. Für den traumatisierten Janukowytsch war der Verlust der russischen Unterstützung in dieser schwierigen Situation dramatisch. Es war wohl einer der Gründe, warum er bald darauf beschloss, aus Kyjiw zu fliehen. Putin aber hatte seinen Einfluss auf die Ukraine zuletzt ganz auf dessen damaligen Präsidenten gegründet. So wurde der Verzicht auf die russische Unterschrift der entscheidende Schritt zum Verlust an Einfluss des Kremls auf die Ukraine.

Protest des Maidans und Unterzeichnung des Abkommens

Die Vertragsparteien und die Zeugen vereinbaren die Unterzeichnung der Vereinbarung für zwölf Uhr Mittag. Davor wollen sich alle Verhandlungsteilnehmer zumindest für ein paar Stunden erfrischen. Nach der durchwachten und durchverhandelten Nacht ist dies naheliegend.

Am späteren Vormittag erhält Lukin die Weisung, nach Moskau zurückzukehren. Im Gespräch mit Brok bedauert er dies. Die Weisung dafür sei direkt aus dem Kreml gekommen. Etwa zur gleichen Zeit kündigt Premierminister Medwedew an, dass die russische Regierung vorerst die Auszahlung der nächsten Kreditrate in der Höhe von 2 Milliarden Dollar aussetze. Russland werde sich bemühen, alle seine Verpflichtungen zu erfüllen. Es brauche aber in Kyjiw legitime und effektive Autoritäten.[139]

Gegen zwölf Uhr wird bekannt, dass der Maidan das Abkommen ablehne. Für vierzehn Uhr ist eine Trauerstunde für die am Maidan Verstorbenen geplant, nun soll kurz davor ein Abkommen unterzeichnet werden, von dem viele annehmen, es würde von der Regierung genauso gebrochen werden, wie jenes vom Wochenanfang. Die Oppositionsführer wenden sich also an den Maidan-Rat und versuchen, ihnen die Vereinbarung näher zu bringen. Doch der Widerstand bleibt: Es sei unzumutbar, dass die Opposition mit Mördern auch nur verhandle. Sikorski versucht sie zu

---

[139] Vgl. Trindle, J., The Loan that Launched a Crisis. Foreign Policy 21. Februar 2014, https://foreignpolicy.com/2014/02/21/the-loan-that-launched-a-crisis/, abgerufen am 3. Juli 2023.

überzeugen: „Ihr werdet alle tot sein." Der Maidan-Rat stimmt der Vereinbarung mit einigen Stunden Zeitverzug schließlich doch mit 28 Stimmen zu zwei Enthaltungen und zwei Gegenstimmen zu[140].

Ähnlich sieht es am Maidan selbst aus: Als Klytschko und Jazenjuk das Abkommen auf der Bühne verlesen, rufen viele Stimmen nach Dmytro Jarosch, dem Chef des „Rechten Sektors", der bewaffneten Einheiten am Maidan. Schließlich kommt es aber zu keiner Gewalt, vielleicht sogar zu einer Art Akzeptanz des Textes.

Während die Diskussionen noch andauern, gibt es eine eigenartige Entwicklung. Ein Beobachter, der vor Ort war schilderte es mir so: „Kurz nach zwölf Uhr fuhren mehrere Polizeibusse vor und holten die Berkut ab. Eine Einheit nach der anderen stieg in den Bus und fuhr weg."

Das Abkommen selbst wird am frühen Nachmittag unterzeichnet, für die Konfliktparteien Präsident Janukowytsch und die Oppositionsführer Klytschko, Tjahnybok und Jazenjuk. Als Zeugen unterschreiben die drei Außenminister Sikorski, Steinmeier und Fabius. Die gepunktete Linie über dem Namen des russischen Verhandlers Lukin blieb frei. Die Medienpräsenz aus dem Inland und aus dem Ausland ist überwältigend. Die Bilder von der Unterzeichnung gehen um die Welt. Janukowytschs Auftritt bei der Unterzeichnung wirkt staatsmännisch. Es zeigt, dass er sich seiner Verantwortung als Staatsoberhaupt noch bewusst ist.

Die Parlamentsabgeordneten treten auf eigene Initiative zusammen

Am 20. Februar, also jenem Tag, an dem die Verhandler aus Deutschland, Frankreich, Polen und Russland im Präsidentenamt verhandeln, gibt es einige hunderte Meter davon entfernt, im ukrainischen Parlament eine Entwicklung, die von jener in der Präsidentenadministration weitgehend unabhängig ist. Dort versammeln sich immer mehr Abgeordnete.

Grundsätzlich tritt das ukrainische Parlament auf Einladung des Parlamentssprechers zusammen. Ist er verhindert, so kommt einem Stellvertreter die Aufgabe zu. Für dieses Treffen gibt es aber keine offizielle Einladung. Der Sprecher, Rybak, wird nicht tätig. Die Abgeordneten riefen einander an und baten einander zu kommen. Viele waren in ihren

---

[140] Vgl. Schuller, Ukraine 86.

Wahlkreisen und hatten eine weite Anreise. Die Abgeordneten wollen tätig um auf die Eskalation der Gewalt am Maidan zu reagieren.

Das Parlament kann Beschlüsse fassen, sofern zumindest 226 der 450 Abgeordneten dafür stimmen.

Zuerst hatten sich einige Oppositionspolitiker versammelt, gemeinsam mit einigen moderaten Vertretern der „Partei der Regionen". Über Stunden steigt die Zahl der offiziell registrierten Abgeordneten langsam an – gewählte Vertreter kommen aus den Regionen, andere zögerten zuerst. Am frühen Nachmittag sind es 221, dann 223. In der EU-Delegation zählen wir die Eintreffenden. Schließlich ist die entscheidende Zahl erreicht – 227 Volksvertreter sind registriert. Der Stellvertretende Sprecher übernimmt die Sitzungsleitung.

Nun ist klar, dass Janukowytsch die Mehrheit im Parlament verloren und ihm ein Teil seiner Gefolgschaft die Treue aufgekündigt hatte. In seinem letzten Interview auf ukrainischem Boden gibt er am nächsten Tag an, dass diese Aufkündigung der Loyalität unter einem Teil seiner Abgeordneten der Grund gewesen sei, warum er Kyjiw verlassen habe.

Zuerst wird im Parlament über eine Resolution abgestimmt, die für alle annehmbar ist – eine Forderung nach Ende der Gewalt und der Wiederaufnahme des politischen Dialogs. Die Regierung wurde angewiesen, die Anti-Terror-Operation mit sofortiger Wirkung anzuhalten, da sie gegen die Verfassung verstieß. Das Innenministerium wurde beauftragt, seine Einsatzkräfte in die Kasernen zurückzuziehen. Schon bald aber sollten noch gewichtigere Beschlüsse gefällt werden, vor allem die Rückkehr zur Verfassung von 2004 (s. Seite 166.)

Immer mehr Abgeordnete erscheinen im Parlament, bald sind es über dreihundert, später noch viel mehr.

Leichen zählen

Diplomatie steht für vieles, leider auch oft Aussichtsloses. Eine besonders undankbare Aufgabe ist es, bei gewaltsamen Konflikten im Gastland Fakten zu sammeln. Zu den furchtbarsten Aufgaben von Diplomaten gehört es, in einer Krisensituation die Zahl der Erschossenen zu zählen. Es ist jedoch eine wichtige Aufgabe, die verhindern kann, dass im Nachhinein politische Morde vertuscht werden.

In vielen Fällen ist dies nicht gelungen. Bis heute ist nicht bekannt, was genau Ende der siebziger Jahre bei den Aufständen in Jugoslawien, vor allem in Kroatien geschah, und was vielleicht zu den Kriegen ein Jahrzehnt später beigetragen hatte. Ebenso wenig ist bekannt, was bei den Aufständen in der Usbekischen SSR im gleichen Jahrzehnt geschah. Moskau gab Kabul damals die Schuld für die Aufstände und begann den Krieg gegen Afghanistan – Beginn von über vierzig Jahren gewaltsamen Auseinandersetzungen.

Im Falle des Maidan war dies möglich. Es bedeutete: Besuch der Leichenhäuser, Zählung der Erschossenen, wo möglich, eine Zuordnung, ob die Opfer Demonstranten oder Sicherheitskräfte waren. In unserem Falle übernahmen diese furchtbare Aufgabe ein junger spanischer Kollege aus der EU- Delegation und ein Mitarbeiter einer nordischen Botschaft.

DIE BERKUT RÄUMT DIE STADT

Wie erwähnt, wurde die Berkut ab 21. Februar zu Mittag aus der Kyjiwer Innenstadt abgezogen. Auch die Präsidentengarde war plötzlich weg. Dasselbe galt für die Scharfschützen, wem immer sie zuzurechnen waren. Alle Sicherheitskräfte waren mit einem Mal aus der Innenstadt verschwunden.

Eine Anfrage bei Andrej Klujew, dem Chef der Präsidentenadministration, ergab: Befehl von ganz oben. Janukowytsch bestätigte später in seinem ersten Interview nach der Flucht in Rostow am Don, dass er tatsächlich diesen Befehl gegeben hatte. Noch war er der mächtigste Mann im Lande.

Die Entscheidung wirkte erratisch und trug zur Vertiefung der Krise im Land bei. Es gab angeblich an diesem Tag telefonische Kontakte zwischen Putin und Janukowytsch. Der Befehl war aber sicher nicht im Interesse Putins. In keiner Weise war er mit der europäischen Seite abgestimmt. Er war aber wesentlich für die Eskalation des Konflikts zwischen Russland und dem Westen.

Grund war wahrscheinlich die Resolution über die Verurteilung von Gewalt, die im Parlament angenommen worden war.[141] Diese hatte daran erinnert hatte, dass die „Anti-Terror-Operation" und vor allem der Befehl, auf Demonstranten zu schießen rechtswidrig waren. Wer immer trotzdem Gewalt anwenden würde, dem wurde strafrechtlichen Konsequenzen gedroht.

---

[141] Vgl. Schneider-Deters, Schicksalsjahre I, 427-428.

Ein Augenblick der Entspannung

Am Abend dieses Tages verfasste ich einen überaus optimistischen Bericht nach Brüssel: Das entscheidende Abkommen ist unterzeichnet. Der Weg zu einer friedlichen Lösung des Konflikts ist offen. Eine Gewaltenteilung ist vereinbart, das Parlament tagt in Permanenz und hat bereits eine Reihe wichtiger Beschlüsse gefasst. Die bewaffneten Polizeieinheiten sind abgezogen. Sogar Schusters Show, die seit drei Monaten verbotene, halbfreie Politikshow, wurde an diesem Tag wieder ausgestrahlt. Das Assoziierungsabkommen werde bald wieder auf der Agenda stehen. Der Bericht kam früher als alle Medienberichte und machte in Brüssel die Runde, von verschiedensten Stellen aus Brüssel Teilen bekomme ich überraschte und begeisterte Rückmeldung.

Am Abend ging ich erschöpft und erleichtert nach Hause. Die Krise schien vorbei. Als Familie beschlossen wir, die bevorstehenden viertägigen Schulferien zu nützen, um auf die Krim zu fahren – auch im Februar ein lohnendes Ziel. Nach all den Wochen seit Mitte November ohne einen einzigen freien Tag und Samstagen und Sonntagen in Verhandlungen brauchte es eindeutig Erholung. Die Buchung von Hotel und Flug verschoben wir auf den nächsten Tag. Die Reise sollte nicht zustande kommen, die Krise war nicht vorbei.

Rückblick – die wichtigsten Fehler während der Krise

Es ist selten, dass es zwei Revolutionen um einen Menschen gibt. Im Falle der Ukraine ist gerade das geschehen. Die Fälschung der Wahlen 2004, die vom Team um Janukowytsch manipuliert wurde, war die Ursache für die orange Revolution. Die drohende Zahlungsunfähigkeit der Ukraine, der plötzliche Kurswechsel zur europäischen Integration, Korruption, Willkür der Sicherheitskräfte radikalisierten die Demonstranten 2013/14 und führten schließlich zur Tragöde Ende Februar 2014.

Was aber waren die wichtigsten Fehler, die die regierende Schicht in den entscheidenden Monaten von November 2013 bis Februar 2014 gemacht hatten?

Staatliche (Des-)Informationspolitik: Die Sowjetunion zerbrach unter anderem an ihrer eigenen Desinformationspolitik. Auch die Krise von 2013/2014 wurde durch staatliche Desinformationspolitik verschärft. So versuchte 2013 Premierminister Nikolaj Asarow seiner Bevölkerung die Wahrheit über den drohenden Staatsbankrott zu verheimlichen und die gleichgeschalteten Fernsehanstalten verschwiegen der Bevölkerung, dass es Demonstrationen am Maidan gab. Staatliche Propaganda sprach von den angeblich unglaublichen Schäden, den die europäische Integration anrichten würde. All dies führte nicht zum erhofften raschen Ende der Krise, sondern vertiefte das Misstrauen jener, die sich längst über soziale Medien vernetzt hatten und die Aussagen der Politiker an dem maßen, was sie aus anderen Quellen wussten. Die Geschichte der Ukraine 2010 bis 2014 markierte den Sieg einer erstarkenden gebildeten Mittelschicht.

Bedrohlich war, dass die Praxis staatlicher Desinformationspolitik in Russland noch strikter angewandt wird, als sie unter Janukowytsch angewandt wurde. Nun, da 2022 der Krieg offen ausgebrochen ist, sehen wir die dramatischen Folgen daraus.

Der Irrglaube vom externen Feind: Monatelang glaubten die Regierenden in der Ukraine, die Demonstrationen seien aus dem Westen gesteuert und von der EU, den USA, Polen oder Litauen finanziert. Die Idee ist absurd. Die Unzufriedenheit war hausgemacht, plötzlicher Kurswechsel, Polizeiwillkür, unerfüllte Versprechen, willkürliche Politjustiz, drohender Ausverkauf an Russland und schließlich der Kampf gegen diktatorische Praktiken waren die wichtigsten Ursachen. Gerade der Aberglaube von einer auswärtigen Finanzierung der Demonstrationen machte die Regierung Asarow aber unfähig, auf die Krise adäquat zu reagieren.

Versäumte Polizeireform und versäumte Justizreform: Den Maidan hätte es nie gegeben, hätten Polizei und Justiz korrekt gearbeitet. Es gab pro-europäische Demonstrationen in Kyjiw im November. Wegen Assoziierungsabkommen und russischem Kredit wären sie aber nie so hartnäckig geworden. Vielmehr wären sie nach ein paar Monaten eingeschlafen. Als die Polizei schlafende Studierende am Kyjiwer Hauptplatz verprügelte, gingen die Leute zu hunderttausenden auf die Straße. Hätte die Staatsanwaltschaft jene angezeigt, die exzessive Gewalt verübten und die Gerichte sie und die Anstifter verurteilt – es wäre noch immer alles gut gegangen. Aber die Staatsanwaltschaft zeigte die Opfer an und die Gerichte verurteilten Unschuldige – und so kam es zur Tragödie. Die Fehler wurden später noch schlimmer: Statt das Amnestiegesetz vom 28. Jänner umzusetzen, wurden die verhafteten Demonstranten als Geiseln für ein Ende der Gebäudebesetzungen genommen. Als schließlich der Maidan auf dieses Spiel einging, erfolgte die versprochene Freilassung doch wieder nicht.

Mangelndes Krisenmanagement: Die Zeit von Dezember bis Februar 2014 kann als Lehrbeispiel dafür gelten, wie eine Krise unlösbar wird, wenn sie zu lange aufgeschoben wird. Zu Beginn hätte Janukowytsch die Krise lösen können, wären ein paar Gewalttäter in den Anti-Terror-Einheiten suspendiert worden und wäre der Innenminister gefeuert worden. Später hätte eine Regierungsumbildung vielleicht noch gereicht. Noch später ein Rücktritt der Regierung, einige Wochen später wäre eine Verfassungsänderung mit einer Machtteilung noch ausreichend gewesen. Schließlich sprachen die Waffen. Und zuletzt gaben alle auf, die das Krisenmanagement immer weiter aufgeschoben hatten.

Wurde der Kreml vom Westen in die Irre geführt?

Immer und immer wieder behauptete Putin und behaupteten russische Diplomaten, der Westen habe Russland im Februar 2014 in die Irre geführt. Die Außenminister Deutschlands, Frankreichs und Polens seien nach Kyjiw gekommen. Es habe eine Vereinbarung gegeben. Diese sei aber nicht eingehalten worden und etwas ganz Anderes sei geschehen.

Der Vorwurf ist schwerwiegend. Er war folgenschwer. Er ist falsch.

Richtig ist: Der Befehl zum Abzug der Berkut, der Polizei und der Präsidentengarde aus der Kyjiwer Innenstadt war kein Teil der Vereinbarung. Auch Janukowytschs Abreise aus Kyjiw stand nicht im Abkommen. Beides gab dem Konflikt eine ganz überraschende Wendung. Weder das eine noch das andere war von einem der drei Außenminister in Auftrag gegeben worden. Es war die alleinige Entscheidung Janukowytschs. Janukowytsch hatte eine bisher nie gekannte Machtfülle in der Ukraine akkumuliert. Als er ging, entstand ein Vakuum. Beim Füllen dieses Vakuums hatten die drei Außenminister (aber auch andere westliche Mächte) keine Rolle. Im Kreml herrschte aber offensichtlich die Theorie, dies wäre anders. Ein folgenschwerer und tragischer Irrtum.

Das Muster „eines ist vereinbart, etwas Anderes geschieht tatsächlich" wurde in den folgenden Monaten vom Kreml immer wieder angewandt und konterkarierte viele Vereinbarungen die zwischen der russischen und der ukrainischen Führung, aber auch im Normandie-Format getroffen wurden.

DIE KRITISCHEN TAGE NACH DER WENDE

DER PRÄSIDENT VERLÄSST KYJIW

Wenige Stunden nach Unterzeichnung des Abkommens wurde bekannt, dass Präsident Janukowytsch die Stadt Kyjiw Richtung Osten verlassen hatte.

In Charkiw plante die „Partei der Regionen" einen Kongress der östlichen Provinzen, an dem er teilnehmen wollte. Manche Mitglieder der Partei glaubten, die Ukraine würde nun in einen östlichen und einen westlichen Teil zerfallen. Janukowytsch selbst kündigte an, er wolle an einen Ort gehen, wo er mehr geschätzt werde. Der Kongress war mäßig gut besucht, es hab angeblich 3.000 Teilnehmer. Aus dem Kongress wurde nichts. Es gab praktisch keine Teilnehmer. Die Abgeordneten der „Partei der Regionen" waren zum Großteil im Parlament. Etwa zur gleichen Zeit demonstrierten angeblich 20.000 Menschen in Charkiw gegen Separatismus. In den nächsten Tagen sollte es beinahe täglich Demonstranten beider Seiten geben.[142]

Janukowytsch gab sein letztes Interview in der Ukraine, offensichtlich in einer Privatwohnung. Er meinte, seine Partei habe ein paar tausend Mitglieder verloren. Tatsächlich hatte sie sich beinahe aufgelöst.

Über die „Flucht" Janukowytschs ist viel spekuliert worden. Möglicherweise war sie in dieser Form nicht von Anfang an geplant. Vielleicht sollte es einfach eine Abreise zum Parteikongress sein. Dagegen spricht, dass er bereits Anfang Februar nicht mehr zurückkommen hatte wollen und am 19. Februar bereits einen Teil seiner Sachen gepackt hatte. Entscheidender als die Abreise aus Kyjiw war jedenfalls die Entscheidung, die Sicherheitskräfte aus der Kyjiwer Innenstadt abzuziehen.

DIE PRÄSIDENTENADMINISTRATION BLEIBT UNBEWACHT

Aus unserem Plan, auf die Krim zu reisen, wurde nichts. Am nächsten Tag rief mich der EU-Delegationsleiter Tombinski ausnahmsweise um fünf Uhr früh an: „Janukowytsch ist verschwunden, die Bankowa ist unbewacht!" Wenig später versammelten wir uns in der Delegation. Die Ukraine befand sich in einer ungekannt fragilen Situation.

---

[142] Vgl. Zhadan 75-77.

Heikel war vor allem, dass die Bankowa, die Präsidentschaftskanzlei unbewacht war. Viele Demonstranten waren nach den letzten Wochen und Monaten radikalisiert. Eine kleine bewaffnete Gruppe, etwa des „Rechten Sektors", könnte in die Präsidentenadministration eindringen und ihren Chef als Interimspräsidenten ausrufen lassen. Der Ort konnte den Herrschaftsanspruch legitimieren. Ein Teil der Bevölkerung würde ihn anerkennen, ein anderer Teil ihn ebenso vehement ablehnen. Eventuell müsste er mit Gewalt vertrieben werden – neues Blutvergießen. Eventuell könnte das, wofür die Menschen am Maidan nach dem 16. Jänner gestanden waren – Demokratie und Menschenrechte – vom neuen Machthaber ignoriert werden.

Vielleicht war dies die größte Stunde von Jan Tombinski. Es galt, das Präsidentenamt zu schützen. Am besten könnte das durch einen früheren Präsidenten erfolgen. Denkbar wäre Krawtschuk, Kutschma oder Juschtschenko. Die Wahl fiel auf Krawtschuk. Als erster Präsident der Ukraine hatte er eine besondere Autorität. Tombinski rief Krawtschuk an. Krawtschuk verstand die Gefahr sofort und sagte zu, das Nötige zu veranlassen. Er verlangte keine Publizität. Aber er trug an einem entscheidenden Tag dazu bei, dass nichts Dramatisches geschah. Wären Bewaffnete in die Bankowa eingedrungen, so hätte er sie höflich am Orte seines früheren Wirkens begrüßt. Es ist schwierig, in Anwesenheit eines ehemaligen Präsidenten und Staatsgründers, einen Diktator auszurufen.

Tatsächlich erwies sich dies als nicht notwendig. Selbsternannte Sicherheitskräfte in Fantasieuniformen übernahmen die Bewachung der Präsidentschaftskanzlei, des Parlaments und des Regierungsgebäudes, betraten die Gebäude aber nicht. Als Diplomaten ließen sie uns aber sowohl das Regierungsgebäude besuchen, wo wir den letzten Minister der Regierung trafen, als auch das Parlament, wo wir nicht nur Abgeordnete, sondern auch unseren russischen Kollegen begegneten.

Das verlassene Anwesen des Präsidenten

Es gab schon lange Berichte über die unglaubliche Korruption in der Regierung Janukowytschs – wie auch der in früheren ukrainischen Regierungen. Ein ehemaliger Regierungschef saß jahrelang in den USA in Haft. Immer wieder gab es auch Berichte über Janukowytschs angebliches extrem luxuriöses Anwesen am „Kyjiwer Meer", einem großen Stausee nördlich der Stadt. Dessen Kern bildete die rund ein Jahrzehnt zuvor privatisierte Premierministervilla, einige hundert Meter von der noch immer im staatlichen Eigentum befindlichen Präsidentenvilla, die sich daneben sehr bescheiden ausmachte. In der Nacht vom 21. auf 22. Februar – berichten Augenzeugen – hätten zwei Hubschrauber und einige Lastwägen das Anwesen verlassen. Dokumente seien einfach in den Stausee geworfen worden.[143]

Am 22. Februar kamen nun Schaulustige zur Residenz Janukowytschs. Zuerst wurden sie in den Park eingelassen, einige Stunden später auch ins Haus. Die Bilder vom luxuriösen Kitsch und von den unglaublichen Reichtümern, die Janukowytsch innerhalb der wenigen Jahre seiner Regierung angehäuft hatte, gingen um die Welt.

Die Villa wirkte wie ein Schloss. Das Anwesen mit 137 Hektar Parkanlage war in bestem Zustand. Exotische Vögel fanden sich darin ebenso, wie wertvolle Oldtimer. Es gab eine kleine Alm, auf der Kühe weideten und Milch bester Qualität für den Eigentümer produzierten. Zahlreiche wertvolle Kunstwerke waren aus ukrainischen Museen entfernt und hierhergebracht worden. Berühmt wurde das goldene WC.

An die Residenz schließt ein Villen-Viertel an. Auch dieses war verlassen, die meisten Häuser waren leer. Die Demonstranten besuchten auch viele andere Häuser, unter anderem die Luxus-Villa des ebenfalls geflohenen Generalstaatsanwalts Wiktor Pschonka. Aus dieser erlangt ein Bild Berühmtheit: Ein Gemälde, auf dem Pschonka als Napoleon verkleidet dargestellt ist.

Es hatte wohl in Online-Medien Berichte über die Residenz des Präsidenten gegeben, aber erst durch den plötzlichen Aufbruch des Präsidenten wurde klar, wie korrupt das Regime tatsächlich war – mit einem jährlichen offiziellen staatlichen Präsidenten-Gehalt von 80.000 USD wäre ein solcher Reichtum nie denkbar gewesen, auch nicht von fünf Millionen pro Jahr. Spätestens ab diesem Zeitpunkt war klar, dass es für Janukowytsch keinen Weg mehr zurück gab.

Alexej Luschkow, der bekannte russische Politikkommentator, meinte angesichts dieser Bilder in seiner bekannten Fernsehsendung „Post Skriptum": Ein trauriges Ende für einen Präsidenten.

---

[143] Vgl. Schuller, Ukraine 88.

An diesem Abend entschied Präsident Putin über die Annexion der Krim und beauftragte Verteidigungsminister Sergej Schoigu, Nachrichtendienst und Eliteeinheiten auf die Krim zu entsenden. [144] Die Weltöffentlichkeit erfuhr erst später davon. Am nächsten Tag saßen Putin und Medwedew entspannt und scherzend auf der Olympia-Tribüne in Sotschi und sahen dem Abschluss der Winterspiele zu. Kaum jemand hätte geahnt, dass die Annexion der Krim bereits beschlossene Sache war.

DAS PARLAMENT TAGT IN PERMANENZ

Unterdessen tagte das Parlament beinahe ununterbrochen und traf eine wichtige Entscheidung nach der anderen. Parlamentssprecher Wolodymyr Rybak erklärte am 22. Februar seinen Rücktritt und machte damit den Weg frei für eine wichtige politische Veränderung. Das Parlament wählte mit großer Mehrheit Oleksandr Turtschynow, den Stellvertreter Tymoschenkos, zum Nachfolger. Innenminister Witalij Sachartschenko, der für die Gewalt gegen die friedlichen Demonstranten verantwortlich gemacht wurde, wurde abgesetzt.

Kurz danach wurde eine Änderung des Strafgesetzes beschlossen; auf ihrer Basis wurde Julia Tymoschenko wenige Stunden später aus der Haft entlassen. Sie kehrte nach dreißig Monaten Gefängnis nach Kyjiw zurück und kam im Rollstuhl auf den Maidan, wo sie eine Rede hielt.

DIE WIEDEREINSETZUNG DER VERFASSUNG 2004

Bekanntlich stand am Anfang der Krise die Außerkraftsetzung der Verfassung von 2004 durch einen „Staatsstreich des Verfassungsgerichtshofes". Eine der ersten Entscheidungen des Parlaments noch Ende Februar war, das umzusetzen, was Regierung und Opposition unter europäischer und russischer Garantie vereinbart hatten: die alte Verfassung aus 2004 wieder in Kraft zu setzen. Der Beschluss erfolgte mit überzeugender Mehrheit, mit deutlich mehr als dreihundert Stimmen. Dabei wurde allerdings eine Verfahrensvorschrift verletzt: Die Verfassung sah vor, dass die erste Abstimmung über eine Änderung der Konstitution in der Winter- und die

---

[144] Vgl. Netherlands Public Prosecution Service, JIT. MH17. Report, Findings of the JIT MH17 investigation into the crew members of the Buk TELAR and those responsible in the chain of command, February 2023. 36-37, https://www.prosecutionservice.nl/documents/publications/mh17/map/2023/report-mh17, abgerufen am 10.Juni 2023.

zweite in der Frühjahrsitzung des Parlaments (oder umgekehrt) stattfinden sollte.

Die Verfassungen aus 1996 und 2004 haben einen gravierenden Unterschied: Wenn der Präsident an der Ausübung des Amts gehindert ist, übernimmt laut 1996er Verfassung der Regierungschef die Verantwortung, laut 2004er-Verfassung der Parlamentspräsident.

Steinmeier erreichte die Nachricht über die Wiedereinsetzung der alten Verfassung beim Abflug. Scherzend meinte er, dass vereinbart gewesen sei, diesen Parlamentsbeschluss innerhalb von achtundvierzig Stunden herbeizuführen, gefallen sei er aber innerhalb von 48 Minuten. Tatsächlich verliefen der Verhandlungsprozess in der Präsidentenadministration und jener im Parlament weitgehend parallel.

JANUKOWYTSCHS TELEFONISCHER RÜCKTRITT

Das Parlament tagte, wie beschrieben, in Permanenz. Versammelt war die bisherige Opposition, aber auch viele Vertreter der bisherigen Regierungspartei. Die meisten Abgeordneten waren präsent, deutlich über 350, fast alle Entscheidungen wurden mit überwältigender Mehrheit getroffen. Die Reden wurden in bekannter Praxis teils auf Russisch und teils auf Ukrainisch gehalten. Der Wille, die Krise rasch zu überwinden, war unübersehbar.

Einer der Abgeordneten war Wadim Nowinski, ein Geschäftspartner Rinat Achmetows und Vertrauter Janukowytschs. Er war auch bei den Verhandlungen wenige Tage zuvor in der Präsidentenverwaltung zeitweise anwesend gewesen. Er rief Janukowytsch an. Janukowytsch sprach gerne mit ihm und so nahm er auch diesmal den Anruf an. Nowinski informierte Janukowytsch, dass Rybak zurückgetreten und Turtschynow zum neuen Parlamentspräsidenten gewählt worden sei. Dann übergab er Jazenjuk das Telefon. Der forderte Janukowytsch auf, sein Amt niederzulegen. Janukowytsch antwortete, er habe seine Rücktrittserklärung bereits unterschrieben. Die Nachricht verbreitet sich innerhalb von Minuten im Parlament. Das Parlament nahm die Mitteilung zur Kenntnis. Die ukrainische Verfassung sieht die Möglichkeit einer Rücktrittserklärung gegenüber dem Parlament vor. Aber genügt eine telefonische Rücktrittserklärung? Dies war unklar.

Die „Selbstentfernung" – ein unvollständiges Amtsenthebungsverfahren

Im Parlament war aber für beinahe alle anwesenden Abgeordneten klar, dass Janukowytsch nach der Gewalteskalation der letzten Tage als Präsident nicht mehr tragbar war. Nun wurde der Anruf zum Anlass für eine Resolution genommen. Sie lautete „Über die Selbstentfernung des Präsidenten der Ukraine von der Erfüllung verfassungsmäßiger Vollmachten."[145] Der Präsident sei dauerhaft an der Ausübung seiner Tätigkeit verhindert. Für diesen Beschluss stimmte eine überzeugende Mehrheit von über 70% der Abgeordneten und deutlich mehr als 75% der anwesenden Abgeordneten, darunter die meisten Abgeordneten der Partei Janukowytschs.

Die Verfassung sieht wohl die Möglichkeit vor, dass ein Präsident seines Amts enthoben wird, wenn er an der Ausübung seiner Tätigkeit gehindert ist. Die Verfahrensregelung ist allerdings kompliziert – Bildung eines Ausschusses, Befassung des Verfassungsgerichtshofes und des Obersten Gerichtshofes und schließlich die Zustimmung von drei Viertel der Mandatare. Faktisch ist es somit kaum denkbar, dass ein Präsident während seiner Amtszeit abgesetzt wird. Im vorliegenden Falle wurden die Bestimmungen nicht eingehalten. Formal führte die Abstimmung also nicht zur Absetzung des Präsidenten. Der Beschluss sah auch keine formelle Amtsenthebung vor, sondern stellte nur fest, dass der Präsident sein Amt nicht mehr ausübe. Ob die telefonische Rücktrittserklärung dafür ausgereicht hat, wird wohl immer strittig bleiben.

Präsidentschaftswahlen wurden für 25. Mai 2014 angesetzt.

Wenig später rief Janukowytsch Jazenjuk an. Er sei doch noch Präsident. Dies wiederholte er auch einige Zeit später bei einer Pressekonferenz in Rostow am Don in Südrussland, wohin er mit einem Boot geflohen war.

Wenig später wurde Turtschynow, der erst vor kurzem gewählte Parlamentspräsident, zum interimistischen Staatspräsidenten bestellt.

In den russischen Medien wurde in der Folge behauptet, in Kyjiw sei keine legitime Autorität mehr vorhanden. Eine unsinnige Behauptung – das Parlament war demokratisch gewählt; es waren auch noch Regierungsvertreter in der Stadt. Die Behauptung in den russischen Medien zeigte etwas über den damaligen Stellenwert des Parlamentarismus in Russland.

---

[145] Vgl. Schneider-Deters, Schicksalsjahre II, 477.

2022 hingegen erinnerte sich Janukowytsch wieder an seinen Rücktritt und empfahl Wolodymyr Selenskyj, seinem Beispiel zu folgen und ebenfalls zum Wohl seines Landes zurückzutreten.

In unklaren Situationen spielt die Diplomatie eine besonders wichtige Rolle. Die russische Botschaft, vor allem aber die russische Regierung und Russlands Präsident wurden nie offiziell über Janukowytschs Rücktrittserklärung informiert. Hätte dies etwas geändert? Dies bleibt Spekulation.

Nachdem aus dem Parteikongress in Charkiw nichts geworden war, fuhr Janukowytsch offensichtlich nach Donezk. Grenzbeamte in Donezk berichteten, sie hätten Janukowytsch am Abflug mit seinem Privatjet gehindert. Der Präsident habe daraufhin das Flugzeug verlassen und die Reise mit dem Auto fortgesetzt. Nach eigenen Angaben flüchtete Janukowytsch auf die Krim und setzte von dort die Reise per Schiff ins russische Rostow am Don fort. Dort gab er nach knapp einer Woche eine Pressekonferenz, in der er behauptete, legitimer Präsident der Ukraine zu sein und kündigte an, bald zurückzukehren.

Die neuen Regierenden in Kyjiw und die Staatsanwaltschaft ließen keinen Zweifel – wenn er zurückkommt, wird er verhaftet.

Die ersten Fehler

Die beiden vorherrschenden Sprachen in der Ukraine sind Russisch und Ukrainisch. Für mich war es zu Beginn überraschend, mit welcher Selbstverständlichkeit beide Sprachen nebeneinander verwendet wurden. Auch im Fernsehen fanden Gespräche oft zweisprachig statt – ein Teilnehmer sprach Russisch, der andere Ukrainisch. Im Parlament wurden beide Sprachen verwendet; der Regierungschef sprach Russisch. Welch ein Unterschied zur ebenfalls zweisprachigen Türkei, in der ich zuvor gelebt hatte: Kurdisch kommt dort im öffentlichen Leben nicht vor.

Unter den vielen Gesetzen aus der Janukowytsch-Zeit, die außer Kraft gesetzt wurden, fand sich auch jenes, das die Verwendung des Russischen als Lokalsprache regelt. Es war, wie erwähnt, unter zweifelhaften prozeduralen Umständen verabschiedet worden; eine sinnlose und für Russland provokante Entscheidung. Wie erwähnt, kümmerte sich ohnehin kaum jemand um die gesetzlichen Vorgaben für die Verwendung von Sprachen.

Diese Entscheidung des Parlaments wurde nie vom amtierenden Präsidenten gegengezeichnet, das Gesetz trat also faktisch nie in Kraft.

Dennoch wurde diese Parlamentsentscheidung zu einer der wichtigsten Grundlagen der russischen Propaganda gegen die neue ukrainische Regierung.

Einige Tage später geschah ein vielleicht ebenso tragischer Fehler, menschlich verständlich, sachlich verantwortungslos: Dimitri Medwedew, damals russischer Regierungschef, rief Arsenij Jazenjuk an. Es sollte ein Gespräch von Premier zu Premier werden. Es kam jedoch anders: Jazenjuk, aus einer Familie stammend, in der nur wenige den Holodomor überlebt hatten, geprägt von den Erfahrungen des Maidan und nur um ein Haar dem gewaltsamen Tod entkommen, informiert über die russische Rolle in diesem Konflikt, schrie nach eigenen Angaben nur einige wütende Sätze ins Telefon. Eine Episode? Wohl kaum. Eher ein Fehler mit dramatischen Folgen.

Russischer Pragmatismus

In den letzten Februartagen war eine gewisse Unsicherheit in der russischen Diplomatie zu verzeichnen. Der Botschafter war zwei Tage nach Janukowytschs Abreise zu Konsultationen zurückgerufen worden und der Geschäftsträger und sein Team hatten zu wichtigen Fragen sichtlich keine Weisung. Dies betraf etwa die Frage, ob die neue Regierung anerkannt werden sollte. Im Gespräch meinte der russische Kollege, man werde eine neue Regierung anerkennen, allerdings nicht jene beiden Minister, die nach der 2004er Verfassung vom Präsidenten ernannt werden – Außen- und Verteidigungsminister.

Die russische Botschaft entschied sich, pragmatisch (nicht aber zuvorkommend) zu sein: Einer Einladung Turtschynows für den 23. Februar leistete der russische Geschäftsträger Folge – wenngleich vor allem, um sich über die Verletzung der diplomatischen Immunität eines Botschaftsautos durch selbsternannte Sicherheitskräfte zu beschweren.

Zu diesem Zeitpunkt spielte die russische Botschaft in Kyjiw alles in allem eine konstruktive Rolle – sie hat die Krise nicht vertieft. Sie hatte wahrscheinlich keine Vorgaben aus Moskau. Russland war wohl noch in Olympia-Euphorie.

Besuch von Cathy Ashton

Am Montag nach der Abreise Janukowytschs besuchte Cathy Ashton erneut Kyjiw.[146] Der Termin hätte nicht besser gewählt sein können. Es war der erste ausländische Besuch nach den Gewaltexzessen. Am Maidan legte sie für die Opfer der Gewalt Blumen nieder.

Im Parlament traf sie die Vertreter der zukünftigen Regierung, aber auch Tihipko, der als wahrscheinlichster Präsidentschaftskandidat der Opposition galt und Poroschenko.

Aus der EU gab es damals mehrere Stimmen, die rieten, Vertreter aus dem Osten des Landes an der Regierung zu beteiligen.

Eine ihrer wichtigsten Aussagen: Dies war ein Sieg. Nun wird die andere Seite etwa eine Woche brauchen, um sich wieder zu organisieren. Tatsächlich: Knapp eine Woche später folgte die russische Invasion auf der Krim.

Die letzten Tage der alten Regierung

Unterdessen waren die meisten Mitglieder der früheren Regierung aus der Stadt verschwunden oder jedenfalls nicht in ihren Büros. Seit Asarows Rücktritt war kein neuer Premierminister mehr bestellt worden. Keiner der vier stellvertretenden Premierminister war im Regierungsgebäude, die meisten hatten offensichtlich die Stadt verlassen. Einen der Vizes traf ich einige Zeit später in der Kyjiw. Er hatte keinen Anspruch, die Regierung zu leiten.

Yuriy Kolobow, der Finanzminister, kam in die EU-Delegation. Er bat um Hilfe, um eventuell das Land verlassen zu können. Jan Tombinski riet ihm, in sein Büro im Regierungsgebäude zurückzukehren und zu arbeiten. Das tat er auch. Unter anderem unterzeichnete er Gehaltsanweisungen für die Bergleute in den staatlichen Bergwerken in Donezk. Es gab die Sorge, diese könnten (wie schon in den neunziger Jahren) nach Kyjiw kommen um ihre nicht ausgezahlten Gehälter einfordern, was die Lage weiter verkomplizieren könnte.

Am nächsten Tag schlug Tombinski ihm vor, ins Parlament zu gehen. Zuerst will er nicht – „dort werde ich verhaftet". Dann ging er doch und

---

[146] Vgl. European Commission: Štefan Füle, European Commissioner for Enlargement and European Neighbourhood Policy, EU response to events in Ukraine, https://ec.europa.eu/commission/presscorner/detail/en/SPEECH_14_162.

setzte sich auf die Regierungsbank. Er wurde mit Applaus aus allen Fraktionen begrüßt.

Als Finanzminister hatte Kolobow eine zweifelhafte Rolle gespielt. In der Vergangenheit galt er als zu nahe an der Familie Janukowytschs. Es ist schwer vorstellbar, dass er vom massiven Missbrauch von Staatsmitteln nichts gewusst hat. Kolobow wurde im März 2015 in Spanien wegen Korruption verhaftet. Dennoch: Im Februar 2014 hat er Wichtiges für sein Land geleistet. Später sollte der Umgang mit den Bergleuten in Donezk deutlich weniger wertschätzend werden und die Krise sich dadurch vertiefen.

Am 23. Februar traf ich gemeinsam mit Elmar Brok auch zufällig den damaligen Noch-Außenminister Leonid Koschara in einem Kyjiwer Hotel. Er hatte nach Istanbul fliehen wollen, die türkische Regierung wollte ihm aber offensichtlich kein Asyl gewähren. So kam er wieder zurück. Das freundschaftliche Gespräch zwischen Koschara und Brok war wichtig, ein Signal für den Umgang mit jenen, die durch die Ereignisse der letzten Wochen an Bedeutung verloren hatten. Wenig später traf ich auch seinen Vorgänger, Konstantin Hryschtschenko, zuletzt Vizepremier in der US-Botschaft in Kyjiw.

Selbsternannte Wachdienste

Am 22. Februar waren die bisherigen Sicherheitskräfte aus der Kyjiwer Innenstadt abgezogen worden. An ihre Stelle traten nun selbsternannte Sicherheitskräfte in Fantasie-Uniformen. Sie gestatteten niemandem Zutritt zur Präsidentenadministration. Ausgenommen waren ausgewiesene Mitglieder der Regierung und Diplomaten sowie Abgeordnete. Die Situation wirkte bedrohlich, vor allem für Vertreter der „Partei der Regionen", funktionierte aber.

Auch an vielen Verkehrsknotenpunkten in der Stadt saßen selbsternannte Sicherheitskräfte. Sie wollen verhindern, dass Personen, die sich während des Maidan schuldig gemacht hatten, das Land verlassen. Besonders streng wurde die Zufahrt zum Schuljani-Flughafen kontrolliert – dort standen die meisten Privatflugzeuge. Auch ich wurde dort kontrolliert. Da ich mit Chauffeur unterwegs war, wirkte ich zunächst verdächtig. Der Fahrer sagte „Dies ist ein diplomatisches Fahrzeug". Die Fantasieuniformierten überprüfen die Nummerntafel. Wir durften passieren. Ein anderes Mal war ich mit meiner Familie unterwegs. Auch hier wurden wir zwei Kontrollen unterzogen. Beide Gruppen waren höflich und bescheiden. Jedes Mal konnten wir unbehelligt passieren.

Ich habe diese Einheiten friedlich und freundlich erlebt, meinen russischen Kollegen, mit denen ich damals engen Umgang pflegte, flößten sie Angst ein. Das gleiche galt für die Vertreter des alten Establishments. Tatsächlich gibt es keine Berichte, wonach diese Selbsternannten Exekutivgewalt ausgeübt hätten.

Fotodokumentationen

Andere Gruppen von Selbsternannten waren Fotografen. Sie kamen in viele private Häuser und Wohnungen. Sie betonten, sie wollten nichts tun, nur fotografieren. Die meisten Eigentümer von Luxuswohnungen und Häusern, die noch nicht geflohen waren, wiesen die Fotografen weg.

Die Demonstranten mit den Fotoapparaten kommen auch zu Petro Poroschenko. Eine Bedienstete öffnet die Tür. Poroschenko sei nicht da, komme aber in einer Stunde. Die Demonstranten möchten doch dann zurückkommen. Das tun sie auch. Der Abgeordnete selbst öffnet den Demonstranten die Tür zu seinem eleganten Haus in einer Kyjiwer Villengegend. In der Hand hält er eine Champagner-Flasche: „Kommt, lasst uns den Sieg feiern". Den Leuten ist klar: Dies ist einer von uns. Tatsächlich hat der Oligarch Poroschenko mit seinem unabhängigen Fernsehen, das oft als einziges über die Ereignisse am Maidan berichtete, der mit seinem persönlichen Einsatz im Jeep den Vormarsch der Berkut am Maidan stoppte, mit seinen Kontakten zu allen Seiten und nicht zuletzt durch seine humanitäre Hilfe für verletzte Maidan-Demonstranten zum Sieg am Maidan beigetragen.

Schockstimmung am Maidan

Am Maidan herrschte unterdessen keine Feierstimmung, im Gegenteil – es war eine Atmosphäre aus Trauer und Schock. Unweit des riesigen ausgebrannten Gewerkschaftsgebäudes waren Bilder der Gefallenen aufgestellt worden, alles junge Leute, vielfach junge Väter, Akademiker, Schüler, Studenten, Menschen, die für eine bessere Zukunft demonstrieren wollten. Rund 100 Menschen waren erschossen worden, viele hatten Freunde oder Bekannte unter den Toten. Die Leute brachten Blumen an die Orte, an denen die Personen getroffen worden waren. Dort lagen auch noch die Plastikhelme der Toten und deren Fotos. Berge von Blumen türmen sich. An anderen Stellen entstanden lange Blumenteppiche – immer wieder legte noch einer einen Blumenstrauß dazu – vor allem auf der Institutskaya, der steilen Straße, die vom Maidan hinauf zur Präsidentenverwaltung führt. Die meisten Menschen sind auf dieser Straße gestorben. Unzählige Kerzen wurden angezündet. Ein Mann verteilte Bänder der „Nebesnaja Sota" – „die himmlische Hundertschaft".

Weitere Demonstrationen am Maidan wurden zu Trauerstunden. Die Demonstranten waren aber auch nach wie vor in Verteidigungsbereitschaft. Zwischen ausgebrannten Autos wurden neue Reifen aufgeschichtet, neue Barrikaden aufgebaut. Die Nachricht vom Sieg war noch nicht angekommen.

ERNEUT DROHENDE ZAHLUNGSUNFÄHIGKEIT

Die Krise in der Ukraine hatte im Herbst 2013 mit der drohenden Zahlungsunfähigkeit begonnen. Dies hatte zunächst ein Kredit Russlands abgewendet. Als die Krise am Maidan immer mehr eskalierte, wies Premierminister Medwedew darauf hin, dass die Auszahlung der nächsten Tranche des Kredits durchaus nicht gesichert sei. Mit dem Ende der prorussischen Regierung war klar, dass die russische Regierung nicht bereit sein werde, weitere Tranchen des Kredits auszuzahlen. Am 23. Februar, am Tag nach Janukowytschs Rücktritt und Absetzung, erklärte der russische Finanzminister Anton Siluanow, die Auszahlung der nächsten Rate des Kredits werde vorübergehend gestoppt.[147] Am nächsten Tag sprach Interimspräsident Turtschynow bereits von einer möglichen Zahlungsunfähigkeit der Ukraine.[148] Die Lage war somit auch wirtschaftlich desolat.

DIE OPPOSITION BILDET DIE NEUE REGIERUNG

Am Donnerstag, den 27. Februar wurde die neue Regierung gewählt. Entsprechend der wiedereingesetzten Verfassung war dafür das Parlament

---

[147] Vgl. Lichtenberg, A., Ukraine nearly bancrupt. DW 23. Februar 2014, https://www.dw.com/en/volatile-ukraine-teeters-on-brink-of-bankruptcy/a-17451734, abgerufen am 3. Juli 2023.
[148] Vgl. Bohne, M., Ukraine droht Bankrott, EU muss helfen. Tagesschau 24. Februar 2023, https://www.tagesschau.de/multimedia/audio/audio-ts-23282.html, abgerufen am 7. Juli 2023.

zuständig, das über jeden Minister einzeln abstimmte. Arsenij Jazenjuk wurde Regierungschef, 371 Abgeordnete stimmten für ihn, 226 hätten genügt. Die Ministerposten wurden paritätisch nach Mandatsstärke vergeben, einige Vertraute Tymoschenkos, einige Vertraute Jazenjuks, einige Swoboda-Mitglieder. Personen, die am Maidan eine Rolle gespielt hatten, erhielten als Unabhängige Ministerposten. So wurde Bulatow, der so grausam gefoltert worden war, Sportminister, Andrij Parubij, der „Kommandant des Maidan" wurde Chef des Nationalen Sicherheitsrates. Klytschkos „UDAR" beteiligte sich nicht an der Regierung, stimmte aber für die meisten Regierungsmitglieder. Pawlo Petrenko, der so mutig als Menschenrechtsverteidiger bei Prozessen gegen Maidan-Aktivisten aufgetreten war, wurde Justizminister.

Die Abgeordneten stellten sich vor der Wahl am Maidan vor.

Fast hundert Abgeordnete der früheren Regierungspartei „Partei der Regionen" unterstützten die neue Regierung. Damit hatte diese eine Unterstützung von mehr als dreihundert Abgeordneten im Parlament (226 hätten genügt). Die anderen rund hundert Abgeordneten der „Partei der Regionen" wechselten in die Opposition.

Im Sinne des Ratschlags der EU wurden auch Politiker aus dem Osten des Landes an der Regierung beteiligt. Der Charkiwer Arsen Awakow, ein Mann der ersten Stunde des Maidans[149], wurde Innenminister. Es fand sich aber kein Vertreter des Donbass in der Regierung. Rückblickend hätte dies hilfreich sein können.

Tjahnybok, der Chef der „Swoboda" erhielt kein Amt in der Regierung, wohl aber, wie oben erwähnt, andere Vertreter seiner Partei. Dies wird bald darauf als Vorwand benützt, zu behaupten, in Kyjiw seien nun Rechtsextremisten, Faschisten oder Antisemiten an der Macht. Die Swoboda vertrat rechte und vor allem radikal anti-russische Anschauungen. Tatsächlich spielte sie in den nächsten Monaten eine beschränkte Rolle, wurde im Herbst 2014 nicht mehr ins Parlament gewählt und hatte seither keine Bedeutung mehr.

In der Geschichte der Ukraine fielen politische Unruhen und Pogrome an Juden immer wieder zusammen. Dies wurde auch für die Zeit der Machtwechsels 2014 von russischen Medien behauptet. Die Behauptung ist falsch. 2014 dominierten laut Angaben der israelischen Botschaft Personen mit jüdischer Abstammung die Politik. Dies war jedoch Zufall.

---

[149] Vgl. Schneider-Deters, Schicksalsjahre I, 204.

Jazenjuk hat nach eigenen Angaben jüdische Vorfahren, Selbiges gilt laut israelischer Botschaft für Klytschko und Poroschenko, sowie für den späteren Parlamentspräsidenten Wolodymyr Hrojsman.

Von russischer Seite wird in den folgenden Wochen immer wieder behauptet, es sei keine legitime Autorität in der Ukraine verblieben. Dies ist Unsinn. Richtig ist vielmehr, dass der Präsident und beinahe die gesamte Regierung geflüchtet oder untergetaucht waren. Richtig ist auch, dass selbsternannte Sicherheitskräfte in Fantasieuniformen vor dem Parlament und vor dem Regierungsgebäude aufgestellt waren. Aber das Parlament war da, es war demokratisch gewählt und es fasste Beschlüsse mit breiter Mehrheit. Unter anderem bestellte es eine neue Regierung, wie dies auch in der Verfassung vorgesehen war. Auch diese neue Regierung war verfassungsmäßig bestellt.

DIE ILLEGALE ANNEXION DER KRIM

EIN PAAR WORTE ZUR GESCHICHTE DER KRIM

Jüngst wurden viele Mythen um die Krim geschaffen. Die Krim sei seit Jahrtausenden orthodoxes Land, sie sei von unglaublicher strategischer Bedeutung im Schwarzmeerraum. Beides stimmt nicht.

Zweifellos hatte die Krim im Zweiten Weltkrieg strategische Bedeutung. Aber heute?

Die Halbinsel von der Größe Belgiens, die nur durch einen kurzen Landstreifen mit dem ukrainischen Festland verbunden und nur durch eine schmale Landenge vom russischen Festland getrennt ist, spielt eine beinahe mythische Rolle in der russischen und sowjetischen, in der tatarischen und türkischen, aber auch in der europäischen Geschichte.

Die Halbinsel war etwas weniger als 200 Jahre lang russisch. Zuvor bestand dort jahrhundertelang ein tatarisches Khanat, das dem Osmanischen Reich tributpflichtig war.[150] 1783 wurde die Krim vom Russischen Reich annektiert.[151] Sunnitische Krim-Tataren bildeten bis Ende des 19. Jahrhunderts die Mehrheit der Bevölkerung. Ab dann zogen immer mehr Russen und Ukrainer auf die Krim. Immer mehr Tataren verließen hingegen die Halbinsel. Viele zogen in die heutige Türkei. Bis heute gibt es dort tatarische Diasporavereine. Im Zweiten Weltkrieg war die Halbinsel heftig umkämpft und vorübergehend deutsch besetzt. Als die Sowjets die Halbinsel 1944 zurückeroberten, wurden die verbliebenen 190.000 Tataren pauschal der Kollaboration mit den Nazis bezichtigt und nach Sibirien und Zentralasien deportiert.[152]

1954 wurde die Halbinsel der Ukraine zugeschlagen. Offiziell war dies ein „russisches Geschenk zum Anlass des 300. Jahrestags der Wiedervereinigung zwischen Russland und der Ukraine".[153] Tatsächlich gab es vor allem administrative Gründe für die Korrektur der weitgehend bedeutungslosen Grenze zwischen zwei Sowjetrepubliken. Die Krim ist

---

[150] Vgl. Britannica. Crimea, https://www.britannica.com/place/Crimea, abgerufen am 10. Juli 2023.
[151] Vgl. King, C., Stadt am Rande – Sevastopol: Europas nächster Krisenherd? In: Osteuropa 60. Jahrgang, Heft 2-4, Februar-April 2010, 319-330, 320.
[152] Vgl. Britannica. Crimea ebd.
[153] Ebd.

schön, aber wasserarm. 1954 war sie auch energiearm. Die einzige praktikable Möglichkeit, die Traumdestination vieler Sowjetfunktionäre zu versorgen, waren ein Wasserkanal vom breiten Dnjepr und eine Stromleitung vom ukrainischen Festland auf die Krim. Die Wasserversorgung erfolgte bis Sommer 2023, vom Dnjepr, Energie kam zur Zeit der Verfassung dieses Buches aus Südrussland.

Die Krim hat eine wunderschöne, mediterrane Landschaft, ganz anders als fast die ganze restliche Sowjetunion. Bekannt für ihre historischen Sehenswürdigkeiten, haben Generationen von Sowjetbürgern davon geträumt, einmal im Leben die Krim zu besuchen.

Im Jänner 1991 stimmten 93% der Krimbewohner für eine Autonomie, beim Referendum über die Unabhängigkeit der Ukraine im Dezember 1991 stimmten 54% der Einwohner der Krim mit „Ja". Im Vergleich zur restlichen Ukraine war die Mehrheit gering – aber sie war doch eindeutig. 1992 wurde die Autonomie der Krim geregelt, 1994 drohten Spannungen zwischen Kyjiw und Simferopol zu eskalieren. 1998 wurde in der Verfassung der Halbinsel Russisch, Ukrainisch und Tatarisch als offizielle Sprachen festgelegt. [154]

Sewastopol hatte eine teilweise andere Geschichte, es unterstand direkt der ukrainischen Zentralregierung.

Im Bischkeker Abkommen von 1994 gestattete die ukrainische Regierung den Tataren die Rückkehr in ihre Heimat auf der Krim. Insgesamt nutzen rund 200.000 Tataren dieses Angebot. Viele Fragen wurden nie geklärt. Dies betraf etwa die Rückgabe von Land – Teil des Problems der lang verschobenen ukrainischen Landreform. Die Tataren sollten jene Gruppe bilden, die in der Folge den härtesten Widerstand gegen die russische Besatzung leisteten.

Bei den letzten freien Wahlen 2012 gewann die „Partei der Regionen" 80% der Sitze.[155] Die pro-russische Partei „Russische Einheit" unter Sergej Aksjonow erhielt damals 4% der Stimmen[156] und drei Sitze.

---

[154] Vgl. Zofka, J., Halbinsel unter Spannung? Konfliktlagen auf der Krim seit dem Zerfall der Sowjetunion. Ukraine-Analysen Nr 12, 26.09.2006, 2-6, 2; https://www.laender-analysen.de/ukraine/pdf/UkraineAnalysen12.pdf.
[155] Vgl Interfax Ukrainy. Regions Party gets 80 of 100 seats on Crimean parliament. Interfax Ukrainy 6.November 2010, https://en.interfax.com.ua/news/general/52929.html, abgerufen am 10. Juli 2023.
[156] Britannica. Crimea.

Heute ist die Krim Zankapfel zwischen Russland und der Ukraine. Aber auch in Ankara werden die Entwicklungen auf der Krim genau verfolgt. Die meisten führenden Vertreter der Krim-Tataren unterhalten enge Kontakte in die Türkei.

AUTONOMIE. STEUERN. VERSCHWUNDENE MITTEL.

Die Autonomie der Insel war weitgehend und doch auch wieder kaum merkbar. So gab es Steuerautonomie, was faktisch bedeutete, dass meist gar keine Steuern bezahlt wurden. Wie immer die Regelungen genau waren, faktisch wurde ein Teil der Regierung von Kyjiw eingesetzt. Vor allem aber kamen die Sicherheitskräfte aus anderen Teilen des Landes und waren auf der Krim verhasst.

Auf der Halbinsel gab und gibt es ethnische Spannungen. Erinnert sei hier an Ukrainer und Russen, aber vor allem auch an die Tataren und die Sympathien in der Türkei für sie. Alle drei verband die Ablehnung gegen die oft willkürlich agierenden Sicherheitskräfte.

Theoretisch erhielt die Krim zahlreiche Zuschüsse aus Kyjiw und war sogar hoch subventioniert, eine der Regionen, die am meisten Geld aus dem ukrainischen Budget erhielt. Faktisch kam das Geld fast nie an, sondern wurde missbräuchlich verwendet. Bei jedem derartigen Fall wurde eine Akte in der Staatsanwaltschaft eröffnet; es kam nie zu einer Verurteilung.

Die Halbinsel, die aus zwei Verwaltungseinheiten bestand, der Autonomen Republik Krim und der Stadt Sewastopol, hatte lange Zeit als potenzieller Unruheherd gegolten. Dementsprechend waren Spezialeinheiten des ukrainischen Innenministeriums auf der Krim stationiert. Während der Maidan-Krise waren sie nach Kyjiw gerufen worden, nach dem Untertauchen des Großteils der alten Regierung, gab es niemanden, der ihr ein Kommando zur Rückkehr auf die Halbinsel erteilen hätte können.

Das ukrainische Militär war seit Jahren in einem bedauernswerten Zustand – kurz nach dem Ende des Maidans gab es auf der Krim keine Institution mehr, die in der Lage gewesen wäre, die staatliche Ordnung aufrecht zu erhalten oder gar gegen eine potenzielle Aggression aus einem Nachbarland vorzugehen. Dies war den Strategen in Moskau wohl bewusst und sie beschlossen, die Lage zu nützen.

War ich während des Maidan von vielem Augenzeuge und konnte ich mit vielen Akteuren selbst sprechen, so beruht meine Darstellung über das, was auf der Krim geschah, vor allem auf Erzählungen einzelner Abgeordneter des Parlaments der Autonomen Republik der Krim (ARK), auf Berichten von Botschafterinnen und Botschaftern von EU-Staaten und auf Medienberichten. Die einzige internationale Beobachterin, die Hohe Kommissarin für nationale Minderheiten der OSZE, war im Hotel eingesperrt. Hingegen konnten sich im Februar und März 2014 zwei Gruppen von EU-Botschaftern relativ frei bewegen, einmal die damaligen EU-3, Christoph Weil für Deutschland, Alain Remy für Frankreich und Simon Smith für das Vereinte Königreich. Längere Zeit waren die Missionschefs Lettlands und Litauens auf der Krim anwesend.

PUTIN AM ZENIT SEINER MACHT UND EINE SPONTANE IDEE

Im Februar 2014 fanden die Olympischen Winterspiele im russischen Sotschi am Schwarzen Meer statt. Sie waren geeignet, ein positives und sympathisches Bild von Russland zu zeichnen. Nie zuvor war so viel Geld für solche Spiele ausgegeben worden, kaum je hatte es so moderne Anlagen gegeben; selten waren die russischen Sportler so erfolgreich wie 2014.[157] Die Eröffnung brachte der Weltöffentlichkeit die Größe der russischen Kultur nahe.

Putin war bei den Spielen tagelang präsent, war gefragter Gastgeber und zu Hause beliebt wie schon lange nicht mehr. Die Demonstrationen anlässlich seiner Rückkehr ins Präsidentenamt 2012 waren vergessen.

Planmäßig konnte es so bleiben. Russland hatte den G-8 Vorsitz inne und Sotschi sollte Ort des nächsten G-8-Gipfels werden und damit für einige Tage Zentrum der weltweiten Aufmerksamkeit.

Tatsächlich geschah aber ein folgenreicher Fehler, der den Beginn eines Bruderkriegs markiert, der inzwischen unzähligen Menschen das Leben gekostet hat und zu einer tiefen geopolitischen Kluft führte, die bis heute Europa teilt. Stimmen Berichte in russischen Medien, so war es eine beinahe spontane Idee, die der russische „orthodoxe Geschäftsmann" Konstantin Malofejew dem Kreml zwischen 4. und 12. Februar vorschlug.[158]

---

[157] Später zeigte sich – viele waren gedopt. Zu diesem Zeitpunkt war dies noch nicht bekannt.
[158] Vgl. Lipsij A. «Представляется правильным инициировать присоединение восточных областей Украины к России», Nowaja Gaseta 25. Februar 2015, https://novayagazeta.ru/articles/2015/02/24/63168-171-predstavlyaetsya-pravilnym-

Sein Strategiepapier rechnete mit einem baldigen Zusammenbruch der Janukowytsch-Regierung. Russland würde auf der Halbinsel ein leichtes Spiel haben – was richtig war. Empfohlen wurde auch eine Pressekampagne, die diese Entwicklungen legitimieren sollte. Auch diese Kampagne war im Falle der Krim weitgehend erfolgreich.

Die finanzielle Last würde in keinem Verhältnis zum erwarteten Vorteil für Russland stehen. Der Kreml sollte die „zentrifugalen Ambitionen auch in verschiedenen Regionen der Ukraine nützen, um zu erreichen, dass diese Regionen Russland beitreten". Das industrielle Potential der Ostukraine, einschließlich des Militärsektors würde es Russland rasch erlauben, seine Truppen „wieder zu bewaffnen". (Dieses letzte Argument ist kaum nachvollziehbar, Russland hatte seit langem eine der größten Militärmächte der Welt und gab 2014 bereits mehr als 4% des BIP oder fast 14% des Budgets für Rüstung aus.[159])

Putin verdankt seinen Aufstieg vom durchschnittlichen Sowjetbürger zum ersten Mann Russlands unter anderem seiner Fähigkeit, eine komplexe Lage sehr rasch abzuschätzen und eine – in vielen Fällen richtige – Entscheidung zu treffen. Als am 22. Februar die Bilder von der Öffnung des Anwesens Janukowytschs für die ukrainische Öffentlichkeit gemeinsam mit Bildern von der Bewachung der Kyjiwer Innenstadt durch selbsternannte Sicherheitskräfte in Fantasieuniformen über die Bildschirme flimmerten, rief Putin seinen Verteidigungsminister Schoigu zu sich und plante die Invasion der Krim.[160]

Die Voraussetzungen schienen ideal: Das ukrainische Militär war zu diesem Zeitpunkt nur sehr beschränkt einsatzfähig. Das einzige moderne Kriegsschiff war auf dem Rückweg von einer ESVP-Mission bei Somalia. Die meisten Flugzeuge des ukrainischen Militärs waren nicht einsatzfähig. Der ukrainische Präsident, Oberbefehlshaber des Militärs, war nicht mehr handlungsfähig. Die ukrainischen Spezialeinheiten auf der Krim, die für allfällige Unruhen ausgebildet waren, waren während des Maidan nach Kyjiw beordert worden.

---

initsiirovat-prisoedine nie-vostochnyh-oblastey-ukrainy-k-rossii-187, abgerufen am 9. Juni 2023.
[159] Vgl. The World Bank. Military expenditure (% of GDP) – Russian Federation, https://data.worldbank.org/indicator/MS.MIL.XPND.GD.ZS?locations=RU, sowie https://data.worldbank.org/indicator/MS.MIL.XPND.ZS?locations=RU, abgerufen am 14. Juni 2023.
[160] Vgl. Netherlands Public Prosecution Service, JIT, 36-37.

Viele Bewohner der Krim waren verwirrt über das, was sich in Kyjiw abgespielt hatte und verfolgten die Ereignisse aus dem russischen Fernsehen, das einseitig berichtete. Die Operation konnte damit rasch vonstattengehen – und verlief tatsächlich weitgehend unblutig.

Ganz anders sieht es mit den langfristigen Folgen dieser Operation aus. Vieles spricht für die Vermutung, dass diese überhaupt nicht bedacht wurden. Personen, die davor warnen hätten können, waren zu dem Treffen im Kreml nach westlichem Wissensstand nicht eingeladen.

Die Entsendung des russischen Militärs auf die Krim erfolgte nach russischem Recht verfassungswidrig. Der Föderationsrat autorisierte den Präsidenten erst am 1. März. Zu diesem Zeitpunkt waren die russischen Truppen ohne Abzeichen schon einige Zeit auf der Krim.

Parlamentsabstimmung mit Waffengewalt

Es gibt teilweise widersprüchliche Berichte darüber, was genau Ende Februar in Simferopol, der Hauptstadt der Autonomen Republik Krim, geschah.[161] Ich stütze mich hier einerseits auf die telefonische Schilderung eines Abgeordneten des Regionalparlaments, andererseits auf den Bericht von Botschaftern von EU-Mitgliedsstaaten, die zu dieser Zeit auf der Krim waren. Die Hohe Kommissarin der OSZE für Nationale Minderheiten, die Finnin Astrid Thors, war zu jener Zeit auf der Krim, wurde aber daran gehindert, ihr Hotel zu verlassen.

In Sewastopol, an der Südspitze der Krim, gab es Ende Februar Demonstrationen gegen die Entwicklungen in Kyjiw. Das schwarz-orange Sankt-Georgs-Band wurde populär, Symbol der Verbundenheit mit Russland.[162] Die Stadtverwaltung beschloss die Gründung einer Bürgerwehr, die den Übergriff von extremistischen Strömungen auf Sewastopol verhindern sollte. Pro-russische Organisationen forderten die Schaffung eines „Föderalen Staaten Kleinrussland".

Demonstrationen gab es auch in Kertsch und später in Simferopol. Laut Amnesty International wurden pro-ukrainische Aktivisten eingeschüchtert, einige verschwanden.[163]

---

[161] Eine sehr fundierte Darstellung der illegalen Annexion der Krim und der damit verbundenen Rechts- und Sachfragen findet sich bei Schneiders-Deters, W., Ukrainische Schicksalsjahre 2013-2019, Band 2, Die Annexion der Krim und der Krieg im Donbass, Berlin: Berliner Wissenschaftsverlag 2021, 165-357.
[162] Vgl. Schuller, Ukraine 129.
[163] Vgl. Schuller, Ukraine 131.

Am 27. Februar tauchten Panzerfahrzeuge ohne Abzeichen in der Innenstadt von Simferopol, der Hauptstadt der Krim, auf. In Kyjiw war zunächst unklar, woher diese Fahrzeuge kamen und was deren Aufgabe war.

In Simferopol wurde eine Sitzung des Regionalparlaments einberufen, zu der offensichtlich nur ein Teil der Abgeordneten geladen war. Demonstranten, vor allem Krimtataren, verhinderten zunächst, dass das Parlament zusammentrat.

Kurze Zeit später besetzten vermummte Bewaffnete das Parlament der Autonomen Republik Krim. Militärs ohne Abzeichen (grüne Männer) hatten rasch alle anderen strategisch wichtigen Punkte auf der Halbinsel besetzt. Offiziell hieß es, es seien Selbstverteidigungseinheiten der Krim. Inzwischen hat Putin offiziell zugegeben, dass es sich dabei um russische Elitesoldaten handelte.

Wenig später wurde das Parlament erneut zusammengerufen. Fahrer wurden ausgeschickt, um die Abgeordneten zusammen zu holen. Manche weigerten sich zunächst. Einer der Masterminds der Operation, Igor Girkin (auch Strelow), rühmte sich später, sie teilweise unter Androhung von herben Konsequenzen doch noch ins Parlament gebracht zu haben.[164] Girkin sollte in den nächsten Monaten noch wiederholt eine Rolle spielen, vor allem in der Ostukraine.

In der Innenstadt demonstrierten Krimtataren, aber auch pro-russische Kräfte, für die Beibehaltung des Status quo.

Im Parlament in Simferopol war nach einer Version der Darstellungen innerhalb kurzer Zeit das notwendige Präsenzquorum erreicht. (Nach anderen Darstellungen wurde dieses Quorum nie erreicht oder es wurden nur Personen zugelassen, die von den neuen Machthabern zugelassen wurden.) Im Sitzungssaal standen vermummte Bewaffnete, als der Parlamentspräsident die Sitzung eröffnete. Nun wurde bekannt gegeben, worüber abgestimmt werden sollte: Ein Referendum über die Unabhängigkeit der Krim sowie die Wahl von Sergej Aksjonow zum Vorsitzenden des Ministerrates der Krim.

Beide Abstimmungen fanden kurz darauf in geheimer Wahl statt. Laut Parlamentspräsidenten stimmte eine überwältigende Mehrheit für das Referendum und eine qualifizierte Mehrheit für die Wahl Aksjonows.

---

[164] Vgl. Schneider-Deters, Schicksalsjahre II, 188.

Aksjonow war Chef der Kleinpartei „Russische Einheit", die bei den letzten Wahlen knapp den Einzug ins Regionalparlament geschafft hatte. Loyalität zu Russland ging über die Unterstützung durch die Wählerschaft – ein Muster, das noch oft verwendet werden und unsägliches Unglück bringen sollte.

Ein Teil der früheren Regierungsmitglieder blieb auch in der neuen, von den russischen Besatzern initiierten Regierung. Die neue „Regierung" der Krim bestritt umgehend die Legitimität der Übergangsregierung in Kyjiw.

Das Referendum wurde zuerst für Mitte Mai angesetzt und dann mehrmals vorverlegt. Auch die Fragen, über die abstimmt werden sollten, wurden mehrmals geändert.

WER BRAUCHT HEUTE NOCH MILITÄR?

Die russische Militärintervention erwischte die Ukraine kalt. Die Ukraine war kraft Gesetzes ein blockfreies Land. Nach fast einhelliger Überzeugung der Ukrainer hatte es nur Freunde. Wofür ein Militär?

Die Ausrichtung der ukrainischen Armee stammte zum Großteil noch aus der Zeit des Kalten Krieges, konzipiert für einen allfälligen Angriff nach oder aus dem Westen; die Kasernen waren fast alle im Westen und Südwesten des Landes. Nun aber kam der Feind aus dem Osten.

In der ukrainischen Armee herrschte eine sehr entspannte Atmosphäre. Manches wirkte ein wenig wie im sprichwörtlichen postsowjetischen Selbstbedienungsladen: Was dem Staat oder eben der Armee gehört, gehört niemandem und was niemandem gehört, kann man sich nehmen. So hatten beim russischen Einmarsch auf der Krim die meisten ukrainischen Panzer gerade kein Benzin mehr und die wenigen einsatzbereiten ukrainischen Militärflugzeuge kein Kerosin.

Noch schwerer wog die Tatsache, dass das Militär in keiner Weise einsatzbereit war.[165] Das wichtigste ukrainische Militärflugzeug war damals die MiG. Viele MiGs waren auf der Krim stationiert. Als sie illegal annektiert wurde, konnte fast keine davon starten. Manche waren reparaturbedürftig, andere hatten keinen Treibstoff. Die Flugzeuge waren für die

---

[165] Vgl. dazu auch Schneider-Deters, Schicksalsjahre II, 415-417.

Ukraine verloren. Besonders für den gegenwärtigen Krieg, in dem der Ukraine zunächst vor allem die Hoheit über ihren Luftraum fehlte, ein schwerer Verlust.

Ähnliches galt für die Marine. Nur ein großes Kriegsschiff, das sich gerade auf dem Rückweg von einer ESVP-Mission in Somalia befand, konnte für die Ukraine gerettet werden. Anderes galt für die Grenzschützer. Sie brachten alle ihre Schiffe in Sicherheit.

Jahrzehntelange Versäumnisse bei der Zerstörung von Waffen

Viel tragischer noch war ein anderes Versäumnis: Aus den sowjetischen Zeiten gab es noch riesige Waffenlager, darunter Minen und sogenannte Klein- und Leichtwaffen, aber auch schweres Gerät. Sie waren für einen modernen Krieg unbrauchbar, für einen Konflikt, wie er ich nun entspinnen sollte, aber von Bedeutung. Es war eine Frage der Zeit, bis diese – wohl gut verschlossenen – Waffenlager geplündert wurden.

Programme der OSZE und NATO zur Vernichtung dieser Waffen waren – insgesamt über Jahrzehnte – immer wieder verschoben worden; über die Gründe lässt sich nur spekulieren. Diese Waffen sollten wenige Monate später im Krieg in der Ostukraine in die Hand bewaffneter Verbände fallen. Der Krieg wäre wohl nicht zu vermeiden gewesen, viel Unheil hätte sich aber verhindern lassen, wären die Vernichtungsprogramme planmäßig durchgeführt worden. Zivilisten traten etwa auf Minen und sind in Folge der Explosion seither verkrüppelt.

Ein letzter Versuch, die Annexion zu verhindern

In Europa schrillten die Alarmglocken. Die Pläne zur Wiederherstellung von Großrussland mit militärischer Gewalt 2014 erinnerten an Ereignisse, die zum Zweiten Weltkrieg geführt hatten.

Europa und Amerika setzten weiter auf Diplomatie. In Paris trafen Anfang März Außenminister Lawrow, Ashton, US-Staatssekretär Kerry und der interimistische ukrainische Außenminister Andrij Deschtschyzja zusammen. Das Treffen wurde nicht publik gemacht. Europäer und Amerikaner versuchten, Russland zu überzeugen, dass es die Krim nicht annektieren und von Destabilisierungsmaßnahmen in der Ukraine Abstand nehmen sollte. Lawrow habe sich aggressiv gezeigt: Russland erkenne die ukrainische Regierung nicht an. Sie sei durch Straßenkämpfe an die Macht gekommen und habe keine Legitimität. Die erste Entscheidung sei eine gewesen, die gegen die russischsprachige Minderheit im Land gerichtet gewesen sei. Russland werde seine Landsleute im Osten der Ukraine schützen. Der Osten und der Süden des Landes hätten Recht auf Selbstbestimmung. Für die Teilnehmer war zu verstehen, dass es nicht nur um Sewastopol und die Krim gehe, sondern um den gesamten Osten und Süden der Ukraine. Deschtschyzja, zweifellos einer der erfahrensten Diplomaten der Ukraine, aber ohne Regierungserfahrung, fand sich in einer vollkommen neuen Situation.

Van Rompuy plante eine vertrauliche Mission nach Moskau, um mit Putin persönlich zu verhandeln. Der geplante Besuch wurde aber von russischer Seite publik gemacht und war damit bereits schon vor der Abreise gescheitert.

DER EUROPÄISCHE RAT ENTSCHEIDET ÜBER DIE ERSTEN SANKTIONEN UND BIETET DIALOG AN

Am 3. März beschloss der Rat Auswärtige Angelegenheiten die ersten Sanktionen – weitgehend symbolische Maßnahmen aber doch signifikant – gegen den größten Staat am Kontinent. Am 6. März folgten richtungsweisende Entscheidungen des außerordentlichen Treffens der EU-Staats- und Regierungschefs zur Ukraine. Der Rat verurteilte Russlands unprovozierte Verletzung der territorialen Integrität der Ukraine, forderte Russland auf, seine Truppen sofort von der Krim zurückzuziehen und internationalen Beobachtern einen Zugang zu ermöglichen. Die Entscheidung über die Abhaltung des Referendums wurde als im Widerspruch zur ukrainischen Verfassung und daher illegal bezeichnet. Eine Lösung sollte durch einen Dialog gefunden werden; die EU sei bereit zum Dialog mit beiden Seiten.

Die Sanktionen klingen nach heutigen Verhältnissen harmlos – Suspendierung des bilateralen Dialogs zu Visafragen und zum geplanten „Neuen Abkommen" zwischen EU und Russland. Die EU unterstützte die Entscheidung der europäischen G8-Staaten, die Vorbereitungen für den geplanten Gipfel in Sotschi im Juni 2014 zu suspendieren. Weitere Sanktionen wurden angedroht, darunter Visa-Sperren und das Einfrieren von Konten sowie die Absage des EU-Russland Gipfels.

Die langfristige Bedeutung der getroffenen Maßnahmen war sehr unterschiedlich.

Am harmlosesten war die Entscheidung darüber, die Verhandlungen über das „Neue Abkommen" einzufrieren. Die Verhandlungen liefen schon seit langem äußerst zäh. Die EU und Russland hatten (wie auch die EU und die Ukraine) 1994 ein Partnerschafts- und Kooperationsabkommen abgeschlossen, das 1997 in Kraft trat. Dieses galt 10 Jahre und wird jeweils um ein Jahr verlängert, wenn es von keiner Seite gekündigt wird, was bislang nicht der Fall war. Das Abkommen ist durch den WTO-Beitritt Russlands inzwischen weitgehend gegenstandslos. Das „Neue Abkommen" hätte vor allem eine stärkere wirtschaftliche Integration Russlands und der EU gebracht. Das russische Interesse daran war jedoch gering – Russland exportiert vor allem Rohstoffe, die Exportzölle bedeuten eine große Einnahmequelle für den russischen föderalen Haushalt. Insgesamt war somit die formelle Suspendierung der Verhandlungen über das Abkommen weitgehend bedeutungslos.

Wichtiger war die Entscheidung, die Vorbereitung für das G8-Treffen auf Sotschi auf Eis zu legen. Dieses hätte Putin erneut eine Bühne als internationalen Gastgeber eines der wichtigsten jährlichen Gipfel geboten. Der Verlust dieser Gelegenheit stand wohl in keinem Verhältnis zum Popularitätsgewinn, den Putin durch die Annexion der Krim zu Hause erzielen konnte.

Die folgenreichste Entscheidung war jene, den Visadialog mit Russland einzufrieren. Zur Erlangung eines Schengen-Visums ist die Vorlage von verhältnismäßig vielen Dokumenten erforderlich; die Ausstellung dauert einige Zeit. Ähnliches gilt für russische Visa. Die Abschaffung der Visapflicht wäre für viele Reisende eine deutliche Erleichterung gewesen. Grundsätzlich fehlte dafür nicht mehr viel. Die grundlegenden Parameter waren in Ordnung, vor allem war die Zahl der Visaverweigerungen prozentuell niedrig, die Zahl der Russinnen und Russen, die das Visum missbräuchlich verwendeten, gering.

Bis 2014 wäre es beinahe undenkbar gewesen, dass die Visapflicht für die Ukraine abgeschafft wird, für Russland aber bestehen bleibt. Die Aussetzung des Visadialogs mit Russland und die Fortführung dieses Dialogs mit der Ukraine führte nun aber zu dieser Entwicklung: 2017 wurde die Schengen-Visapflicht für die Ukraine abgeschafft, für Russland blieb sie unverändert – eine Folge der Invasion auf der Krim, die auch gewöhnliche russische Bürger zu spüren bekamen.

Die beschlossenen Sanktionen trugen insgesamt zu einem wesentlichen Teil deutsche Handschrift und enthielten implizit das Angebot an

Russland, den Kurs zu korrigieren. Vor allem, da sie alle noch leicht widerrufbar waren. Der Europäische Rat beschloss nicht den Ausschluss Russlands vom G-8-Gipfel, sondern nur die Suspendierung der Vorbereitungen. Er beschloss nicht das Ende des Dialogs über die Visaliberalisierung und das „Neue Abkommen", sondern nur dessen Aussetzung. Der Kreml nahm das Angebot nicht an.

Beschlossen wurde ein (zu knapp bemessenes) Hilfspaket für die Ukraine in Form eines Kredits und die Unterzeichnung der politischen Teile des Assoziierungsabkommens noch vor dem 25. Mai, dem Datum der geplanten Präsidentschaftswahlen. Tatsächlich sollte es anders kommen – die wirtschaftlichen Teile wurden zuerst unterzeichnet. Für diese lag die Zuständigkeit auf ukrainischer Seite bei der Regierung. Für die Signatur unter den politischen Teilen wäre der ukrainische Präsident zuständig gewesen.

Es war klar, dass damit bis nach den Wahlen gewartet werden sollte.

Ein manipuliertes Referendum

Auf der Krim erschienen Plakate, die vor der Bedrohung aus dem „faschistischen Kyjiw" warnten und für den Anschluss an Russland warben. Ähnliches war im regionalen Fernsehen zu erfahren.

Das Referendum fand am 16. März 2014 statt. Etwa 1,5 Millionen Wahlberechtigte waren aufgerufen, zwischen zwei Optionen zu wählen, die jeweils auf Ukrainisch, Russisch und Krimtatarisch angeführt waren:
- Sind Sie für eine Wiedervereinigung der Krim mit Russland mit den Rechten eines Subjekts der Russischen Föderation?
- Sind Sie für eine Wiederherstellung der Gültigkeit der Verfassung der Republik Krim von 1992 und für einen Status der Krim als Teil der Ukraine?

Nicht zur Wahl stand die Beibehaltung des Status quo.

Die Berichte von Augenzeugen über das Referendum zeugen von Manipulationsversuchen und erinnern entfernt an das Referendum in Österreich über den Anschluss an Deutschland 1938. So gab es keine Kuverts für die Wahlzettel, man konnte also sehen, wer wie abgestimmt hatte. Es durften auch Personen abstimmen, die nicht wahlberechtigt waren. Aber all dies sind Details.

Nach „offiziellen" Ergebnissen lag die Wahlbeteiligung bei 82%. 95,5% hätten sich für die erste Option ausgesprochen. Die höchsten Werte seien in Kertsch erreicht worden.

Ein Jahr später erschien in Moskau eine Information, wonach die Wahlbeteiligung jedenfalls in Sewastopol nur 30–50% betragen habe, es habe eine Zustimmungsquote von 50–60% gegeben.[166] Die zweite Version ist wohl näher an der Realität. Es wurde aber nie bekannt gegeben, woher diese Information stammte.

WIE WÄRE DAS REFERENDUM WIRKLICH AUSGEGANGEN?

Das Ergebnis des Referendums war jedenfalls gefälscht. Fraglich bleibt, wie stark es gefälscht wurde und ob eine Mehrheit der Bevölkerung für den „Wechsel" zu Russland war. Dies ist fraglich.

Die angebliche hohe Wahlbeteiligung von 80% nach den „offiziellen Ergebnissen" ist äußerst unwahrscheinlich. Sie wäre doppelt so hoch gewesen, wie jene bei den Wahlen 2012 und weit höher als irgendeine andere bei Wahlen in der letzten Zeit. Dies, obwohl sich die Krimtataren nach Angabe eines ihrer wichtigsten Vertreter, Mustafa Dschemiljew, zum überwiegenden Teil nicht an diesem Referendum beteiligt hatten. Es ist auch unwahrscheinlich, dass eine große Mehrheit von Ukrainern für diesen Beitritt zu Russland gestimmt hat.

Auch inhaltlich ist das Ergebnis unwahrscheinlich: Beim Unabhängigkeitsreferendum 1990 hatte eine Mehrheit von 54% für eine unabhängige Ukraine gestimmt. Auch später zeigten Meinungsumfragen, dass regelmäßig zwischen fünfzig bis sechzig Prozent für einen Verbleib bei der Ukraine waren.

Nie hatte es eine Mehrheit für einen Anschluss an Russland gegeben. Wer für den Anschluss an Russland war, konnte Aksjonows Partei wählen. Diese blieb aber eine Kleinpartei mit Unterstützung von 4% der Bevölkerung. Auch wenn auf Teilen der Krim die Mehrheit russischsprachig war, bedeutet dies nicht unbedingt, dass auch die Mehrheit für einen Anschluss an Russland war.

Es gab auf der Krim aber auch viel Enttäuschung über die wechselnden Regierungen in Kyjiw. Die Autonomie, die der Krim zugestanden war,

---

[166] Vgl. Die Zeit Online, Krim-Referendum: Putins Menschenrechtsrat bestätigt Wahlfälschung auf der Krim. 5. Mai 2014, https://www.zeit.de/politik/ausland/2014-05/ukraine-putin-wahlfaelschung, abgerufen am 9. Juni 2023.

funktionierte nur partiell. Gelder, die im ukrainischen Budget für die Krim vorgesehen waren, wurden oft veruntreut. Die Enttäuschung der Bevölkerung über Kyjiw bedeutet aber nicht, dass diese Hoffnung in Moskau gehabt hätten. Auch Moskau hatte große Teile seines Südens jahrelang vergessen.

Insgesamt sagt das Referendum de facto nichts aus. Es wäre eine Frage der Fairness an den Bewohner der Krim gewesen, das Referendum nochmals unter transparenten Bedingungen, unter internationaler Beobachtung und mit hohen Wahlstandards zu wiederholen.

BEGEISTERUNG IN MOSKAU

Bereits am Tag nach dem Referendum stellte Sergej Aksjonow einen Antrag auf Beitritt zur Russischen Föderation. Am 18. März wurden die Beitrittsakte der Autonomen Republik Krim und Sewastopols zu Russland in Moskau festlich unterzeichnet.

In Moskau wurde Putin als Held gefeiert. Die Olympischen Spiele in Sotschi hatten Eindruck gemacht. Nun kam auch noch ein Gebietsgewinn hinzu, die beliebte Krim. Beide Kammern des Parlaments stimmten am 21. März beinahe einstimmig für die Ratifizierung der Beitrittsverträge (Jener Mandatar, der sich dem nicht angeschlossen hatte, wurde bald danach aus dem Parlament ausgeschlossen.). Diese Abstimmung in Moskau erfolgte zeitgleich mit der Unterzeichnung der politischen Teile des Assoziierungsabkommens der Ukraine mit der EU in Brüssel.

Putins Beliebtheitswerte, die in den letzten Jahren deutlich gesunken waren, stiegen nochmals auf über 70%.

In Kyjiw war hingegen klar: Dieses angebliche Abstimmungsergebnis wird nicht anerkannt. Die ukrainische Verfassung sieht vor, dass über Änderungen des Territoriums der Ukraine in einem gesamtukrainischen Referendum zu entscheiden sei. Jazenjuk erinnerte daran, dass es eine strafrechtliche Verantwortung jener geben müsse, die das Referendum organisiert hatten. Bald danach wurde das Gesetz über die Bündnisfreiheit der Ukraine widerrufen – angesichts der faktischen sicherheitspolitischen Gegebenheiten ein eher symbolischer Akt.

Internationale Reaktionen

Es bestand kein Zweifel daran, dass das Referendum im Widerspruch zum ukrainischen Verfassungsrecht stand. Art. 73 der ukrainischen Verfassung sieht vor, dass Änderungen des Territoriums nur durch ein Referendum des gesamten Staates beschlossen werden können.[167] Aus westlicher Sicht war das Referendum auch im Widerspruch zum geltenden Völkerrecht.[168] Ein Referendum braucht die Zustimmung des Staates, von dem sich eine Region abspalten will. Besonders relevant ist dies für Staaten wie Spanien, Rumänien, Großbritannien oder die Türkei.

Von russischer Seite wurde mit dem Beispiel des Kosovo argumentiert. Der Kosovo erklärte sich 2008 ohne Zustimmung Belgrads für unabhängig. Dennoch wurde diese Unabhängigkeit von vielen UN-Staaten anerkannt.

Dann wären da aber auch die Beispiele in der Russischen Föderation, wie zum Beispiel Tatarstan, Baschkortostan, Altai, Tschukotka, das gasreiche Chanti-Mansijsk, oder die vielen Republiken im Nordkaukasus, darunter Tschetschenien. Kann man ihnen das Recht auf ein Unabhängigkeitsreferendum verwehren?

Unsinnig war jedenfalls das Argument, die Krim wäre durch Gewalt und Unterdrückung durch ukrainische Faschisten bedroht. Die Koalition, in der Swoboda den Juniorpartner bildete, zur Gänze als „faschistisch" zu bezeichnen, war fern der Realität. Auf der Krim verfügte diese Regierung, wie oben dargestellt, nicht einmal mehr über einen Polizeiapparat. Auch in weiten Teilen der übrigen Ukraine gab es kaum noch funktionierende Sicherheitskräfte. In Kyjiw waren über Jahrzehnte Regierungen gekommen und gegangen, meist nach ein bis zwei Jahren. Es gab keinen Grund zu glauben, dass dies diesmal anders sein würde. (Und es war auch nicht anders: Nach rund sieben Monaten war die Regierung mit der nationalistischen Swoboda Geschichte). Kurzum, die vorgebliche Bedrohung aus Kyjiw war schlichtweg Unsinn.

Realität war hingegen die physische Bedrohung der Abgeordneten auf der Krim durch die grünen, maskierten Männer bei der Abstimmung.

---

[167] Vgl. Constitution of Ukraine, https://rm.coe.int/constitution-of-ukraine/168071f58b.
[168] Vgl. im Detail Schneider-Deters, Schicksalsjahre II, 235-290.

Realität war auch, dass in den nächsten Monaten rund 12.000 Menschen von der Krim flohen[169], wohl aus Angst vor politischer Verfolgung in Russland. Die meisten waren Krim-Tataren.

Aber auch die internationale Gemeinschaft erkannte den Anschluss nicht an. Insgesamt gab es Erklärungen von führenden Vertretern von gerade sechs Ländern, die irgendwie als Anerkennung des Anschlusses der Krim an Russland gewertet werden konnten. Über 190 Staaten der Welt, darunter vor allem auch China, erkannten ihn nicht an. Die Vollversammlung der UNO erklärte Referendum und Annexion der Krim durch Russland mit Resolution 68/262 für ungültig. Hundert Staaten stimmten dafür, elf dagegen, 58 enthielten sich. Enthaltungen kamen vor allem aus Afrika und Asien. Auch Indien und China enthielten sich.

Das Referendum schuf einen furchtbaren Präzedenzfall.

Ein drohender Staatsbankrott, Korruption und Erpressung sowie Missbrauch der Polizeigewalt hatten zu einer ernsthaften Krise in der Ukraine geführt. Nun war aus der inneren Krise eine Krise zwischen Russland und der demokratischen Welt geworden. Erstmals setzte der Kreml auf populistische Maßnahmen und brachte sich damit in einen Konflikt mit dem Großteil der Welt.

DIE ANGST VOR EINEM GROSSEN KRIEG IN EUROPA IST ZURÜCK

Mit der Invasion der Krim war die Angst vor einer Grenzrevision in Europa mit militärischer Gewalt zurückgekehrt. Wenn Russland die Krim erobert, könnte als nächstes die gesamte Ukraine an der Reihe sein, der gesamte postsowjetische Raum. Es könnte aber noch weiter gehen – auch Polen, das Baltikum, die Slowakei und andere Staaten könnten in Gefahr sein. Ein Satz vom Beginn des Zweiten Weltkriegs wurde vor allem von vielen Polen in Erinnerung gerufen: „Es ist nicht wert, für Danzig zu sterben." So ein Fehler sollte nicht nochmals geschehen.

---

[169] Vgl. UNHCR. Forte hausse du déplacement de populations en Ukraine, avec plus de 50.000 déplacés, https://www.unhcr.org/fr/actualites/stories/forte-hausse-du-deplacement-de-populations-en-ukraine-avec-plus-de-50-000 abgerufen am 4. Juni 2023.

Erste Sanktionen der Europäischen Union gegen Russland

Am 17. März trat der Rat Auswärtige Angelegenheiten der EU zusammen und verurteilte die Abhaltung des Referendums als im Widerspruch mit der Verfassung und erinnerte an die Präsenz von bewaffneten Männern während der Abstimmung. Gegen 21 Personen wurden Einreisesperren und das Einfrieren von Konten beschlossen. Zugleich wurde beschlossen, das Assoziierungsabkommen mit der Ukraine am 21. März zu unterzeichnen. Eine internationale Beobachtermission sollte eingerichtet werden. Die Europäische Kommission wurde beauftragt, Vorschläge für mögliche Wirtschaftssanktionen gegen Russland auszuarbeiten.[170] Das Signal an Russland war klar: Europa wird nicht tatenlos zusehen, während Russland im Osten des Kontinents Gewalt anwendet. Die ersten Sanktionen mögen harmlos sein, weitere Maßnahmen werden aber zunehmend härter werden.

Gelegenheit macht Räuber

Die Abwesenheit von staatlichen Sicherheitsinstitutionen wurde rasch von Verbrechern genutzt: Banken und insbesondere Bankomaten wurden geplündert. Dasselbe galt offensichtlich für eine Filiale der ukrainischen Nationalbank.

Ukrainische Gäste, die auf der Krim auf Urlaub waren oder eine Ferienwohnung hatten, wurden mit ihren Autos gestoppt und unter vorgehaltener Waffe aufgefordert, zu einem Notar zu fahren und das Auto dem Angreifer zu überschreiben. Danach wurden sie zum Bahnhof gebracht und erhielten ein Zugticket nach Hause. Züge verkehrten in den ersten Tagen nach der Krise noch. Die Täter hatten offensichtlich kein Gericht zu fürchten.

Noch wesentlich schlimmer ist, dass Vertreter der Krimtataren, die gegen den Anschluss an Russland opponierten, verhaftet wurden und ohne Nachricht verschwanden.

---

[170] Vgl. European Council – Council of the European Union: Conclusions on Ukraine approved by the European Council, 20 March 2014, https://www.consilium.europa.eu/media/29224/141707.pdf, abgerufen am 11. Mai 2023.

Eine Last für Moskau

In nächster Zeit bildete die Krim einschließlich Sewastopols vor allem eine finanzielle Last für Moskau. Laut staatlichen russischen Fernsehens kamen in den nächsten Jahren über 80% des Budgets der Autonomieverwaltung der Krim aus dem Föderalen Russischen Budget – nur noch einige russische Republiken im Nordkaukasus werden so hoch oder noch höher subventioniert. Dazu kamen überfällige oder nun sinnvoll gewordene Infrastrukturmaßnahmen, wie etwa der Bau der Brücke über die Meerenge von Kertsch.

Was die Intervention auf der Krim von jener in der Ostukraine unterscheidet

Die Besetzung und Annexion der Krim war Ergebnis einer durchdachten und effizienten militärischen Intervention. Die Ausgangslage war, wie oben dargestellt, für Russland denkbar gut: Militär und Polizei waren nicht einsatzfähig, die Bevölkerung gleichgültig.

Von Russland wurde aber ein Anspruch auf den gesamten Osten und Süden der Ukraine erhoben: darunter auch Großstädte wie Odessa, Mykolajiw, Donezk, Lugansk, Charkiw und Dnipropetrowsk. In diesen Städten war die Lage ganz anders als auf der Krim. Jedoch galt auch dort, dass die ukrainische Armee nicht einsatzfähig war. Der Großteil der Bevölkerung definierte sich als ukrainisch mit russischer Sprache. In allen diesen Städten hatten 1991 über 80% für die Unabhängigkeit der Ukraine gestimmt. In den folgenden Jahrzehnten hatte es dann eine gewisse Ernüchterung gegeben. Dennoch zeigten regelmäßig durchgeführte unabhängige Umfragen, dass in den folgenden zweieinhalb Jahrzehnten die Zahl derer, die Anhänger einer unabhängigen Ukraine waren, nie unter 70% gefallen war.

Es gab wohl kleinere pro-russische Demonstrationen und Gebäudebesetzungen in allen größeren Städten. Der Großteil der Bevölkerung war aber an der Politik uninteressiert – gleichgültig ob diese in Moskau oder in Kyjiw gemacht wurde.

Die politische Elite sprach zwar in allen genannten Städten russisch, fühlte sich jedoch ukrainisch und orientierte sich an Kyjiw. Hatte das Parlament der Krim, wenngleich unter Waffengewalt und fraglichen Umständen, für ein Unabhängigkeitsreferendum votiert, so gab es sonst nirgends ein Lokalparlament, das für einen solchen Beschluss zu haben gewesen wäre. Als die Unruhen begannen, flohen die meisten Bürgermeister und lokalen Abgeordneten aus ihren Heimatstädten, zumeist nach Kyjiw und weiter ins Ausland.

Dennoch wäre eine russische Militäroperation im Februar oder März 2014, die den Osten der Ukraine einschließlich Odessas besetzt hätte, nur auf geringen lokalen Widerstand gestoßen. Eine solche Operation fand aber nicht statt. Die russische Führung schuf über die staatlich gesteuerten Medien, die auch in der Ostukraine zu sehen und zu hören waren, eine Atmosphäre, die zur Sezession ermutigen sollte. Es gab zweifellos auch Personen im Auftrag der russischen Regierung, die Leute aufwiegeln sollten. Und es gab Russen, die an der gewaltsamen Erstürmung von Gebäuden mitwirkten und sich öffentlich als Angehörige des russischen Auslandsgeheimdienstes GRU ausgaben, ohne dass es ein Dementi aus Moskau gegeben hätte. Es ist nicht bekannt, dass einem dieser Aufwiegler später in Russland der Prozess gemacht worden wäre. Insgesamt war aber alles zu chaotisch, zu unsystematisch und zu dilettantisch, als dass man an ein zentrales Kommando aus dem Kreml glauben hätte können. Wären die Aktivitäten erfolgreich gewesen, so hätte sich Präsident Putin wahrscheinlich später dazu bekannt – ähnlich wie er sich nachträglich zur Krimoperation bekannt hatte. Im Detail verlief aber in jeder ostukrainischen Großstadt die Geschichte anders. Als entscheidend sollte sich erweisen, inwieweit der jeweilige Bürgermeister oder Gouverneur eine starke Hand hatte und die Miliz kontrollierte. Wichtig waren aber auch Fehler, die in Kyjiw auf Druck des Internationalen Währungsfonds (IWF) gemacht wurden.

DER BEGINN DES KONFLIKTS IM OSTEN DER UKRAINE, OSZE-BEOBACHTUNGSMISSION

Bislang folgte dieses Buch den Entwicklungen chronologisch. Um diese besser nachvollziehen zu können, erscheint es jedoch sinnvoll, die unterschiedlichen Entwicklungen eigens zu beleuchten, die im Süden und Osten anders verliefen als in Kyjiw.

DIE OSZE-BEOBACHTUNGSMISSION

Zu Beginn der Gemeinsamen Außen- und Sicherheitspolitik (GASP) der EU galt eine Mission der Gemeinsamen Sicherheits- und Verteidigungspolitik (GSVP) in der ehemaligen Sowjetunion als undenkbar, vor allem galt dies für Russland und die Ukraine. Mit der nunmehrigen Krise änderte sich dies schlagartig. Der Europäische Rat beschloss, eine GASP-Beobachtungsmission einzusetzen, sollte die OSZE sich nicht auf eine solche Mission einigen können. Implizit bedeutete dies: Russland hat die Wahl, eine Mission, an der es mitwirken kann, anzunehmen, oder zuzusehen, wie die EU eine Mission einsetzt, bei der es kein Mitwirkungsrecht hat.

Es siegte die Vernunft. Russland stimmte einer massiven OSZE-Präsenz in der Ukraine zu. Am 21. März 2014 wurde eine Beobachtungsmission eingesetzt, die die Entwicklungen in allen Teilen der Ukraine beobachten sollte. Sie erhielt die Bezeichnung „Special Monitoring Mission" oder SMM und bestand zunächst aus 100 Beobachtern.[171] Die regionalen Teams bestanden jeweils aus vier Personen, in aller Regel war eine davon ein russischer Staatsangehöriger. Es wurde ein Sonderbudget der OSZE verabschiedet, das mit rund 100 Mio. Euro etwa so hoch wie das gesamte Budget der OSZE war. Der Großteil der Mittel waren freiwillige Beiträge der OSZE-Staaten. Missionschef wurde der pensionierte türkische Spitzendiplomat Ertuğrul Apakan, sein Stellvertreter der Schweizer Alexander Hug. Regionale Teams wirkten in allen Teilen der Ukraine mit Ausnahme der Krim. Ihr Aufgabenbereich wurde in den nächsten Jahren immer wieder erweitert und angepasst.

---

[171] Vgl. Organisation for Security Cooperation in Europe. Decision No. 1117. Deployment of an OSCE Special Monitoring Mission to Ukraine. 21. März 2014, https://www.osce.org/files/f/documents/d/6/116747.pdf, abgerufen am 8. Juni 2023.

Die SMM hatte die Möglichkeit, Entwicklungen in den diversen Landesteilen der Ukraine zu beobachten. Ausgenommen blieb die Krim. Zugleich waren viele Mitarbeiter der Teams nicht mit den politischen Gegebenheiten in der Region vertraut und kannten die lokalen Entscheidungsträger in der Region nicht. Zudem mussten die Teams einen internen Konsens erzielen, worüber sie berichteten. Die Berichte wurden dann nochmals von der Missionsleitung geprüft. Es sollte nichts darinstehen, was die Unparteilichkeit der SMM in Frage stellen könnte.

Ich erhielt in jener Zeit immer wieder Berichte von Konsulaten von EU-Mitgliedsstaaten aus verschiedenen Regionen. Die wertvollsten Berichte stammten von den damals etwa zehn polnischen Konsulaten, sie waren meist deutlich informativer als jene der SMM-Teams. Die große Stärke der SMM bestand darin, dass sie Waffenstillstandsverletzungen an der ab Sommer 2014 entstehenden „Kontaktlinie" zwischen Kyjiw-treuen Einheiten und Rebellentruppen dokumentierte.

UN-MENSCHENRECHTSMISSION

Im März 2014 wurde auch eine UN-Menschenrechtsmission eingesetzt. Die UN Human Rights Monitoring Mission in der Ukraine (HRMMU) erhielt den Auftrag, die Menschenrechtssituation im Land zu beobachten, darüber zu berichten und zu erreichen, dass Personen, die Menschenrechtsverletzungen begangen hatten, zur Verantwortung gezogen wurden. Ihre Berichte sind detailliert und gerade deshalb bedeutsam. Für viele Ereignisse im Osten des Landes bilden sie die objektivste Quelle. Der größte Erfolg der Mission sollte eine sehr unauffällige Tätigkeit werden: Immer wieder konnte sie erreichen, dass die De-facto-Behörden in Donezk und Lugansk Menschenrechtsverteidiger freiließen. Einige von den Donezker Menschenrechtsverteidigern konnte ich in Kyjiw treffen. Sie teilten furchtbare Schilderungen von den Donezker Gefängnissen und Folter. Eine Frau berichtete uns, sie war gezwungen worden, mit ihrem Blut auf die Wand eines Kellers, in dem sie gefangen gehalten worden war, zu schreiben: „Ich liebe Donezk".

Diverse pro-russische Demonstrationen im Osten des Landes

In den ersten Märzwochen gab es im Osten der Ukraine eine Reihe mittelgroßer pro-russischer Demonstrationen in mehreren Provinzhauptstädten, u. a. in Charkiw und Odessa. Meist waren es fünfhundert bis tausend Teilnehmer. Es gab auch zwei oder drei Demos in Donezk mit 5.000 bis 10.000 Teilnehmern – für europäische Verhältnisse große Zahlen, im Vergleich zu den Demonstrationen am Maidan aber beinahe vernachlässigbar klein.

Offensichtlich existierte ein Demonstranten-Tourismus aus Russland: Personen wurden mit Bussen aus Russland in die Ukraine gekarrt, um an den Demos teilzunehmen. Es kamen aber auch Demonstranten aus der Ukraine selbst. Meist fanden die Demonstrationen am Wochenende statt.

Immer wieder wurden Verwaltungsgebäude, vor allem die Regionalverwaltung, besetzt und russische Fahnen auf den Gebäuden gehisst. An diesen Aktionen beteiligten sich verhältnismäßig kleine Gruppen von zwanzig bis hundert Personen.

Die ukrainische Regierung reagierte nach einigen Wochen Verzögerung mit Grenzschließungen vor den Wochenenden. Danach wurden die Demonstrationen kleiner. So nahmen z.B. am 16. März an pro-russischen Demonstrationen in Donezk rund 1.000 Personen teil – also etwa ein Promille der Bevölkerung – in Charkiw und Dnipropetrowsk waren es fünfhundert. In Charkiw wurde an diesem Wochenende ein Gebäude angezündet, das nationalistische ukrainische Bewegungen beherbergte.

Im Allgemeinen dauerten diese Gebäudebesetzungen nicht sehr lange: Entweder zogen die Demonstranten von selbst ab oder die Demonstrationen wurden von der lokalen Verwaltung überredet, das Gebäude zu verlassen. An manchen Orten wiederholte sich das Spiel mehrere Male.

In Saporischschja wurden die pro-russischen Demonstranten von der Bevölkerung mit Eiern und Mehl beworfen und zogen wieder ab.

Nirgends weiteten sich die Demonstrationen zu Massenbewegungen aus. Sie bargen aber das Potential für einen großen Konflikt in sich – vor allem da diese Demonstrationen durch Kräfte in Russland encouragiert wurden und da sie russische Symbole verwendeten.

Im Dnipropetrowsk wurde Igor Kolomojskyj, einer der wichtigsten Oligarchen der Ukraine, Gouverneur. Die Stadt ist auf Grund ihrer Rüstungsindustrie und ihrer Lage am Unterlauf des Dnjepr strategisch wichtig. Er füllte diese Rolle nur kurze Zeit aus und wurde wieder abgesetzt, als es zu einem Konflikt in Kyjiw über die Einkommen aus Ölförderungen, die eigentlich dem Staat zustanden, ihm aber zuflossen, kam. In jener Zeit trug seine Tätigkeit dazu bei, dass es in Dnipropetrowsk nicht zu ähnlichen furchtbaren Entwicklungen kam wie später in Donezk, Lugansk und Mariupilj. Auf diese wird später einzugehen sein. Sergej Taruta, ein anderer Oligarch, konnte in Donezk, wo er Gouverneur wurde, ähnliche Entwicklungen nicht verhindern.

Panzer aus dem Nirgendwo

Im April rollten lange Kolonnen von Panzern und gepanzerten Fahrzeugen durch Städte im Osten der Ukraine. Leute filmten diese mit ihren Smartphones. Es war unklar, wo diese hergekommen waren. Heute ist bekannt, dass die meisten Panzer und gepanzerten Fahrzeuge nicht an offiziellen Grenzübergängen aus Russland in die Ukraine gekommen sind.

Wenig später wurden ukrainische Grenzposten im äußersten Osten der Ukraine im Donbassgebiet angegriffen. Sie forderten von Kyjiw Hilfe an, erhielten aber keine. So zogen die Beamten von der Grenze ab. Die Wiederherstellung der Grenzkontrollen war ein wichtiges Ziel aller zukünftigen diplomatischen Bemühungen der nächsten Jahre. Erfolglos.

Russland zog unterdessen an der Grenze zur Ukraine zehntausende Soldaten zusammen. Präsident Wladimir Putin kündigte an, sein Land werde die russischsprachigen Einwohner der Ukraine „mit allen Mitteln verteidigen". Eine Invasion wurde damals aber ausgeschlossen.

Die Gebäudebesetzungen vom 6. April

Am 6. April kam es zu koordinierten Besetzungen von Gebäuden in mehreren großen Städten der Ostukraine: in Charkiw, Donezk und Lugansk. Die weiteren Entwicklungen verliefen in den drei Städten aber zum Großteil unterschiedlich.

In Donezk, einer Stadt mit knapp unter einer Million Einwohner, gab es seit Anfang März 2014 wiederholt Demonstrationen. Anfang März wurde das Regierungsgebäude zum ersten Mal besetzt, am 6. März aber wieder befreit. Am 13. März gab es gewaltsame Auseinandersetzungen zwischen Vertretern des Maidan und jenen des Anti-Maidan, bei denen ein Vertreter des Maidan umkam. Am 6. April fand eine pro-russische Demonstration in Donezk statt. Daran nahmen angeblich rund 10.000 Menschen, zirka ein Prozent der Bevölkerung, teil. Etwa tausend davon stürmten das Regierungsgebäude und etwa einhundert verbarrikadierten sich im Regierungsgebäude. Am nächsten Tag kündigten sie ein Referendum zum Beitritt zur Russischen Föderation an. Die gewählten Abgeordneten des Regionalparlaments flohen aus der Stadt, die Macht ging an Andrei Purgin und den selbst erklärten „Volksgouverneur" Pawel Gubarew. Die Gründung der „Donezker Volksrepublik" (DNR) wurde ausgerufen. Vor dem Regionalparlament skandierten einige hundert Demonstranten „Russland, Russland" und „Putin, Putin".[172]

Ab Ende März hatte es in Lugansk Demonstrationen gegeben, an denen einmal bis zu 2000 Personen teilnahmen – eine überschaubare Zahl. Lugansk hatte damals noch deutlich über 400.000 Einwohner; wie viele russische „Demonstrationstouristen" unter den Teilnehmern waren, ist unbekannt. Die Demonstrationen hatten traditionalistische Züge, richteten sich gegen die neue Führung in Kyjiw und gegen die EU, die „Sodom und Gomorra" sei. Am 6. April wurde das Gebäude des Geheimdienstes von Demonstranten gestürmt. Ab diesem Zeitpunkt hatten die pro-russischen Kräfte die Kontrolle über die Stadtverwaltung. Am 21. April wurde der bisher weitgehend unbekannte Valerij Bolotow, ein russischer Staatsbürger aus Rostow, zum „Volksgouverneur" ausgerufen. Am 28. April wurde die „Volksrepublik Lugansk" (LNR) verkündet – mitgetragen von einem kleinen Teil der Bevölkerung und – wie in Donezk – durch keinen einzigen gewählten Abgeordneten legitimiert.

In beiden Städten gewannen die gewählten Vertreter die Macht nicht wieder zurück. Anders war es in Charkiw.

In Charkiw scheitert der pro-russische Aufstand

Charkiw war während des Maidan jene Stadt gewesen, in der es die stärkste Bewegung gegen den Maidan gab. Die meisten Tituschkis wurden in dieser zweitgrößten Stadt der Ukraine rekrutiert. Ende Februar und Anfang März wurden kleinere pro-russische Demonstrationen abgehalten.

---

[172] Vgl. Schuller 107.

Am 6. April fand die größte solche Demo statt. Rund 2000 Menschen nahmen in der Millionenstadt an pro-russischen Demonstrationen teil, einige Dutzend besetzten das Verwaltungsgebäude und hissten russische Fahnen. Bürgermeister Hennadij Adolfowitsch Kernes, der schon gegen den Maidan ein gewaltsames Vorgehen gefordert hatte, nun aber auch keine Sympathie für andere Unruhestifter hatte, griff hart durch und erhielt dabei die Unterstützung des neu bestellten Innenministers Arsen Awakow. Sie verhinderten zunächst eine Provokation des „Rechten Sektors". Awakow verlegte Einheiten aus der Westukraine nach Charkiw. Die Sicherheitskräfte verhafteten am 8. April siebzig Personen. Die meisten Personen wurden am nächsten Tag wieder freigelassen. Der Bürgermeister ließ verkünden, dass darunter kein einziger russischer Staatsbürger gewesen sei – ob dies nun stimmte oder nicht. Faktum ist: Mit der raschen Intervention blieb Charkiw ein tragisches Schicksal wie es Donezk und Lugansk widerfahren war, (vorerst) erspart.

Wenige Wochen später, am 28. April 2014, wurde Hennadij Kernes beim Joggen angeschossen und lebensgefährlich verletzt. Er wurde in Israel, seiner zweiten Heimat, behandelt. Wer hinter dem Anschlag stand, darüber gab es unzählige Spekulationen; wie so oft in diesem Land wurden auch im vorliegenden Falle die Motive des Anschlags nie geklärt und die Täter nicht identifiziert.

Dennoch war Charkiw vom sich entwickelnden Konflikt zwischen Russland und der Ukraine hart getroffen: Charkiw ist vor allem für seine traditionelle Schwerindustrie bekannt. Die meisten Exporte gingen nach Russland. Staatliche russische Bestellungen wurden ebenso storniert, wie solche von privaten russischen Unternehmern, die sich mit der Staatsführung nicht anlegen wollten.

Die russischen Sanktionen gegen die Ukraine trafen in Charkiw vor allem Menschen, die sich nie an den Demonstrationen am Maidan beteiligt hatten, die nie für oder gegen die Annäherung an die EU gestimmt und die kaum Bezug zur Politik in Kyjiw hatten.

Der Beginn der „Anti-Terror-Operation"

Kurz nach den Ereignissen in Charkiw kam 6. April kündigte Interimspräsident Oleksandr Turtschynow eine „Anti-Terror-Operation" gegen pro-russische und mutmaßlich auch russische Einheiten in der Ostukraine an.

Er stellte ein Ultimatum, die Waffen niederzulegen.[173] Als dieses verstrich, kam es am 15. April zu Schusswechseln zwischen den ukrainischen Militäreinheiten und den Separatisten bei Kramatorsk und Slawjansk, zwei Städten im Norden der Region Donezk. Angeblich gelang es den ukrainischen Einheiten rasch, die Kontrolle über den Flughafen wieder zu gewinnen. Laut russischem Staatsfernsehen gab es mindestens vier Tote.[174] Der bewaffnete Konflikt im Osten der Ukraine hatte begonnen.

In Kyjiw rekrutierte nun Innenminister Awakow u. a. die gut ausgebildeten Berkut-Männer für die „Anti-Terror-Operation". Die Nationalgarde, die einige Jahre zuvor aufgelöst worden war, wurde wieder eingerichtet.

Die Entscheidung, eine „Anti-Terror-Operation" zu beginnen, war wahrscheinlich eine der folgenreichsten Fehler in der ukrainischen Geschichte. Soweit die Revolten von Russland gesteuert waren, war der Gegner so übermächtig, dass ein Sieg ausgeschlossen war. Soweit die Aufständischen Ukrainer waren, wäre ein sensibler Umgang mit der Unzufriedenheit im Osten – wie der Umgang mit jener in Kyjiw während des Maidans – sinnvoller gewesen: Die Gründe waren weitgehend dieselben. In den wenigen Interviews der lokalen Separatistenführer ging es weniger um Sprache oder nationale Identität als um Korruption, Behördenwillkür und Gerechtigkeit.

Ein letztes Vierseitiges Treffen in Genf

Am 17. April 2014, elf Tage nach den Gebäudeerstürmungen in vielen Städten der Ostukraine und zwei Tage nach Ankündigung der ATO traten nochmals Kerry, Deschtschysa, Lawrow und Ashton zusammen, diesmal in Genf. Sie appellierten, die Spannungen zu deeskalieren, die Sicherheit der Bürger wiederherzustellen, illegal bewaffnete Gruppen zu entwaffnen.

---

[173] Vgl. DW, 'Large-scale' Ukraine response; DW 13. April 2014; https://www.dw.com/en/ukraines-acting-president-orders-large-scale-anti-terror-operation-in-east/a-17564497, abgerufen am 26. Juni 2023 sowie: United Nations: Ukraine Situation 'More Combustible than Ever', Assistant Secretary-General Warns Security Council, Calling for Action to De-escalate Crisis, 13 April 2014, Security CouncilSC/11351.

[174] Vgl. FAZ. Ukrainische Armee rückt in Donezk-Region vor, https://www.faz.net/aktuell/politik/ausland/nach-gefechten-in-der-ostukraine-ukrainische-truppen-ruecken-vor-12896719.html; abgerufen am 21.4.2022.

Es werde eine Amnestie und einen inklusiven Verfassungsprozess geben.[175] Der Appell hatte keine Auswirkungen auf die Entwicklungen in der Ostukraine.

EIN GASFELD, SHELL UND EINE GRU-OPERATION IN SLOWJANSK

Slowjansk ist, so wie viele andere Städte in der Region, ohne besondere Atmosphäre. Eine Ansammlung von ein paar alten bunten Holzhäusern, einigen sowjetischen Plattenbauten, Wohnhäusern, Verwaltungsgebäuden und der einen oder anderen Kirche. Was Slowjansk bedeutend machte, war ein dort vermutetes Gasfeld. Shell hatte 2013 die Rechte zur Exploration dieses Schiefergasfelds erworben.

Gas spielte in der ukrainischen Politik der letzten Jahrzehnte eine wichtige Rolle – allerdings war es vor allem der Gastransit, der wichtig war. Die meisten ukrainischen Gasvorkommen waren schon in sowjetischer Zeit ausgebeutet worden. Aber in zwei Regionen des Landes wird Schiefergas vermutet, zum einen im Westen in der Gegend von Lemberg und zum anderen im Osten, in der Region zwischen Charkiw und Donezk. Für die Exploration dieses Vorkommens im Osten hatte Shell 2012 den Zuschlag bekommen. Probebohrungen wären in der Gegend von Slowjansk geplant gewesen. Auf diesen Ort konzentrierte sich nun eine angebliche Operation. Am 12. April wurde die Stadt besetzt und auf dem Verwaltungsgebäude von Slowjansk eine russische Fahne gehisst. (Dasselbe geschah bald danach in Kramatorsk.)

Igor Girkin hatte bereits bei der illegalen Annexion der Krim eine unrühmliche Rolle gespielt (sh. S. 182). An diesem Tag traf er in Slowjansk ein und wurde bald darauf Oberkommandierender der Aufständischen, später „Verteidigungsminister".[176] Er gab an, ein Vertreter des russischen Auslandsgeheimdienstes zu sein. Wenig später folgte ihm Alexander Borodai, der später für einige Monate „Premierminister" der „Donezker Volksrepublik" wurde.[177] Formell übernahm aber zunächst Wjatscheslaw Ponomarjow das „Bürgermeisteramt". In den nächsten Wochen führten er und später Girkin nach Kyjiwer Angaben eine

---

[175] Vgl. Joint Geneva Statement on Ukraine from April 17: The full text, https://www.washingtonpost.com/world/joint-geneva-statement-on-ukraine-from-april-17-the-full-text/2014/04/17.
[176] Vgl. Netherlands Public Prosecution Service, JIT 36.
[177] Vgl. ebd.

Schreckensherrschaft in der Stadt.

Ihr wichtigstes Ziel erreichte die Operation: Shell stellte die Exploration der Gasfelder ein. Slowjansk sollte später befreit werden, Girkin nach Donezk fliehen.

FREIWILLIGEN-EINHEITEN AUF BEIDEN SEITEN

Tolstois „Krieg und Frieden" gehört zu den bekanntesten russischen Werken. Nach Tolstois Darstellung wurde das Heer Napoleons nicht durch das große Heer Michail Kutusows, sondern durch zahlreiche kleine, unabhängig voneinander agierende Freiwilligeneinheiten besiegt. Nun setzten sowohl Russen als auch Ukrainer auf dieses Konzept.

Dafür gab es „gute" Voraussetzungen: Auf die Frage, welche Stadt die Hochburg des organisierten Verbrechens in Russland ist, würden viele Experten auf Rostow am Don tippen, für die Ukraine auf Donezk. Die beiden Städte liegen knapp 200 km auseinander. Auf beiden Seiten der Grenze unterhielten Unternehmer bzw. Oligarchen ihre privaten Sicherheitsdienste mit Aufgaben, die in Westeuropa in den Bereich der Polizei, aber auch in den des Militärs fallen. Daneben gab es in manchen Orten oder Stadtteilen Bürgerwehren. Die besten Sicherheitskräfte kamen traditionell aus Mariupilj.

Die Kriege im Kaukasus, vor allem in Tschetschenien, waren gerade erst wenige Jahre her. Viele hatten aus dieser Zeit noch „offene Rechnungen". Ramsan Kadyrow, der Präsident Tschetscheniens unterhält bis heute eine Armee. Er ist Putin gegenüber loyal. Dies ist jedoch nicht gleichbedeutend mit Loyalität gegenüber der russischen Verwaltung und anderen Staatsorganen. In die Ukraine entsandte Kadyrow nun Einheiten.

Die Ereignisse in Donezk und Lugansk waren zu wenig koordiniert, als dass eine zentrale Planung in Moskau angenommen werden konnte. Sie waren aber von Moskau und vom russischen Fernsehen inspiriert und die Verlegung dieser Sondereinheiten aus Russland in die Ukraine wurde jedenfalls von Russland offiziell geduldet: Private Panzer, Laster mit privat bezahlten Milizionären, Busse mit Bewaffneten konnten nicht einfach ohne staatliche Zustimmung oder zumindest Duldung über die Straßen Südrusslands rollen.

Es waren insgesamt vier große Gruppen auf der Seite der Separatisten:

- Pro-russische ukrainische Rebellen, Mitte 2014 10-20.000 Mann, später bis zu 45.000.[178]
- Milizionäre von russischen Oligarchen. Eine besondere Rolle spielte Jewgenij Prigoschins Söldnertruppe „Wagner", die zuerst für den Einsatz im Donbass gegründet wurde[179], später aber auch in vielen anderen Ländern, vor allem in Syrien, in Libyen und in anderen Staaten Afrikas tätig wurde. Prigoschin starb im August 2023 bei der Explosion seines Flugzeugs zwischen Moskau und St. Petersburg, exakt zwei Monate zuvor war die Söldnergruppe auf ihrem „Marsch auf Moskau" zweihundert Kilometer vor der Hauptstadt Russlands gestoppt worden.
- Personen, die sich als Angehörige der russischen Spezialeinheiten und Nachrichtendienste ausgaben, teilweise im Ruhestand oder im Urlaub.[180]
- Tschetschenische Einheiten, die angaben, im Auftrag Kadyrows tätig zu sein[181], was dieser bestritt.[182]
- Möglicherweise gab es auch Einheiten, die von Janukowytschs Familie bezahlt wurden. Die Dokumentation darüber ist nicht ausreichend.

Diese vier oder fünf Gruppen agierten oft unabhängig voneinander. Viele besetzten nur eine Stadt oder einen Ort. Die Einheiten bewaffneten sich aus ganz unterschiedlichen Beständen. Zum Teil wurden alte Waffenbestände, oft noch aus der Sowjetzeit, geplündert.

War die Rebellion zu Beginn zu einem wesentlichen Teil von Menschen geführt, die aus Lugansk und Donezk stammten, so wurden diese immer mehr marginalisiert. Russische „Experten", Mitglieder von Spezialeinheiten, übernahmen das Kommando.

---

[178] Vgl. Schneider-Deters, Schicksalsjahre II, S 449.
[179] Vgl. Preussen, W.: Russian oligarch Yevgeny Prigozhin admits he created the mercenary Wagner Group, Politico, 26. September 2022, https://www.politico.eu/article/yevgeny-prigozhin-admits-that-he-created-the-wagner-group/, abgerufen am 26. Juni 2023.
[180] Vgl. Bukkvol, T., Russian Special Operations Forces in Crimea and Donbas, Parameters 46, no. 2 (2016), 13 – 21, 17-20, https://press.armywarcollege.edu/cgi/viewcontent.cgi?article=2917&context=parameters, abgerufen am 26. Juni 2023.
[181] Vgl. Weaver, C., Chechens join pro-Russians in battle for east Ukraine, Financial Times, 27. Mai 2014, https://www.ft.com/content/dcf5e16e-e5bc-11e3-aeef-00144feabdc0, abgerufen am 26. Juni 2023.
[182] Vgl. BBC, Chechen leader Kadyrov denies sending troops to Ukraine, https://www.bbc.com/news/world-europe-27599836, abgerufen am 26. Juni 2023.

Auf der Seite der ukrainischen Regierung war das Durcheinander ähnlich groß. Es gab:
- Spezialeinheiten des ukrainischen Innenministeriums
- Die im März 2014 wieder gegründete Nationale Garde, eine Einheit mit geplant bis zu 60.000 Mann, die ein wenig an die italienischen Carabinieri oder die französische Gendarmerie erinnerte. Sie sollte sowohl militärische als auch polizeiliche Funktionen ausüben.[183] Sie bestand aus ehemaligen Berkut-Angehörigen, aus anderen Polizeiangehörigen, aus Vertretern des „Rechten Sektors" und aus vielen anderen Freiwilligen[184]
- ab April 2014 auch das ukrainische Militär
- Freiwilligen-Bataillons, von denen vor allem das Asow-Bataillon traurige Berühmtheit erlangte, da es Nazi-Symbole verwendete.
- Private Sicherheitsdienste

Teil der Kriegsmaschinerie ist die Verunglimpfung der Gegner. Vor allem die Freiwilligen-Bataillone und deren oft kruden Symbole boten dafür ideale Voraussetzungen. Sicher ist, dass zahlreiche Kriegsverbrechen begangen wurden – auf der einen wie auf der anderen Seite. Teil des Mandats der Vereinten Nationen ist, Materialien über diese Verbrechen zu sammeln. Es bleibt zu hoffen, dass es irgendwann möglich sein wird, zumindest einen Teil der Verbrechen aufzuklären und die Verantwortlichen zur Rechenschaft zu ziehen.

Langfristig von Bedeutung ist: Es gab auf beiden Seiten keine klaren Hierarchien und kein zentrales Kommando. Personen, die sich an Anweisungen nicht hielten und z.B. eine Waffenstillstandsvereinbarung verletzten, mussten keine Strafe fürchten. Dies war einer der zentralen Faktoren, warum der Konflikt so viele Jahre dauerte und schließlich unlösbar wurde.

Geiselnahme von OSZE-Beobachtern

Am 25. April brachten Separatisten einen Bus mit insgesamt sieben OSZE-Militärbeobachtern in ihre Gewalt. Ihre Inspektion war nicht Teil der OSZE SMM sondern war nach dem „Wiener Dokument" mit Kyjiw vereinbart worden. In Slawjansk beschuldigte der örtliche Separatistenführer

---

[183] Vgl. Goncharenko, R., Supporting Ukraine, DW 20 March 2014, https://www.dw.com/en/can-the-national-guard-save-ukraine/a-17511315, abgerufen am 26. Juni 2023.
[184] Siehe dazu näher Schneider-Deters, Schicksalsjahre II, 399-410.

Ponomarjow die Gruppe der Spionage im Auftrag der Nato. Mit Unterstützung Außenminister Lawrows wurde das Team am 3. Mai wieder frei gelassen. Es sollte nicht die letzte Geiselnahme sein.

Noch ein zweites Mal wurden OSZE-Mitarbeiter von Separatisten als Geiseln genommen. Diesmal waren es Mitarbeiter der SMM. Sie kamen Ende Juni auf Vermittlung der Trilateralen Kontaktgruppe wieder frei.

DIE TRAGÖDIE VON ODESSA

Odessa ist eine Hafenstadt mit mediterranem Flair, langen Sandstränden, russischer und österreichisch-ungarischer Jahrhundertwende-Architektur und einem einladenden Stadtzentrum. Heute ist es eine vorherrschend russischsprachige Stadt, in der es bis 2014 große Sympathien für Moskau gab. Anders als in Kyjiw oder gar in Lemberg wurde des 9. Mai 1945, des Tages des Sieges als großer Feiertag gedacht; unzählige Menschen legen an diesem Tag Blumen an den Denkmälern der Befreiung von der nazideutschen Besetzung nieder.

Odessa unterscheidet sich von den anderen Städten des Südens und Ostens durch die Existenz einer verhältnismäßig großen, politisch interessierten Klasse. Diese war gespalten – die Anhänger des „Maidan" und des „Anti-Maidan". Während des Maidans hatte es kleinere Demonstrationen beider Gruppen gegeben; danach immer wieder Besetzungen von Verwaltungsgebäuden, bei denen Gruppen von Demonstranten russische Fahnen hissten. Die Operationen wurden meist innerhalb kurzer Zeit beendet. Das Gebäude der Gewerkschaft, eine prächtige Anlage aus der Sowjetzeit, blieb allerdings über Wochen besetzt.

Politisch interessierte Bewohner von Odessa berichteten uns im April, in der Hafenstadt seien sogenannte russische Schläfer eingesickert. Sie hätten gegenwärtig nur den Auftrag, sich durch Sport fit zu halten und auf einen Auftrag zu warten. Ob sie wirklich existierten und ob sie bei dem, was Anfang Mai geschah, eine Rolle hatten, ist nicht nachgewiesen.

Was am 2. Mai 2014 in Odessa geschah, hat sicher niemand geplant, nicht die Anhänger des Maidan, nicht die des Anti-Maidans. Nicht die „Fußballfans", die schon in Kyjiw Mitverantwortung für gewaltsame Auseinandersetzungen mit der Polizei oder Miliz trugen. Auch nicht die Miliz, die in katastrophaler Weise versagt hatte. Sicherlich auch nicht die Angehörigen russischer Spezialeinheiten, die laut Angaben örtlicher Vertreter im März in Odessa stationiert wurden und in den ersten Wochen keine andere Aufgabe hatten, als sich mit der Lage in der Stadt vertraut zu machen. Manche von ihnen haben die Katastrophe von Odessa nicht überlebt. Anlässlich eines Fußballspiels am 2. Mai kam es zu gewalttätigen Auseinandersetzungen zwischen Vertretern der beiden Gruppen. Dabei starb ein wichtiger Vertreter der „Maidan"-Bewegung.

Die Maidan-Anhänger zogen daraufhin zum Gewerkschaftsgebäude, vor dem Zelte des „Anti-Maidan" standen. Die Zelte wurden in Brand gesteckt. Vertreter des Anti-Maidan und russischer Dienste befanden sich im Gebäude, als dieses Feuer fing. Ein Brandsatz war von außen hineingeworfen worden. An fünf anderen Stellen brach das Feuer im Gebäude durch ungeschicktes Hantieren mit Brandsätzen aus. Die Feuerwehr traf verspätet ein. Die Miliz blieb untätig. 48 Menschen starben am diesem 2. Mai. Die Geschehnisse dieses Tages wurden inzwischen von der „Gruppe 2. Mai" detailliert aufgezeichnet. Ein Parlamentarischer Untersuchungsausschuss brachte keine nennenswerten Erkenntnisse. Unter der Ägide des Europarats wurde ein „International Advisory Panel" eingerichtet. Dieses übte vernichtende Kritik an den offiziellen ukrainischen Untersuchungen. Dies sei auf Unvermögen, nicht auf böse Absicht zurückzuführen. Die meisten Strafverfahren gegen Beteiligte verliefen im Sand bzw. endeten mit Freisprüchen.[185] Kurz, die Ereignisse sind bis heute nicht wirklich aufgearbeitet.

Sicher ist, dass sie einen Schock in der Gesellschaft von Odessa hinterließen. Es gab daraufhin keine nennenswerten weiteren Demonstrationen mehr. Der 2. Mai 2014 und der dilettantische Umgang der Miliz und Justiz mit dem Ereignis trugen aber nach russischer Leseart dazu bei, dass der Konflikt im Osten der Ukraine so blutig wurde. Mit großer Wahrscheinlichkeit war es eine geplante Provokation. Niemand aber hatte ein solches Unglück geplant.

REFERENDEN IM DONBASS GEGEN PUTINS WILLEN

Wie erwähnt hatten am 7. April 2014 einige bisher weitgehend unbekannte Personen, darunter der spätere kurzzeitige „Staatschef der DNR", Denys Puschylin, ein „Referendum" in Donezk und Lugansk angekündigt. Putin appelliert am 7. Mai öffentlich, das „Referendum" zu verschieben; es sollte noch eine Chance für eine friedliche Lösung im Donbass geben. Die

---

[185] Vgl. Schneider-Deters, Schicksalsjahre II 113-143.

Separatisten ignorierten den Appell. Die „Referenden" wurde am Sonntag, den 11. Mai abgehalten. Die Frage, die dabei an die Bevölkerung gestellt wurde, war nicht ganz eindeutig. Sie lautete: „Unterstützen Sie den Akt der staatlichen Eigenständigkeit der Volksrepublik Donezk (bzw. Lugansk)?"[186]

Es ist fast unmöglich, seriös einzuschätzen, wie viele Menschen an diesen „Referenden" teilgenommen haben. Hatten die damals noch weitgehend unbekannten Separatistenführer ohne erkennbares Organisationstalent rein technisch die Möglichkeit, eine Abstimmung für mehrere Millionen Menschen zu organisieren? Das ukrainische Wahlrecht sah jedes Mal ad hoc gebildete Wahlkommissionen vor. Wer bildete diese Kommissionen? Gab es vielleicht in Wirklichkeit nur ein paar „potemkinsche Dörfer", in denen Wahllokale eingerichtet waren und in die internationale Beobachter geführt wurden? Oder gab es zumindest in einzelnen Regionen oder Stadtteilen einigermaßen echte „Referenden".

Die Organisatoren der „Referenden" und staatsnahe russische Medien behaupteten, 89,7% hätten sich in Donezk für die Unabhängigkeit ausgesprochen. 3,5 Mio. Wahlzettel seien gedruckt worden, 2,5 Mio. Wahlzettel seien auch genutzt worden. In Lugansk hätten sogar 96,2% für die Unabhängigkeit gestimmt. Die Wahlbeteiligung sei bei 95% gelegen. [187]

Die Reaktionen aus dem Kreml waren zunächst zurückhaltend: Positiv wurde der zivilisierte Verlauf der „Referenden" hervorgehoben. Die Ergebnisse würden analysiert.[188]

In Kyjiw erhielten wir im Außenministerium die folgende Einschätzung: An den meisten Orten im Donbass habe das Referendum gar nicht

---

[186] Vgl. Schuller, Ukraine, 175.
[187] Vgl. z.B. Ria Nowosti 12. Mai 2014. Итоги референдума в Донецкой области: 89% за самостоятельность региона; https://ria.ru/20140512/1007491897.html, abgerufen am 5.Mai 2023 oder РИА Новости, Луганск и Донецк проголосовали за независимость, ww w.ria.ru/20140512/1007522425.html, abgerufen am 5.Mai 2023 sowie RBC: Жители Донецкой и Луганской областей проголосовали за самостоятельность, www.rbc.ru/polit ics/11/05/2014/57041c879a794761c0ce9bd2, abgerufen am 5.Mai 2023. Selbst der Kommersant berichtete über die Ergebnisse unkritisch: Kommersant.ru. Ситуация на Украине. Участники референдумов в Донецкой и Луганской областях выбрали независимость.Власти Украины грозят организаторам голосования уголовной ответственностью, www.kommersant.ru/doc/2468725, abgerufen am 5 Mai 2023.
[188] Vgl. Первый канал. Президент РФ сформулирует свое отношение к референдумам на юго-востоке Украины по их итогам https://web.archive.org/web/ 20140512223538/http ://www.1tv.ru/news/polit/258482, abgerufen am 5.Mai 2023.

stattgefunden. Insgesamt sei es gerade einmal in vierzehn (der 32) Wahlregionen möglich gewesen, seine Stimme abzugeben. An den meisten Orten habe es keine Wahllokale gegeben. Wo das Referendum stattgefunden habe, sei die Wahlbeteiligung gering gewesen. Es habe keine aktuellen Wählerverzeichnisse gegeben. Die Ergebnisse wären grob gefälscht. Das Referendum sei jedenfalls illegal.

Die NZZ notierte: „Angesichts der Art und Weise, wie die Volksbefragung organisiert war, kann nicht von einem aussagekräftigen Ergebnis ausgegangen werden."[189] Es gab aber auch westliche Medien, die die „Referenden" damals als bare Münze nahmen.

Die „Referenden" wurden international nicht beobachtet. Die OSZE ODIHR, das zuständige Büro der OSZE, war nicht eingeladen. Es hätte eine Einladung auch kaum angenommen. Laut UNO-Bericht gab es nur eine beschränkte Anzahl von Wahllokalen in der Region; das offizielle Wahlverzeichnis der Zentralen Wahlkommission wurde nicht genutzt; Journalisten, die das Referendum beobachteten, berichteten von Wahlverletzungen: Personen hätten mehrere Wahlzettel ausgefüllt, Personen ohne Ausweis seien zugelassen worden, etc.[190]

Das Ergebnis der Wahlen stand im krassen Widerspruch zu den Meinungsumfragen in der Region, die über Jahrzehnte eine solide Mehrheit für den Verbleib bei der Ukraine ausgewiesen hatten. Eine Umfrage im April 2014 hatte ergeben, dass 27% der Donezker und 30% der Lugansker für eine Sezession von Kyjiw waren und jeweils rund 52% dagegen.[191]

Die mediale Berichterstattung über das Referendum in Russland zeigt die dramatischen Folgen von Fake News. Hätten 2014 tatsächlich rund 90% der Bevölkerung für die Unabhängigkeit gestimmt, so wäre dies ein starkes Argument für die Unabhängigkeit der Region gewesen – auch wenn das Referendum zweifellos verfassungswidrig war. So aber folgten russische Politik und bald auch militärische und paramilitärische Einheiten Lügengeschichten.

---

[189] Hermann, R., Separatisten wollen Staatsstrukturen aufbauen. NZZ 12. Mai 2014. https://www.nzz.ch/referendums-farce-im-donbass-ld.797549?reduced=true, abgerufen am 5.Mai 2023.
[190] Vgl. Office of the United Nations High Commissioner for Human Rights: Report on the human rights situation in Ukraine 15 June 2014, 29, www.ohchr.org/sites/default/files/Documents/Countries/UA/HRMMUReport15June2014.pdf , abgerufen am 5. Mai 2023.
[191] Vgl. Kiyv International Institute for Sociology: News – The views and opinions of South-Eastern regions residents of Ukraine: April 2014 (kiis.com.ua), https://kiis.com.ua/?lang=eng&cat=news&id=258, abgerufen am 11. Mai 2023.

Die Entstehung von zwei „Volksrepubliken"

Mit den „Referenden" sahen sich die führenden Vertreter der beiden „Volksrepubliken" bestätigt. Sie erklärten am nächsten Tag die Unabhängigkeit. Die „Demokratische Volksrepublik Donezk" (DNR) und die gleichlautende „Demokratische Volksrepublik Lugansk"(LNR) seien gegründet. Wenige Tage später nahm auch der Kreml Kontakte mit den führenden Rebellenvertretern auf und nahm Einfluss auf das Geschehen in den beiden „Regierungen"; der Präsidentenberater und frühere russische Vizepremierminister Wladislaw Surkow spielte dabei eine führende Rolle.[192]

Ab dem Referendum verließen immer mehr Menschen die beiden Regionen. Die ersten taten dies noch geordnet. Sie boten ihre Wohnungen zum Verkauf an und zogen weg. Bald sollten Menschen nur noch mit ein, zwei Koffern in Charkiw ankommen. In Donezk und Lugansk aber entstanden lokale Diktaturen, an deren Spitze Personen ohne jede Regierungserfahrung standen und die sich bald zu Grausamkeiten an der eigenen Bevölkerung hinreißen ließen.

Das Krim-Referendum führte fast unmittelbar zum Anschluss an Russland. Die Referenden in Donezk und Lugansk hatten keine solchen Folgen. Eine Annexion stand noch lange nicht im Raum. Gedacht war damals an die Entstehung eines „Neurussland", das die vorwiegend russischsprachigen Regionen der Ost- und Südukraine umfassen sollte. Das Konzept wurde inzwischen aufgegeben.[193]

In Moskau musste bekannt sein, dass die Referenden in keiner Weise repräsentativ waren. Sie waren auch nicht vom Kreml bestellt. Es mutet eigenartig an, dass der Kreml sie dennoch als „bare Münze" nahm.

---

[192] Verlässlichste Quelle über die Vorgänge in Russland und in der Ukraine für die Zeit zwischen Mai und Juli 2014 ist der Bericht der niederländischen Staatsanwaltschaft und des Joint Investigative Teams (JIT) zum Abschuss des Flugzeugs MH17. Dieses Dokument enthält u. a. die Inhalte zahlreicher abgehörter Gespräche. Vgl. Netherlands Public Prosecution Service, JIT MH17. Report, Findings of the JIT MH17 investigation into the crew members of the Buk TELAR and those responsible in the chain of command, February 2023. 11; 19; 41, https://www.prosecutionservice.nl/documents/publications/mh17/map/2023/report-mh17, abgerufen am 10.Juni 2023.

[193] Vgl. Schneider-Deters, Schicksalsjahre II, 105.

Eine Landbrücke zur Krim?

Im Mai war Mariupilj, eine Hafenstadt von etwa einer halben Million, in die Hand der Separatisten gefallen, die ukrainische Armee musste sich zurückziehen.

Im Westen gab es die Vermutung, dass es russisches Ziel sei, die Region von Mariupilj entlang dem Asowschen Meer bis hin zur Krim zu besetzen. Dies würde die teure Brücke, die Russland mit der Krim verbindet, überflüssig machen. Tatsächlich kam es nicht so: Anfang Juni gelang es lokalen Stahlarbeitern von Metinvest, einer Firma im Eigentum von Rinat Achmetow, die Barrikaden in der Innenstadt von Mariupilj zu beseitigen und sicherzustellen, dass die lokale Stadtverwaltung wieder funktioniert.

Unruhe-Stiftung in der Karpato-Ukraine und der Donau-Region

Die Karpato-Ukraine unterscheidet sich in vielen Aspekten vom Rest des Landes – die Sprache „Ruthenisch" ist offiziell ein ukrainischer Dialekt; manche Experten würden sie als eigene Sprache definieren. Die Region gehörte lange zum ungarischen Reich, dann zwischen den Kriegen zur Tschechoslowakei, dann nochmals kurz zu Ungarn. 1945 wurde sie Teil der Sowjetunion und der Ukrainischen SSR. Autonomiebestrebungen blieben erfolglos. Bis heute lebt dort eine ungarische Minderheit. Dominiert wird dieser Teil der Ukraine seit Jahrzehnten von der Baloga-Familie.

Die Donauregion liegt westlich von Odessa – ein Streifen Küstenland von der großen Hafenstadt bis zur Donau. Sie macht die Ukraine zum Donauanrainerstaat und Moldau zum Binnenstaat – historisch ist das Land Teil der Moldau. Die Region ist vergessen, die meisten jungen Menschen sind abgewandert. Straßen waren vielfach in einem kaum vorstellbar schlechten Zustand.

Im Frühling und Herbst 2014 gab es Berichte in russischen Medien über Unruhen und Aufstände in beiden Regionen. Beide erwiesen sich nicht als falsch. Es gab aber offensichtlich auch hier russische Bemühungen, Unruhe zu stiften.

Konflikte in den beiden Regionen hätten die Lage in Kyjiw noch viel schwieriger gemacht – ein „Zwei-Fronten-Konflikt hätte gedroht.

Reformen, Zögern, Fehler – März bis Juni 2014 in Kyjiw

Der IWF übernimmt den Lead

Mit dem überraschend glücklichen Ende des Maidan war die Gefahr einer menschenverachtenden Diktatur abgewendet; die grundlegenden Parameter für die ukrainische Politik aber waren unverändert. Dazu zählte u. a. der erneut drohende Staatsbankrott.

Die neue Regierung hatte keine andere Wahl, als sich an den IWF zu wenden und einen Kredit zu beantragen. Dabei darf jedoch nicht vergessen werden, dass dieser einer anderen Logik folgt als die EU. Primär geht es dem IWF um ein gesundes Budget und ein Ende des Schuldenmachens. Andere politische Fragen sind sekundär. Selten sind die Konsequenzen so dramatisch, wie in der Ukraine – Konsequenzen, die übrigens kaum je beleuchtet wurden und die auch nie so dramatisch gewesen wären, wären sie nicht mit der russischen Agitation im Osten der Ukraine zusammengefallen.

Bekanntlich hatte der IWF einen neuen Kredit an eine Reihe von Bedingungen geknüpft. Vor allem ging es um den Gaspreis, der staatlich subventioniert war. Der IWF forderte, diesen Preis auf Marktniveau anzuheben. Diese Forderung war im Herbst 2013 da, sie galt auch im Frühjahr 2014.

Für die neue ukrainische Regierung gab es nun keine Alternative zum Geld aus Washington mehr. Dementsprechend konnte der IWF eine Reihe von Forderungen festlegen, die alle finanzpolitisch seit langem überfällig und notwendig waren. Der ehemalige Praktikant im Weißen Haus, Wirtschaftsexperte, ehemalige leitende Mitarbeiter der Nationalbank und nunmehrige Premierminister Arsenij Jazenjuk verfolgte die Reformen auch aus persönlicher Überzeugung.

Ergebnis war eine Austeritätspolitik, die gerade sicherstellte, dass die ukrainische Regierung die internationalen Kredite weiter bedienen konnte. Von den Versprechen, Reformen im Sinne einer Annäherung an die EU durchzuführen, blieb hingegen so gut wie nichts übrig. Vor allem aber war es eine herbe Enttäuschung für die ukrainische Bevölkerung, für die das Leben auf Grund des ständig abwertenden Hrywnjas schwerer wurde. Was sie erhielt, war aber nicht mehr als ein vages Versprechen auf ein besseres Leben „irgendwann einmal". Die Hoffnung auf ein besseres Leben nach dem Maidan erfüllte sich indes nicht.

Manche Maßnahmen verliefen weitgehend unspektakulär. So wurde die Reform des Bankensektors rasch begonnen; einige Banken bestanden des Stresstest nicht und wurden in Konkurs geschickt oder von anderen Banken übernommen. Dies betraf aber zu diesem Zeitpunkt noch keine der großen Banken im Lande. Auch die Schaffung von neuen Strukturen für ein Anti-Korruptions-System war wohl im Detail strittig, nicht aber grundsätzlich. 10% der Beamten sollten entlassen werden.

Wichtigste Maßnahme war die Erhöhung der Gaspreise. Als Ausgleich sollten ärmere Bevölkerungsschichten erhöhte Sozialleistungen erhalten. Die Erhöhung der Gaspreise funktionierte, die Auszahlung der Sozialleistungen hingegen in vielen Fällen nicht.

Die Logik des IWF und die Logik der Schachtarbeiter

Die folgenreichste Forderung war aber, nicht profitable Staatsbetriebe zu schließen. Und darunter befanden sich zahlreiche Kohlegruben im Donbass.

Die besondere Bedeutung des Donbass liegt u. a. in den reichen Kohlevorkommen der Region. Auf der russischen Seite des Landes waren zahlreiche nicht rentable Bergwerke schon vor Jahrzehnten geschlossen worden. Auf der ukrainischen Seite fand man eine „oligarchische" Lösung: Jene Betriebe, die gewinnbringend waren, wurden schon vor langer Zeit privatisiert; die Eigentümer saßen z. T. als Abgeordnete im Parlament. Die defizitären Gruben wurden weiterhin staatlich betrieben. Sie waren oft in einem sehr schlechten Zustand. Oft gab es Grubenunglücke, bei denen viele Menschen starben.[194] Und der Staat zahlte monatlich große Beträge an Bergleute, die unter schweren Bedingungen hart arbeiteten, deren Arbeit aber nicht rentabel war.

Im April 2014 hielt Jazenjuk eine vielbeachtete Budgetrede im ukrainischen Parlament. Vor ihm hatten die meisten Regierungen gezögert, an

---

[194] So etwa 2007 bei einem Unglück in Sassjadko. Vgl. FAZ. Explosion in Kohlebergwerk fordert Dutzende Tote, FAZ 19.11.2007, https://www.faz.net/aktuell/gesellschaft/ungluecke/ukraine-explosion-in-kohlebergwerk-fordert-dutzende-tote-1492180.html, abgerufen am 10. Juli 2023. Weitere Unglücke ereigneten sich 2004, 2011, 2013, 2015, 2017 und 2019.

den Privilegien der „Schachtjors" zu kratzen, andere auch einfach vergessen. Als Tschernowitzer hatte er einen entspannteren Umgang mit dem Thema.

Jazenjuk hatte nun ausrechnen lassen, dass es wesentlich günstiger wäre, Betriebe zu schließen und den Arbeitern ihren Lohn weiterzuzahlen. Die Maßnahme passte jedoch schlecht zum Selbstbild der Donezker Bergleute. Sie sahen sich als hart arbeitend, als jenen Teil der Bevölkerung, der für den Rest des Landes den Wohlstand erwirtschaftete. Und die neue Regierung sah sie als Last, behauptete, ihre Arbeit sei sinnlos und schlug vor, sie sollten Almosen oder Sozialabgaben empfangen. Zweifellos hat die Rede dazu beigetragen, dass die Demonstrationen in Donezk an Zulauf gewannen – auch wenn sie im Verhältnis zum Maidan immer klein blieben.

Jazenjuk erhielt im Parlament viel Applaus für seine Rede. Sie war so anders, so viel transparenter als das, was man in Kyjiw gewohnt war. Er dankte mit den Worten: „Jetzt applaudiert ihr mir, in wenigen Monaten werdet ihr mich für die Maßnahmen hassen." Er behielt Recht. Die Maßnahme war wirtschaftspolitisch sinnvoll, die Konsequenzen waren aber furchtbar: Viele Bergarbeiter aus dem Donbass fühlten sich von Kyjiw verraten, für ihre harte Arbeit nicht geschätzt. Die Leute wurden damit anfälliger für die Propaganda jener, die eine politische Änderung oder einen Anschluss an Russland forderten.

Die wesentlichste Enttäuschung über die Maßnahmen des IWF aber war: Das Geld reichte gerade aus, um die internationalen Schulden zu restrukturieren. Faktisch gab es kein frisches Geld – und damit auch keinen Gestaltungsraum für die Regierung und nichts, womit sie bei der Bevölkerung Sympathien gewinnen hätte können. Ökonomisch waren die Maßnahmen richtig, politisch trugen sie zum Krieg in der Ostukraine und zur Instabilität in Kyjiw bei.

Darüber hinaus erwiesen sich viele Berechnungen des IWF als falsch. Eines der Mantras der Asarow-Regierung war der feste Wechselkurs von 1:8 von Dollar zu Hrywnja. Dieser Wechselkurs war teuer, sehr teuer erkauft worden. Unsummen waren aus den Vorräten der Nationalbank aufgewendet worden, um Stabilität zu wahren. Der IWF wies zu Recht darauf hin, dass dieser Kurs nicht mehr haltbar sei. Empfohlen wurde freies Spiel. Ergebnis wäre, so der IWF, voraussichtlich eine Abwertung um 50%. Das ist viel. Tatsächlich fiel der Kurs innerhalb eines Jahres nicht um 50% auf 1:12, sondern bald auch 1:16, dann 1:18; 1:20, 1:24 und schließlich 1:36. Erst da reagierte der Währungsfonds.

Durch das Diktat der makroökonomischen Konsolidierung wurde auch die Gelegenheit für drei weitere wichtige Reformen teilweise verpasst: Die Polizeireform, die Verfassungsreform und die Dezentralisierung.

DIE VERPASSTE GELEGENHEIT FÜR EINE UMFASSENDE POLIZEIREFORM

Das giftige Gemisch, aus dem der bewaffnete Konflikt in der Ukraine entstand, bestand aus mehreren Ingredienzien. Eine davon war der zivile Sicherheitssektor: Eine weitgehend willkürliche Polizei, eine ebensolche Staatsanwaltschaft; in beiden Behörden waren viele bereit, Bestechungsgelder anzunehmen oder solche Gelder auch durch Drohung zu erpressen. Die Polizei oder korrekter „Miliz" war in der ukrainischen Bevölkerung ebenso verhasst wie z.B. in der russischen Bevölkerung im ersten Jahrzehnt dieses Jahrhunderts. Wie oben erwähnt, war die Wut der Bevölkerung über die polizeiliche Willkür eine der wichtigsten Ursachen für die Verhärtung der Fronten am Maidan. Während des Maidans stellte die Berkut, eine Spezialeinheit, eine der wichtigsten Stützen des Regimes dar. Als sie Ende Februar plötzlich von der Straße verschwand, war klar, dass der Konflikt in dieser Form zu Ende war.

In den nächsten Tagen und Wochen verschwand die Polizei aus dem Stadtbild Kyjiws. Viele Polizisten versteckten sich aus Angst vor Racheakten; dasselbe galt wohl für die Führungsschicht; der Innenminister war schon lange aus Kyjiw geflohen und unbekannten Aufenthalts. Selbst ernannte Wacheeinheiten in Fantasie-Uniformen hatten die Kontrolle über die Innenstadt übernommen. Dies konnte zweifellos eine Gefahr für die Sicherheit bedeuten. Glücklicherweise verhielten sie sich friedlich.

Im März 2014, unmittelbar nach dem Maidan, wäre der ideale Zeitpunkt für eine umfassende Polizeireform nach georgischem Vorbild gewesen: Kündigung aller Polizisten, Neueinstellung einer kleineren Gruppe, rasche Ausbildung mit adäquater Bezahlung, Prämien für jedes aufgeklärte Verbrechen, Prämien für rasches Handeln etc.. Wäre dies damals gelungen, so hätten die Dramen von Odessa und später vielleicht der Krieg in Donezk und Lugansk verhindert werden können.

Ab Februar 2014 wurde die rasche Einsetzung einer EU-Polizeiberatungsmission für die Ukraine diskutiert.[195] Es dauerte schließlich fast ein ganzes Jahr, bis Jänner 2015, bis die Mission eingerichtet und operativ war. Zu dem Zeitpunkt hatten sich aber die alten Seilschaften in der ukrainischen Polizei schon längst wieder zusammengefunden. Dazu kam, dass die European Advisory Mission (EUAM)[196], wie die europäische Polizeimission genannt wurde, ein Mandat erhalten hatte, mit dem sie praktisch nur sehr wenig umsetzen konnte. Sie durfte damals im Wesentlichen nicht mehr als den einen oder anderen guten Ratschlag erteilen. In Kyjiw hatte sich eine riesige Mission etabliert, die den Großteil der Zeit mit Fragen der inneren Koordination beschäftigt war, teilweise die gleichen Aufgaben hatte wie ein Twinning-Projekt der Europäischen Kommission, teilweise der Delegation und teilweise dem Ukraine Support-Team Konkurrenz machte und zudem teuer war.

Die Polizeireform blieb dabei auf der Strecke. Die USA engagierten sich schließlich. Gemeinsam mit der Stadt Kyjiw wurde die Straßenpolizei reformiert. Neue Polizeiautos wurden angeschafft, die Bevölkerung durfte über die Farbgebung abstimmen. Die vielfach korrupte alte Truppe wurde entlassen und an ihrer Stelle wurden neue Leute mit höherer Bezahlung angestellt. Diese hatten kein Recht zu strafen, sondern „nur" die Aufgabe, Falschparker, Schnellfahrer etc. zu stoppen und zu verweisen. Die Kyjiwer Bevölkerung war begeistert. Ein Aufatmen ging durch die Stadt.

Diese Entwicklung lässt Schwachstellen der EU, vor allem in der Gemeinsamen Außen- und Sicherheitspolitik, in der das Einstimmigkeitsprinzip herrscht, erkennen. Die Entscheidungsfindung ist häufig langwierig. Oft kann nur ein Minimalkonsens gefunden werden, der aber die Rolle der EU in einem Drittstaat stark einschränkt.

---

[195] Vgl. European Commission: Štefan Füle, European Commissioner for Enlargement and Euro-pean Neighbourhood Policy, EU response to events in Ukraine, https://ec.europa.eu/commission/presscorner/detail/en/SPEECH_14_162.

[196] Vgl. EEAS: EUAM UKRAINE: European Union Advisory Mission for Civilian Security Sector Reform in Ukraine – Civilian Mission, https://www.eeas.europa.eu/euam-ukraine/euam-ukraine-european-union-advisory-mission-civilian-security-sector-reform-ukraine, abgerufen am 15. Juli 2023.

Versäumte Chance auf eine Verfassungsreform und eine Dezentralisierung

Die ukrainische Verfassung ist an vielen Punkten unnötig kasuistisch und detailverliebt, an anderen Punkten wieder unglaublich kompliziert. Für viele Krisensituationen hat sie keine entsprechende Vorsorge getroffen. Sie schreibt einen Zentralstaat vor – ein Konzept, das für die Ukraine, ein sehr großes Land nicht passt. Sowohl während der Orangen Revolution als auch während des Maidans wäre eine klarere Verfassung hilfreich gewesen. Ich durfte 2012 an einem Versuch zur Reform der Verfassung mitwirken, in der Rechtswissenschaftler eine zentrale Rolle haben sollten. Die Initiative verlief im Sand.

Unmittelbar nach dem Maidan hätte eine Chance bestanden, die Verfassung zu ändern. Leider geschah dies nicht. Konsens unter den Abgeordneten war, dass man auf den neuen Präsidenten warten wollte.

Poroschenko setzte auch kurz nach seiner Wahl einen Verfassungskonvent ein. Ich wurde als ausländischer Experte eingeladen, Mitglied zu werden, was damals auf einige mediale Beachtung stieß. Tatsächlich hatte sich das Fenster zur Reform der Verfassung jedoch schon wieder geschlossen. Die Diskussionen im Verfassungskonvent verloren sich in Details; ein Konsens rückte in weite Ferne.

Ein Thema bei der Verfassungsreform war eine Dezentralisierung. Grundsätzlich bestand Konsens darüber, dass diese etwa nach schwedischem und polnischem Vorbild mit Unterstützung des Europarats erfolgen und mehr Rechte – einschließlich größerer budgetärer Autonomie – beinhalten sollte. Diese Pläne waren zuerst wenig umstritten, bis sie mit jener über die Autonomie-Rechte des Donbass verbunden wurden. Dazu wird später noch Näheres zu sagen sein.

Die Unterzeichnung der politischen Teile des Assoziierungsabkommens

Nach den dramatischen Erfahrungen vom Maidan kamen die Staats- und Regierungschefs der EU überein, dass nun mit der Unterzeichnung des Assoziierungsabkommen nicht mehr gezögert werden sollte. Nie zuvor hatte ein Volk so verbissen für ein solches Abkommen demonstriert, nie zuvor hatte es Tote in Folge einer Auseinandersetzung um ein Abkommen mit der EU gegeben. Am 21. März wurde der „politische Teil" des Abkommens schließlich unterzeichnet. Dies sind die unverbindlicheren Teile, die u. a. einen intensiveren politischen Dialog vorsehen, eine „Annäherung im Bereich der Außen- und Sicherheitspolitik oder die Einrichtung von gemeinsamen Treffen".

Die Unterzeichnung der entscheidenden Teile sollte erst nach der Präsidentschaftswahl folgen. Geplant war der 27. Juni. Für die Zeit bis zur provisorischen Anwendung des Abkommens wurde eine interimistische Maßnahme vereinbart: einseitige Handelspräfenzen.

EINSEITIGE HANDELSPRÄFERENZEN

Die eindrucksvollste Maßnahme, die in Brüssel in den nächsten Wochen gesetzt wurde, war ein Eilverfahren, das Seinesgleichen sucht: Gewöhnlich braucht ein Gesetzgebungsakt etwa ein Jahr, bis er zuerst von der Kommission angenommen, danach in den Ratsgremien behandelt und schließlich ein Konsens zwischen Rat und Parlament erreicht wird.

Im Falle der Ukraine wurden nun einseitige Handelspräferenzen beschlossen, d.h. die EU setzte fest, dass die Zollsätze für den Import ukrainischer Produkte einseitig etwa auf jene Höhe reduziert wurden, die auch im Assoziierungsabkommen vorgesehen waren. Damit wurden ukrainische Produkte in Europa um bis zu zwanzig Prozent billiger. Wie erwähnt, brauchen solche Verhandlungen meist ein Jahr. Im Falle der Ukraine war der Beschluss innerhalb von sechs Wochen angenommen und in Kraft. Ein Akt seltener Einigkeit und Entscheidungsfreudigkeit in der EU.

Die praktische Bedeutung der Maßnahme blieb beschränkt. Die politischen Umstände, die beginnende Krise in Donezk und Lugansk, die Hrywnja-Abwertung und die Unsicherheit im Lande, machten es nur wenigen ukrainischen Unternehmern möglich, die Vorteile dieser Zollreduktionen zu nutzen.

DIE EU-UKRAINE SUPPORT GROUP

Im April 2014 wurde in Brüssel auch die Einrichtung einer „Support Group" beschlossen.[197] Sie sollte die Arbeit der EU-Delegation komplementieren und die ukrainische Regierung bei den geplanten Reformen

---

[197] Vgl. European Commission: Support Group for Ukraine, https://neighbourhood-enlargement.ec.europa.eu/news/support-group-ukraine-2014-04-09_en.

unterstützen. Sie konnte mehrere kleinere Reformen fördern; erfolgreich war sie vor allem bei grundlegenden Maßnahmen im landwirtschaftlichen Bereich.

Ein strukturelles Problem ergab sich aus der Existenz von vier EU-Missionen in der Ukraine – EU-Delegation in Kyjiw, EUBAM an der Grenze zwischen der Ukraine und Moldau mit Sitz in Odessa, Support Group mit Sitz in Kyjiw und schließlich EUAM, die die Ukraine bei der Reform des zivilen Sicherheitssektors unterstützen sollte.

Fake News

Die neue Regierung hatte mit noch einem Problem zu kämpfen: In russischen Medien wurden unzählige Falschmeldungen verbreitet. Ein wichtiger Kanal war „Russia Today" oder RT. Berühmt wurden bald die St. Petersburger „Troll-Fabriken", in denen alle möglichen Falschmeldungen produziert und lanciert wurden. Bekannt ist die Behauptung, in Kyjiw hätten die Faschisten die Macht übernommen. Es hieß auch, ukrainische Nationalisten würden russisch-orthodoxe Kirchen zerstören – was sich aber an keinem Beispiel belegen ließ.

Es hieß, es gäbe neuen Antisemitismus in der Ukraine. Wie oben dargestellt, war dies falsch, beinahe die ganze Staatsführung war zu diesem Zeitpunkt jüdischer Herkunft. Die neue Regierung trat wesentlich bescheidener auf als ihre Vorgängerin. So reiste sie nach Brüssel mit Linienflügen an, während Minister der früheren oft mit dem Privatflugzeug gekommen waren.

Auf Initiative von Gunnar Wiegand, dem damaligen Russland-Direktor des EAD, richtete dieser eine Einheit für „Strategische Kommunikation Ost" ein, die das Ziel hatte, russischer Desinformationspolitik durch korrekte Informationen entgegenzuwirken.

Bombendrohungen

In den ersten Wochen nach dem Maidan gab es zahlreiche Bombendrohungen in Kyjiw. Meist richteten sie sich gegen die Einkaufszentren. Diese wurden daraufhin rasch geräumt, was meist etwa eine Stunde in Anspruch nahm. Das jeweilige Gebäude wurde durchsucht; Bomben fanden sich jedoch nie.

Anders war es am Tag der Präsidentschaftswahlen in Kyjiw als eine Autobombe – möglicherweise unplanmäßig – südlich des Stadtzentrums explodierte.

Am Tag der Inauguration Poroschenkos zum Präsidenten wurde eine Bombe am Eingang des Präsidentschaftsgebäudes in der Bankowa entschärft. Die ukrainische Geschichte wäre anders verlaufen, wäre diese detoniert, als Poroschenko in die Bankowa einzog. Es überrascht, dass diesem Ereignis international kaum Beachtung geschenkt wurde.

PRÄSIDENTSCHAFTSWAHLEN IN EINEM DURCHGANG

Anfang März stand fest: Poroschenko ist der Sieger des Maidan. Er hatte als Abgeordneter im Parlament noch im November gewarnt, die Unterzeichnung des Assoziierungsabkommens zu verschieben: „Ihr versäumt eine historische Chance". Sein Fernsehsender hatte regelmäßig vom Maidan berichtet, während alle anderen vorgaben, der Maidan sei geräumt. Aber er ließ auch als einziger Janukowytsch uneingeschränkt zu Wort kommen und ihn erklären, warum er plötzlich seine Meinung zum Abkommen mit der EU geändert hatte. Poroschenko war bei den Demonstranten gesessen; er hatte in einem entscheidenden Augenblick die zwangsweise Auflösung des Maidan verhindert. Er hatte Opfer von Polizeigewalt behandeln und ins Ausland zur medizinischen Versorgung ausfliegen lassen. Er war immer in Kontakt mit russischen Partnern gewesen und – trotz aller weltanschaulicher Differenzen – mit dem belarussischen Diktator beinahe befreundet. In den nächsten Tagen und Wochen war sein Sender omnipräsent und konnte sich vor Werbeeinschaltungen kaum erwehren. Poroschenko war ein erfahrener Politiker – ehemaliger Wirtschafts- und Außenminister, Sekretär des Nationalen Sicherheitsrates und beliebt bei seinen eigenen Leuten.

Eigentlich gab es nur einen ernsthaften Gegner für Poroschenko: Witalij Klytschko. Aber Klytschko trat im entscheidenden Augenblick einen Schritt zurück und begnügte sich mit der Rolle des Bürgermeisters von Kyjiw. Realistische Chancen hatte auch noch Julija Tymoschenko.

Ein ernsthafter Gegenkandidat aus dem Osten bzw. für die „Partei der Regionen" hätte Tihipko werden können – ein Unternehmer, ehemaliger Nationalbankchef und schon 2004 Präsidentschaftskandidat. 2014 war er einer der letzten an der Seite Janukowytschs. Allerdings kam es zu keinem Kontakt zwischen ihm und dem damals einflussreichsten Mann im Osten, Rinat Achmetow. So setzte Achmetow auf einen anderen Kandidaten, Mykhailo Dobkin, der ebenso wenig erreichte wie Tihipko.

POROSCHENKO WIRD PRÄSIDENT

Die Präsidentschaftswahl selbst fand am 25. Mai statt. Poroschenko gewann bereits im ersten Durchgang mit fast 55% der Stimmen bei einer Wahlbeteiligung von knapp unter 60%. Die Wahlen fanden auf hohen demokratischen Standards statt. Viele Kollegen in Diplomatenkreisen fürchteten oder erwarteten russische Störmanöver um die Wahl und damit, das Wiedererstehen einer voll handlungsfähigen Staatsspitze in der Ukraine zu verhindern. Tatsächlich verliefen die Wahlen in den meisten Teilen des Landes ungestört.

In Donezk und Lugansk wurden diese Wahlen allerdings von der örtlichen Polizei verhindert. Wer diese Anordnung traf, ist offen.[198]

Das Wahlergebnis war aber auch noch unter einem anderen Aspekt wichtig: Über Jahrzehnte hatte es in der Ukraine Stichwahlen zwischen einem Kandidaten der Ostukraine und einem der Westukraine gegeben. Poroschenko erhielt auf Anhieb in allen Landesteilen die Mehrheit – im Westen in den meisten Bezirken eine absolute Mehrheit, im Osten eine relative.

Am gleichen Tag wurde auch Witalij Klytschko mit 57% der Stimmen zum Bürgermeister von Kyjiw gewählt.[199]

Es gab große Besorgnis, dass Russland Poroschenko nicht anerkennen würde. Dies war jedoch nicht der Fall. Putin erklärte, er werde mit Poroschenko zusammenarbeiten. Vor allem in den ersten Monaten der Präsidentschaft Poroschenkos war der Dialog eng. In einem Gespräch mit Bundeskanzler Faymann sagte Poroschenko, er telefoniere oft mehrmals pro Woche mit Putin. Er ergänzte resignierend: Das Problem ist, was Putin sagt und was dann passiert, ist oft ganz etwas anderes…

---

[198] Vgl. OSCE Office for Democratic Institutions and Human Rights. Ukraine: Early Presidential Election, 25 May 2014: OSCE/ODIHR Election Observation Mission: Final Report, 1-3. https://www.osce.org/files/f/documents/a/b/120549.pdf.
[199] Vgl. Zeit-Online. Poroschenko gewinnt Präsidentenwahl. Die Zeit, 25. Mai 2014, https://www.zeit.de/politik/ausland/2014-05/ukraine-wahl-petro-poroschenko, abgerufen am 4. Juli 2023.

Neubeginn internationaler Vermittlungsbemühungen und deren Grenzen

Treffen in der Normandie und Einsetzung der „Trilateralen Kontaktgruppe"

Am 6. Juni 2014 fand ein Treffen zum Gedenken der Landung der Alliierten Truppen in der Normandie statt. Putin war schon seit längerem dazu eingeladen. Bundeskanzlerin Angela Merkel und die Präsidenten Wladimir Putin, Petro Poroschenko und François Hollande einigten sich am Rande der Feiern auf die Einsetzung einer „Trilateralen Kontaktgruppe" zur Lösung des Konflikts in der Ostukraine. Die drei Seiten sollten OSZE, Russland und die Ukraine sein. Heidi Tagliavini, eine erfahrene Schweizer Diplomatin, wurde Vertreterin für den OSZE-Vorsitz, der russische Botschafter in Kyjiw, Michail Surabow, Vertreter für Russland und Botschafter Pawlo Klimkin Vertreter für die Ukraine. Als dieser Außenminister wurde, folgte ihm der ehemalige Präsident der Ukraine Leonid Kutschma nach.[200]

Die Wahl der Personen war gut getroffen. Kutschma war vor allem im Osten der Ukraine gewählt worden. Die Schweizerin Tagliavini stand für Neutralität und Professionalität. Die Entscheidung, dass der russische Botschafter auch die Vertretung in der Kontaktgruppe übernehmen sollte, signalisierte, dass für Moskau das Thema „Donbass" ein Unterkapitel der Beziehungen zur Ukraine sein sollte.

Als Steuerungsgremium wurde das Normandie-Format geschaffen, das aus Vertretern Deutschlands, Frankreichs, der Ukraine und Russlands bestand. Es trat auf verschiedenen Ebenen, häufig im Außenministerformat zusammen.

Dies alles klang verheißungsvoll. Unterdessen dauerten jedoch die Kämpfe in Donezk und Lugansk an. Die Separatisten forderten von Moskau mehr Waffen, vor allem Flugabwehrsysteme. Aus Moskau erhielten sie die Antwort, dass darüber gegenwärtig nicht entschieden werden

---

[200] Vgl. Tagliavini, H. Mediation während der Krise in der Ostukraine bis zum 23. Juni 2015. In: IFSH (Hrsg.), OSZE-Jahrbuch 2015, Baden-Baden 2016, S. 239-251, 239.

könne. Die Entscheidung liege nicht bei einem General oder Verteidigungsminister. Der Einzige, der darüber entscheiden könnte, jene Person, die direkt dem Volk gegenüber verantwortlich sei, sei gerade in Frankreich.[201]

POROSCHENKOS FRIEDENSPLAN UND DAS CHAOS IN DONEZK

Der frisch gewählte Präsident Poroschenko sah es als seine erste Aufgabe, den Frieden in der Ostukraine wiederherzustellen. Die Kontaktgruppe unterstützte ihn bei der Erarbeitung eines Friedensplans.

Tagliavini, Kutschma und Surabow trafen Poroschenko in diesem Juni beinahe täglich. Die Gespräche dauerten oft bis spät in die Nacht. Poroschenko wurde manchmal Oberflächlichkeit vorgeworfen. In dieser Frage war er jedoch unglaublich akribisch. Er war nach eigenen Angaben wiederholt mit Putin in Kontakt, dokumentiert ist ein Telefonat am 12. Juni[202], das nach Angaben aus der Umgebung Poroschenkos sehr konstruktiv verlief.

Der Kontext war schwierig. Im Donbass gingen die Kampfhandlungen weiter, ein ukrainisches Militärflugzeug wurde am 14. Juni bei der Landung in Lugansk mit Hilfe russischer Militärtechnik abgeschossen. 49 Menschen starben.[203] Am 19. Juni tagte in Moskau der russische Nationale Sicherheitsrat zur Lage in der Südostukraine. Kurz darauf wurden große Mengen militärischer Ausrüstung aus Russland in die Ukraine gebracht.[204] Es ist wahrscheinlich, dass in Kyjiw diese Entwicklungen bekannt waren.

Dennoch finalisierte Poroschenko am 20. Juni einen Entwurf für einen Friedensplan. Er umfasste u.a. die Einstellung der Kampfhandlungen, die Kontrolle der ukrainisch-russischen Grenze, die Freilassung von Geiseln und anderen gesetzwidrig festgehaltenen Personen sowie humanitäre Hilfe in den Konfliktgebieten.[205] Am selben Tag kündigte er einen einseitigen Waffenstillstand für sieben Tage an.

---

[201] Vgl. Netherlands Public Prosecution Service, JIT, 46-47.
[202] Vgl. President of Russia (Kremlin.ru), Telephone conversation with Petro Poroschenko, June 12, 2014, http://en.kremlin.ru/events/president/news/45902, abgerufen am 10. 5. 2023.
[203] Vgl. Zeit online. Flugzeug-Abschuss Ukraine – Poroschenko droht Separatisten mit Vergeltung, https://www.zeit.de/politik/ausland/2014-06/ukraine-abschuss-militaerflugzeug-lugansk, abgerufen am 15. Juli 2023.
[204] Vgl. Netherlands Public Prosecution Service, JIT, 46.
[205] Vgl. Tagliavini 240.

Merkel und Hollande telefonierten am 22. Juni mit Putin. Letzterer äußerte sich positiv zum Waffenstillstand. Alle drei stimmten überein: Nun muss dieser Waffenstillstand von allen eingehalten und ein politischer Gesprächsprozess in Gang gesetzt werden.[206]

VERHANDLUNGEN MIT DEN REBELLEN UND FREILASSUNG VON GEISELN

Am 23. Juni brach die Trilaterale Kontaktgruppe nach Donezk auf, um Poroschenkos Plan vorzustellen. Donezk war damals noch eine geordnete Stadt, die auf der Straße erreicht werden konnte. Es herrschte im Großteil der Stadt Alltagsatmosphäre. Auf den bunt gestrichenen Spielplätzen spielten Kinder. Die Geschäfte waren geöffnet (und noch nicht geplündert); die Außenbezirke hatten den Charakter normaler postsowjetischer Vorstädte. Nur im Stadtzentrum waren die Spannungen zu spüren: Die gewählten Vertreter waren geflohen; an ihre Stelle waren selbsternannte Anführer getreten, die Verwaltungsgebäude besetzt hielten.

In Donezk trafen die drei Vertreter der trilateralen Kontaktgruppe auf eine weitgehend unkoordinierte Gruppe von „Separatisten". Es gab keinen Sprecher; niemand, der das Wort erteilt oder entzogen hätte. Die Rädelsführer überschrien sich gegenseitig. Altpräsident Kutschma war 1994 auf Druck der Donezker Bergleute bei vorgezogenen Neuwahlen an die Macht gekommen. Nun wurde ihm kaum mehr Respekt entgegengebracht. Die Separatisten beschimpften ihn. Lange war es nicht möglich, sich auf eine Reihenfolge der Themen zu einigen, geschweige denn auf eine richtige Tagesordnung. Er war schwierig, das Treffen überhaupt beginnen zu lassen.

Schließlich gelang es Heidi Tagliavini doch, ein Gespräch zu vermitteln.

Bald war klar, dass die einzelnen Rebellengruppen nicht untereinander vernetzt waren. Eine paramilitärische Einheit aus Russland hatte einen Ort besetzt, eine andere wieder einen anderen. Eines der Ziele der Mission war, die Freilassung von Geiseln von OSZE-Missionen zu erreichen.

---

[206] Vgl. Die Bundesregierung, Telefonat von Bundeskanzlerin Merkel, Präsident Hollande und Präsident Putin zur Ukraine, Pressemitteilung 204, 22. Juni 2014, https://www.bundesregierung.de/breg-de/service/archiv/alt-inhalte/telefonat-von-bundeskanzlerin-merkel-praesident-hollande-und-praesident-putin-zur-ukraine-441234; abgerufen am 12. Mai 2023.

Wurde die Freilassung von diesen oder jenen Geiseln am einen oder anderen Ort angesprochen, so zeigte sich bald, dass die Rebellenvertreter die neuen Machthaber an den meisten Orten außerhalb von Donezk nicht kannten und auch keine Kontakte zu ihnen hatten. Es herrschte Chaos. Das Treffen führte zu keinem Ergebnis, vor allem waren die meisten Separatisten offensichtlich nicht bereit, die Waffen schweigen zu lassen. Sie hatten vier Tage zuvor neue erhalten und fühlten sich überlegen.[207]

VERSÖHNLICHE TÖNE AUS MOSKAU – DIE SEPARATISTEN KÄMPFEN WEITER

Aus Russland kamen unterdessen versöhnliche Töne – wohl eine Folge der Begegnungen in Frankreich und der darauffolgenden Telefonate: Putin ersuchte am 24. Juni den Russischen Föderationsrat jene Resolution aufzuheben, die ihn am 1. März zu einer Militäroperation in der Ukraine ermächtigt hatte.[208] Der Föderationsrat leistete dem Ersuchen am nächsten Tag Folge. Die Chancen für Frieden in der Ostukraine schienen so gut wie schon lange nicht.

Dies interessierte die Separatisten jedoch nicht. Sie stellten die Kriegshandlungen nicht ein. Am nämlichen 24. Juni schossen die Rebellen einen weiteren ukrainischen Militärhubschrauber ab. Verwendet wurde russisches Kriegsmaterial.

Aus den im bereits mehrfach zitierten JIT-Report ergibt sich, dass Putin offensichtlich über diesen Abschuss verärgert war und von den zuständigen Personen Rechenschaft forderte. Diese waren über den Abschuss nicht informiert, wahrscheinlich hatte eine Einheit eigenmächtig gehandelt. Soweit ersichtlich, gab es keinerlei personelle Konsequenzen – weder im Kreml noch in Donezk.[209]

ZWEITER BESUCH DER KONTAKTGRUPPE

Vier Tage später, am 27. Juni 2014, zeitgleich mit der Unterzeichnung des Assoziierungsabkommens zwischen EU und Ukraine in Brüssel, fand ein

---

[207] Laut Netherlands Public Prosecution Service, JIT, 48, war Girkin zu einem solchen Waffenstillstand bereit, sofern er nicht provoziert werde. Er setzte sich damit aber nicht durch.
[208] Vgl. President of Russia. В Совет Федерации внесено предложение об отмене постановления об использовании Вооружённых Сил России на территории Украины, www.kremlin.ru/acts/news/46307, abgerufen am 11. Juni 2023.
[209] Vgl. Netherlands Public Prosecution Service, JIT, 40-42.

zweites Treffen der Kontaktgruppe mit den Separatistenführern in Donezk statt. Es gelang, einen Gefangenenaustausch zu vermitteln und die Freilassung der acht OSZE-SMM-Beobachter zu erreichen – ein beachtlicher Erfolg. Im Vergleich zu den furchtbaren Geiselnahmen Ende der neunziger Jahre im russischen Nordkaukasus verliefen diese Geiselnahmen insgesamt glimpflich. Die Geiseln wurden einigermaßen korrekt untergebracht und bekamen täglich zu essen. Keine Geisel war ermordet worden.

Was die Rebellen nicht zusagten, war ein Waffenstillstand. Im Gegenteil, sie informierten Moskau, dass sie diesen nicht einhalten würden.[210]

Verhandlungen zwischen Moskau, Kyjiw und Brüssel

Wiederaufgenommen wurden in dieser Zeit die im Jänner beschlossenen dreiseitigen Gespräche über Wirtschaftsfragen und die von Russland befürchteten negativen Auswirkungen des Freihandelsabkommens zwischen EU und Ukraine auf die russische Wirtschaft. Insgesamt gab es 21 Runden. Die Gespräche konnten allerdings nie ernsthaft geführt werden. Die russische Seite konnte sich auf keinen echten Dialog einlassen. Sie hatte Positionen zu verlesen, die sie vielleicht selbst nicht nachvollziehen konnte.

An einer dieser Gesprächsrunden durfte ich teilnehmen. Als alle Sachargumente ausgegangen waren, endete die russische Position mit der Aussage, dass „Wladimir Wladimirowitsch" (Putin) dies ebenso sehe.

Die Gespräche sollten noch bis 2016 laufen. Bald nach dem Ende der Gespräche wurde der russische Chefverhandler, Wirtschaftsminister Uljukajew, verhaftet und zu acht Jahren Haft verurteilt. Ihm wurde vorgeworfen, Bestechungsgelder angenommen zu haben.[211] Es gibt in der jüngeren russischen Geschichte keinen analogen Fall zu jenem Uljukajews. Ein Konnex zu den Verhandlungen mit der EU wurde nie hergestellt. Es mutet eigenartig an, dass gerade der Chefverhandler mit der EU so hart bestraft wurde.

---

[210] Vgl. ebd. 48.
[211] Vgl. BBC: Russian Economy Minister Ulyukayev charged with $2m bribe, BBC 15. Oktober 2016, https://www.bbc.com/news/world-europe-37983744, abgerufen am 4. Juli 2023.

Unterzeichnung des Assoziierungsabkommens und Drohung mit Sanktionen

Etwa zur selben Zeit, am 26. und 27. Juni 2014 traten die EU-Staats- und Regierungschefs zusammen. Zugleich wurde das Assoziierungsabkommen mit Moldau und Georgien unterzeichnet und die Unterzeichnung des Abkommens mit der Ukraine abgeschlossen. Präsident Van Rompuy betonte: „Dies sind nicht irgendwelche Abkommen, sondern vielmehr Meilensteine in der Geschichte unserer Beziehungen und für ganz Europa. In Kyjiw und anderswo haben Menschen ihr Leben für diese engere Bindung an die Europäische Union geopfert. Wir werden sie nicht vergessen."[212]

Zum Konflikt wurde festgehalten, dass der Friedensplan ausdrücklich begrüßt wurde. Die Teilnehmer bedauerten, dass es trotz Waffenstillstand noch immer nicht zu einer vollkommenen Einstellung der Feindseligkeiten gekommen sei und stellten vier Forderungen, die bis 30. Juni zu erfüllen waren:

- Schaffung eines Mechanismus zur Überwachung des Waffenstillstands unter Aufsicht der OSZE,
- Rückgabe von drei Grenzübergängen an die ukrainischen Behörden,
- Freilassung der Geiseln einschließlich aller OSZE-Beobachter (was zeitgleich auch tatsächlich geschah) und
- die Einleitung substanzieller Verhandlungen über die Umsetzung des Friedensplans von Präsident Poroschenko.

Sollte dies nicht geschehen, so werde der Rat zusammentreten und „umfangreiche restriktive Maßnahmen" ergreifen.[213] Diese wurden nicht spezifiziert.

Der Europäische Rat und die Friedensverhandlungen in Donezk fielen unglücklich zusammen. So sinnvoll und notwendig es war, mit Sanktionen zu drohen – der 27. Juni war der falsche Tag dafür.

---

[212] Vgl. Europäischer Rat – Rat der Europäischen Union. Europäischer Rat 26./27. Juni 2014, https://www.consilium.europa.eu/de/meetings/european-council/2014/06/26-27/, abgerufen am 12. Mai 2023.
[213] Ebd.

Fortsetzung der „Anti-Terror-Operation"

Da der Friedensplan nicht angenommen worden war und die Separatisten zu keinem Waffenstillstand bereit waren, wurde von Kyjiwer Seite die „Anti-Terror-Operation" ab Anfang Juli wieder fortgesetzt. Trotz all der Schwäche des ukrainischen Militärs glaubten Präsident Poroschenko und die ihn umgebenden Militärs offensichtlich an eine militärische Lösung des Konflikts.

Zunächst sah es erfolgreich aus: In Mariupilj hatten schon Mitte Juni private Sicherheitskräfte, die Rebellen und russischen Freischärler vertrieben und die Barrikaden in der Stadt weggeräumt. Es gab keinen Protest aus Russland. Die Chancen auf einen Sieg Kyjiws schienen gut zu stehen.

Am 5. Juli besetzten Einheiten Kyjiws Slowjansk; das GRU-Team um Igor Girkin zog sich nach Donezk zurück, nicht ohne über die ausbleibende Hilfe aus Russland zu klagen. Sogar einen Appell Girkins an den russischen Präsidenten gab es. Girkin hatte als „Armeechef" der Separatisten in Slowjansk angeblich ein rücksichtsloses Regime geführt.

Zugleich stieg die Zahl der Opfer. Bis zum 10. Juli waren laut ukrainischem Gesundheitsministerium bereits 478 Zivilisten im Konflikt im Osten umgekommen, davon 30 Frauen. 1392 wurden verletzt, davon 104 Frauen und 14 Kinder.[214]

Putin rät zur Verschiebung der Ratifizierung des Assoziierungsabkommens

Poroschenko rief erneut Putin an. Die Information über das Telefonat wurde diesmal (offensichtlich in gegenseitiger Absprache) nicht veröffentlicht. Aus der Umgebung des Präsidenten war zu erfahren, dass auch dieses Gespräch konstruktiv verlief. Putin schlug vor, die Ratifizierung des Assoziierungsabkommens zu verschieben, bis der Konflikt im Osten gelöst sei. Die ukrainische Seite meinte verstanden zu haben, dass Putin sich darum kümmern und dies bald der Fall sein würde. Poroschenko brachte daher den diesbezüglichen Antrag nicht ins Parlament ein. Diese Verschiebung sorgte für Unmut im ukrainischen Parlament. Bald zeigte sich: Für den Frieden brachte sie nichts.

---

[214] Vgl. Kyiv Post. Health Ministry: 478 civilians killed, 1,392 injured in eastern Ukraine, https://archive.kyivpost.com/article/content/war-against-ukraine/478-civilians-killed-1392-injured-in-eastern-ukraine-355462.html, abgerufen am 15. Juli 2023.

LAGE IN DONEZK

In Donezk verschlimmerte sich die Lage weiter: Wie schon im Falle der Krim bot die Lage in Donezk und Lugansk in den nächsten Monaten viele Möglichkeiten für Kriminelle. Die großen Geschäfte, wie z.B. der „Metro", wurden geplündert. Alle großen Unternehmen gaben ihre Niederlassungen in den beiden Städten auf. Von nun an gab es in Donezk vorwiegend kleinere Geschäfte, die sich mit Kleintransporten aus Russland versorgten – mit entsprechenden Kosten für die Konsumenten, deren Lebensstandard sank.

Das Eishockeystadium wurde zerstört. Die führende Donezker Fußballmannschaft „Schachtjor Donezk" wurde nach Lemberg, ganz in den Westen des Landes transferiert.

Die intellektuelle Elite verließ die Stadt, vor allem die meisten Universitätsprofessoren. Die zweite Reihe hingegen blieb meist dort und rückte auf die Lehrstühle nach. Sie erhielten bald darauf ihre Gehälter in Rubel statt in Hrywnia zu einem für sie wenig vorteilhaften Zwangsumrechnungskurs. Die Überweisungen dafür kamen aus Moskau.

Der Donezker Flughafen blieb noch intakt, er konnte allerdings nicht mehr genutzt werden. Im Winter 2014/15 wurde er Schauplatz eines blutigen Konflikts.

2015 traf ich, bislang zum letzten Mal, den ukrainischen Außenminister Leonid Koschara, der im Februar 2013 an Janukowytschs Seite gestanden hatte. Er hatte gerade eine kleine Partei gegründet. Er selbst war aus Donezk, fürchtete sich aber, nach Hause zurückzukehren, da er nicht wusste, was ihm dort geschehen würde. Ein Teil seiner größeren Familie sei aber noch dort; der Lebensstandard in Donezk sei stark gesunken.

Auch die meisten führenden Politiker der beiden in den regionalen Parlamenten vertretenen Parteien, der „Partei der Regionen" und der „Kommunistischen Partei" gingen, soweit sie nicht schon früher geflohen waren, in andere Teile des Landes ins Exil.

Massenflucht tritt meist erst spät in einem Konfliktzyklus auf. Menschen verlassen ihr Haus, ihre Wohnung langfristig erst, wenn klar ist, dass sie nicht mehr zu Hause bleiben können. Zehntausende flohen ab Mai 2014 aus Donezk und Lugansk, da Recht und Ordnung nicht mehr gewährleistet waren, aus Angst vor Entführungen, wegen Menschenrechtsverletzungen und aufgrund der Unterbrechung von staatlichen Leistungen. Seit Jahresbeginn waren laut UNHCR bereits über 100.000 nach Russland geflohen, rund 50.000 in andere Teile der Ukraine. Die meisten gingen nach Charkiw.[215] Es waren vor allem die Vertriebenen, die die Schreckensnachrichten über die lokalen Despoten in Donezk und Lugansk in der ukrainischen Bevölkerung verbreiteten. Der Schock darüber, dass diese Despoten von Russland auch noch unterstützt wurden, saß tief. Der verbitterte Widerstand, den die Ukrainer der russischen Invasion seit 24. Februar 2022 entgegenbringen, erklärt sich wesentlich durch die Berichte der Vertriebenen aus dem Donbass. Sanktionen der EU

Seit Wochen hatte es in der EU ein zähes Ringen um weitere Sanktionen gegen Russland gegeben. Die USA forderten schon damals, dass Europa kein Öl und kein Gas mehr aus Russland kaufen sollten. Sie hatten aber selbst kaum Probleme mit diesen Forderungen an Europa: Es gab schon damals keine nennenswerten amerikanischen Investitionen in Russland, das Handelsvolumen war verhältnismäßig gering; amerikanische Konsumgüter wurden in Lizenz in Russland hergestellt. Bei harten Sanktionen hätten europäische Investoren verloren, nicht aber amerikanische.

Viele europäische Länder konnten damals aber nicht auf Gas verzichten: Es gab langfristige vertragliche Bindungen und vor allem keine Alternative zum russischen Gas in ausreichendem Umfang.

Dazu kamen hohe europäische Investitionen in Russland, vor allem im Bankensektor, und die Sorge, die russische Regierung könnte diese enteignen oder verstaatlichen. Es gab entsprechende Drohungen.

So blieben die am 16. Juli vereinbarten Sanktionen von fast nur symbolischem Umfang. Es wurde zunächst nur beschlossen, den Kreis der Personen und Institutionen, die die Annexion der Krim oder die Destabilisierung in der Ostukraine materiell oder finanziell unterstützten und denen Sanktionen auferlegt wurden, zu erweitern. Außerdem wurden diverse Finanzierungsmaßnahmen für europäische Projekte in Russland v. a. durch Europäische Banken (wie z.B. der Europäischen Investment Bank – EIB) ausgesetzt und Maßnahmen vereinbart, die Investitionen auf der Halbinsel Krim erschweren sollten.

Die Sanktionen hatten weiterhin vor allem den Charakter einer Warnung; im Verhältnis zu dem, was später noch beschlossen werden sollte, waren sie noch immer harmlos.

---

[215] Vgl. UNHCR The Refugee Agency. Sharp rise in Ukrainian displacement, with more than 50,000 internally displaced, https://www.unhcr.org/news/stories/sharp-rise-ukrainian-displa cement-more-50000-internally-displaced, abgerufen am 12. Mai 2023.

Abschuss der MH-17

Am Tag darauf, am 17. Juli, wurde ein Zivilflugzeug der Malaysia-Airlines-Flug 17 (MH17) über dem Donbass abgeschossen. Er war auf dem Weg von Amsterdam nach Kuala Lumpur. Alle 298 Passagiere, darunter 80 Kinder kamen ums Leben. Die Trümmer des Flugzeugs waren über eine Fläche von 35 Quadratkilometern in der Ostukraine, nahe von Tores in der Ostukraine, zerstreut. Die Opfer stammten aus mehreren Staaten, die meisten aus den Niederlanden.

In Kyjiw kursierte damals die folgende Geschichte: Der GRU-Mitarbeiter Igor Girkin habe zuerst eine Erfolgsmeldung gepostet. Es sei ihm wieder gelungen, ein ukrainisches Flugzeug abzuschießen. Dann habe er aber von Mitarbeitern Nachrichten empfangen, wonach nun „Kinderspielzeug am Boden liege. Ob nicht ein Fehler passiert sei." Daraufhin sei die Erfolgsmeldung rasch wieder aus den sozialen Medien gelöscht worden.

Die Ereignisse sind inzwischen durch das „Joint Investigative Team" der Staatsanwaltschaften, der Länder, die Opfer nach dem Absturz der MH17 zu beklagen hatten, genau nachgezeichnet worden. Das Team kam zu dem Ergebnis, dass das Flugzeug mit einer aus Russland stammenden Flugabwehrrakete des Typs BUK M1 abgeschossen wurde. Die Rakete gehörte zu einer in Kursk stationierten Luftabwehrbrigade des russischen Militärs. Von dort wurde die Waffe in die Ost-Ukraine gebracht und abgefeuert. Am selben Tag wurde der Raketenwerfer wieder nach Russland zurückgebracht. Hin- und Rücktransport wurden mit einem Konvoi russischer Streitkräfte organisiert. Rund 100 Menschen, die an dem Transport des Raketenträgers und dem Abschuss beteiligt waren, wurden identifiziert.[216] Inzwischen ist bewiesen, dass die Befehlsstrukturen schon damals bis in den Kreml reichten.[217]

Das zuständige niederländische Gericht sieht es als erwiesen an, dass der Abschuss des Passagierflugzeugs irrtümlich erfolgte. Getroffen werden sollte ein ukrainisches Militärflugzeug. Dies ändert jedoch nichts daran, dass die Täter des Mordes schuldig sind.

Am späten Nachmittag fand eine Videokonferenz der Trilateralen Kontaktgruppe mit den Rebellen statt. Diese waren sichtlich verwirrt und verunsichert. Es gab keine Möglichkeit über das Thema Konfliktregelung zu sprechen.

---

[216] Vgl. Netherlands Public Prosecution Service 17-21.
[217] Ebd, 7-11.

Aber es standen auch andere Fragen im Raum: Täglich flogen bis zu 250 Flugzeuge über den Donbass. Warum forderte niemand die Ukraine auf, den Luftraum zu sperren? Warum tat es die Ukraine nicht?

Der Abschuss war wohl einer der ersten großen Fehler in diesem Krieg. Für die 300 Toten und deren Angehörigen war es eine Tragödie ohnegleichen. Der Konflikt hatte Westeuropa und Ostasien erreicht.

Aber auch was sich am Boden, im Donbass abspielte und noch abspielen sollte, war eine unglaubliche Tragödie für viele Unbeteiligte, darunter für unzählige Kinder.

Verschärfte Europäische Sanktionen

Europa antwortete mit weiteren Sanktionen gegen Russland, die formell am 31. Juli beim Europäischen Rat beschlossen wurden. Sie betrafen vier Bereiche:

- Der Zugang Russlands zum europäischen Kapitalmarkt wurde beschränkt. Europäern wurde es im Wesentlichen verboten, Anleihen von staatlichen russischen Banken zu kaufen.
- Ein Waffenembargo wurde verhängt: Von Russland durften keine Waffen mehr gekauft und nach Russland keine solchen mehr verkauft werden.
- Der Verkauf von Dual Use Goods und sensiblen Technologien an Russland und das russische Militär wurde verboten. Dual Use Goods sind Waren, die für militärische und zivile Zwecke Verwendung finden können.
- Schließlich wurde der Export von gewissen Technologien zur Förderung oder Exploration von Erdöl in arktischen Gewässern verboten; gleiches galt für Technologien zur Förderung von Schieferöl.[218]

Die Maßnahmen wurden im Sommer 2014 mehrmals nachgeschärft; es blieb aber im Großen und Ganzen bei den oben genannten vier Bereichen. Der Verkauf einer französischen Mistral, eines Militärschiffes, an Russland wurde storniert und später nach Ägypten verkauft – eine für Frankreich kostspielige Entscheidung. Zuvor hatten ukrainische Demonstranten die Teilnahme am französischen Nationalfeiertag in Kyjiw

---

[218] Vgl. Council of the European Union: Adoption of agreed restrictive measures in view of Russia's role in Eastern Ukraine, https://www.consilium.europa.eu/ media/22019/144205.pdf , abgerufen am 16. Mai 2023.

behindert, indem sie sich vor der französischen Botschaft auf den Boden legten. Auch Exporte von anderen sensiblen Gütern fanden seit 2014 nicht mehr statt.

Einige russische Banken mussten sich umstrukturieren; die europäischen Töchter agierten nun weitestgehend unabhängig von den russischen Mutterkonzernen – aber sie konnten weiterarbeiten. Russland konnte (fast) keine Kredite mehr auf europäischen Märkten aufnehmen – angesichts des vielen Geldes, das aus Öl- und Gasverkäufen hereinkam, war die Folge dieser Maßnahme aber für Russland überschaubar.

2014 war der Ölpreis niedrig. In den russischen arktischen Gewässern nach Öl zu bohren, war zu der Zeit wirtschaftlich nicht attraktiv. Die Sanktion traf vor allem die Firma Total, die in diesem Bereich tätig war. Insgesamt aber war auch die Bedeutung dieser Sanktion gering.

Dennoch waren die Maßnahmen relevant: Erstmals entschieden sich die EU-Staaten, auf eine militärische Bedrohung durch den größten Staat am Kontinent gemeinsam zu reagieren und dieses Vorgehen mit gemeinsamen Sanktionen zu belegen.

Weiterhin kaufte Europa aber Gas und Öl in Russland. Die Ausfuhrabgaben darauf stellten viele Jahre lang die wichtigste Einkommensquelle für das föderale Budget Russlands dar. Viele russische Entscheidungsträger besitzen Aktien an Firmen wie Gazprom, sind Aufsichtsratsmitglieder oder verdienen in anderer Weise an den russischen Exporten nach Europa. Für sie änderte sich nichts, ihr Reichtum wuchs weiter.

Die USA, das Vereinigte Königreich und andere europäische Staaten begannen ab Sommer 2014 das ukrainische Militär durch nicht-tödliche Ausrüstung, wie etwa Helme, kugelsichere Westen und Nachtsichtgeräte zu unterstützen.

„GEGENSANKTIONEN"

Russland reagierte mit „Gegensanktionen"[219]. Sie wurden noch vor den europäischen Sanktionen in Kraft gesetzt. Verboten wurde der Import von diversen Lebensmitteln und anderen Agrarprodukten aus der EU. Gegen 89 Personen wurden Einreiseverbote verhängt.

---

[219] Vgl. President of Russia: Executive Order on special economic measures to protect Russia's security, 6 August 2014, http://en.kremlin.ru/acts/news/46404, abgerufen am 16. Mai 2014.

Die russischen Importverbote zur Erntezeit waren gut getimt. Landwirtschaftliche Betriebe, die für den russischen Markt produzierten, hatten plötzlich keinen Abnehmer mehr. Viele Produkte waren aber schnell verderblich. Tatsächlich gelang es der Europäischen Kommission rasch, andere Abnehmer für die Produkte, vor allem für Obst zu finden.

Der Kessel von Ilowajsk

In den nächsten Wochen eroberte die ukrainische Armee, unterstützt von freiwilligen Bataillonen, weitere Regionen im Süden des Donbass zurück. Am 18. August wurde die ukrainische Flagge symbolträchtig auf dem Rathaus von Donezk gehisst. Am 20. August gab Kyjiw bekannt, dass die Stadt wieder von der Regierung kontrolliert werde – was von den Rebellen bestritten wurde.

Kurze Zeit danach kam es wieder zu erbitterten Kämpfen, nunmehr im verbauten Gebiet. Der Konflikt entwickelte sich damit erstmals zu einem Städtekrieg – einer der schlimmsten Formen des Krieges: Viertel um Viertel, Straßenzug um Straßenzug, Haus um Haus. Es ist eine jener Formen des Krieges, bei dem viele Zivilisten Opfer werden.

Wenig später wurde bekannt, dass rund 7.000 ukrainische Soldaten in Ilowajsk, einem kleinen Ort südöstlich von Donezk, eingekesselt waren. Bei den Kampfhandlungen waren laut Ständigem Vertreter Russlands bei der UNO, Witalij Tschurkin, auch russische Freiwillige tätig.[220] Mit großer Wahrscheinlichkeit waren auch reguläre russische Truppen im Einsatz.

Schließlich durften die ukrainischen Streitkräfte durch einen „humanitären Korridor" Donezk verlassen. Die angekündigte Waffenruhe wurde nicht eingehalten – die ukrainischen Einheiten wurden beschossen, angeblich gab es mehrere hundert, vielleicht sogar tausend Tote auf der ukrainischen Seite, auch auf russischer Seite sind laut Boris-Nemzow-Report rund 220 russische Soldaten gestorben.[221]

Heute besteht kaum noch Zweifel daran, dass die Rebellen schon damals russische militärische Unterstützung hatten.[222] Es sollte aber auch

---

[220] Vgl. Gowen, A., Gearan A. Russian armored columns said to capture key Ukrainian towns. Washington Post, 28.8.2014, https://www.washingtonpost.com/world/russian-and-ukraine-troops-battle-in-south-prompting-fears-of-widescale-invasion/2014/08/28/04b614f4-9a6e-40f4-aa21-4f49104cf0e4_story.html, abgerufen am 26.Mai 2023.
[221] Vgl. BBC, Russia 'lost 220 troops' in Ukraine – Nemtsov report, https://www.bbc.com/news/world-europe-32705610, abgerufen am 21.Mai 2023.
[222] Vgl. dazu die detaillierte Zusammenstellung von Schneider-Deters, Schicksalsjahre II, 424-447.

nicht übersehen werden, dass ebenso viele tausend Freiwillige aus Donezk und Lugansk gegen das aus Kyjiw gesandte Militär kämpften.

Die Mehrheit der Bevölkerung hatten die Rebellen allerdings nie hinter sich. Bei der letzten Telefonumfrage, die in Donezk und Lugansk (dort allerdings nur in den ländlichen Regionen) durchgeführt werden konnte, war noch immer eine deutliche Mehrheit stolz darauf, Ukrainer zu sein.

OSZE Grenzbeobachtungsmission

Kurz nach dem Abschuss der MH17 stimmte Russland einer Grenzbeobachtungsmission an den beiden wichtigen russischen Grenzübergängen Gukowo und Donezk, beides Orte im Donbass, zu. Die Mission begann am 24. Juli 2014 und blieb bis 30. September 2021 aktiv.[223] Sie hat die eine oder andere Beobachtung gemacht, aber nie einen großen Militärkonvoi gesehen. Heute ist aus dem JIT-Report bekannt, dass die russischen Einheiten, Waffen etc. über einen anderen, inoffiziellen Grenzübergang in die Ukraine gebracht worden sind.

Menschliche Tragödien

Nach der vermeintlichen Einnahme von Donezk war in Kyjiw für den ukrainischen Nationalfeiertag am 26. August eine große Siegesfeier geplant. Nach der Niederlage von Iliowajsk wurde sie abgesagt.

Das Stadtbild von Kyjiw änderte sich in trauriger Weise: Behinderte junge Männer in Militäruniformen, oft mit einem verlorenen Bein oder einem verlorenen Arm, bettelten in Kyjiw Autofahrer um ein paar Hrywnja an.

Die Zahl der Selbstmorde unter den jungen Männern stieg. Sie waren ausgezogen, Helden zu werden und kamen traumatisiert zurück. In den nächsten Monaten und Jahren sollten es immer mehr von diesen armen Menschen werden.

Die staatliche Hilfe für Kriegsinvalide war in keiner Weise adäquat. Es gab auch kein Programm zur Reintegration der ehemaligen Soldaten und Freiwilligen. Unter UN-Ägide leisteten vor allem kroatische Experten

---

[223] Vgl. OSCE. Organisation for Security and Cooperation in Europe: OSCE Observer Mission at the Russian Checkpoints Gukowo and Donezk (discontinued), www.osce.org/observer-mission-at-russian-checkpoints-gukovo-and-Donezk-discontinued, abgerufen am 1. Juni 2023.

hier einiges. Deren Expertise stammte noch aus der Zeit der Balkankriege in den neunziger Jahren.

Die Zahl der intern Vertriebenen stieg rapid an: Ende Juli waren es rund 50.000 gewesen, mit 5. August bereits 117.000, mit 1. September 260.000. Dazu kamen noch viele, die sich nicht bei UNHCR registriert hatten. Die meisten blieben in der Ostukraine oder kamen nach Kyjiw.[224] Viele flohen aber auch nach Russland. Zahlreiche arbeiteten nun in ganz anderen Berufen: Ein nunmehriger Straßenkehrer in Kyjiw schilderte mir sein Schicksal. Er war aus der Westukraine, arbeitete in Donezk als Architekt, dann war er überstürzt geflohen. „Ich bin froh, dass ich nun diesen Job habe", schloss er.

Humanitäre Konvois

Im Sommer 2014 benötigte die Ostukraine zweifellos humanitäre Hilfe. Leider wurde diese zum Politikum zwischen Ost und West. Das IKRK war bereit, Hilfe in den Donbass zu liefern – zu denselben Bedingungen wie auch sonst auf der Welt. Es erhielt aber nie eine Zusage von den Rebellen, dass diese Konvois nicht angegriffen würden.

Dann kam eine russische Mitteilung, wonach das IKRK russische Hilfslieferungen in die Ukraine bringen würde. Das IKRK war dazu aber nicht gefragt worden. Es war auch nicht in Erfahrung zu bringen, was in dem Konvoi transportiert würde; nicht einmal eine Inventarliste war zu erhalten. Wären eventuell sogar militärische Güter darin?

Die Verhandlungen – oder eher deren Imitation – zogen sich über vierzehn Tage. Dann wurde bekannt, dass 280 weiß gestrichene LKWs in Verletzung der Souveränität der Ukraine aus Russland nach Donezk und Lugansk gefahren seien. In der Früh seien sie hinein, hätten rasch ausgeladen und am Nachmittag die Ukraine wieder verlassen.

Das Entladen eines LKWs braucht Zeit. Hier ging es um die Entladung von 280 LKWs, die Verteilung der Güter – all das braucht Zeit. In diesem Falle sollte aber alles in ein paar Stunden geschehen sein. Es blieb unklar, was wirklich passiert war.

---

[224] Vgl. UNHCR: Ukraine Conflict pusses people from home, https://www.unhcr.org/news/briefing/2014/9/5405b63d6/ukraine-conflict-pushes-people-homes.html; abgerufen am 12. Mai 2023.

Wichtig war wohl das Drehbuch: Russland hilft, die Hilfe aus Europa und die des Internationalen Roten Kreuzes kommt nicht an. Unwahrscheinlich ist, dass diese humanitäre Hilfe je einen breiten Teil der Donezker und Lugansker Gesellschaft erreicht hat.

DAS ERSTE MINSKER ABKOMMEN

VORBEREITUNG DER GESPRÄCHE IN MINSK

Bereits Ende Juni war es für die Trilaterale Kontaktgruppe zu gefährlich geworden, weiter in Donezk zu verhandeln. Kutschma war mit dem Leben bedroht worden. Umgekehrt hatten die Rebellenführer Angst, in das von Kyjiw kontrollierte Gebiet zu reisen.

Putin schlug nun vor, die Verhandlungen nach Minsk zu verlegen. Europa zögerte. In Minsk regiert seit 1994 Aljeksandr Lukaschenko. Er war bei einer weitgehend korrekten Wahl an die Macht gekommen, hatte dann aber de facto die demokratischen Institutionen ausgeschaltet und sich seit 2001 immer wieder in manipulierten Wahlen als Präsident bestätigen lassen. Er regierte de facto als Diktator. Menschenrechtsverletzungen in Minsk waren damals bereits bekannt. Es gab auch damals schon Berichte, dass Lukaschenkos politische Gegner im Gefängnis gestorben seien.[225] Die Grausamkeit, mit der er 2021 Demonstrationen niederschlagen ließ, war aber in ferner Zukunft und in keiner Weise absehbar.

Die Verhandlungen in Minsk bedeuteten nun faktisch eine Rehabilitierung Lukaschenkos, der als Gastgeber auftreten durfte. Nach gewissem Zögern lenkte Europa ein, treibende Kraft war Berlin. Der Frieden in der Ukraine hatte Priorität.

Am 26. August fand nun in Minsk ein Treffen der Oberhäupter der Eurasischen Zollunion mit dem ukrainischen Präsidenten und Vertretern der EU statt.[226] Außenbeauftragte Cathy Ashton, Energiekommissar Günther Oettinger und Handelskommissar Karel de Gucht reisten für die EU an. Ort war der neu errichtete Minsker Konferenzpalast. Es war ein heißer, trockener Sommertag, wie er allen, die je in Moskau oder Minsk gelebt haben, vertraut ist. Der Saal aber war stark klimatisiert und das Raumklima somit frostig. Die Delegationen froren, zum Aufwärmen servierten belarussische Kellnerinnen in Nationaltracht Tee. Die Frage, wer dieses frostige Klima im Saal gewünscht hatte, wurde freundlich beantwortet. Es war Putins Wunsch.

---

[225] Vgl. z.B. The Guardian, 'Rivals of Belarus leader have been killed', https://www.theguardian.com/world/2001/jul/20/ameliagentleman, abgerufen am 17. Juli 2023.
[226] Vgl. Die Zeit. Putin und Poroschenko treffen sich in Minsk, https://www.zeit.de/news/2014-08/26/konflikte-putin-und-poroschenko-treffen-sich-in-minsk, abgerufen am 12. Juli 2023.

Beim Treffen wurden wirtschaftliche Fragen erörtert. Dies blieb weitgehend ohne Ergebnis. Die Begegnung ebnete aber den Weg für die erste Minsker Vereinbarung.

DAS ERSTE MINSKER PROTOKOLL

In den nächsten Tagen gab es offensichtlich intensive Konsultationen zwischen Moskau und Kyjiw, aber auch zwischen Moskau, Lugansk und Donezk.

Am 5. September fand dann zunächst ein Treffen der Trilateralen Kontaktgruppe statt. Es wurde das „Protokoll nach den Konsultationen der Trilateralen Kontaktgruppe über gemeinsame Schritte zur Umsetzung des Friedensplans des ukrainischen Präsidenten Petro Poroschenko und der Initiativen des russischen Präsidenten Wladimir Putin" vorbereitet. Der Text wurde nach Bericht von Teilnehmern bereits weitgehend fertig vorgelegt. Er war wohl im Kreml vorbereitet worden und umfasste zwölf Punkte:

1. unverzügliche beiderseitige Unterbrechung der Anwendung von Waffengewalt;
2. Monitoring und Überprüfung der Waffenruhe durch die OSZE;
3. Dezentralisierung der Macht in der Ukraine, unter anderem durch die Verabschiedung eines ukrainischen Gesetzes „Über die vorübergehende Ordnung der lokalen Selbstverwaltung in bestimmten Regionen der Gebiete Donezk und Lugansk" (Gesetz über einen Sonderstatus);
4. Ständiges Monitoring an der russisch-ukrainischen Staatsgrenze und Überprüfung durch die OSZE, mit Bildung einer Sicherheitszone in den Grenzregionen in der Ukraine und der Russischen Föderation;
5. Sofortige Freilassung aller Geiseln und ungesetzlich festgehaltenen Personen;
6. Verabschiedung eines Gesetzes über das Verbot der strafrechtlichen Verfolgung und Bestrafung von Personen in Zusammenhang mit Ereignissen, die in einzelnen Kreisen der Gebiete Donezk und Lugansk geschehen sind (das sog. Amnestiegesetz);
7. Fortsetzung eines inklusiven nationalen Dialogs;
8. Maßnahmen zur Verbesserung der humanitären Situation im Donbass;
9. Durchführung vorgezogener Kommunalwahlen nach dem ukrainischen Gesetz „Über die vorübergehende Ordnung der lokalen Selbstverwaltung in den gesonderten Kreisen der Gebiete Donezk und Lugansk" (Gesetz über den Sonderstatus);

10. Abzug der gesetzwidrigen bewaffneten Formationen, deren Militärtechnik, der Freischärler und Söldner aus der Ukraine (hier ging es um militärische Freiwilligenverbände auf beiden Seiten);
11. Beschluss eines Programms des wirtschaftlichen Wiederaufbaus des Donbass und der Wiederherstellung der Lebensfunktionen der Region;
12. Gewährleistung der persönlichen Sicherheit der Teilnehmer der Konsultationen.[227]

Auf manch wichtige Aspekte musste Kyjiw bereits im Vorfeld verzichten – etwa die unmittelbare Wiederherstellung der Grenzkontrollen. Am Dokument wurde durch die Gestaltung der Unterschriften sichergestellt, dass die Unterzeichnung keine implizite Anerkennung des Status der beiden „Republiken" bedeutet. Dennoch kostete es den Vertretern Kyjiws Überwindung, ein solches Dokument zu unterschreiben.

Es unterschrieben Kutschma für die Ukraine, Surabow für Russland und Tagliavini für die OSZE. Dazu kamen Unterschriften der zwei Rebellenführer Igor Plotnizki und Aleksandr Sacharstschenko.

Das Protokoll war eine Skizze. Die Vertreter der Trilateralen Kontaktgruppe planten, die einzelnen Punkte durch genauere Vereinbarungen mit Substanz zu füllen. Unklar blieb, ob es sich hier um konsekutive Schritte handeln sollte oder ob die Schritte möglichst parallel verwirklicht werden sollten.

Traurige Wirklichkeit ist: Kein einziger Punkt des Abkommens wurde jemals vollumfänglich realisiert.

Der Waffenstillstand sollte am selben Tag in Kraft treten. Es geschah nicht. Auch später wurde er fast nie wirklich eingehalten. Verletzt wurde er vor allem von den pro-russischen Rebellen, seltener von den pro-ukrainischen Kräften. Möglicherweise fehlte es jenen Rebellenführern, die in Minsk unterzeichnet hatten, an Autorität und Einfluss auf die bewaffneten Formationen, um das Vereinbarte durchzusetzen. In den ersten Tagen nach dem Abkommen gab es noch die Hoffnung, dass der Waffenstillstand mit Verzögerung in Kraft treten könnte. Die Waffen schwiegen aber immer nur vorübergehend.

Die Bewaffneten gestatteten auch nie das im Protokoll vorgesehene, vollumfängliche Monitoring durch die OSZE. Zu vielen Orten hatten die

---

[227] Der Originaltext findet sich unter https://www.osce.org/files/f/documents/a/a/123258.pdf. Zur Übersetzung vgl. Die Welt. Das Minsker OSZE-Protokoll für eine Feuerpause , https://www.welt.de/newsticker/dpa_nt/infoline_nt/thema_nt/article131986171/Das-Minsker-OSZE-Protokoll-fuer-eine-Feuerpause.html, abgerufen am 12. Mai 2023.

OSZE-SMM noch sehr lange Zeit keinen Zugang, zu manchen erhielt sie ihn nie. Dies waren aber vor allem militärische Hochburgen der Rebellen, aber auch einige der auf Kyjiwer-Seite kämpfenden Einheiten.

Zum anderen wäre zur Umsetzung des Abkommens das ukrainische Parlament gefordert gewesen. Dort gab es aber wenig Begeisterung dies zu tun. Erwartet wurde, dass es zuerst einen Waffenstillstand geben sollte, dann könnte über eine Gesetzesänderung entschieden werden.

Unter anderem stieß das geplante Gesetz über eine lokale Selbstverwaltung von Donezk und Lugansk (Punkt 3) auf Widerstand. Warum sollten die Separatisten für Gewalt belohnt werden? Schließlich siegte aber die Vernunft. Ein Autonomie-Gesetz wurde am 16. September im ukrainischen Parlament beschlossen, die Inkraftsetzung aber aufgeschoben.

Besonders heftigen Widerstand gab es im Parlament gegen das Amnestiegesetz (Punkt 6). Aus Sicht vieler Kyjiwer Abgeordneter waren die Separatisten Verbrecher. Es gab nicht nur die bewaffnete Auseinandersetzung. Es gab auch Berichte über furchtbare Gewalttaten an Zivilisten, Vergewaltigungen, Folter, Plünderungen. Warum sollte all dies nicht bestraft werden?

Eher konsensfähig wären die vorgezogenen Lokalwahlen gewesen. Darauf wird unten noch einzugehen sein.

Ein wichtiges Ergebnis blieb: In den nächsten Monaten wurden rund 2500 Gefangene von beiden Seiten freigelassen.[228]

MINSKER MEMORANDUM VOM 19. SEPTEMBER

Zwei Wochen später wurde das Minsker Protokoll bei einem weiteren Treffen in der Hauptstadt von Belarus um ein Memorandum ergänzt. Festgelegt wurde dabei die sogenannte „Kontaktlinie" – unter besseren Umständen wäre es die Waffenstillstandslinie geworden.

Diese Kontaktlinie war rund 500 km lang. Von ihr sollten beide Seiten die schweren Waffen zurückziehen. Eine dreißig Kilometer breite Sicherheitszone sollte geschaffen werden, in der es weder schwere Waffen noch Minen geben dürfe und ein Flugverbot herrschen sollte.

Bei der Festlegung dieser „Kontaktlinie" konnte über vier Regionen *keine* Einigung erzielt werden. Diese waren strategisch wichtig. Die Kämpfe beschränkten sich in den nächsten Monaten auf diese vier Orte:

---

[228] Vgl. Tagliavini, 243.

Strittig blieb vor allem der Flughafen Donezk. Die Kontrolle des Flughafens hätte den Separatisten die Möglichkeit geboten, eine Luftwaffe zu entwickeln. Dort sollten sich in den nächsten Wochen und Monaten noch furchtbare Kämpfe entwickeln. Strittig blieb auch der Ort Bahnknotenpunkt Debaltsewe. Der Kampf um diesen Ort sollte im Februar 2023 eskalieren. Wichtig war auch der Ort Schtaschstija bei Lugansk, in dem das für die Stadt wichtigste Kraftwerk steht, und der Hafen von Mariupilj. Er hätte Basis für eine Marine werden können. In den nächsten Monaten gelang es den Separatisten in allen vier Orten Gebietsgewinne zu verzeichnen.

Das Memorandum sah außerdem vor, dass alle bewaffneten ausländischen Formationen aus der Ukraine abgezogen werden. Aus westlicher Sicht waren dies die russischen Truppen, aber auch die paramilitärischen Einheiten. Auch dies wurde nur teilweise umgesetzt.

Die Beobachtung der Einhaltung der Vereinbarungen vom 5. und vom 19. September wurde der OSZE SMM übertragen. Sie konnte dieser Aufgabe nur teilweise nachkommen – oft wurde sie von lokalen Kommandanten an der Beobachtung gehindert.

Seit den Beschlüssen der russischen Duma vom 22. Februar 2022, mit der die beiden Volksrepubliken Donezk und Lugansk von Russland als unabhängige Staaten anerkannt wurden, sind Minsker Vereinbarung und Memorandum nur noch von historischer Bedeutung.

EINRICHTUNG DER JCCC UND EINGRENZUNG DES KONFLIKTS

Wenige Tage nach Annahme der beiden Dokumente einigten sich Russland und die Ukraine auf die Schaffung des Gemeinsamen Zentrums für Kontrolle und Koordination (Joint Center for Control and Command – JCCC). Dieses bestand aus Vertretern des russischen und des ukrainischen Generalstabs. Es wurde vereinbart, dass sich 75 russische Offiziere auf ukrainische Einladung in der Ostukraine aufhalten sollten.[229]

Diesem Zentrum gelang es in einzelnen Fällen zur Deeskalation beizutragen. Die russischen Offiziere konnten wiederholt mäßigend auf die Separatisten und Freischärler einwirken.

Die beiden Minsker Dokumente und das JCCC waren historisch wichtig – auch wenn sie nie zur Gänze eingehalten wurden. Sie schufen

---

[229] ebd.

einen Referenzrahmen für zukünftiges Handeln und verhinderten eine unkontrollierte Eskalation der Gewalt.

Die Rolle Russlands in dieser Phase

Das offizielle Russland förderte falsche und verfälsche Medienberichte im Februar und März 2014, diese trugen zum Krieg im Donbass bei. Paramilitärische Einheiten konnten ungehindert aus Russland ausreisen, um sich im Donbass am Krieg zu beteiligen; russische Soldaten durften sich Urlaub nehmen, um in der Ukraine zu kämpfen.[230] Russische Waffen kamen im Donbass auf der Seite der Rebellen zum Einsatz. Angehörige russischer Spezialeinheiten kämpften auf Seite der Rebellen und verhalfen ihnen im Sommer 2014 zum Sieg. Sie waren damit formell wohl nicht für den russischen Staat tätig. Es mag gut sein, dass sie für diese Tätigkeit von einem russischen Oligarchen privat bezahlt wurden – vielleicht sogar viel besser als vom russischen Militär. Es gibt aber keinen Hinweis, dass jene, die in der Ostukraine kämpften, in Russland vor ein Militärgericht gestellt wurden. Die Atmosphäre der Straflosigkeit und sogar Hochschätzung der Täter trug wesentlich dazu bei, dass dieser Konflikt unlösbar wurde und schließlich zum Vorwand für den großen Krieg wurde, der gegenwärtig herrscht.

Es darf aber auch nicht übersehen werden, dass das offizielle Russland einmal im Juni und einmal im Herbst 2014 und ein drittes Mal im Frühjahr 2015 eine konstruktive Rolle bei den Versuchen zur Lösung des Konflikts spielte. Putin appellierte, die Referenden im Mai 2014 zu verschieben. Der Abschuss eines Militärhubschraubers durch die Separatisten während des Waffenstillstands Ende Juni 2014 sorgte für Kritik aus dem Kreml. Das Minsker Abkommen und das Minsker Memorandum wären ohne Zutun Russlands nicht zu Stande gekommen, die Eingrenzung des Konflikts wäre nicht geschehen. Die in der Ukraine im Rahmen des JCCC tätigen russischen Offiziere wirkten bei einzelnen Deeskalationsbemühungen mit.

Das offizielle Russland sanktionierte Waffenstillstandsverletzungen und Offensiven der beiden „Republiken" nicht. Es forderte auch einmal gelieferte Waffen nicht zurück – vor allem nicht im Juni 2014, als dies entscheidend gewesen wäre. Der Kreml griff in Personalentscheidungen

---

[230] Vgl. Gowen, A. – Gearan, A. ebd.

ein, tat dies aber nicht wegen Bruch der Minsker Vereinbarungen. Gescheitert sind die Minsker Abkommen, weil sie vor allem von den Rebellen nicht eingehalten wurden und Moskau diese gewähren ließ. Bestraft wurde 2022 die Ukraine.

Moskau – Kyjiw – Brüssel – divergierende Ziele

Der Konflikt in und um die Ukraine hatte viele Aspekte, einer war der Wertekonflikt. Aus Sicht des Kremls mischten sich USA und EU in Vorgänge im Moskauer Einflussgebiet ein. Putin machte dies beim letzten EU-Russland-Gipfel deutlich, als er darauf verwies, dass sich Russland auch in Griechenland nicht einmische. Für den Kreml war somit der Maidan ein Aspekt der Geopolitik. Agenten der USA und von EU-Mitgliedsstaaten hätten die Demonstranten aufgeheizt und vielleicht sogar bezahlt.

Übersehen wurde dabei, dass die Ukraine ein großes selbständiges Land ist, in dem es viele negative Erinnerungen an die Moskauer Herrschaft gibt. Es gab ein fundamentales Interesse breiter Kreise in der Ukraine, nicht wieder in den Einflussbereich Moskaus zurückzukehren.

Aus Brüsseler Sicht ging es um die Förderung von Werten, so wie es im Lissaboner Vertrag verankert ist, vor allem um Demokratie und Rechtsstaatlichkeit. Daneben spielten Handelsinteressen eine Rolle, wenngleich eine bedeutend geringere als bisweilen vermutet. Geopolitische Überlegungen spielten hingegen, wenn überhaupt, eine untergeordnete Rolle. Wer solche wälzte, konnte leicht mit Spott von Kollegen belegt werden.

Entwicklungen in Kyjiw im Sommer und Herbst 2014 und Ratifizierung des Assoziierungsabkommens

Bis zum Sommer 2014 waren noch immer Zelte am Maidan aufgeschlagen. Wahrscheinlich waren noch einige, wenige leidenschaftliche Demonstranten darunter, vor allem aber waren es Obdachlose. Witalij Klytschko, der im Frühjahr Bürgermeister von Kyjiw geworden war, ließ im Sommer den Maidan schließlich räumen.

Das vorläufige Ende von Gas als Instrument der Außenpolitik Russlands

Die russische Führung war bereit unglaublich viel Geld zu investieren, um Einfluss im post-sowjetischen Raum zu erhalten oder sogar wieder herzustellen. Eines der wichtigsten Instrumente war dabei das Gas. Immer wieder drohte Russland v. a. Belarus und der Ukraine mit der drastischen Erhöhung von Gaspreisen bzw. mit Lieferstopps. Besonders erschreckend mussten diese Drohungen im Winter wirken. In praktisch allen größeren Städten der Ukraine gibt es große, mit Gas betriebene Heizwerke, über die die Wohnblöcke mit Wärme versorgt werden. Vor allem in älteren Wohnblöcken gibt es keine alternative Heizung. Faktisch bedeutet dies: Wird das Gas abgedreht, so friert ein großer Teil der Bevölkerung zu Hause. Ein effizientes Drohmittel, angewandt im 2006, 2009 und 2013.

Nun, im Sommer 2014 drohte Gazprom erneut mit der Aussetzung der Lieferungen. Grund waren wiederum Zahlungsschwierigkeiten. Aber nun gab es einen Akt von in dieser Form beispielloser europäischer Solidarität: Mit unglaublicher Geschwindigkeit wurde ein „Reverse-Flow" möglich gemacht. War Gas während vieler Jahrzehnte durch die ukrainischen Pipelines von Osten nach Westen geflossen, so floss es nun teils virtuell, teils real von West nach Ost – mit einer Kapazität von rund 50%. Es war eine technisch und rechtlich aufwändige Lösung, für die der damalige Energie-Kommissar Günther Öttinger Unverzichtbares geleistet hat. Der Versuch der russischen Führung, die Ukraine mit der Unterbrechung von Gaslieferungen zu erpressen, war gescheitert.

ABHÄNGIGKEIT VON KOHLE

Dies war allerdings nicht die einzige energiepolitische Herausforderung. Die Stahlindustrie im Donbass war weiterhin auf Kohle angewiesen, konkret auf einen Typ, wie sie nur in wenigen Teilen der Welt abgebaut wird – u. a. im östlichen Donbass. Während es die meisten Industriebetriebe im regierungskontrollierten Teil des Landes gibt, befinden sich die Kohlevorkommen im abtrünnigen Landesteil. Versuche, diese Kohle in Südafrika oder in Australien zu beschaffen, erwiesen sich als langwierig und teuer. Schließlich einigte sich die Holding Achmetows mit den Rebellen über weitere Lieferungen.

BERÜCKSICHTIGUNG RUSSISCHER INTERESSEN BEIM ASSOZIIERUNGSABKOMMEN

Für 16. September 2014 war die Ratifizierung des Assoziierungsabkommens in Kyjiw geplant. Vier Tage davor, am 12. September gab es ein Trilaterales Treffen Russland-Ukraine-EU auf Ministerebene. Russland war durch Wirtschaftsminister Sergej Uljukajew, die Ukraine durch Außenminister Pawlo Klimkin und die EU durch Handelskommissar Karel De Gucht vertreten. Dabei wurde vereinbart, dass der wirtschaftliche Teil des Assoziierungsabkommens bis Ende 2015 nicht angewendet wird. Dies sollte Russland die Möglichkeit bieten, sich an die neue Lage anzupassen. Bis dahin sollten die einseitigen Handelspräferenzen der EU für die Ukraine weiterhin angewandt werden. Russland suspendierte im Gegenzug die bevorzugten Zollregelungen aus dem GUS-Freihandelsabkommen für die Ukraine vorerst nicht.

DIE EINSTIMMIGE, SIMULTANE RATIFIZIERUNG DES ASSOZIIERUNGSABKOMMENS

Am 16. September besuchte Parlamentspräsident Martin Schulz Kyjiw. Grund war ein Akt von kaum zu überbietender Symbolik, den er, wie er uns beim Frühstück erzählte, geplant hatte: Das ukrainische und das Europäische Parlament sollten die Abstimmung über das Assoziierungsabkommen zeitgleich durchführen.

Ich durfte in der Diplomatenloge des ukrainischen Parlaments dabei sein und was dann geschah, war ein Akt, den ich nie erwartet hätte: Das traditionell so gespaltene ukrainische Parlament, das über Jahre nur selten überhaupt einen Beschluss fassen konnte und dann meist nur mit ganz knapper Mehrheit, in dem es alle möglichen Szenen gegeben hatte, dieses Parlament stimmte *ohne Gegenstimmen für* das Assoziierungsabkommen – wohlgemerkt einschließlich der Abgeordneten der Opposition, der „Partei der Regionen" und einem großen Teil der damals noch im Parlament vertretenen Kommunisten. Es war einer der ganz großen Tage in der Geschichte der Ukraine. Im Schatten dieses Großereignisses nahm das ukrainische Parlament am selben Tag das strittige Amnestiegesetz an, das in Minsk vereinbart worden war.

Zeitgleich stimmte auch das Europäische Parlament dem Abkommen zu. Es gab auch hier eine deutliche Mehrheit – 535 Stimmen dafür, 127 dagegen und 35 Enthaltungen.

Über Videolink gratulierten sich beide Parlamente zur Annahme des Abkommens.

Tatsächlich sollte es noch ein steiniger Weg zur Ratifizierung des Abkommens durch die Parlamente aller EU-Mitgliedsstaaten werden. Es wurde bis Juli 2017 nur provisorisch angewandt, bis es schließlich auch vom niederländischen Parlament ratifiziert wurde.[231]

Neuwahlen und Rücktritt der Regierung Jazenjuk I

Nach dem Ende des Maidan arbeitete das Parlament pragmatisch und rasch. Mehrere wichtige Gesetze wurden verabschiedet – auch wenn andere verschleppt wurden.

Im Juni und Juli lehnte das Parlament mehrere Gesetzesvorschläge der Regierung ab. Jazenjuk reichte daraufhin seinen Rücktritt ein. Poroschenko forderte Jazenjuk auf, im Amt zu bleiben; am 31. Juli lehnte eine deutliche Mehrheit der Abgeordneten den Rücktritt Jazenjuks ab. Dieser blieb daher interimistisch.

Zu dieser Zeit repräsentierte das Parlament nicht mehr die Stimmung im Land. Die Abgeordneten der „Partei der Regionen" waren noch stark im Parlament vertreten, hatten aber nur noch wenig Rückhalt in der Bevölkerung. Rechts außen Swoboda und links außen die Kommunisten hatten ebenfalls an Popularität verloren. Poroschenko war am Höhepunkt seiner Beliebtheit und wollte „seine" Leute als Abgeordnete haben. Eine

---

[231] Vgl. Europäischer Rat – Rat der EU. Ukraine: Rat nimmt Assoziierungsabkommen EU-Ukraine an, https://www.consilium.europa.eu/de/press/press-releases/2017/07/11/ukraine-association-agreement/.

Neuwahl war Teil seines „Friedensplans" – einer jener Teile, die keinen praktischen Erfolg hatten. So wurden am 25. August, am Tag vor dem Treffen in Minsk, Neuwahlen beschlossen.

Die Wahlen fanden am 26. Oktober 2014 nach dem Wahlrecht von 2012 statt und waren nach OSZE-Standards weitestgehend korrekt. Die Wahlbeteiligung lag bei 52% und war regional sehr unterschiedlich. In 26 Wahlkreisen konnte nicht abgestimmt werden: Auf der Krim ließen die russischen Besatzer die Wahlen nicht zu, in der Ostukraine waren es die Separatisten.

Das Wahlergebnis brachte wesentliche Veränderungen: Bemerkenswert war zunächst die Zersplitterung der politischen Szene. Insgesamt neun Parteien waren im Parlament vertreten; es gab 96 unabhängige Abgeordnete.

Kommunisten und nationalistische Swoboda schafften den Einzug ins Parlament nicht mehr. 13 der 423 Abgeordneten des neuen Parlaments wurden dem ultranationalistischen ukrainischen Lager zugerechnet[232] – eine Minderheit. Dennoch behauptete die russische Propaganda noch lange, in Kyjiw hätten die Nationalisten oder gar Faschisten die Macht übernommen. 2022 versuchte Putin, den Angriffskrieg gegen die Ukraine mit dieser Behauptung zu legitimieren.

Nach den Wahlen folgten langwierige Regierungsverhandlungen. Nach rund fünf Wochen Verhandlungen stand schließlich eine Fünf-Parteien-Koalition.

Am 27. November 2014 wurde Jazenjuk mit einer Mehrheit von 341 Stimmen (bei 226 notwendigen) als Premierminister wiedergewählt. Die neue Regierung hatte in den nächsten Monaten vor allem mit den weiterhin desolaten Staatsfinanzen zu kämpfen. Es gab somit kaum Spielraum für Reformen oder gar für neue Sozialleistungen.

---

[232] Umland, A., Ein kleiner Regimewechsel in Kiew. Reformpolitische Implikationen der Parlamentswahl vom 26. Oktober 2014. In: Ukraine-Analysen 142, 27.11.2014, 7-8; https://www.laender-analysen.de/ukraine-analysen/142/, abgerufen am 12. Mai 2023.

Das Minsker Abkommen wird obstruiert

Die Minsker Vereinbarungen waren zwischen Berlin und Paris, Moskau und Kyjiw ausverhandelt worden und die Rebellenführer hatten ihm zugestimmt. Keine Einigung hatte es an vier Orten gegeben. Eine Woche nach dem Minsker Memorandum wurde der Donezker Flughafen Zentrum eines überaus harten Kampfes.[233] In den nächsten Wochen gelang es den Separatisten, kleinere [234] Bald darauf kam es zu heftigen Kämpfen am Donezker Flughafen.

„Wahlen" in der Separatistenregion und deren Beobachtung durch die „ASZE"

Am 5. September war in Minsk vereinbart worden, dass es vorgezogene Neuwahlen in Donezk und Lugansk geben werde. Laut ukrainischer Verfassung obliegt es dem Parlament, Wahlen, darunter auch Lokalwahlen, anzusetzen. Diese wurden per Gesetz für 7. Dezember festgesetzt.

Bedingung von Kyjiw war aber: Es sollten freie Wahlen sein. Es sollten jene antreten dürfen, die in den letzten Jahrzehnten die Stadt regiert hatten und im Frühling 2014 geflohen waren – also auch Oppositionsblock und Kommunisten, aber auch jene, die jetzt im restlichen Land gewählt worden waren.

Dies war für die Rebellen nicht denkbar. Bei freien Wahlen wären sie wohl nicht an der Macht geblieben.

Die Separatisten setzten nun für 2. November „Wahlen" an. Damit verstießen sie gegen ukrainisches Verfassungs- und einfaches Recht, vor allem aber gegen die Vereinbarung, die sie in Minsk unterzeichnet hatten. Moskau ließ sie gewähren.

Was am 2. November 2014 in Donezk stattfand, war eine Imitation der Wahlen. Es gab wohl mehrere Parteien, aber nur jene, die von den Rebellen zugelassen worden waren. Lobbyisten aus Russland sorgten dafür,

---

[233] Bis zum Einnahme des Flughafens durch die Separatisten im Jänner starben dort 200 ukrainische Soldaten, 500 wurden verletzt. Vgl. Scheider-Deters, Schicksalsjahre II 491.
[234] Tagliavini, 243.

dass einige Europäer die „Wahl" beobachteten und sogar positive Zeugnisse ausstellten. Es gab sogar eine Presseaussendung in verschiedenen europäischen Staaten.[235]

Maßstab für Wahlbeobachtung in Europa ist die OSZE, auf Russisch OBSE, gesprochen ABSE. Nun war die OSZE nicht bereit, die Wahlen zu beobachten. Daher wurde ein lokaler Verein mit Namen ABSE geschaffen, der die Wahlen „beobachtete" und ein positives Zeugnis ausstellte – es war alles eine Farce. Erwartungsgemäß wurden die Machthaber im Donbass in ihren „Ämtern" „bestätigt".

Das Minsker Abkommen war militärisch nicht eingehalten worden. Nun war es auch politisch gebrochen worden. Die Spaltung zwischen der von Kyjiw kontrollierten Ukraine und dem Donbass war damit zementiert. Kyjiw bemühte sich nun vor allem, die von den Separatisten kontrollierte Zone abzuriegeln und Übertritte über die Kontaktlinie nach Möglichkeit zu erschweren. Das „Gesetz über den besonderen Status" für Donezk und Lugansk wurde ausgesetzt.

Waren im Sommer 50.000 Menschen in der Ukraine intern vertrieben gewesen, so stieg nun die Zahl rapide an: Anfang Dezember waren bereits 514.000 intern vertrieben, laut Russischem Migrationsdienst hatten 233.000 Ukrainer einen Schutzstatus in Russland erhalten.[236] Bald waren 1,6 Millionen Menschen aus den Diktaturen von „LNR" und „DNR" geflüchtet – fast eine Million waren intern Vertriebene, rund 600.000 waren es in anderen Staaten, vor allem in Russland.[237] Geht man davon aus, dass in den Gebieten der „DNR" und „LNR" vor dem Konflikt rund 3,7 Mio. Menschen gelebt haben, so wären etwa vier von zehn aus dem Donbass geflohen. Die einst blühende Industrieregion Donbass, eine der wohlhabendsten Regionen der Ukraine und davor der ganzen Sowjetunion, war nun auf humanitäre Hilfe angewiesen.

---

[235] Vgl. OTS. Wahlen im Donbass – Der erste Schritt hin zum Frieden in der Ukraine | Presscentre «Novorossia», 04.11.2014 (ots.at), https://www.ots.at/presseaussendung/OTS_20141104_OTS0015/wahlen-im-donbass-der-erste-schritt-hin-zum-frieden-in-der-ukraine, abgerufen am 21. Mai 2023.

[236] Vgl. UNHCR: Ukraine conflict uproots hundreds of thousands, www.unhcr.org/news/latest/2014/12/548190aa9/ukraine-conflict-uproots-hundreds-thousands.html, abgerufen am 12. Mai 2023.

[237] Vgl. UNHCR: : https://www.unhcr.org/news/latest/2015/2/54d4a2889/ukraine-internal-displacement-nears-1-million-fighting-escalates-Donezk.html, abgerufen am 12. Mai 2023.

Telefondiplomatie zwischen Putin und Merkel

In dieser ganzen Zeit gab es wiederholt Telefonate zwischen Putin und Merkel einerseits und zwischen Putin und Poroschenko andererseits und schließlich auch ein Telefonat zwischen Poroschenko und Merkel. Auch mehrere Telefonate im „Normandie-Format" fanden statt.[238] Poroschenko klagte auch in dieser Zeit, Putin habe zwar vieles zugesagt, passiert sei aber oft etwas anders als das. Dieselbe Erfahrung macht offensichtlich auch die deutsche Kanzlerin. War es mangelnde Handschlagqualität des russischen Staatschefs? War es mangelnde Durchsetzungsfähigkeit im eigenen Staat? War es die Revanche Putins dafür, dass nach seiner Leseart das Abkommen vom 21. Februar nicht eingehalten worden war?

Putin selbst wies wiederholt die Verantwortung für die Lage im Donbass zurück. Bei einem Treffen in Mailand im Oktober 2014 betonte Putin, dass im Donbass vor allem ein großes Chaos herrsche. Mit dieser Einschätzung hatte er wohl Recht. Viele Einheiten agierten ohne zentralen Befehl – auf der einen, wie auf der anderen Seite. Viele waren Volontäre, viele Veteranen aus den Kaukasuskriegen der letzten zwanzig Jahre. Manche hatten von damals noch Rechnungen offen, die sich im allgemeinen Durcheinander begleichen ließen. Auf ukrainischer Seite allein agierten rund zehn verschiedene Einheiten. Traurige Berühmtheit erhielt das „Asow- Bataillon". Auf pro-russischer Seite gab es wahrscheinlich noch mehr unabhängige Einheiten.

Trotz aller Rückschläge trat im Herbst 2014 eine Phase ein, in der der Waffenstillstand zumindest weitgehend eingehalten wurde. Für 9. Dezember kündigte Poroschenko einen „Tag der Ruhe" an, der von beiden Seiten auch respektiert wurde.[239]

Eine symbolische Maßnahme und der Verfall des Rubels

Zu den traumatischsten Ereignissen in der jüngeren Geschichte Russlands zählt der Zusammenbruch des russischen Rubels 1993 und 1998. Viele russische Staatsbürger verloren über Nacht alle ihre Ersparnisse. Viele verarmten erneut. Eine Regierungsumbildung folgte 1998-99 auf die nächste.

---

[238] Vgl. Tagliavini 244.
[239] Vgl. Tagliavini 244.

Die meisten Russen verloren das Vertrauen in Demokratie und Marktwirtschaft. Wenige Jahre später kamen die Kräfte der Geheimdienste unter dem FSB-Chef Putin an die Macht; die Demokratie in Russland wurde zwar formal nicht beseitigt, faktisch aber stark eingeschränkt.

Im Dezember 2014 schien es für einen Augenblick, als könnte sich diese Situation wiederholen – mit unabsehbaren Konsequenzen für Russland. Anlass war eine neue Sanktionsdrohung.

In den Schlussfolgerungen des Rats der Europäischen Außenminister am 15. Dezember 2014 hieß es banal, es werde neue Sanktionen gegen Russland geben; Details würden beim Europäischen Rat einige Tage später bekannt gegeben. Das Signal sollte sein: Europa hat nicht vergessen, dass der Konflikt in der Ukraine existiert und dass die Minsker Vereinbarungen nicht umgesetzt werden.

Der Rubel war schon in den letzten Wochen deutlich gefallen. Grund war neben der Ukraine-Krise der rasch sinkende Preis für Öl und Gas. Überraschend weitreichend war aber die Folge der Ankündigung: Im Laufe des 16. Dezember wertete der Rubel rasch ab; innerhalb eines Tages verlor er zirka 20% seines Wertes, vorübergehend war er gerade noch die Hälfte von dem wert, was er etwa ein Jahr zuvor gewesen war. Dies alles trotz einer raschen Leitzinserhöhung der russischen Nationalbank.[240]

Am 18. Dezember war dann klar, dass die Sanktionen des Europäischen Rats nur ein geringes Ausmaß hatten: Einige weitere Russen, die im Ukraine-Konflikt eine unrühmliche Rolle gespielt hatten, wurden auf die Sanktionsliste gesetzt – ihnen wurde die Einreise in die EU untersagt und ihre Konten in der EU gesperrt – so sie solche hatten. Der Rubel erholte sich wieder.

Neuerliche Eskalation der Konflikte

Kurz nach Annahme der Sanktionen und Verfall des Rubels trafen wir erneut Premierminister Jazenjuk. Er meinte: Der Rubel hat abgewertet. Die Ukraine wird den Preis dafür zu zahlen haben. Es wird bald eine neuerliche Eskalation im Osten der Ukraine geben.

---

[240] Vgl. Gatzke M., Uken, M., Russischer Rubel: Wie zu Breschnews Zeiten. Die Zeit Online, 16. Dezember 2014, https://www.zeit.de/wirtschaft/2014-12/russland-krise-wirtschaft-rubel, abgerufen am 18. Juni 2023.

So unlogisch dies für westliche Beobachter schien – es geschah so: In den nächsten Wochen war eine deutlich höhere Zahl von Waffenstillstandsverletzungen zu verzeichnen.[241] Beschossen wurden auch zivile Ziele.

Die Folgen für die Bevölkerung in der Region waren furchtbar: Ein Kleinbus wurde an der Kontaktlinie von einer Rakete getroffen, zwölf Menschen starben.[242] Auf einem Markt in Mariupilj kamen mehrere Einkäufer ums Leben. Aus einem abgehörten Telefonat schlossen die ukrainischen Behörden, dass die Schützen eine Waffe nicht korrekt hatten benützen können und statt auf eine Abwehrstellung der ukrainischen Armee in die Stadt geschossen hatten.

Mitte Jänner 2015 mussten die ukrainischen Truppen, wie erwähnt, den Flughafen Donezk räumen. Über lange Zeit war die Abflughalle in der Hand der einen Seite, die Ankunftshalle einen Stock darunter in jener der anderen. Der Flughafen war so grundlegend zerstört, dass an eine Nutzung nicht mehr zu denken war – für Kyjiw ein Erfolg. Die Separatisten konnten damit keine Luftwaffe entwickeln.

Anfang Februar 2015 brachen Merkel und Hollande zu einer Reise nach Kyjiw und anschließend nach Moskau auf. Ziel war, eine unkontrollierte Eskalation des Konflikts zu verhindern. Die Gespräche sorgten für Rätselraten unter den Beobachtern, führten dann aber schließlich zur Vereinbarung, ein neues Treffen in Minsk festzusetzen. Die EU kam überein, bis zu diesem Treffen die Entscheidung über neue Sanktionen auszusetzen.

DAS ZWEITE MINSKER ABKOMMEN 2015

Am 11. Februar kamen Hollande, Merkel, Poroschenko und Putin in Minsk erneut im sog. „Normandie-Format" zusammen, jenem Format, das einige Monate davor in der Normandie vereinbart worden war. Ort und Termin – unmittelbar vor einem Europäischen Rat, bei dem es um die Finanzkrise in Griechenland gehen sollte – nahmen auf Anliegen Putins Rücksicht. Der neue Neo-Stalin-Barock-Palast Lukaschenkos wurde erneut zum Ort einer der dramatischsten Sitzungen zu Krieg und Frieden der

---

[241] Vgl. die Berichte der OSCE-SMM zwischen 18. und 31. Dezember 2014, https://www.osce.org/ukraine-smm/reports/?filters=+ds_date:([2014-12-18T00:00:00Z%20TO%202015-01-01T00:00:00Z])&solrsort=ds_date%20asc&rows=30, abgerufen am 21. Mai 2023.

[242] Vgl. Die Zeit Online, Ukraine: Viele Tote bei Beschuss eines Reisebusses. https://www.zeit.de/politik/ausland/2015-01/ukraine-zivilisten-tote-beschuss, abgerufen am 21. Mai 2023.

letzten Jahrzehnte zwischen West und Ost. Parallel fanden Gespräche der Trilateralen Kontaktgruppe mit den Rebellen statt.[243]

Die Verhandlungen der drei Präsidenten und der Kanzlerin waren äußerst zäh, sie zogen sich die ganze Nacht hin. Als wichtigste Verhandlungsgegner kristallisierten sich Putin und Merkel heraus.

Es waren zwei sehr unterschiedliche Politiker. Wohl sind beide in einem kommunistischen System, beide auch mit christlichem Hintergrund aufgewachsen. Merkel sprich gut Russisch, Putin Deutsch. Dennoch sind es zwei Persönlichkeiten, deren Weltanschauung gegensätzlicher nicht sein kann: Merkel wuchs in einer Atomsphäre auf, in der die kommunistischen Geheimdienste gefürchtet und verhasst gewesen sein müssen. Putin war Geheimdienstmann aus Leidenschaft, ehemaliger Chef einer der wichtigsten russischen Dienste.

Thema der Verhandlungen war nun: Russische Invasion in der Ukraine; 24 Jahre nach dem Ende der sowjetischen Besetzung Ostdeutschlands.

Besonders hart wurde über den Termin für den Waffenstillstand verhandelt. Drei Seiten wollten eine sofortige Inkraftsetzung, Putin eine lange Frist.

Am Morgen des 12. Februar stand dann ein „Maßnahmenpakt zur Umsetzung der Minsker Vereinbarungen".[244] Dieses war für alle akzeptabel. Unterzeichnet werden sollte es von den Vertretern der Trilateralen Kontaktgruppe und den Rebellenvertretern. Dazu kam eine Erklärung der drei Präsidenten und der Kanzlerin. Vorgesehen waren nun 48 Stunden bis zum Waffenstillstand. Dies war ein ausdrücklicher Wunsch Putins. Er hätte eine noch längere Frist gewünscht.

Nun aber folgten Konsultationen mit den Separatistenchefs. Die russische Seite machte ihnen klar, dass die Texte grundsätzlich anzunehmen sind. Die „Vertreter" von „LNR" und „DNR" forderten dennoch mehrere Änderungen.

Der wichtigste Knackpunkt war die Forderung nach freien und unabhängigen Wahlen. Für die meisten führenden Persönlichkeiten in Russland war es ziemlich egal, wer in den beiden Regionen die Macht hat. Für die beiden Separatistenchefs war es klar, dass sie bei solchen Wahlen keine Chance hätten; keiner der Separatistenführer hatte es je ins lokale Parlament oder in den Gemeinderat geschafft. Dennoch waren sie faktisch an

---

[243] Vgl. Tagliavini 244.
[244] Vgl. OSCE. Комплекс мер по выполнению Минских соглашений, https://www.osce.org/ru/cio/140221.

der Macht, ohne sie konnte es kein Minsker Abkommen geben. So war es für sie wichtig, dass die Wahlen erst ganz spät stattfinden würden. Schließlich wurde eine Lösung akzeptiert, die den Zeitpunkt der Wahlen offenließ und die Wahlen an den Rückzug der schweren Waffen band – womit beide Seiten sie de facto verhindern konnten.

Mit diesen Ergänzungen war aber das Minsker Abkommen de facto schon gescheitert. Es war einfach nicht mehr umsetzbar, weil es mehrere innere Widersprüche und Zirkelbezüge enthielt. Daher würde es nie die Basis für die Lösung des Donbass-Konflikts bilden können. Nie wurde auch nur der erste Punkt des Abkommens vollständig und längerfristig umgesetzt.

Dennoch waren die Verhandlungen ein Erfolg. Sie verhinderten eine unkontrollierte Eskalation des Konflikts und brachten zumindest einen Konsens über einen Waffenstillstand. Das Dokument bildete einen Referenzrahmen. Am 12. Februar am frühen Vormittag wurde die Vereinbarung dann mit Unterschriften versehen.

Am Mittag des 12. Februar standen Poroschenko und Lukaschenko zusammen am Flughafen. Über soziale Medien wurde ein Gespräch der beiden verbreitet: Poroschenko: „Wladimir Wladimirowitsch plant ein schmutziges Ding". Lukaschenkos Antwort: „Alle wissen es".

So kam es auch. Statt dem erhofften Waffenstillstand folgte die Schlacht von Debaltsewe. Sie dauerte deutlich länger als die 48 Stunden, die Putin in Minsk gefordert hatte.

Der Kampf um Debaltsewe

Am 13. Februar wurden Vertreter der UNO, des Roten Kreuzes und der EU von Iryna Geraschenko, damals Parlamentarierin, kontaktiert und gebeten, sehr rasch in die Präsidentschaftskanzlei zu kommen. Geraschenko war vom Präsidenten beauftragt worden, sich um humanitäre Fragen an der Kontaktlinie zu kümmern.

Etwa eine Stunde später fand dort die Besprechung statt, an der ich teilnehmen durfte. Das Anliegen Poroschenkos war: Da die Kämpfe in Debaltsewe eskalierten, wollte er einen humanitären Korridor schaffen, sodass Frauen und Kinder aus dem Schlachtfeld evakuiert werden können.

Selten war mir die Schwäche der Gemeinsamen Außen- und Sicherheitspolitik der EU so bewusst, wie in diesem Augenblick. Der Wunsch, den der ukrainische Präsident zunächst an die EU hatte, war ebenso berechtigt, wie unerfüllbar: Selbst im besten Falle bräuchte eine entsprechende Entscheidung in Brüssel mehrere Stunden; bis Personen in der Ostukraine wären, die einen solchen humanitären Korridor organisieren und überwachen könnten, würde es im besten Falle ein paar Tage dauern. Der Verlauf der Kämpfe würde aber nicht auf die Entscheidungsstrukturen in Brüssel warten. Es brauchte einen humanitären Korridor sehr rasch.

In diesen Fällen sind UNO und IKRK der EU und auch der OSZE überlegen. Die UNO, die ja vor allem durch das UNHCR vor Ort war, bot umgehend die Einrichtung des Korridors an. Bedingung war, dass die Einwohner des Städtchens wählen dürften, ob sie Richtung ukrainisch oder separatistisch kontrolliertem Gebiet evakuiert würden. Die Bedingung wurde akzeptiert, zahlreiche Frauen und Kinder, aber auch ältere Männer durften den Ort verlassen.

Der Kampf um Debaltsewe wurde mit großer Erbitterung geführt. Der Ort ist ein Bahnknotenpunkt, der Donezk und Lugansk verbindet. Die Eisenbahn hat für das russische Militär eine sehr wesentliche Rolle, vor allem für die Sicherstellung des Nachschubs.

Glaubt man den Berichten von Experten, so gab es unter den Kämpfern auf Donezker Seite durchaus auch einheimische Kräfte, die gegen die ukrainischen Soldaten und Volontäre kämpften. Den Sieg errangen aber russische Spezialeinheiten.

Die Operation dauerte viel länger als die 48 Stunden, die in Minsk vereinbart waren: Am 17. Februar ordnete Poroschenko den Rückzug der ukrainischen Streitkräfte an, nachdem diesen gedroht hatte, in einen Kessel zu geraten. Am 18. Februar nahmen pro-russische Kräfte das Städtchen ein.

Mindestens 179 Menschen fanden bei dieser Schlacht auf ukrainischer Seite den Tod, laut Bericht des später ermordeten früheren russischen Premiers Boris Nemzow fielen mindestens siebzig russische Soldaten, die kurz zuvor aus der russischen Armee ausgetreten waren.[245] Über die Zahl der Toten von Verbänden der Rebellen liegen keine Zahlen vor.

---

[245] Vgl. The Guardian: Boris Nemtsov allies release report on Russian troops in Ukraine, The Guardian, 12. Mai 2015, https://www.theguardian.com/world/2015/may/12/boris-nemtsov-allies-release-report-on-russian-troops-in-ukraine, abgerufen am 15. Juli 2023.

Es war für mehrere Jahre die letzte große Schlacht im Donbass. Seit damals gab es beinahe täglich – meist zahlreiche – Waffenstillstandsverletzungen, aber bis zur russischen Invasion nichts mehr von vergleichbarer Größe. Ein echter Frieden blieb aber immer in weiter Ferne.

Debaltsewe war wichtig für Kohletransporte aus dem Donbass. Die Bahnanlagen wurden bei den Kämpfen praktisch komplett zerstört und von der Holding Achmetows wiederaufgebaut.

Die (Nicht-)Umsetzung des Minsker Abkommens

Die ersten drei Punkte des zweiten Minsker Abkommens waren Modalitäten der Entflechtung der Konfliktparteien:

Der Waffenstillstand sollte am 15. Februar um 00.00 Uhr in Kraft treten. Davon war keine Rede. Der Kampf um Debaltsewe endete, wie erwähnt, erst am 18. Februar. Lange Zeit bestand noch die Hoffnung, dass der Waffenstillstand mit einigen Tagen oder Wochen oder zuletzt Monaten Verspätung in Kraft treten würde können. Wie erwähnt, geschah dies nie.

Die Hauptschuld liegt bei den Separatisten in Donezk. Von ihnen kamen die größten und umfangreichsten Waffenstillstandsverletzungen. Russischen Spezialeinheiten ist vorzuwerfen, dass gleich zu Beginn der politisch vereinbarte Waffenstillstandstermin einfach ignoriert wurde. Aber auch an der Kontaktlinie zu Lugansk wurde die Feuerpause nicht eingehalten und auch die Kyjiwer Einheiten verletzten sie immer wieder.

Zweiter Punkt wäre der Rückzug schwerer Waffen gewesen. Eine breite Sicherheitszone hätte entstehen sollen. Kyjiw zog einzelne schwere Waffen zurück, brachte sie aber wieder in Stellung, als sich zeigte, dass die Separatisten (und vielleicht auch die russischen Einheiten) die ihrigen weiterhin verwendeten. Sie zogen sogar noch militärische Vorteile daraus, dass die Kyjiwer Kräfte ihre schweren Waffen zurückgezogen hatten. Vereinbart wäre gewesen, dass der Rückzug der schweren Waffen nach vierzehn Tagen abgeschlossen ist. Auch davon war keine Rede.

Vereinbart war auch ein Monitoring des Waffenstillstands und des Rückzugs der schweren Waffen durch die OSZE. Dies war an manchen Teilen der Kontaktlinie möglich, an anderen wurde die OSZE daran gehindert.

Hochrangige russische Militärs übten im Februar und März Druck auf die Separatisten aus, die Bestimmungen von „Minsk" einzuhalten – weitgehend vergeblich.

Die meisten politischen Fragen im Minsker Dokument wurden nie umgesetzt. Der Dialog über die Regionalwahlen hätte sofort nach dem Rückzug der schweren Waffen erfolgen sollen – aber dieser Rückzug fand nie statt. Er wäre wahrscheinlich auch zum Scheitern verurteilt gewesen – Kyjiw hätte, wie erwähnt, freie Wahlen gefordert, die Separatistenführer hätten den Machtverlust gefürchtet.

Im Parlament gab es kaum Bereitschaft, das Amnestiegesetz anzunehmen – zu schlimm waren bereits die menschlichen Verluste. Das Abkommen sah vor, dass die lokale Selbstverwaltung für jene Regionen gelten sollte, die zur Zeit des Minsker Memorandums im September unter Kontrolle der Separatisten waren. Diese hatten aber inzwischen Gebietsgewinne erzielt; sie hätten sich also wieder ein Stück zurückziehen müssen.

Gewisse Ergebnisse konnten auf Basis des Abkommens bei den humanitären Bestimmungen erzielt werden – Geiselaustausch, Lieferung humanitärer Güter, Pensionszahlungen.

Die übrigen Bestimmungen blieben immer in weiter Ferne: Wiederherstellung der Kontrolle Kyjiws über die Grenzen, Wiederherstellung des Bankensystems, freie Wahlen, Abzug von ausländischen bewaffneten Einheiten und Entwaffnung illegaler Gruppierungen sowie schließlich eine Verfassungsreform.

Bis März 2015 waren in dem Konflikt wahrscheinlich 5807 Zivilisten, davon 63 Kinder gestorben, 14735 Zivilisten waren verwundet worden. 1638 ukrainische Soldaten waren gefallen, 4937 verwundet worden. 7577 separatistische Kämpfer und russische Söldner seien umgekommen.[246] Hinzu kommen noch die russischen Soldaten, angeblich rund 2000.[247] Die Zahlen sollten mit Vorsicht behandelt werden. Es sind Angaben von Kriegsparteien.

Zynisch ist, dass Russland keinen Druck auf Donezk ausübte, das Abkommen zu implementieren und Putin 2022 erklärte, Russland sei nicht daran gebunden, weil es nicht implementiert worden war.

Ein hoher wirtschaftlicher Preis

Wie erwähnt war die Hrywnja über Jahre auf einer Parität von 1:8 zum Dollar gehalten worden. Diese Stabilität war teuer erkauft; immer wieder

---

[246] Vgl. Schneider-Deters, Schicksalsjahre II, 511-512.
[247] Ebd. 514-517.

musste die Währung durch Währungskäufe der Nationalbank gestützt werden. Schließlich waren diese Reserven zu gering, um die Stabilität weiter beizubehalten. Im Herbst 2014 wurden offene Schulden an Russland für Gaslieferungen aus den Mitteln der Nationalbank beglichen. Nach dem Kampf um Debaltsewe im Februar 2015 begann die Hrywnja mit unglaublicher Geschwindigkeit zu verfallen. Innerhalb von Tagen fiel sie um 50%.

Diesmal war der IWF rasch zur Stelle; innerhalb weniger Tage konnte die Währung – auf niedrigem Niveau – stabilisiert werden.

Auch sonst hatten die beiden Krisenjahre einen hohen ökonomischen Preis. 2014 und 2015 sank die Wirtschaftsleistung um je rund 10%, vor allem dank der deutlich geringeren Produktion im Donbass; 2016-2019 wuchs die Wirtschaft wieder, hatte aber noch lange nicht das Vorkrisenniveau erreicht, geschweige denn, den Wert vor der schweren Wirtschaftskrise 2009.[248]

Ein neues Equilibrium in der Ukraine

Ab dem Waffenstillstand nach der Schlacht von Debaltsewe herrschte ein neues Equilibrium in der Ukraine. Die grundlegenden Parameter haben sich seither nicht mehr geändert. Verhandlungen zur Implementierung des Minsker Abkommens finden mit großer Regelmäßigkeit statt, die Fortschritte blieben gering. Der Konflikt blieb für viele Jahre unlösbar – was vor allem für die lokale Bevölkerung tragisch ist. Eine wirkliche Änderung der Lage ist wohl erst nach dem Ende der Ära Putin zu erwarten.

Im Sommer 2015 legte Präsident Poroschenko einen Vorschlag vor, wie der Sonderstatus für den Donbass in der ukrainischen Verfassung verankert werden könnte. Dies wäre ein Schritt zur Umsetzung der Verpflichtungen aus dem Minsker Abkommen gewesen. Poroschenko folgte damit einer Forderung aus Berlin und Paris. Es kam zu einer Koalitionskrise; eine Partei verließ die Regierung. Bald darauf folgten heftige Straßenproteste mit mehreren Toten und einigen Dutzend Verletzten. Während der Debatte über die Verfassungsänderung setzten die Separatisten die Angriffe auf Kyjiwer Stellungen aus. Martin Sajdik, der Heidi

---

[248] Vgl. The World Bank. GDP growth (annual %) – Ukraine | Data . https://data.worldbank.org/indicator/NY.GDP.MKTP.KD.ZG?end=2020&locations=UA&start=2000&view=chart, abgerufen am 26. Mai 2023.

Tagliavini als OSZE-Vertreter in der Trilateralen Kontaktgruppe nachgefolgt war, konnte einen Waffenstillstand zum 1. September 2015, dem Tag des russischen Schulbeginns, vermitteln.

Die Verfassungsänderung wurde im ukrainischen Parlament nicht angenommen. Die Separatisten nahmen die Kampfhandlungen wieder auf. In den folgenden Jahren konnten sie immer wieder kleine Gebietsgewinne erkämpfen. 2018 war die Frontlinie bereits deutlich westlich und nördlich der 2014 vereinbarten Kontaktlinie. Der Preis dafür blieb auf beiden Seiten sehr hoch. Fast täglich gab es Tote; der Donbass, einst eine der reichsten Regionen in der Gegend, benötigt seit Jahren humanitäre Hilfe. Millionen sind geflohen.

Die EU verlängerte die Sanktionen gegen Russland regelmäßig – auch wenn diese vorwiegend von symbolischer Bedeutung blieben.

WAS VON DIESER ZEIT BLEIBT

DEMOKRATIE

Wer in einer Diktatur gelebt hat, kennt die Angst, die in einem solchen Staat herrscht. Vor allem ist es die Angst vor der Geheimpolizei. Diese Angst begleitet das Leben – mehr oder weniger bewusst. Irgendwann in der Nacht kann es an der Tür läuten, einige dunkle Männer davorstehen, die einen mitnehmen zu furchtbaren Verhören und gar zu Jahren im Gefängnis. Die Familie weiß oft gar nicht, warum die Person verschwunden ist. Über diese Person würde sich ein Mantel des Schweigens breiten. Rechten wie linken Diktaturen des vorigen Jahrhunderts war die Angst vor der Geheimpolizei gemeinsam.

In den Ländern Mitteleuropas leben wir seit Jahrzehnten in einer Demokratie. Der „Geruch" von Diktatur ist uns nicht mehr bekannt. Als ich in Kyjiw 2011 eintraf, sprachen die spanischen und portugiesischen Kollegen davon: Es riecht hier nach Diktatur. Sie hatten als Kinder und junge Erwachsene noch die Rechtsdiktaturen in ihrer Heimat erlebt oder waren im Exil aufgewachsen. Ein Jahr später kam Jan Tombinski, ehemals Teil des Widerstandes um Lech Walesa gegen die kommunistische Diktatur in Polen. Er traf pragmatisch ein: Wir müssen mit der gewählten Regierung zusammenarbeiten. Aber nach einer Woche sagte auch er: Es riecht nach einer beginnenden Diktatur.

Der Maidan hätte ganz anders ausgehen können. Es hätte eine harte, grausame Diktatur werden können mit unzähligen politischen Gefangenen. Die „Diktaturgesetze" vom 16. Jänner hätten die Grundlage dafür geboten. Ab dem 16. Jänner wurde am Maidan für die Demokratie und „ums Überleben" demonstriert.

Wichtigstes Ergebnis des Maidans ist, dass die Ukraine eine gefestigte Demokratie ist. Als Poroschenko 2019 die Wahl verlor, trat er ab. Als der Kremlchef 2022 die demokratische Regierung in der Ukraine stürzen und eine ihm genehme einsetzen wollte, beschlossen die Ukrainer für ihre Demokratie zu kämpfen. Wir unterschätzen oft den Wert eines Lebens in Freiheit, in einer Demokratie, ohne Angst vor politischer Willkür und Haft.

Eine geeinte Nation – die Überwindung des Gegensatzes von Ost- und Westukraine

Die Wahlergebnisse der ersten Wahlen nach der Unabhängigkeit, auch noch die Wahlen der Orangen Revolution zeigten eine klare Spaltung zwischen Ost- und Westukraine. Der Westen ist ukrainischsprachig, pro-europäisch, polnisch und litauisch und teilweise österreichisch-ungarisch geprägt, Region des Widerstands gegen die Sowjetherrschaft. Der Osten und Süden russischsprachig, russisch geprägt, Städte in denen der Sieg über Nazideutschland am 9. Mai groß gefeiert wurde.

Die Erfahrungen des Krieges im Donbass, die Entstehung von grausamen Mini-Diktaturen dort, die Erzählungen der fast zwei Millionen Vertriebenen, die unverständliche russische Aggression. Sie haben aus der Ukraine *eine* Nation mit zwei großen Sprachen gemacht.

Poroschenko aus der Westukraine erzielte 2014 auch in allen Oblasten in der Ostukraine die Mehrheit. 2019 gewann der aus dem Süden stammende, russischsprachige Wolodymyr Selenskyj im Osten wie im Westen, im Norden wie im Süden. Die Parteien von 2019 waren nach politischen, nicht nach ethnischen Kriterien organisiert.

Wäre Putin im März 2014 in der Ostukraine einmarschiert, es hätte kaum Widerstand gegeben. Im ukrainischen Fernsehen wurde diese Möglichkeit damals frei diskutiert. Heute, 2022/23, kämpfen russischsprachige Ukrainer verbittert gegen russische Angreifer, um die Freiheit ihrer Ukraine zu verteidigen.

Bekämpfung der Korruption

In vielen Ländern der Welt gibt es Korruption und Vetternwirtschaft, pro-Forma-Ausschreibungen obwohl schon vorab klar ist, welche Firma den Zuschlag oder welcher Kandidat eine Stelle erhält, informelle Beteiligungsschemen von Politikern und politischen Parteien usw.. Das kommunistische Erbe macht Osteuropa besonders anfällig für solche Praktiken. In wenigen Staaten grassierte die Korruption so dramatisch wie einige Jahre lang in der Ukraine.

Eine vollkommen falsche Aussage wäre: Es ist gelungen, die Korruption in der Ukraine zu besiegen. Genauso falsch ist aber die Aussage: Es ist nicht gelungen, die Korruption zu bekämpfen. Die Wirklichkeit liegt dazwischen.

Etwas vereinfacht lässt sich sagen: Korruption in Russland hatte in den letzten Jahrzehnten eine „vertikale" Struktur. In der Ukraine hatte sie stärker „horizontalen Charakter". Das zweite ist schlimmer, da unberechenbarer:

In Russland wussten viele Vertreter westlicher Firmen, mit welcher russischen Partnerfirma, oft einem Bewachungsunternehmen, man zusammenarbeiten müsse. Tat man es nicht, so konnte es zu einem Überfall auf das Unternehmen kommen. Der Vertrag mit dem Bewachungsunternehmen trieb natürlich die Kosten nach oben, war aber doch unvermeidbar. An der Sicherheitsfirma waren oft Vertreter des Staates, des Föderationssubjekts, der Autonomen Republik oder der Gemeinde privat beteiligt. Insgesamt bleibt es aber meist bei vorhersehbaren Zahlungen.

Das Schlimme an der Korruption in der Ukraine war: Die Korruption war „horizontal". Wer immer eine staatliche Rolle hatte – Polizei, Arbeitsamt, Umweltbehörde, Sozialministerium etc. – konnte sich eine Methode ausdenken, um von Unternehmen Geld abzupressen. In den meisten Fällen blieb dies straflos – sofern man das eine oder andere „Geschenk" nach oben weitergab.

Drei der am ärgsten korrumpierten Sektoren waren die Verkehrspolizei, die Staatsanwaltschaft und der Gassektor.

Die Verkehrspolizei fällt in die Zuständigkeit der jeweiligen Stadt. Zu den ersten Maßnahmen, die Klytschko nach seiner Wahl zum Bürgermeister 2014 veranlasste, gehörte die Reform dieses Sektors: bessere Bezahlung, bessere Ausbildung, Abmahnung statt Bestrafung.

Auch bei der Reform der Staatsanwaltschaft ist viel gelungen. Die Forderung von hohen Lösegeldsummen für Personen, die mehr oder weniger willkürlich verhaftet wurden, ist, wie ich höre, nicht mehr üblich.

Das Gasgeschäft galt in der Ukraine als besonders einträglich – und als besonders korrupt. Die Krise von 2013/14 war zu einem ganz wesentlichen Teil durch Korruption in diesem Sektor mitbedingt. Ein bleibendes Verdienst der Regierung Jazenjuk ist ein transparenteres Gashandelssystem, das Bereicherungen in diesem Sektor jedenfalls beschränkt.

Es gab auch einen Gesinnungswechsel bei vielen führenden Politikern. „Diener des Volkes" war eine beliebte ukrainische Komödie eines gegenwärtigen Spitzenpolitikers. Der Ausdruck steht auch für ein geändertes Selbstbewusstsein der politischen Elite. Ein politisches Mandat bedeutet heute nicht mehr primär, die Gelegenheit zu nützen, nun endlich zu persönlichem Wohlstand oder Reichtum zu kommen, sondern den Auftrag, das Land nach den eigenen Vorstellungen zu gestalten.

Schließlich gibt es noch eine andere wichtige Veränderung: Es gibt Korruptionsskandale. Diese Skandale führen zu Rücktritten und Prozessen. Welch ein Unterschied zu früher, als es zwar Berichte über Korruption gab, diese aber keinerlei Folgen hatten.

Die Erfolge in diesem Bereich gehören zu jenen, die das ukrainische Modell für Putin gefährlich erscheinen lassen müssen – mit tragischen Folgen.

Ein weiterer Unterschied war: Es wurden Institutionen eingerichtet, die Korruption verfolgen – auch dann, wenn hochrangige Persönlichkeiten involviert sind. Genannt sei das Nationale Anti-Korruptionsbüro, eine eigene Anti-Korruptionsstaatsanwaltschaft und eine Nationale Agentur für die Prävention von Korruption. Die Mitarbeiter dieser Stellen erhielten auch eine entsprechende Ausbildung. Wer früher über Korruption Nachforschungen anstellte, musste fürchten, unter fragwürdigen Anklagepunkten im Gefängnis zu verschwinden oder ermordet zu werden. Beides wurde nun schwerer vorstellbar – die Zivilgesellschaft wurde zu stark; derartige Fälle würden rasch an die Öffentlichkeit gezerrt.

VERANTWORTUNG FÜRS BUDGET UND FÜR DAS EIGENTUM DES STAATES

Was von der Ära Jazenjuk bleibt, ist vor allem die Sanierung des Budgets, ein Ende der Subventionen für den Kohlebergbau, aber vor allem des künstlich niedrigen Gaspreises, der Missbrauch und Verschwendung begünstigte und eine Reform des Bankensektors. Das öffentliche Ausschreibungswesen wurde transparenter – eine uralte Forderung der EU.

Allgemeine Wahrnehmung ist, dass mehr Steuergelder häufiger zweckgemäß verwendet werden, etwa für den Straßenbau, die Anschaffung von Bussen, die Bezahlung von Lehrern – und weniger in privaten Taschen verschwinden.

Reform der Sicherheitskräfte

Die Krise in der Ukraine hatte zweifellos viele Ursachen. Sicher ist – das Land würde heute anders aussehen, hätte es 2013/14 eine moderne, Menschenrechtsstandards verpflichtete Polizei gegeben: Die Krise am Maidan wäre nie so dramatisch geworden, hätte es nicht den Gewaltexzess der Polizei zu Beginn gegeben. Wäre die Polizei in Odessa rasch und kompetent aufgetreten und wäre der erste Mord bald aufgeklärt worden, wäre die Situation dort ebenfalls nicht so sehr eskaliert. Dasselbe gilt für die Hausbesetzungen in Donezk und Lugansk. Gut trainierte, kompetente Polizeieinheiten wären rasch mit den hundert oder zweihundert Menschen fertig geworden – wie der Fall Charkiw zeigt.

Der beste Zeitpunkt für eine rasche Polizeireform wäre unmittelbar nach der Maidan-Krise im März 2014 gewesen. Damals hielten sich die meisten Polizisten versteckt. Die Gelegenheit wurde versäumt. Dennoch: Es hat sich seither einiges getan.

Heute ist dies besser. In vielen Städten wurden Polizisten entlassen, neue trainiert, besser bezahlt und angewiesen, nicht zu strafen, sondern nur noch den Verkehr zu ordnen. Die Menschen waren begeistert.

Reformen der Staatsanwaltschaft

Im Mai 2015 nahm ich routinemäßig als diplomatischer Beobachter an einer Sitzung des Parlaments teil. Auf der Tagesordnung stand erneut das Gesetz über die Reform der Staatsanwaltschaft. Dies war das Gesetz, das eine der Bedingungen für die Unterzeichnung des Assoziierungsabkommens war. Als die Abstimmung vertagt wurde, rief Poroschenko sein: „Ihr verpasst eine historische Chance". Nun stand also dieses Gesetz wieder auf der Tagesordnung. Die Debatte zog sich in die Länge und es entspann sich ein Gespräch mit Kollegen. Plötzlich unterbrach uns ein Dolmetscher: „Hannes, man spricht von dir." Die Diskussion im Plenum war gerade an einem Punkt angelangt, an dem erneut vorgeschlagen wurde, die Reform der Staatsanwaltschaft zu vertagen. Nun appellierte die zweite Parlamentspräsidentin: „Es gibt auf der Besuchertribüne eine Person, die wartet seit Jahren auf die Annahme dieses Gesetzes. Stimmen wir jetzt ab." Tatsächlich fand die Abstimmung kurz danach statt, das Gesetz wurde mit großer Mehrheit angenommen. Solche Augenblicke sind in einem diplomatischen Leben selten.

Wie in diesem Buch dargelegt, war die Staatsanwaltschaft eine der Stellen, die besonders anfällig für Korruption war. Das Gesetz bildete eine wichtige Grundlage für deren Reform.

Dies bedeutet nicht, dass heute die ukrainische Staatsanwaltschaft oder Justiz perfekt funktioniert – bei weitem nicht. Sie gehörte noch Jahre später zu den Institutionen, denen die Ukrainer am wenigsten Vertrauen entgegenbrachten.[249] Szenen wie jene, die weiter vorne geschildert wurden, sind aber heute nicht mehr denkbar.

VISALIBERALISIERUNG

An einem weiteren Kapitel durfte ich ein wenig persönlich mitwirken: Im Juni 2015 wurde ich eingeladen, im Plenarsaal des ukrainischen Parlaments zu sprechen. Eine solche Einladung ist selten. Thema war die Visaliberalisierung.

Seit 2008 führte die EU mit der Ukraine einen Visaliberalisierungsdialog. 2010 wurde ein Aktionsplan vereinbart. Es dauerte noch bis 2017, bis endlich alle Reformen in der Ukraine verabschiedet waren und gerade nirgends in Europa Wahlen stattfanden, wo dieses Thema zu innenpolitischen Diskussionen führen hätte können. Dann aber wurde die Visapflicht für Ukrainer, die in den Schengenraum wollten, abgeschafft.

Es ist mühevoll und kostspielig, ein Schengenvisum zu beantragen. Reisen in die EU wurden für Ukrainer somit deutlich leichter. Ein ukrainischer Pass wurde nun im Vergleich zu einem russischen bedeutend wertvoller und erstrebenswerter.

Es ist schwer vorstellbar, wie die Flucht von fünf Millionen Ukrainern 2022 ausgesehen hätte, hätte damals noch Visapflicht geherrscht.

„ECHTE" INSTITUTIONEN

Die Ukraine hatte Mitte des vorigen Jahrzehnts, wie die Sowjetunion und viele post-sowjetische Staaten Institutionen, die typisch für eine Demokratie und einen Rechtsstaat sind. Tatsächlich aber waren sie meist eine Imitation ohne praktische Bedeutung, Entscheidungen wurden häufig in geheimen Absprachen getroffen. Die Gerichte waren in wichtigen Fragen nicht unabhängig. Nach dem Maidan wurden viele dieser Institutionen mit

---

[249] Kyiv Post. Reform Watch Most Ukrainians mistrust prosecutors, judges, attorneys,https://archive.kyivpost.com/ukraine-politics/most-ukrainians-mistrust-prosecutors-judges-attorneys.html ,abgerufen am 26. Mai 2023.

Leben erfüllt und begannen demokratisch und rechtsstaatlich zu funktionieren.

EINE NEUE BRUCHLINIE

Wie die Mehrheit der Menschen heute in Donezk und Lugansk nach so vielen Jahren Krieg denkt, lässt sich mangels unabhängiger Umfragen nicht erheben. Zweifellos haben viele Menschen diverse Maßnahmen, die Kyjiw gegen die Separatisten gesetzt haben, als rücksichtslose Schikane erlebt – etwa die komplizierte Auszahlung der Renten, die Hürden beim Passieren der Kontrolllinie und vieles mehr. Dies gilt auch, wenn diese Maßnahmen aus Kyjiwer Sicht gewiss unumgänglich waren. Dazu kommt, dass die Häuser vieler Unbeteiligter durch den Krieg zerstört wurden – zum Teil durch die Schüsse von Einheiten, die auf der Kyjiwer Seite kämpften. Viele Zivilisten sind umgekommen.

Die lokalen Diktatoren der „DNR" und der „LNR" sind ohne Zweifel bei vielen verhasst, das gleiche gilt vielleicht für die Machthaber in Moskau; es ist aber unwahrscheinlich, dass die Mehrheit der in den beiden Regionen verbliebenen Bevölkerung auf eine Befreiung durch Kyjiw hoffen würde.

EINIGE ENTWICKLUNGEN ZWISCHEN 2015-2022

Nach den turbulenten Jahren bis zum März 2015 gab es keine ähnlich dramatischen Entwicklungen mehr. Die Ukraine verschwand aus den weltweiten Schlagzeilen. Die ukrainische Wirtschaft erholte sich nur langsam, was auch Implikationen für den Lebensstandard hatte. Der Einfluss von Oligarchen auf die Politik blieb in vielen Bereichen bestehen. Viele geplante Reformen wurden nie abgeschlossen.

INNENPOLITIK

Dennoch blieb ein großer Unterschied: Die Ukraine hatte seit langem eine lebendige Zivilgesellschaft, bestehend aus Dutzenden NGOs. Diese hatten den Maidan organisiert, sie nahm auch in den nächsten Jahren Einfluss auf die Politik, machte Gesetzesentwürfe, beobachtete deren Annahme, wies auf Missstände hin und wurde zum Rückgrat des Kampfes gegen die Korruption.

Poroschenko holte sich prominente Unterstützung aus Georgien. Der ehemalige Präsident Michail Saakaschwili, bekannt für seine Reformen in der kleinen Kaukasusrepublik, wurde zuerst Gouverneur von Odessa und erhielt später noch verschiedene Aufgaben. Nach einigen Jahren kam es zu einem prominenten Zerwürfnis zwischen Poroschenko und Saakaschwili, dieser verlor seine erst wenige Jahre zuvor verliehene ukrainische Staatsbürgerschaft. Die Divergenzen waren zu einem wesentlichen Teil persönlicher Natur und wurden mit dem Thema Korruptionsbekämpfung in teilweise unzulässiger Art vermischt. Sie kosteten Poroschenko Vertrauen und schließlich wohl das Amt.

2016 trat Premierminister Jazenjuk zurück. Seine Beliebtheitswerte waren in den letzten Monaten kontinuierlich gefallen. Es folgte ihm Wolodymyr Hrojsman, ein Verbündeter Poroschenkos. Die Koalition hatte nur noch eine ganz knappe Mehrheit.

2019 wurde überraschend der Komödiant Wolodymyr Selenskyj zum Präsidenten gewählt. In der ersten Runde erhielt er 30% der Stimmen, vor Poroschenko mit 16%, Tymoschenko mit 13% und Boiko mit 12%. In der zweiten Runde gewann er eine überwältigende Mehrheit von 73% vor Poroschenko, der 24% erhielt. Hauptgrund war wahrscheinlich, dass die meisten Wähler von Poroschenko enttäuscht waren. Selenskyj löste unmittelbar danach das Parlament auf und setzte Neuwahlen an.

Im Sommer 2019 folgte ein zweiter Erfolg für Selenskyj: Seine Partei „Sluha narodu" (Diener des Volkes) gewann mit 43% der Stimmen und 130 Direktmandaten die absolute Mehrheit der Sitze im Parlament. Erstmals in der Geschichte der unabhängigen Ukraine erreichte eine Partei die absolute Mehrheit. Zweitstärkste Kraft wurde der Oppositionsblock, der vor allem im Osten Unterstützung hat, gefolgt von Timoschenkos Vaterlandspartei und Poroschenkos „Europäischer Solidarität". Die Nationalisten versäumten erneut den Einzug ins Parlament.

Im August 2019 wurde Oleksij Hontscharuk Ministerpräsident und blieb dies für knapp mehr als ein halbes Jahr. Es war eine weitgehend glücklose Regierung. Die Verhandlungen mit Russland brachten keine Fortschritte, sondern im Gegenteil eine neue Eskalation im Osten, die Wirtschaft schrumpfte, das Budgetdefizit wuchs. Im März 2020 folgte Denys Schmyhal als Premierminister.

2019 wurde Janukowytsch in absente zu dreizehn Jahren Haft wegen Landesverrats verurteilt. Die Rechte des Angeklagten wurden offensichtlich nicht gewahrt. In der Folge kippte ein EU-Gericht 2020 die Sanktionen gegen Janukowytsch.

Ungebrochen blieb der Trend, dass vor allem junge Menschen die Ukraine verlassen – vor allem mangels Perspektive zu Hause. Lebten 2013 etwas über 200.000 Ukrainer in Polen, so waren es 2020 schon rund 1,5 Millionen[250] – der größte Teil Personen polnischer Abstammung, denen Polen seit einigen Jahren ein Aufenthaltsrecht zugesteht.

WIRTSCHAFT

Die wirtschaftliche Lage der Ukraine blieb schwierig, nicht zuletzt dank der hohen Kosten des Krieges im Osten des Landes, aber auch aufgrund der weiterhin bestehenden Korruption. Wie erwähnt war die Wirtschaft in den beiden ersten Jahren des Krieges im Osten um je rund 10% geschrumpft. 2016 und 2017 wuchs sie dann wieder – aber nur um je bescheidene 2,4%. 2018 und 2019 waren es dann über 3%, 2020

---

[250] Vgl. Charlemagne: Poland is cocking up migration in a very European way
The Poles repeat Germany's mistake: pretending immigrants will go home, The Economist, 22. Februar 2020, https://www.economist.com/europe/2020/02/22/poland-is-cocking-up-migration-in-a-very-european-way, abgerufen am 26. Mai 2023.

schrumpfte die Wirtschaft erneut, 2021 erreichte das Wirtschaftswachstum fast 4%.[251] Insgesamt war damit die wirtschaftliche Entwicklung in der Ukraine schlechter als in den Ländern Mittelosteuropas und des Baltikums,[252] aber etwas besser als in Russland.[253] Die engere wirtschaftliche Anbindung an die EU durch das tiefe und umfassende Freihandelsabkommens brachte Vorteile. Der Krieg im Osten brachte Nachteile; aber auch viele Bereiche der ukrainischen Wirtschaft und Verwaltung erwiesen sich als schwer reformierbar.

Vor allem auf Forderung des IWF hin wurde der Bankensektor weiterhin reformiert. Konkurs oder Verstaatlichung von etwa 100 Banken kosteten die Steuerzahler zwischen 2014 und Mitte 2020 etwa 15 Milliarden Dollar. Größter Einzelposten war die Privatbank, die größte Bank der Ukraine, die 2016 verstaatlicht werden musste. Die Schätzungen, wie viel Geld durch eine Kette von Briefkastenfirmen verschwanden, betrugen laut Nationalbank (NBU) mehr als fünf Milliarden. In diesem Zusammenhang werden u. a. schwerwiegende Vorwürfe gegen Ihor Kolomoiskij und Gennadij Boguljubow erhoben.[254]

2020 wurde eine große Reform umgesetzt: die Ackerlandreform. Damit wurde es möglich, landwirtschaftliche Flächen bis zu hundert Hektar zu kaufen oder zu verkaufen. Seit 20 Jahren war dies nicht zulässig, auch davor nur sehr beschränkt möglich. Ausländern blieb der Landerwerb verboten. Darüber ob sich dies in Zukunft ändern darf, soll ein Referendum entscheiden. Die Entscheidung war äußerst umstritten. Das Gesetz wurde schließlich vor allem auf Druck des IWF angenommen, der sonst neuen Krediten nicht zugestimmt hätte. Es hätte ein Staatsbankrot gedroht.[255]

Es ist gegenwärtig praktisch nicht zu sagen, ob diese Reform ein Erfolg wurde: Kamen die bisherigen Verkaufserlöse in die Staatskasse? Hat

---

[251] Vgl. The World Bank Data. GDP growth (annual %) – Ukraine. , abgerufen am 29. Juni 2023.
[252] Vgl. The World Bank Data. GDP growth (annual %) – Eastern Europe and Baltics. , abgerufen am 29. Juni 2023.
[253] Vgl. The World Bank Data. GDP growth (annual %) – Russia. , abgerufen am 29. Juni 2023.
[254] Vgl. Hassel, F., Ukraine: Auf der Suche nach Milliarden. Süddeutsche Zeitung 8. Mai 2020, https://www.sueddeutsche.de/wirtschaft/ukraine-auf-der-suche-nach-den-milliarden-1.4917184, abgerufen am 3. Juli 2023.
[255] Vgl. Trubetskoy, D. Selenskij im Kreuzfeuer, Ukraine: Bodenreform im Schatten der Coronakrise, MDR, 3.4.20220, https://www.mdr.de/nachrichten/welt/osteuropa/politik/ukraine-bodenreform-100.html, abgerufen am 12. Juni 2023.

das Gesetz „Hintertürchen", die Missbrauch ermöglichen und oligarchische Strukturen fördern? Wäre es besser gewesen, auf diesen Kredit zu verzichten und einen Staatsbankrott in Kauf zu nehmen? Bislang scheint es, dass die Landreform ein Erfolg ist.

Dieses Thema lässt noch weitere Fragen offen: Gegenwärtig wünschen sich viele Ukrainer einen EU-Beitritt. Bleibt es dabei, wenn bekannt wird, dass damit der Landerwerb für Europäer zulässig wird – eventuell nach einer längeren Übergangsfrist – und wenn daher das versprochene Referendum eigentlich redundant wird?

Nur langsam umgesetzt wurde weiterhin die lange überfällige Dezentralisierung.

EINSCHRÄNKUNGEN DER VERWENDUNG DER RUSSISCHEN SPRACHE

Politische Maßnahmen zur Einschränkung der Verwendung der russischen Sprache wurden von Moskau, wie schon oben berichtet, sehr aufmerksam verfolgt; das Sprachgesetz hatte zur Vertiefung der Kluft zwischen Kyjiw und Moskau beigetragen (sh. S. 169). Die Politik der Einschränkung des Russischen wurde von der ukrainischen Regierung in den nächsten Jahren fortgesetzt – nicht zuletzt unter dem Eindruck des Konflikts in der Ostukraine und russischer Propaganda. So wurden manche russischen sozialen Netzwerke abgeschaltet, später etliche russischsprachige Bücher sowie Radio- und Fernsehsendungen wegen antiukrainischer Propaganda verboten. Der Import russischer Bücher wurde 2017 generell erschwert. Schließlich verabschiedete das Parlament 2017 ein Gesetz, das die elektronischen Massenmedien, die landesweit senden, verpflichtete, 75 % der Zeit in ukrainischer Sprache auszustrahlen. Für die regionalen Radio- und Fernsehstationen galt eine Quote von 50%. Das Bildungsgesetz vom September 2017 sah eine Intensivierung des Ukrainischunterrichts in den Minderheitenschulen des Landes vor und führte zu teils heftigen internationalen Reaktionen, vor allem aus Ungarn.[256]

---

[256] Vgl Simon, G., Sprachenpolitik in der Ukraine. In: Ukraine-Analysen Nr. 192 vom 29.11.2017, 2–3,3, https://www.laender-analysen.de/ukraine-analysen/192/sprachenpolitik-in-der-ukraine/, abgerufen am 2. Juni 2023.

Im April 2019 wurde das Gesetz über den „Schutz des Funktionierens der ukrainischen Sprache als Staatssprache"[257] verabschiedet, ein sehr kasuistisches Gesetz von schwacher legistischer Qualität.[258]

Von Präsident Putin wurden Änderungen des Bildungsgesetzes und des Staatssprachengesetz am 21. Februar 2022 als wesentliche Begründung für die Notwendigkeit einer „Spezialoperation" in der Ukraine angeführt.[259] Am selben Abend wurden die Unabhängigkeit der DNR und LNR in ihren „verfassungsmäßigen Grenzen" anerkannt.[260] Drei Tage später begann die russische Invasion.

BEZIEHUNGEN ZUR EU

In den sieben Jahren zwischen 2015 und 2022 gab es einige Marksteine in der Beziehung zur EU. 2017 trat endlich das Assoziierungsabkommen in Kraft, nachdem es zuletzt auch in den Niederlanden ratifiziert worden war. Bereits seit 2015 war es ja provisorisch angewandt worden. Der Handel zwischen EU und Ukraine wuchs von 2014 bis 2017 um 25%, die Zahl der ukrainischen Firmen, die in die EU exportierten, wuchs im gleichen Zeitraum um 40%.[261]

Im selben Jahr erhielten Ukrainer die Möglichkeit, visafrei Europa zu besuchen.

Trotzdem blieben viele Enttäuschungen auf beiden Seiten. Von europäischer Seite wurde vor allem mangelnder Fortschritt bei Reformen beklagt; hier stand die Korruptionsbekämpfung ganz oben. Dies galt es weiterhin besonders genau zu beobachten, obwohl es durchaus erfolgreiche Reformen gab – auch wenn diese oft mehrere Jahre brauchten. Ein

---

[257] Vgl. Про забезпечення функціонування української мови як державної, https://zakon.rada.gov.ua/cgi-bin/laws/main.cgi?nreg=2704-19.
[258] Vgl. Olszański, A., Ukrainians and their language. The Act on the State Language of Ukraine, https://www.osw.waw.pl/en/publikacje/osw-commentary/2019-06-11/ukrainians-and-their-language-act-state-language-ukraine, abgerufen am 2. Juni 2023.
[259] Vgl. Президент России: Обращение Президента Российской Федерации, 21 февраля 2022 года. http://kremlin.ru/events/president/news/67828, abgerufen am 2. Juni 2023.
[260] Президент России: Подписание документов о признании Донецкой и Луганской народных республик. http://kremlin.ru/events/president/news/67829, abgerufen am 2. Juni 2023.
[261] Vgl. Schneider-Deters, Schicksalsjahre 197.

Beispiel dafür ist die Dezentralisierung[262], die nach schwedischem und polnischem Vorbild umgesetzt wurde.

Die ukrainische Seite wiederum war enttäuscht darüber, dass für Europa die Ukraine an Bedeutung verloren zu haben schien. Die Aufmerksamkeit, die der Ukraine viele Jahre gegolten hatte, war nicht mehr da. Von Russland entfremdet, von Europa vergessen, blieb die Besinnung auf sich selbst. Beinahe symbolisch trat an die Stelle einer spanischen Einkaufskette am Chreschtschatyk ein Geschäft mit dem Namen „alles von mir selbst".

KRIEG IM OSTEN DES LANDES UND BEZIEHUNGEN ZU RUSSLAND.

Vor allem aber: die pro-russischen Separatisten änderten ihren Kurs nicht. Und Russland änderte seine Unterstützung für sie nicht. Über Jahre zog sich der Stellungskrieg ohne nachhaltige Veränderungen hin. Den Separatisten gelangen langsame Gebietsgewinne. Entlang der gesamten Frontlinie konnten die pro-russischen Kräfte einige Kilometer ins von Kyjiw kontrollierte Gebiet vorrücken. Der Preis war unglaublich hoch: Fast täglich starben Menschen. Bis Ende 2018 waren es bereits über 10.000 Tote.

Russland setzte die Integration der Krim in die Russische Föderation fort. 2018 wurde die Kertsch-Brücke eröffnet, die die Krim mit dem russischen Festland verbindet. Wenige Monate später kam es zu militärischen Auseinandersetzungen um den Transit von ukrainischen Militärschiffen unter dieser Brücke. Seit März 2018 waren die Spannungen gewachsen, als die Ukraine ein Fischerboot beschlagnahmt hatte. Von russischer Seite wurden in den folgenden Monaten zahlreiche Boote beschlagnahmt. Am 25. November 2018 schossen russische Militärs auf zwei ukrainische Kriegsschiffe und ein Boot, rammten und beschlagnahmten sie. Sechs Matrosen wurden verletzt und 24 gefangen genommen. Es war der erste offene militärische Angriff Russlands auf ukrainische Streitkräfte.

Hoffnungen, wonach der politische Wechsel in Kyjiw 2019 eine Änderung in den Beziehungen zu Russland bringen würden, zerschlugen sich. Im Gegenteil, nach einigen Dialogrunden eskalierte die Lage; es gab im Dezember 2019 die schlimmsten Kampfhandlungen seit Jahren.

---

[262] Vgl. Umland, A., Warum die ukrainische Dezentralisierungsreform für den gesamten postsowjetischen Raum wichtig ist. Ukraine-Analysen Nr. 209 vom 27.11.2018, 11–13.

Die ignorierten Warnungen vor dem drohenden Krieg

Die Entscheidung Wladimir Putins, einen Krieg gegen die Ukraine zu beginnen, hängt nur zum kleinen Teil mit den Entwicklungen in der Ukraine selbst zusammen. Zweifellos ist das Bestehen einer Demokratie im zweitgrößten Nachfolgestaat der Sowjetunion ein Beispiel, über das auch viele Russen und Belarussen nachdachten und das dem zunehmend autoritär agierenden russischen Präsidenten nicht nur ein Dorn im Auge war, sondern das ihm als Bedrohung erscheinen musste. Die strafrechtliche Verfolgung Wiktor Medwetschuks, einem Freund Putins, im Mai 2021[263] war möglicherweise als Provokation aufgefasst worden.

Zugleich aber schienen USA und Westeuropa so schwach wie noch nie: Die USA und ihre Verbündeten waren schmachvoll aus Afghanistan abgezogen. Die „Marionettenregierung" hatte den Abzug nicht überlebt. In Berlin war Angela Merkel nach sechzehn Jahren an der Macht abgetreten, die neue Regierung außenpolitisch unerfahren, zum Teil bestehend aus Pazifisten und eine Dreierkoalition. In Großbritannien war die Regierung Johnson mit sich selbst beschäftigt. Die EU schwach und zerstritten.

Die Militärinterventionen in Belarus und Kasachstan waren grausam, aber aus Sicht des Kremls erfolgreich gewesen. Innerhalb weniger Wochen hatten in beiden Staaten die „verfassungsmäßige Ordnung" wieder hergestellt werden können – tatsächlich waren Diktatoren vor dem Volk, das die verfassungsmäßigen Rechte forderte, geschützt worden.

Putin sprach immer wieder davon, dass 2014 die Vereinbarung zur Zukunft der Ukraine vom Westen nicht eingehalten und Janukowytsch vom Westen verjagt worden sei. Dies war Unsinn. Es gab aber leider niemanden, der Putin auf diese Fehleinschätzung aufmerksam machen konnte.

Putin sprach auch immer wieder von einer Bedrohung Russlands durch das Regime in der Ukraine und durch die NATO, die in der Ukraine präsent sei. Es ist nicht nachvollziehbar, wieso dies der Fall sein sollte.

Im Jänner 2021 publizierte Alexej Nawalny auf YouTube den Film „ein Schloss für Putin"[264]. Die Recherchen hatte er zum Teil in Deutschland gemacht. Der Film wurde innerhalb kurzer Zeit rund 90 Millionen

---

[263] Vgl. Reuters: Ukrainian Court Orders Kremlin Ally Medvedchuk to remain under house arrest, https://www.reuters.com/world/ukrainian-court-orders-kremlin-ally-medvedchuk-remain-under-house-arrest-2021-10-12/, abgerufen am 16. Juli 2023.
[264] Vgl. Алексей Навальный. Дворец для Путина. История самой большой взятки; https://www.youtube.com/watch?v=ipAnwilMncI, abgerufen am 11. Juni 2023.

Mal gesehen. Es war von Korruption die Rede, die den Bau des Schlosses möglich gemacht habe. Vieles gemahnte an die Ukraine 2014 und das Ende der Janukowytsch-Verwaltung.

Ab November 2021 gab es Hinweise, dass Russland einen Krieg plane. Ein Truppenaufbau begann nördlich, östlich und südlich der Ukraine. Viele hofften noch immer, dass es sich um eine Drohkulisse handle. Dazu gehörte auch Selenskyj, den Joe Biden zumindest im Februar, wahrscheinlich aber auch schon früher vor dem drohenden Krieg gewarnt hatte. Tatsächlich erkannte Russland am 22. Februar 2022 die Unabhängigkeit der beiden „Volksrepubliken" Donezk und Lugansk an – exakt sieben Jahre nach jenem Tag, an dem das ukrainische Parlament die Absetzung Janukowytschs beschlossen hatte. Am 24. Februar überschritten russische Truppen im Norden, Osten und Süden die Grenze zur Ukraine. Der schlimmste Krieg in Europa seit Jahrzehnten hatte begonnen.

ZUSAMMENFASSUNG

Die Entwicklungen in der Ukraine 2013 bis 2015 sind ein trauriges Beispiel dafür, wie ein Konflikt, der nicht rechtzeitig gelöst wird, sich immer weiter ausweiten und vertiefen kann.

Der Maidan war von niemandem geplant oder gesteuert. Drei interne Gründe machten ihn so schwer lösbar:
- Die drohende Zahlungsunfähigkeit der ukrainischen Regierung – verursacht vor allem durch Korruption,
- Polizeiwillkür und Straflosigkeit der Täter,
- ein überraschender Kurswechsel zur Frage der europäischen Integration.

Der Konflikt wäre wohl dennoch lösbar gewesen, wäre er ein interner geblieben und hätten externe Vertreter nur gute Dienste geleistet. Wesentlich verkompliziert wurde er durch massive Finanzleistungen aus Russland und durch eine Mischung aus großzügigen Angeboten und Drohungen des Kremls gegen den ukrainischen Präsidenten. Noch schwieriger wurde er durch zwei Wochen versuchter Diktatur-

Nach Wochen der Anspannung waren es zwei verhältnismäßig kleine Ereignisse, die schließlich zur Eskalation am 18. Februar 2014 führten. Die Parlamentsdiskussion über die Rückkehr zur Verfassung 2005 wurde ohne ernsthaften Grund vertagt. Bald darauf wurde die Zentrale der „Partei der Regionen" in Brand gesteckt. Darauf antworteten die Sicherheitskräfte mit einem Gewaltexzess, der nicht zu rechtfertigen ist. Bald darauf brannten Zelte am Maidan und das Gewerkschaftsgebäude. Fast hundert Menschen starben.

Ein Wendepunkt hätte der Besuch der drei Außenminister Deutschlands, Frankreichs und Polens, des EU-Botschafters sowie des russischen Emissärs Wladimir Lukin und die dabei getroffene Vereinbarung sein können. Sie sind in aller Erinnerung.

Wichtiger als dieser Besuch war aber die Entscheidung der Mehrheit der Parlamentsabgeordneten, sich auf eigene Initiative im Parlament zu versammeln und eine Resolution zu verabschieden, die die Gewaltexzesse am Maidan verbot und weitere Gewalt unter Strafe stellte.

In der Folge geschah etwas für alle Unerwartetes. Die Sicherheitskräfte wurden aus der Innenstadt durch Befehl von ganz oben abberufen. Es folgten die überraschende Abreise des mächtigsten Mannes der Ukraine aus Kyjiw und sein ebenso überraschender Rücktritt. Auch wenn er diesen später widerrief, inspirierte es doch die Resolution über die „Selbstentfernung" des Präsidenten durch das ukrainische Parlament. Bei diesen vier wichtigen Ereignissen hatten weder Russland noch Europa oder irgendein anderer auswärtiger Spieler eine Rolle. Drei Entscheidungen waren im Grunde genommen jene des bislang mächtigsten Mannes des Landes, eine erfolgte durch das Parlament.

Auch wenn kein externer Partner daran mitwirkte, führten diese vier Entscheidungen zu einer tiefgreifenden Entfremdung zwischen EU und USA einerseits und Russlands andererseits. Der Kreml sah sich vom Westen belogen und getäuscht und belog und täuschte nun seinerseits. War der Maidan nach russischer Vorstellung durch Agenten des Westens angezettelt, so wurden nun Unruhen durch russische Agenten angezettelt. Ziel war zweifellos, Teile der – nach russischer Vorstellung – zerfallenden Ukraine zu annektieren. Es folgte die illegale Annexion der Krim und der Konflikt im Donbass. Gewalt wurde in Kauf genommen, der langjährige Bruderkrieg war aber nicht intendiert. Loyalität ging über demokratische Legitimation.

Eine Lösung des Konflikts war während der ganzen nächsten Jahre nicht möglich. Drei Mal, im Mai, Juni und im September 2014 gab es reale Chancen, den Konflikt einzufrieren oder zumindest teilweise zu lösen und eine Bereitschaft des Kremls, daran mitzuwirken. Der Kreml unterließ es aber jedes Mal, den notwendigen Druck auf die Separatisten aufzubauen und einen Stopp der Waffenlieferungen zu veranlassen. Kritik an Fehlverhalten der Separatisten wurde geäußert, hatte aber keine persönlichen oder gar strafrechtlichen Konsequenzen. Den Separatisten aber waren kleine Gebietsgewinne wichtiger als der Waffenstillstand. So blieben alle internationalen Vermittlungsbemühungen ohne bleibenden Erfolg.

Eine ungeschickte Rolle spielte eine Zeitlang der Internationale Währungsfonds. Er forderte wirtschaftlich notwendige, politisch aber desaströse Sparmaßnahmen bei den Bergleuten im Donbass. Der Widerstand dagegen in den Bergwerken war unterschätzt worden.

Pseudoreferenden brachten Diktatoren in Donezk und Lugansk an die Macht. Ein tödliches Dreieck entstand zwischen Moskau, Kyjiw und Donezk – Grund des bereits acht Jahre währenden Krieges. Die Terrorherrschaft der Diktatoren im Donbass trug zum Entstehen eines die ganze Ukraine verbindenden Nationalbewusstseins bei. Die Berichte der

Menschen, die aus dem Donbass flohen, wurden Grund für den zähen Widerstand, den die Ukraine der russischen Invasion bis heute entgegenbringen.

2013-2015 entstand eine geeinte ukrainische Nation – freilich ohne Teile des Donbass und die Krim. Präsidentschaftskandidaten wurden nicht mehr nach Herkunft, sondern nach Programm gewählt.

Ab den „Wahlen" im Donbass im November 2014 gab es nur noch die Möglichkeit, einer unkontrollierten Gewalteskalation entgegenzuwirken. Auch dies gelang nur teilweise u. a. durch das zweite Minsker Abkommen. Am meisten haben die Bewohner des Donbass an den Folgen des Konflikts gelitten, aber auch die restliche Ukraine bekam die Folgen zu spüren – wirtschaftlich vor allem durch die Hrywnja-Abwertung, politisch durch versäumte Reformen, für die 2014-2015 gute Chancen bestanden hätten, sozial durch die Entfremdung von Russland. Die Folgen gehen aber weit über die Ukraine hinaus und betreffen heute fast jeden Menschen auf dem europäischen Kontinent. Am Beispiel der Entwicklungen in der Ukraine 2013-2015 wird die Bedeutung guter Regierungsführung, Demokratie, Rechtsstaatlichkeit und des Respekts von Menschenrechten deutlich.

Das sonst so zerstrittene ukrainische Parlament ratifizierte das Assoziierungsabkommen mit der EU 2014 ohne Gegenstimme – dies spiegelte die Meinung der Bevölkerung. Die Ausrichtung nach Europa ist als Konsequenz weitgehender Konsens.

2010-2014 gab es letztmals einen Versuch, in der Ukraine eine Diktatur zu errichten. Der Versuch ist gescheitert. Die Demokratie in der Ukraine ist heute gefestigt und ein Vorbild für Nachbarn.

LITERATURVERZEICHNIS

Internationale Verträge

Die Europäische Charta der Regional- und Minderheitensprachen, https://www.coe.int/de/web/european-charter-regional-or-minority-languages.

Grundakte über Gegenseitige Beziehungen, Zusammenarbeit und Sicherheit zwischen der Nordatlantikvertrags-Organisation und der Russischen Föderation. https://www.nato.int/cps/en/natohq/official_texts_25468.htm?selectedLocale=de.

Partnership and Cooperation Agreement between the European Communities and their Member States, and Ukraine, Eurlex, OJ L 49, 19.2.1998, p. 3–46.

Ukraine, Russian Federation, United Kingdom of Great Britain and Northern Ireland and United States of America Memorandum on security assurances in connection with Ukraine's accession to the Treaty on the Non-Proliferation of Nuclear Weapons. Budapest, 5 December 1994, Treaty Series Treaties and International Agreements registered or filed and recorded with the Secretariat of the United Nations, Volume 3007, 2014, https://treaties.un.org/doc/Publication/UNTS/Vlume%203007/v3007.pdf.

Internationale Vereinbarungen

Die Vereinbarung von Kiew, 21. Februar 2014, https://www.tagesschau.de/ausland/ukraine-vereinbarung100.html.

OSCE, Memorandum of 19 September 2014 outlining the parameters for the implementation of commitments of the Minsk Protocol of 5 September 2014, https://www.osce.org/files/f/documents/a/1/123807.pdf.

OSCE, Протокол по итогам консультаций Трёхсторонней контактной группы относительно совместных шагов, направленных на Мирного плана Президента Украины Петра Порошенко и инициатив Президента России Владимира Путина (Minsker Protokoll), 5. September 2014, https://www.osce.org/files/f/documents/a/a/123258.pdf.

Das Minsker OSZE-Protokoll für eine Feuerpause, https://www.welt.de/newsticker/dpa_nt/infoline_nt/thema_nt/article131986171/,Das-Minsker-OSZE-Protokoll-fuer-eine-Feuerpause.html, abgerufen am 12. Mai 2023.

OSCE. Комплекс мер по выполнению Минских соглашений, 15. Februar 2015, (Minsker Abkommen, oder Minsk II) https://www.osce.org/ru/cio/140221.

Gesetze

Constitution of Ukraine. https://rm.coe.int/constitution-of-ukraine/168071f58b.

Про забезпечення функціонування української мови як державної, (Gesetz über die ukrainische Sprache als Staatssprache) https://zakon.rada.gov.ua/cgi-bin/laws/main.cgi?nreg=2704-19.

Rechtsmeinungen und Gerichtsentscheidungen

Council of Europe – Conseil de l'Europe. European Commission for Democracy through Law, Agreement Establishing the Commonwealth of Independent States, https://www.venice.coe.int/webforms/documents/?pdf=CDL(1994)054, abgerufen am 14. Juli 2023.

European Commission for Democracy through Law (Venice Commission). Opinion no. 599/2010 CDL-AD(2010)044 Opinion on the Constitutional Situation in Ukraine. Adopted by the Venice Commission at its 85th Plenary Session, Venice (17-18 December 2010), https://www.venice.coe.int/webforms/documents/default.aspx?pdffile=CDL-AD(2010)044-e, abgerufen am 1. Juli 2023.

European Court of Human Rights,Ukrainian opposition leader was arbitrarily arrested and detained. ECHR 285 (2012) 03.07.2012, Chamber%20judment%20Lutsenko%20v.%20Ukraine%2003.07.12.pdf.

Ratschlussfolgerungen und Resolutionen

Council of the European Union. 3209th Council Meeting Foreign Affairs Brussels, 10 December 2012, 17438/1/12 REV 1 https://ec.europa.eu/commission/presscorner/detail/en/PRES_12_516.

Council of the European Union. Council Conclusions on Ukraine. https://europa.rs/council-conclusions-on-ukraine/?lang=en.

European Council – Council of the European Union. Council Conclusions on Ukraine, https://www.consilium.europa.eu/media/28984/140960.pdf.

European Council – Council of the European Union, Foreign Affairs Council, 20 February 2014, EU agrees on targeted sanctions, https://www.consilium.europa.eu/en/meetings/fac/2014/02/20/.

Council of the European Union, Adoption of agreed restrictive measures in view of Russia's role in Eastern Ukraine, https://www.consilium.europa.eu/media/22019/144205.pdf, abgerufen am 16. Mai 2023.

Europäischer Rat – Rat der EU. Ukraine, Rat nimmt Assoziierungsabkommen EU-Ukraine an , https://www.consilium.europa.eu/de/press/press-releases/2017/07/11/ukraine-association-agreement/.

Europäischer Rat – Rat der Europäischen Union. Europäischer Rat 26./27. Juni 2014, https://www.consilium.europa.eu/de/meetings/european-council/2014/06/26-27/, abgerufen am 12. Mai 2023.

Europäischer Rat – Rat der Europäischen Union, Beziehungen EU-Armenien. https://www.consilium.europa.eu/de/policies/eastern-partnership/armenia, abgerufen am 4. Juli 2023.

European Commission, Support Group for Ukraine. https://neighbourhood-enlargement.ec.europa.eu/news/support-group-ukraine-2014-04-09_en.

European Council – Council of the European Union: EU- Russia summit, Brussels, 28 January 2014., abgerufen am 3. Juli 2023.

European Council. December 2011 Conclusion, EUCO 139/1/11 REV 1; https://data.consilium.europa.eu/doc/document/ST-139-2011-REV-1/en/pdf.

European Council, Council of the European Union, Council condemns the illegal referendum in Crimea, http://en.kremlin.ru/events/president/transcripts/page/418, abgerufen am 11. Mai 2023.

European Council, December 2011 Conclusion, EUCO 139/1/11 REV 1; https://data.consilium.europa.eu/doc/document/ST-139-2011-REV-1/en/pdf.

European Parliament, Resolution of 24 May 2012 on Ukraine (2012/2658(RSP)) https://www.europarl.europa.eu/doceo/document/TA-7-2012-0221_EN.html.

Offizielle Pressemitteilungen

Die Bundesregierung. Telefonat von Bundeskanzlerin Merkel, Präsident Hollande und Präsident Putin zur Ukraine, Pressemitteilung 204, 22. Juni 2014, https://www.bundesregierung.de/breg-de/service/archiv/alt-inhalte/telefonat-von-bundeskanzlerin-merkel-praesident-hollande-und-praesident-putin-zur-ukraine-441234; abgerufen am 12. Mai 2023.

European Commission, Mobility partnerships, visa facilitation and readmission agreements. https://home-affairs.ec.europa.eu/policies/international-affairs/collaboration-countries/eastern-partnership/mobility-partnerships-visa-facilitation-and-readmission-agreements_en.

European Commission, European Commission welcomes the Council adoption of visa liberalisation for the citizens of Ukraine, https://ec.europa.eu/commission/presscorner/detail/en/STATEMENT_17_1270.

Commission of the European Communities, Communication from the Commision to the European Parliament and the Council. Eastern Partnership. Brussels, 3.12.2008 COM(2008) 823 final. https://eur-lex.europa.eu/LexUriServ/LexUriServ.do?uri=COM:2008:0823:FIN:EN:PDF.

European Commission, EU/Russia, The four "Common Spaces". Memo/05/103, Brussels, 18 March 2005, https://ec.europa.eu/commission/presscorner/detail/en/memo_05_103.

European Commission, Ukraine. EU trade relations with Ukraine. Facts, figures and latest developments. https://policy.trade.ec.europa.eu/eu-trade-relationships-country-and-region/countries-and-regions/ukraine_en, abgerufen am 7. Juli 2023.

Kommission der Europäischen Gemeinschaften, Mitteilung der Kommission. Europäische Nachbarschaftspolitik, Strategiepapier. Brüssel, den 12.5.2004 KOM(2004) 373 endgültig. https://eur-lex.europa.eu/LexUriServ/LexUriServ.do?uri=COM:2004:0373:FIN:DE:PDF.

Joint Geneva Statement on Ukraine from April 17, The full text, https://www.washingtonpost.com/world/joint-geneva-statement-on-ukraine-from-april-17-the-full-text/2014/04/17

President of Russia (Kremlin.ru), Press Conference Following Talks with Spanish Prime Minister Jose Luis Rodriguez Zapatero. http://en.kremlin.ru/events/president/transcripts/page/418, abgerufen am 3. Mai 2023.

President of Russia (Kremlin.ru), Telephone conversation with Petro Poroshenko, June 12, 2014, http://en.kremlin.ru/events/president/news/45902, abgerufen am 10. 5. 2023.

President of Russia, В Совет Федерации внесено предложение об отмене постановления об использовании Вооружённых Сил России на территории Украины, www.kremlin.ru/acts/news/46057, abgerufen am 11. Juni 2023.

President of Russia, Executive Order on special economic measures to protect Russia's security, 6 August 2014, http://en.kremlin.ru/acts/news/46404, abgerufen am 16. Mai 2014.

Президент России (Kremlin.ru), (2005). Послание Федеральному Собранию Российской Федерации. http://kremlin.ru/events/president/transcripts/22931, abgerufen am 3. Mai 2023.

Президент России, Обращение Президента Российской Федерации, 21 февраля 2022 года. http://kremlin.ru/events/president/news/67828, abgerufen am 2. Juni 2023.

Президент России, Подписание документов о признании Донецкой и Луганской народных республик. http://kremlin.ru/events/president/news/67829, abgerufen am 2. Juni 2023.

Berichte und Beschlüsse internationaler Organisationen

International Election Observation Mission, Presidential Election, Ukraine – 31 October 2004. Statement of Preliminary Findings and Conclusions. www.osce.org/files/f/documents/7/4/16565.pdf

NATO, NATO decisions on open-door policy. https://www.nato.int/docu/update/2008/04-april/e0403h.html, abgerufen am 15. Juli 2023.

Organisation for Security Cooperation in Europe, Decision No. 1117. Deployment of an OSCE Special Monitoring Mission to Ukraine. 21. März 2014. https://www.osce.org/files/f/documents/d/6/116747.pdf, abgerufen am 8. Juni 2023.

OSCE Office for Democratic Institutions and Human Rights, Ukraine – Parliamentary Elections 28 October 2012, OSCE/ODIHR Election Observation Mission Final Report, Warsaw, 3 January 2013, 1-3, https://www.osce.org/files/f/documents/3/c/98578.pdf.

OSCE Office for Democratic Institutions and Human Rights, Ukraine Presidential Election, 17 January and 7 February 2010 – OSCE/ODIHR Election Observation Mission Final Report https://www.osce.org/files/f/documents/e/9/67844.pdf.

OSCE Office for Democratic Institutions and Human Rights, Ukraine, Early Presidential Election in Ukraine, 25 May 2014, Final Report, https://www.osce.org/files/f/documents/a/b/120549.pdf.

OSCE – Organisation for Security and Cooperation in Europe, OSCE Observer Mission at the Russian Checkpoints Gukovo and Donezk (discontinued), www.osce.org/observer-mission-at-russian-checkpoints-gukovo-and-Donezk-discontinued, abgerufen am 1. Juni 2023.

OSCE – Organisation for Security and Cooperation in Europe, Daily and spot reports from the Special Monitoring Mission to Ukraine 2014, https://www.osce.org/ukraine-smm/reports.

Office of the United Nations High Commissioner for Human Rights, Report on the human rights situation in Ukraine 15 June 2014, 29. www.ohchr.org/sites/default/files/Documents/Countries/UA/HRMMUReport15June2014.pdf, abgerufen am 5. Mai 2023.

UNHCR, Sharp rise in Ukrainian displacement, with more than 50,000 internally displaced, https://www.unhcr.org/news/stories/sharp-rise-ukrainian-displacement-more-50000-internally-displaced, abgerufen am 12. Mai 2023.

UNHCR, Forte hausse du déplacement de populations en Ukraine, avec plus de 50 000 déplacés, https://www.unhcr.org/fr/actualites/stories/forte-hausse-du-deplacement-de-populations-en-ukraine-avec-plus-de-50-000 abgerufen am 4. Juni 2023.

UNHCR, Ukraine Conflict pusses people from home. https://www.unhcr.org/news/briefing/2014/9/5405b63d6/ukraine-conflict-pushes-people-homes.html; abgerufen am 12. Mai 2023.

UNHCR, Ukraine conflict uproots hundreds of thousands, www.unhcr.org/news/latest/2014/12/548190aa9/ukraine-conflict-uproots-hundreds-thousands.html, abgerufen am 12. Mai 2023.

UNHCR, Ukraine internal displacement nears 1 million as fighting escalates in Donezk region, https://www.unhcr.org/news/latest/2015/2/54d4a2889/ukraine-internal-displacement-nears-1-million-fighting-escalates-Donezk.html, abgerufen am 12. Mai 2023.

United Nations Human Rights Monitoring Mission in Ukraine, Briefing Note on Accountability for Killings and Violent Deaths During the Maidan Protests. https://reliefweb.int/report/ukraine/united-nations-human-rights-monitoring-mission-ukraine-briefing-note-accountability.

Monographien

Andruchowytsch, J., Euromaidan – Was in der Ukraine auf dem Spiel steht. Berlin: Suhrkamp 2014.

Kappeller, A., Kleine Geschichte der Ukraine, München: C.H. Beck 2019.

Plokhy, S., Die Frontlinie. Warum die Ukraine zum Schauplatz eines neuen Ost-West-Konflikts wurde. Hamburg: Rowohlt 2022.

Sabuschko, O., Museum der vergessenen Geheimnisse, Roman. Aus dem Ukrainischen von Alexander Kratochvil. Droschl, o.O. 2010.

Schneider-Deters, W., Ukrainische Schicksalsjahre 2013-2019, Band 1, Der Volksaufstand am Majdan un Winter 2013/2014, Berlin: Berliner Wissenschaftsverlag 2021.

Schneiders-Deters, W., Ukrainische Schicksalsjahre 2013-2019, Band 2, Die Annexion der Krim und der Krieg im Donbass, Berlin: Berliner Wissenschaftsverlag 2021.

Schuller, K., Ukraine – Chronik einer Revolution, Berlin: editionfoto Tapeta 2014, 21.

Sergijenko, W., Europas offene Wunde. Wie die EU beim Krieg in der Ukraine versagte. Frankfurt: fifty-fifty 2020.

Shore, M., The Ukrainian Night, An intimate history of Revolution, Yale University Press 2018.

Webseiten

EEAS, EUAM UKRAINE, European Union Advisory Mission for Civilian Security Sector Reform in Ukraine – Civilian Mission. https://www.eeas.europa.eu/euam-ukraine/euam-ukraine-european-union-advisory-mission-civilian-security-sector-reform-ukraine, abgerufen am 15. Juli 2023.

Eurasian Union, History. http://www.eaeunion.org/?lang=en#about-history.

Eurasian Development Bank, Centre for European Integration Studies, Ukraine and the Customs Union, Comprehensive assessment of the macroeconomic effects of various forms of deep economic integration of Ukraine and the member states of the Customs Union and the Common Economic Space, Report 1 January 2012, 29-30. https://eabr.org/upload/iblock/27c/ukraina_doklad_eng.pdf, abgerufen am 4. Mai 2023.

United Nations, Ukraine Situation 'More Combustible than Ever', Assistant Secretary-General Warns Security Council, Calling for Action to De-escalate Crisis, 13 April 2014, Security CouncilSC/11351.

The World Bank Data, GDP growth (annual %) – Eastern Europe and Baltics. https://data.worldbank.org/indicator/NY.GDP.MKTP.KD.ZG?locations=B8, abgerufen am 29. Juni 2023.

The World Bank Data, GDP growth (annual %) – Russia. https://data.worldbank.org/indicator/NY.GDP.MKTP.KD.ZG?locations=RU, abgerufen am 29. Juni 2023.

The World Bank Data, GDP growth (annual %) – Ukraine. https://data.worldbank.org/indicator/NY.GDP.MKTP.KD.ZG?locations=UA, abgerufen am 29. Juni 2023.

The World Bank, GDP growth (annual %) – Ukraine | Data. https://data.worldbank.org/indictor/NY.GDP.MKTP.KD.ZG?end=2020&locations=UA&start=2000&view=chart, abgerufen am 26. Mai 2023.

The World Bank, Military expenditure (% of GDP) – Russian Federation, https://data.worldbank.org/indicator/MS.MIL.XPND.GD.ZS?locations=RU; https://data.worldbank.org/indicator/MS.MIL.XPND.ZS?locations=RU, abgerufen am 14. Juni 2023.

Artikel

BBC, Chechen leader Kadyrov denies sending troops to Ukraine. https://www.bbc.com/news/world-europe-27599836, abgerufen am 26. Juni 2023.

BBC, EU rejects Russia 'veto' on Ukraine agreement, https://www.bbc.com/news/world-europe-25154618, abgerufen am 4.Mai 2023.

BBC, Putin meets Ukraine's Yanukovych on Sochi sidelines. https://www.bbc.com/news/world-europe-26096362, abgerufen am 5. Mai 2023.

BBC, Russia 'lost 220 troops' in Ukraine – Nemtsov report, https://www.bbc.com/news/world-europe-32705610, abgerufen am 21.Mai 2023.

BBC, Russian Economy Minister Ulyukayev charged with $2m bribe, BBC 15. Oktober 2016. https://www.bbc.com/news/world-europe-37983744, abgerufen am 4. Juli 2023.

Bohne, M., Ukraine droht Bankrott, EU muss helfen. Tagesschau 24. Februar 2023, https://www.tagesschau.de/multimedia/audio/audio-ts-23282.html, abgerufen am 7. Juli 2023.

Britannica. Crimea. https://www.britannica.com/place/Crimea, abgerufen am 10. Juli 2023.

Britannica. Yulia Tymoshenko, https://www.britannica.com/biography/Yulia-Tymoshenko, abgerufen am 7. Juli 2023.

Bukkvol, T., Russian Special Operations Forces in Crimea and Donbas," Parameters 46, no. 2 (2016), 13 – 21, 17-20. https://press.armywarcollege.edu/cgi/viewcontent.cgi?article=2917&context=parameters, abgerufen am 26. Juni 2023.

Budjeryn, M, Umland, A., Amerikanische Russlandpolitik, die Souveränität der Ukraine und der Atomwaffensperrvertrag: Ein Dreiecksverhältnis mit weitreichenden Konsequenzen. In: Sirius 2017; 1(2): 133–142, 135.

Bundesakademie für Sicherheitspolitik, NATO Osterweiterung: Gab es westliche Garantien? https://www.baks.bund.de/de/arbeitspapiere/2018/nato-osterweiterung-gab-es-westliche-garantien, abgerufen am 17. Juli 2023.

Charlemagne, Poland is cocking up migration in a very European way. The Poles repeat Germany's mistake: pretending immigrants will go home, The Economist, 22. Februar 2020, https://www.economist.com/europe/2020/02/22/poland-is-cocking-up-migration-in-a-very-european-way, abgerufen am 26. Mai 2023.

DW, Asarow reicht Rücktritt ein, DW 28. Januar 2014. https://www.dw.com/de/ukraines-regierungschef-asarow-reicht-r%C3%BCcktritt-ein/a-17390917, abgerufen am 9. Juli 2023.

DW, Klitschko shuns 'poisoned offer', DW 26. Jänner 2014, https://www.dw.com/en/ukraine-opposition-shuns-yanukovych-power-share-offer/a-17387381, abgerufen am 9. Juli 2023.

DW, 'Large-scale' Ukraine response; DW 13. April 2014; https://www.dw.com/en/ukraines-acting-president-orders-large-scale-anti-terror-operation-in-east/a-17564497, abgerufen am 26. Juni 2023

Euractiv. EU beobachtet neuen Gasstreit Ukraine-Russland, Euractiv 29. Jänner 2013/ 7. März 2014, https://www.euractiv.de/section/ukraine-und-eu/news/eu-beobachtet-neuen-gasstreit-ukraine-russland/, abgerufen am 9. Juli 2014.

FAZ, Explosion in Kohlebergwerk fordert Dutzende Tote, FAZ 19.11.2007. https://www.faz.net/aktuell/gesellschaft/ungluecke/ukraine-explosion-in-kohlebergwerk-fordert-dutzende-tote-1492180.html, abgerufen am 10. Juli 2023. Weitere Unglücke ereigneten sich 2004, 2011, 2013, 2015, 2017 und 2019.

FAZ, Ukraine: Putin gewährt Kiew Finanzhilfen in Milliardenhöhe – Ausland, https://www.faz.net/aktuell/politik/ausland/ukraine-putin-gewaehrt-Kiew-Finanzhilfen-in-milliardenhoehe-12715687.html, abgerufen am 4. Mai 2023.

FAZ, Ukrainische Armee rückt in Donezk-Region vor. https://www.faz.net/aktuell/politik/ausland/nach-gefechten-in-der-ostukraine-ukrainische-truppen-ruecken-vor-12896719.html; abgerufen am 21.4.2022.

Gardner, A., Ukraine Dominates EU-Russia Summit, Politico 28. January 2014, https://www.politico.eu/article/ukraine-dominates-eu-russia-summit/ abgerufen am 3. Juli 2023. Zum genauen Verlauf dieser Verhandlungen, die erst Monate später wirklich begannen, siehe Schneider-Deters, Schicksalsjahre I, 172-184.

Gatzke M., – Uken, M., Russischer Rubel: Wie zu Breschnews Zeiten, Die Zeit Online, 16. Dezember 2014, https://www.zeit.de/wirtschaft/2014-12/russland-krise-wirtschaft-rubel, abgerufen am 18. Juni 2023.

Gebauer, M., Oppositionsführer bei Sicherheitskonferenz. Klitschkos Kampf um den Westen. Spiegel.de, 1.2.2014. https://www.spiegel.de/politik/ausland/ukraine-klitschko-auf-der-muenchner-sicherheitskonferenz-a-950607.html, abgerufen am 25.9.2023.

Goncharenko, R., Supporting Ukraine, DW 20 March 2014, https://www.dw.com/en/can-the-national-guard-save-ukraine/a-17511315, abgerufen am 26. Juni 2023.

Gowen, A., Gearan A. Russian armored columns said to capture key Ukrainian towns. Washington Post, 28.8.2014, https://www.washingtonpost.com/world/russian-and-ukraine-troops-battle-in-south-prompting-fears-of-widescale-invasion/2014/08/28/04b614f4-9a6e-40f4-aa21-4f49104cf0e4_story.html, abgerufen am 26.Mai 2023.

The Guardian, 'Rivals of Belarus leader have been killed'. https://www.theguardian.com/world/2001/jul/20/ameliagentleman, abgerufen am 17. Juli 2023.

The Guardian, Ukraine extends lease for Russia's Black Sea Fleet. The Guardian 21. April 2010. https://www.theguardian.com/world/2010/apr/21/ukraine-black-sea-fleet-russia, abgerufen am 1.Juli 2023.

The Guardian, Ukraine prime minister ousted in no-confidence vote. https://www.theguardian.com/world/2010/mar/03/ukraine-tymoshenko-prime-minister-ousted, abgerufen am 1. Juli 2023.

The Guardian, Vladimir Putin tells Brussels to stay out of Ukraine's political crisis. The Guardian 28. Jänner 2014. https://www.theguardian.com/world/2014/jan/28/vladimir-putin-ukraine-crisis-eu, abgerufen am 3. Juli 2023.

The Guardian, Boris Nemtsov allies release report on Russian troops in Ukraine, The Guardian, 12. Mai 2015. https://www.theguardian.com/world/2015/may/12/boris-nemtsov-allies-release-report-on-russian-troops-in-ukraine, abgerufen am 15. Juli 2023.

Hassel, F., Ukraine: Auf der Suche nach Milliarden. Süddeutsche Zeitung 8. Mai 2020. https://www.sueddeutsche.de/wirtschaft/ukraine-auf-der-suche-nach-den-milliarden-1.4917184, abgerufen am 3. Juli 2023.

Hermann, R., Separatisten wollen Staatsstrukturen aufbauen. NZZ 12. Mai 2014. https://www.nzz.ch/referendums-farce-im-donbass-ld.797549?reduced=true, abgerufen am 5.Mai 2023.

Interfax Ukrainy. Regions Party gets 80 of 100 seats on Crimean parliament. Interfax Ukrainy 6.November 2010. https://en.interfax.com.ua/news/general/52929.html, abgerufen am 10. Juli 2023.

Katchanovski, I., The Maidan Massacre in Ukraine: Revelations from Trials and Investigation, https://papers.ssrn.com/sol3/papers.cfm?abstract_id=4048494.

King, C., Stadt am Rande – Sevastopol: Europas nächster Krisenherd? In: Osteuropa 60. Jahrgang, Heft 2-4, Februar-April 2010, 319-330.

Kyiv Post, Putin invites Ukraine to join Russian-Belarusian-Kazakh Customs Union, Kyiv Post 5.März 2010, https://archive.kyivpost.com/article/content/ukraine-politics/putin-invites-ukraine-to-join-russian-belarusian-k-61112.html, abgerufen am 9. Juli 2023.

Kyiv Post. Health Ministry, 478 civilians killed, 1,392 injured in eastern Ukraine. https://archive.kyivpost.com/article/content/war-against-ukraine/478-civilians-killed-1392-injured-in-eastern-ukraine-355462.html, abgerufen am 15. Juli 2023.

Kyiv Post. Reform Watch Most Ukrainians mistrust prosecutors, judges, attorneys, https://archive.kyivpost.com/ukraine-politics/most-ukrainians-mistrust-prosecutors-judges-attorneys.html, abgerufen am 26. Mai 2023.

Lichtenberg, A., Ukraine nearly bancrupt. DW 23. Februar 2014. https://www.dw.com/en/volatile-ukraine-teeters-on-brink-of-bankruptcy/a-17451734, abgerufen am 3. Juli 2023.

Lipsij A. «Представляется правильным инициировать присоединение восточных областей Украины к России», Nowaja Gaseta 25. Februar 2015, https://novayagazeta.ru/articles/2015/02/24/63168-171-predstavlyaetsya-pravilnym-initsiirovat-prisoedinenie-vostochnyh-oblastey-ukrainy-k-rossii-187, abgerufen am 9. Juni 2023.

Neue Zürcher Zeitung, Milliardenschwerer Schiefergas-Deal Kiews mit Shell, NZZ 29. Jänner 2013, https://www.nzz.ch/milliardenschwerer-schiefergas-deal-kiews-mit-shell-ld.624720?reduced=true, abgerufen am 9. Juli 2023.

Olszański, A., Ukrainians and their language. The Act on the State Language of Ukraine, https://www.osw.waw.pl/en/publikacje/osw-commentary/2019-06-11/ukrainians-and-their-language-act-state-language-ukraine, abgerufen am 2. Juni 2023.

Pirani, S., Stern, J., Yafimava, K., The Russo-Ukrainian gas dispute of January 2009: a comprehensive assessment, Oxford Institute for Energy Studies February 2009, NG 27, 5-8. https://www.oxfordenergy.org/wpcms/wp-content/uploads/2010/11/NG27-The RussoUkrainianGasDisputeofJanuary2009AComprehensiveAssessment-JonathanSternSimonPiraniKatjaYafimava-2009.pdf.

Pleines, H., Die Macht der Oligarchen, Großunternehmer in der ukrainischen Politik. In: Ukraine Analysen 40, https://www.laender-analysen.de/ukraine-analysen/40/UkraineAnalysen40.pdf, abgerufen am 3. Mai 2022, 2-5, 2-3.

Press-centre «Novorossia», OTS. Wahlen im Donbass – Der erste Schritt hin zum Frieden in der Ukraine | Press-centre «Novorossia», 04.11.2014 (ots.at), https://www.ots.at/presseaussendung/OTS_20141104_OTS0015/wahlen-im-donbass-der-erste-schritt-hin-zum-frieden-in-der-ukraine, Abgerufen am 21. Mai 2023.

Preussen, W., Russian oligarch Yevgeny Prigozhin admits he created the mercenary Wagner Group, Politico, 26. September 2022, https://www.politico.eu/article/yevgeny-prigozhin-admits-that-he-created-the-wagner-group/, abgerufen am 26. Juni 2023.

Radio Svoboda, Правительство Украины одобрило соглашение об ассоциации с ЕС, www.svoboda.org/a/25109856, abgerufen am 29. Juli 2023.

RBC, Жители Донецкой и Луганской областей проголосовали за самостоятельность. www.rbc.ru/politics/11/05/2014/57041c879a794761c0ce9bd2, abgerufen am 5.Mai 2023.

Rettmann, A., EU and US seek end to Ukraine election drama. euobserver 12. Februar 2010, EU and US seek end to Ukraine election drama (euobserver.com), abgerufen am 9. Juli 2023.

Reuters, Ukrainian Court Orders Kremlin Ally Medvedschuk to remain under house arrest. https://www.reuters.com/world/ukrainian-court-orders-kremlin-ally-medvedchuk-remain-under-house-arrest-2021-10-12/, abgerufen am 16. Juli 2023.

Reuters. RUE: A mystery player in Russia-Ukraine gas row. Reuters, 3. Jänner 2009. https://www.reuters.com/article/us-russia-ukraine-gas-rosukrenergo-sb-idUSTRE5021BN20090103, abgerufen am 7. Juli 2023.

Ria Nowosti, 12. Mai 2014, Итоги референдума в Донецкой области: 89% за самостоятельность региона; https://ria.ru/20140512/1007491897.html, abgerufen am 5.Mai 2023.

Rosenberg, C., Diversifizierung der ukrainischen Energiequellen, Konrad Adenauer Stiftung Länderanalysen. https://www.kas.de/de/web/ukraine/laenderberichte/detail/-/content/diversifizierung-der-ukrainischen-energiequellen1, abgerufen am 9. Juli 2023.

Schrötter, H.J. – Ghulinyan-Gerz, I., Die Europäische Union und ihre östlichen Nachbarn, Nomos, Baden-Baden 2017, 123-130.

Schuller, K., Die Familie, die Clans und das Gas, FAZ 3.12.2012, https://www.faz.net/aktuell/politik/ausland/ukraine-die-familie-die-clans-und-das-gas-11980759.html, abgerufen am 9. Juli 2023.

Schuller, K., Ukraine: Geschäft mit einem Hochstapler. FAZ 30.11.2012, https://www.faz.net/aktuell/politik/ausland/ukrainische-gasblamage-geschaeft-mit-einem-hochstapler-11977942.html, abgerufen am 9. Juli 2023.

Schuller, K., Viktor Janukowitsch – Der Wandlungsfähige. FAZ online, 8. Februar 2010. https://www.faz.net/aktuell/politik/ausland/viktor-janukowitsch-der-wandlungsfaehige-1605783.html, abgerufen am 9. Juli 2023.

Simon, G., Sprachenpolitik in der Ukraine. In: Ukraine-Analysen Nr. 192 vom 29.11.2017, S. 2–3, s 3. https://www.laender-analysen.de/ukraine-analysen/192/sprachenpolitik-in-der-ukraine/, abgerufen am 2. Juni 2023.

Steiner, E., Ukraine: Die Verschwundenen von Kiew. Die Presse 27. Jänner 2014, https://www.diepresse.com/1554462/ukraine-die-verschwundenen-von-kiew, Abgerufen am 9. Juli 2023.

Tagesschau, Einigung zwischen den Konfliktparteien: Die Vereinbarung von Kiew, https://www.tagesschau.de/ausland/ukraine-vereinbarung 100.html, abgerufen am 28.3.2023.

Tagliavini, H. Mediation während der Krise in der Ostukraine bis zum 23. Juni 2015. In: IFSH (Hrsg.), OSZE-Jahrbuch 2015, Baden-Baden 2016, S. 239-251, 239.

Der Standard. Viktor Juschtschenko. Profiökonom und Ukraines Hoffnung. 10. Jänner 2005. https://www.derstandard.at/story/1867015/viktor-juschtschenko, abgerufen am 29. Mai 2023.

Süddeutsche Zeitung. Gift-Anschlag auf Juschtschenko: Dioxin aus dem Speziallabor, 17. Mai 2010, abgerufen am 28. Mai 2023.

SWR. Russland garantiert die Souveränität der Ukraine, ist aber gegen NATO-Osterweiterung. 5.12.1994, https://www.swr.de/swr2/wissen/archivradio/russland-garantiert-1994-souveraenitaet-von-ukraine-ist-aber-gegen-nato-os-100.html, abgerufen am 29. Mai 2023.

Trindle, J., The Loan that Launched a Crisis. Foreign Policy 21. Februar 2014, https://foreignpolicy.com/2014/02/21/the-loan-that-launched-a-crisis/, abgerufen am 3. Juli 2023.

Trubetskoy, D. Selenskij im Kreuzfeuer, Ukraine: Bodenreform im Schatten der Coronakrise, MDR, 3.4.20220, https://www.mdr.de/nachrichten/welt/osteuropa/politik/ukraine-bodenreform-100.html, abgerufen am 12. Juni 2023.

TSN. Захарченко офіційно дозволив силовикам вогнепальну зброю. TSN 20.2.2014, https://tsn.ua/video/video-novini/zaharchenko-oficiyno-dozvoliv-silovikam-vognepalnu-zbroyu.html, abgerufen am 28. Juni 2023.

Ukrajinska Prawda, 5. Juli 2012. Мовний законопроект ухвалений із порушенням процедури – стенограма, https://www.pravda.com.ua/news/2012/07/5/6968170/, abgerufen am 27. Mai 2023.

Ultsch, C. und Postl. E., Alfred Gusenbauer und die Kiew-Connection. DiePresse.com. 14.6.2018, https://www.diepresse.com/5377780/alfred-gusenbauer-und-die-kiew-connection, abgerufen am 7. Juli 2023.

Umland, A., Das absurde Amnestiegesetz ist ein Zeichen von Schwäche, https://ukraine-nachrichten.de/andreas-umland-absurde-amnestiegesetz-zeichen-schw%C3%A4che_3882, abgerufen am 30. Juli 2023.

Umland, A., Ein kleiner Regimewechsel in Kiew. Reformpolitische Implikationen der Parlamentswahl vom 26. Oktober 2014. In: Ukraine-Analysen 142, 27.11.2014, 7-8; https://www.laender-analysen.de/ukraine-analysen/142/, abgerufen am 12. Mai 2023.

Umland, A., Warum die ukrainische Dezentralisierungsreform für den gesamten postsowjetischen Raum wichtig ist. Ukraine-Analysen Nr. 209 vom 27.11.2018, 11–13.

Weaver, C., Chechens join pro-Russians in battle for east Ukraine, Financial Times, 27. Mai 2014, https://www.ft.com/content/dcf5e16e-e5bc-11e3-aeef-00144feabdc0, abgerufen am 26. Juni 2023.

Welt.de. Folter in Ukraine – „Sie haben mich gekreuzigt und das Ohr abgeschnitten", Welt.de, 31.Jänner 2014, https://www.welt.de/politik/ausland/article124414164/Sie-haben-mich-gekreuzigt-und-das-Ohr-abgeschnitten.html, abgerufen am 9. Juli 2023.

Werkhäuser, N., Ukraine wirbt für ihren EU-Betritt, DW 8. März 2005, https://www.dw.com/de/ukraine-wirbt-f%C3%BCr-ihren-eu-beitritt/a-1512528, abgerufen am 17. Juli 2023.

Wiegand, G., Schulz, E., The EU and Its Eastern Partnership: Political Association and Economic Integration in a Rough Neighbourhood. In: Herrmann, C., Simma, B., Streinz, R. (eds) Trade Policy between Law, Diplomacy and Scholarship. European Yearbook of International Economic Law). Springer, Cham 2015, 321-358.

Die Zeit Online, Krim-Referendum: Putins Menschenrechtsrat bestätigt Wahlfälschung auf der Krim. 5. Mai 2014, https://www.zeit.de/politik/ausland/2014-05/ukraine-putin-wahlfaelschung, abgerufen am 9. Juni 2023.

Die Zeit Online, Schulz: Bei anhaltender Gewalt Sanktionen gegen die Ukraine möglich https://www.zeit.de/news/2014-01/23/demonstrationen-schulz-bei-anhaltender-gewalt-sanktionen-gegen-die-ukraine-moeglich-23091610, abgerufen am 1. August 2023.

Die Zeit Online, Ukraine: Viele Tote bei Beschuss eines Reisebusses. https://www.zeit.de/politik/ausland/2015-01/ukraine-zivilisten-tote-beschuss, abgerufen am 21. Mai 2023.

Die Zeit Online, Putin und Poroschenko treffen sich in Minsk, https://www.zeit.de/news/2014-08/26/konflikte-putin-und-poroschenko-treffen-sich-in-minsk, abgerufen am 12. Juli 2023.

Die Zeit Online, Flugzeug-Abschuss Ukraine – Poroschenko droht Separatisten mit Vergeltung. https://www.zeit.de/politik/ausland/2014-06/ukraine-abschuss-militaeflugzeug-lugansk, abgerufen am 15. Juli 2023.

Zeit-Online. Poroschenko gewinnt Präsidentenwahl. Die Zeit, 25. Mai 2014. https://www.zeit.de/politik/ausland/2014-05/ukraine-wahl-petro-poroschenko, abgerufen am 4. Juli 2023.

Zofka, J., Halbinsel unter Spannung? Konfliktlagen auf der Krim seit dem Zerfall der Sowjetunion. Ukraine-Analysen Nr 12, 26.09.2006, 2-6,

2; https://www.laender-analysen.de/ukraine/pdf/UkraineAnalysen12.pdf.

Kommersant.ru. Ситуация на Украине. Участники референдумов в Донецкой и Луганской областях выбрали независимость.Власти Украины грозят организаторам голосования уголовной ответственностью, www.kommersant.ru/doc/2468725, abgerufen am 5 Mai 2023.

Kommersant.ua: Вячеслав Чорновил умер, но дело его живет. //Стали известны новые обстоятельства следствия по делу о гибели основателя Народного руха. http://www.kommersant.ua/doc.html?docId=780625, abgerufen am 28. Mai 2023.

Perwij Kanal. Президент РФ сформулирует свое отношение к референдумам на юго-востоке Украины по их итогам https://web.archive.org/web/20140512223538/http://www.1tv.ru/news/polit/258482. abgerufen am 5.Mai 2023.

Portnikow, W. Чем Янукович отличается от Путина. Vedomosti.ru. https://www.vedomosti.ru/opinion/articles/2011/11/10/kleptokratiya_nischih, abgerufen am 11. Juli 2023.

Ria Nowosti, Луганск и Донецк проголосовали за независимость, www.ria.ru/20140512/1007522425.html, abgerufen am 5.Mai 2023

Redemitschnitte und Filme

Barroso, J., Rede vor dem Transaltantic Council, Atlantic Council (2014), https://www.atlanticcouncil.org/commentary/transcript/transcript-testing-europe-s-unity, abgerufen am 3. Mai 2023.

European Commission: Štefan Füle, European Commissioner for Enlargement and Euro-pean Neighbourhood Policy, EU response to events in Ukraine, https://ec.europa.eu/commission/presscorner/detail/en/SPEECH_14_162.

Nawal'nyj, A., Дворец для Путина. История самой большой взятки; https://www.youtube.com/watch?v=ipAnwilMncI, abgerufen am 11. Juni 2023.

Youtube: Victoria Nuland-Geoffrey Pyatt, Helga Schmid -Jan Tombinski. https://www.youtube.com/watch?v=tdCVHRKL-y0, abgerufen am 25.9.2023

Danksagung

An dieser Stelle darf ich ehemaligen Abgeordneten des Europäischen Parlaments, darunter Elmar Brok, sowie Kollegen aus dem Europäischen Parlament, der Europäischen Kommission und dem Europäischen Auswärtigen Dienst für ausführliche Hintergrundgespräche, Erika Ottmaier, Helga und Walter Schreiber für das Korrekturlesen und Anke Gualtieri für das Lektorat danken.

ibidem.eu